新編諸子集成續編

山海經廣注

〔清〕吴任臣 撰

欒保羣 點校

中華書局

圖書在版編目(CIP)數據

山海經廣注/(清)吴任臣撰;欒保羣點校. —北京:中華書局,2020.5(2024.9 重印)
(新編諸子集成續編)
ISBN 978-7-101-14531-1

Ⅰ.山… Ⅱ.①吴…②欒… Ⅲ.①歷史地理-中國-古代②《山海經》-注釋 Ⅳ.K928.631

中國版本圖書館 CIP 數據核字(2020)第 064691 號

責任編輯:石 玉
責任印製:管 斌

新編諸子集成續編
山海經廣注
〔清〕吴任臣 撰
欒保羣 點校
*
中 華 書 局 出 版 發 行
(北京市豐臺區太平橋西里 38 號 100073)
http://www.zhbc.com.cn
E-mail:zhbc@zhbc.com.cn
三河市宏盛印務有限公司印刷
*
850×1168 毫米 1/32 · 18⅞印張 · 2 插頁 · 384 千字
2020 年 5 月第 1 版 2024 年 9 月第 3 次印刷
印數:6001-7000 册 定價:72.00 元

ISBN 978-7-101-14531-1

新編諸子集成續編出版緣起

新編諸子集成叢書，自一九八二年正式啟動以來，在學術界特别是新老作者的大力支持下，已形成規模，成爲學術研究必備的基礎圖書。叢書原擬分兩輯出版，第一輯擬目三十多種，後經過調整，確定爲四十種，今年將全部出齊。第二輯原來只有一個比較籠統的規劃，受各種因素限制，在實施過程中不斷發生變化，有的項目已經列入第一輯出版，因此我們後來不再使用第一輯的提法，而是統名之爲新編諸子集成。

隨着新編諸子集成這個持續了二十多年的叢書劃上圓滿的句號，作爲其延續的新編諸子集成續編，現在正式啟動。它的立意、定位與宗旨同新編諸子集成一脈相承，力圖吸收和反映近幾十年來國學研究與古籍整理領域的新成果，爲學術界和普通讀者提供更多的子書品種和哲學史、思想史資料。

續編堅持穩步推進的原則，積少成多，不設擬目。希望本套書繼續得到海内外學者的支持。

中華書局編輯部

二〇〇九年五月

出版説明

顧炎武有《廣師》一篇，其中云：「蕭然物外，自得天機，吾不如傅青主。博聞强記，羣書之府，吾不如吴任臣。文章爾雅，宅心和厚，吾不如朱錫鬯。」這裏和傅山、朱彝尊等清初名士並提的吴任臣，就是《山海經廣注》的作者。作爲年輕近二十歲的後輩，吴任臣能得到向以博聞强記著稱的顧炎武這一句獎語，便不能不讓人矚目了。

吴任臣，字志伊。一説名志伊，字任臣，以字行。據吴超《吴任臣生卒年及其交友新考》，任臣生於明崇禎五年（一六三二）。祖籍福建莆田，十二三歲時隨父移居錢塘，寄籍仁和。在杭州期間，與「西泠十子」陸圻、柴紹炳等交往切磋，除精研天文、樂律、音韻之學外，尤勤於著作。康熙十八年（一六七九），吴任臣四十七歲，應博學鴻詞科，列二等，授翰林檢討，復以精天官、樂律入明史館，承修《曆志》。《清史稿·文苑傳》云:「當時詞科以史才稱者,朱彝尊、汪琬、吴任臣及潘耒爲最著。」任臣入京之前,主要著作《字彙補》、《山海經廣注》、《十國春秋》早已分别於康熙五年、六年及八年完成。入史館後,他用四年時間完成《曆志》初稿,據吴超《清初學者吴任臣學譜與著述考略》一文,吴氏還是《天文志》和《五行志》的主要編纂者。可以説,在一六九三年因勞瘁辭世之前,他人生最後十幾年的精力幾乎全部用在了《明史》的修纂及校改上。

吴任臣的《廣注》在《山海經》的詮解上是自郭璞以來承前啓後的重要著作,其價值不能因其存在的缺點而忽視。阮元在爲郝懿行《山海經箋疏》所作序中評價《廣注》「徵引雖博而失之蕪雜」,《四庫提要》更是具體指出「如堂庭山之黄金、青丘山之鴛鴦,雖販婦傭奴皆識其物,而旁徵典籍,未免贅疣」。雖然郭璞注已經開了「博舉以廣見聞」的先例,但這些終究還是「贅疣」,只是它在《廣注》中也畢竟只是極少數,作爲文化遺産的繼承者,我們更應該注目於《廣注》徵引材料之宏博,看看在今天仍有多大價值。

嗜奇愛博之風,自明代中葉即已形成,這固然是廣大士人對空談心性的理學和枯燥無聊的八股舉業的對衡，但也與上層士人的宣導有關。李東陽《懷麓堂集》卷七十二有《記龍生九子》一篇，言弘治間，孝宗嘗令中官問「龍生九子」的名目，李東陽倉卒不能悉具，找了編修羅玘及吏部員外劉績，對這不見於經史的問題，最後只有求助於民間的雜書才勉强覆命。不料從此「龍生九子」竟然成了一個題目，其後的一百多年間，陳洪謨、羅鶴、支允堅、陸深、李詡、江應曉、劉元卿、沈德符、穆希文、焦竑、徐𤊹、謝肇淛等著名文士俱對此題樂此不疲，百般搜羅，形於筆墨。與這種風氣同步，著作界中便出現了楊慎、胡應麟這樣以博學著稱的大家，還有鄺露《赤雅》、董斯張《廣博物志》、徐應秋《玉芝堂談薈》、來集之《博學彙書》這樣一批炫售博學的名著。到了明末，就是科學專門如李時珍的《本草綱目》，轉移學術風氣如方以智的《通雅》，也同樣以宏博稱雄，却也都難免稍嫌蕪雜的缺點。而明代大大小小、形形色色的類書，特别是通俗類書的井噴式出現，也是對廣大士子甚至下層民衆好博風尚的應和。

這種博雅風習，無疑是對元明理學和八股舉業帶給士人的枯燥無知精神生活的一種調劑，特别是早期，消遣的態度是很明顯的，所以若以清代乾嘉學者的標準來衡量，自然是空疏泛漫，不得要領，但也不能就此抹殺尚博在學術史上的作用。依我淺見，在一定意義上，弘博其實正是考據之學的準備。從時代的大視野來看，方以智、顧炎武對學風的扭轉，正以他們在弘博中的浸淫爲基礎（如《日知録》中的雜考據題目，幾乎全在明代後期的筆記中出現過），只不過弘博已經有了務實的方嚮。具體到成書於清初的《廣注》，《四庫提要》言其「捃摭宏富，多足爲考證之資」，確爲公允之論，這正是其書至今不可因爲有了郝懿行的《箋疏》而廢棄的原因。

郝懿行在《山海經箋疏叙》中説：「今世名家則有吴氏、畢氏。吴氏徵引極博，泛濫於羣書；畢山水方滋，取證於耳目。二書於此經厥功偉矣。」實際上，吴氏宏富的捃摭，也頗爲郝懿行取資。如卷一注「鯥」，吴氏引郭璞《江賦》「潛鵠魚牛」，郝氏取之。另把《箋疏》與《廣注》相比對，吴氏的宏富或可補郝注之不足，如卷一注「鳩」，吴任臣曰：「斑鳩，一名祝鳩，又名鶏鳩，其小者曰荆鳩，曰楚鳩。鳩之子曰鷚鳩，曰役鳩，曰糠鳩，名類不一。」而郝氏或故意回避蹈襲，僅云：「鳩有數種，具見《爾雅》。」就未免失於簡陋。最重要的是，郝懿行不僅取資於吴氏的宏博，他的不少見解也出自吴任臣，如卷一「杻陽之山」條，郭注赤金爲銅，白金爲銀，吴氏則證赤金非銅，爲紫磨金，又證白金爲鋈，皆爲郝懿行所襲用。下面僅隨翻檢所及，略引《大荒東經》數例來看《廣注》對《箋疏》的影響。注「甘淵」，吴任臣曰「即羲和浴日之所」，郝懿行直襲用之；注「相鄉棄沙」，吴任臣曰「沙、莎通，鳥羽婆莎也。『相鄉棄沙』，言五彩之鳥相對斂羽，猶云仰伏而秣羽也」，郝懿行曰「『沙』疑與『娑』同，鳥羽娑娑然也」，雖借鑒於吴氏而略欠詳明；又注「應龍殺蚩尤與夸父」，吴任臣曰「《史》注云：『黄帝使應龍殺蚩尤於凶犁之谷』」，郝懿行曰「《史記·五帝紀索隱》引皇甫謐云『黄帝使應龍殺蚩尤于凶黎之谷』，即此」，郝氏因於吴氏而加詳；注「賈」，郭曰「賈亦鷹屬」，任臣案云「《莊子》有『雅，賈』，馬融亦曰『賈，烏』，烏類也」，爲郝懿行所採而未説明所出。由此可見，吴氏的《廣注》憑藉博覽，多有識見，不可僅以「蕪雜」「曼衍」輕之。

《廣注》的徵採方法，其缺點也是顯而易見的。他羅列材料不拘年代次序，諸材料間的内在邏輯關係鬆散，論證性較差，給人以堆砌之感。而其要害尚不在於徵引文獻的叢雜堆砌，更在於引用的書籍多有不可靠者，即梁啓超所説的「濫引晚明惡劣類書」，像朱謀㙔王府中炮製的《玄覽》、《駢雅》、《異林》，以及《事物紺珠》、《異物彙苑》、《冠編》等多屬此類。宋人羅泌的《路史》尚可用，但據《路史》擴充的陳士元

《荒史》，本多無稽之説，也爲吴氏採用。而吴氏引用書名張冠李戴、殘缺不全、迷離恍惚、難於捉摸的情況時而出現。引文有的節略過分，易生誤解；有的過分解讀，不着邊際；引文中往往出現錯字，甚或材料真僞難辨，有出於明人編造者。這些缺點大多是吴氏直採明人類書而不能原原本本追查原書的結果。徵引叢雜可以删汰縷析，簡略傷義也可以尋找原文，但這些不明來歷的東西讓讀者信也不是，不信也不是，我認爲這才是讀《廣注》時最該注意的地方。

《山海經廣注》刻成於康熙六年，則吴氏撰寫此書時也就三十多歲，與《十國春秋》相比，只是略早兩三年。此書眼下最易見的版本就是電子化的文淵閣本《四庫全書》，但錯誤較多，書前連一篇序文都没有。此外的版本，據馬昌儀《明清山海經圖版本述略》，有四種：一爲康熙六年（一六六七）本，二爲乾隆五十一年（一七八六）金閶書業堂本，第三種爲佛山舍人後街近文堂本，第四種爲咸豐五年（一八五五）四川順慶海清樓本。其中較常見的是乾隆五十一年金閶書業堂本，也就是本書所採用的底本。

此本和康熙本一樣，前有柴紹炳序、吴任臣自序，正文十八卷之前有吴任臣撰

《讀山海經語》一卷、《山海經雜述》一卷、圖五卷，而删去康熙本的「引用書目」一卷。這次整理，除把圖五卷中的諸圖散入正文相應位置、夾注小字置於段末外，一切依舊。乾隆本刊刻較精，但爲了避諱而削改甚多，甚至比《四庫》本還要嚴重。總的來看，乾隆本與《四庫》本都有一些錯字，基本可以互補，除此以外的則可以從所引書籍中解決。至於《廣注》中的本經及郭注，除了明顯的刊刻之誤外，一律不加更動，主要是因爲《廣注》的經注自有其版本價值，如書中多次見到的「諸毗」，其他諸本俱作「諸魮」，唯宋刻本與本書相同，自以不動爲是。即使有些經文如卷四之「北山」，宋本及其他諸本均作「竹山」，本書也只在校記中説明，正文中仍保持原樣。但明顯屬於誤字或漏刻者，主要用南宋淳熙本《山海經》（簡稱宋本）和郝懿行《山海經箋疏》（簡稱《箋疏》）參校，畢沅《山海經新校正》、汪紱《山海經存》也適當參考。

此書對避諱字的處理，或者留空，或者改爲其他文字，如卷六《海外南經》「周饒國」條「《突厥本末記》曰『突厥窟北馬行一月』」，康熙本把「突厥」二字挖去，而乾隆本則改成「《北域本末記》曰『自狄山北馬行一月』」。凡此之類，在參校諸本及引文出處確認無誤後，一律徑改，不出校記。對於書中因形近而致誤的文字，如「渥洼」

誤爲「渥注」、「璧帛」誤爲「壁帛」之類，大多也徑改而不出校。至於「已」與「巳」、「汜」與「氾」不分，爲刻本中的通病，則參考諸注本，各依本字。另外，《廣注》原書正文之前有圖五卷，分别爲「靈祇」、「異域」、「獸族」、「羽禽」、「鱗介」，共一百四十四圖，現爲閲讀方便，把諸圖分置於正文相應位置。

校點中出現的錯誤及不當之處，還望廣大讀者多加指正，甚爲感激。

校點者　二〇一八年五月

補記

拙編《山海經詳注》出版後，承蒙一些朋友和讀者指出，説吴任臣所引的「劉會孟」即是南宋人劉辰翁（須溪），不應該是明清間人。現在趁着《廣注》即將付印，在此補充説明幾句。

劉辰翁，字會孟，號須溪，宋末元初人，以詩詞及評點名家詩著名。著述據説有一百卷，但到明代大多散佚。《四庫全書》中有《須溪集》十卷，是四庫館臣據《永樂大典》所輯。

《山海經廣注》説劉會孟有《評山海經》十八卷，並採用了六七十條。細檢這些引文，其中凡涉及當下地名的，都不是宋元時建置，明顯爲明代所特有。此處僅舉《海内南經》中的兩個例子。「甌居海中」下，劉會孟云：「甌，今温州府城北。」宋時有「温州」無「温州府」，温州後改名「瑞安」，至南宋咸淳間改「瑞安府」；而元時則改爲「温州路」，至明代初年，方改爲「温州府」。宋元間的劉須溪，不可能在文字中出現明代的建置「温州府」。又如「蒼梧之山」下，劉會孟曰：「蒼梧，今屬湖廣永州府寧遠縣。」宋時有「永州」無「永州府」，永州屬零陵郡。元時改爲永州路，屬湖南道宣慰司，至明初方改稱「永州府」。其他凡劉會孟涉及當下地名的，可以説是無一例外，全是明代的建置。職此之故，我認爲，這個「劉會孟」，無論是實有其人還是僞託劉須溪的佚名作者，都應該是明代人。

據説署名劉會孟的《評山海經》十八卷，東北某圖書館尚存一部刻本，如果有機會查閲，也許能把這一問題更徹底地予以解決，眼下則只能存疑了。

二〇二〇年三月

目録

山海經廣注序

仁和柴紹炳撰

《山海經》初見《漢志》，劉歆校定爲一十八篇，云是伯益所撰。其後尤袤指爲先秦之書。至晉郭璞爲之傳，凡二十二篇，每卷有讚，梁張僧繇又爲畫圖。宋咸平中，校理舒雅重繪爲十卷。其書雖流傳迄今，中多疏略未備。同郡吴志伊任臣，極泝源流，爲《襍述》一卷，又於郭注外蒐而討之，爲《廣注》十八卷，又取舒繪本次第增訂爲《圖象》五卷，都爲一部。書成，屬余爲序之。余既受卒讀，服其補闕有功，迺歎曰：嗟乎！斯誠所謂閎覽博物君子哉！

蓋《記》稱「道費而隱」，《易》貴「多識」「以畜其德」，故《春秋》美國僑、倚相。周公自言多藝，仲尼之答楛矢、墳羊，皆非淺見寡聞者可測也。如《山經》語近荒怪，司馬遷已不敢言。然天地之間，何所不有？及其至也，聖人有不知，未嘗謂非道之所存，而鄙儒小生欲槩以耳目格之乎？相提而論，蓋是《禹貢》之外篇，「職方」之附庸耳。自昔方聋之士，信而有徵，若畢方、貳負、長臂、兩面、箴石之類，援引本末，皆出於是書。閎覽博物所資，烏可廢也？借謂虞夏先典，而有長沙、零陵、桂陽、諸暨之名，疑屬子虚，此顔之推斷爲後人羼入者是矣。且達識者比類而觀，寧得以「豫章」斥《本草》之訛，「張仲」排《爾雅》爲僞乎？故志伊殫精是書，使山川方域、草木禽魚，靡不考鏡同異，條貫表裏，網羅羣籍，要諸明備，庶幾好事鼓吹，來學津梁，正復張、舒並駕，景純可作，亦何多讓焉。雖然，志伊三十年名士，好學深思，著書滿家，爲吾黨共推，何事不辦？若余則衰遲善病，於道罔聞，記問昏忘，舊業日替，豈復足備揚搉？顧自念董子觀道大原而識重常之目，陶淵明讀書不求甚解而好覽《山海經》，形諸賦咏，是知六籍之外，聖賢載記爲學者不遺，既以稽古，兼能格物。余雖款啓無似，於是集猶篤好之，斷未敢以玩物喪志爲解，而願爲閎博君子執鞭前導可也。

時康熙歲次丁未秋九月

山海經廣注序

《經籍志》載地理書二百四十四家，《山海經》最爲近古，論者以虎齒豹尾、九首一目之奇，譏其誣誕不經，又以長沙、零陵、丹陽、番陽類秦漢地名，疑後人所作，且苗民、西王母、帝俊、驩頭之屬，更復叠見牴牾，然代當秦火，簡策錯亂，故不無傳疑，而中間典籍略同者，若鳥鼠同穴與《禹貢》合，屏封、岐頭與《王會解》合，明組、旄牛與《爾雅》合，崑崙、弇兹與《穆天子傳》合，湘水二女與《離騷》合，焦僥、奇肱與《竹書紀年》合。他如禺彊爲禺京，司幽爲思幽，延維爲委蛇，女丑爲女仞，雜證《莊》、《列》、《管子》、《抱朴》諸書，逖覽旁通，鴻纖畢貫，則《山海經》實《博物》之權輿，《異苑》之嚆矢也。蓋二氣磅礴，萬彙區分，六合之内，何所不有？即陰陽變化，莫大五行，而華陽温泉，蕭丘涼燄，交州浮石，南海沉木，且有易其本來，反其性始，況下此者乎？

古人云：「少所見，多所怪。」世之不異，未始非異；世之所異，亦未必盡異也。彼盜械之尸，出自上郡，畢方之鳥，獻于漢廷，沃沮見兩面之客，海濱獲長臂之衣，其事時見于軼書，班班可考。

居恒讀《山海經》，每怪注多缺略，因泝厥源流，撮其梗概，爲《雜述》一卷，徧羅載籍，仍冠以郭注，爲《廣注》十八卷。又取舒雅繪本，次第先後，增其不備，爲圖像五卷。自惟蠡實未詳，識同句申，菽菽罔達，解昧弘農。然竊謂一物不知，君子所恥，昔五酉晰象于宣尼，俞兒矚名于敬使，元遜辨傒囊之號，士深審仲師之形，大都垂諸往册，炳然來兹，高山仰止，未嘗不景行行止也。抑聞之九州之外復有九州，斯經所具，特亞細亞一隅耳。若乃紀葱嶺之西，誇印度之北，占西海孔雀之星，侈南極大浪之異，抵掌而譚，縱横四表，則瑰奇弔詭，將更有超于耳目尋常之際者，余則有志未逮矣。

康熙五年柔兆敦牂日在析木則陽之月，仁和吴任臣撰

讀山海經語

《禹貢》導山，以兩條四境爲叙；《山海經》紀山，分東西南北中五經。南山則自蜀中西南至浙江、江南界；西山則自華陰、嶓冢以至崑崙、積石諸山，今隴西甘肅玉門外其地也；北山則自狐岐、太行以至王屋、孟門諸山，是《禹貢》冀、雍兩州之境也；東山則泰岱、姑射沿海諸境，大要青、萊、齊、魯之地，形法家所謂中龍是也。至《海内經》，南如閩中、鬱林，西如上郡、居延，東如浙江、廬江，不列中土而列海内者，良由古帝建都冀北，三方不復遠及，惟北境幅幀最廣，故《北經》以朝鮮諸國爲斷，則亦今之東北徼也。若大荒爲海内之外地，海外又大荒之外表，經文具在，兹不概悉。

山勢原于西北，故《禹貢》導山，以岍、岐爲首；地脉由于南轉，故伯益作《經》，以雒山爲先。自北條北境南境，至南條北境南境，應江河兩戒之説者，《禹貢》之法也。自南山而西山，而北山，而東山，而中山，合地氣右行之説者，《山海經》之序也。

《大荒》獨首《東經》者，此本舊逸在外，疑次序有錯耳。

《經》內紀僕牛、王亥、夏啓、叔均，皆禹以後人；長沙、零陵、緱氏、番禺，皆秦漢時地名。且長右山郡縣之稱，非三代前語。要知《山海經》原係伯益所作，古本無多，後好事者因而粉飾傅會之，益復錯雜不經。如概謂此經非古書，則疏屬之尸，兩面之人，何以往往取驗？自非禹、益神人不能撰也。

《山海經》多用古字，如鵲作䧿，豚作逐，揪作橚，甕作雍，吟作欽，嘔作歐，盲作薈，鱗作麟，神作魌，罷作嬰，虺作虫，猺作猻，砆砆作武夫，濠沱作虜勺，扶桑作榑木，鷦鵑作鳩䳔，猶有漆書竹簡遺意。時本間有易䧿山爲鵲山者，大非古人重吉日癸巳之旨。

《山海經》有韻語，如「視爲晝，瞑爲夜，吸爲冬，呼爲夏」，「渾渾泡泡，其實如桃，黃華而赤柎，食之不勞」，「正立無景，疾呼無響，爰有大暑，不可以往」，皆押字爲韻，亦古文之一奇也。

《經》有育沛、曼兌、虖交、呼咽等物。此或古時語，與今稱名自殊，有如《蜀都賦》之犪㸬，《毘陵志》之俊达，不可得詳也。

《經》中物類繁賾，稱謂易淆，有名同而實異者：鳥名肥遺，蛇亦名肥遺；木名離朱，鳥亦名離朱；鵸鵌三首，比帶山者迥殊；畢方一足，與人面者較別。又蠻蠻，比翼鳥也，而剛山之鼠偕稱；羅羅，青虎獸也，而萊山之禽符號。析類相求，庶無鶾雞之譌、蟛蜞之誤矣。

崔蹟辨羊腸之坂，敬宗知濟漯之源，自古稱爲博洽。讀《山海經》者，須識道里有遠近，曩今不同名。《西經》勞山，非齊地勞山；入洛弱水，非合黎弱水；青丘國非南山青丘；儋耳民非交州儋耳；不周、崑崙有海內外之分；浮玉一山有江南北之異。諸如此類，未可枚舉，明此，思過半矣。

《山海經》名物縷析，注家每多疎略。如赤銅、赤銀、赤金、黃金、白金、銀黃、赤錫諸名，種類自殊，原注以赤金爲銅，而銀黃無解，是不知赤金之爲鏐，與銀黃之貴于黃金也。又蘼蕪，芎藭葉也，一名江蘺，而郭氏以芎藭名江蘺；辛怡，辛雉也，而郭氏以爲芍藥；萆荔，薜荔也，而郭氏以爲香草。糾晰未精，幾何不誤索苫彌也？今附注各條下。

《經》所載帝俊、苗民、驩頭、相柳以及建木、扶桑、屏蓬、天吳之屬，重見疊出，或相矛盾。此知後人以己意增入者，故彼此不復相謀，于原經奚礙？

《經》内道里遠近，或有以首山起數者，或有隨地計程者，亦間有詮次不倫者，義例繁多，罔歸一定，矧代越久遠，簡册淆錯，往往而有。約略言之，中如《南山經》句餘山、會稽山，今相去僅三百餘里，乃《經》所序列，尚隔浮玉山、成山，無慮千餘里，而浮玉山則又句餘之西北，與東五百里之説殊不相蒙。又海内諸經所載高柳、代中，東北土也，乃與流沙、崑崙並見《西經》。大夏、月支，西北隅也，竟與雷澤、都州同登東籍。非惟地絶廣輪，亦且風同牛馬。凡此皆循文測義，未容臆斷者也。姑爲闕疑，以俟君子。

周秦諸子，惟屈原最熟此經。《天問》中如「十日代出」、「啓棘賓商」、「枲華安居」、「燭龍何照」、「應龍何畫」、「靈蛇吞象」、「延年不死」以至鯪魚、鬿堆之名，皆原本斯經。校讐家以《山海經》爲秦漢人所作，即此可辨。

《海内經》語尤多重複不倫，此必前卷錯簡，或後人見《山海經》，襲其成説，自爲一書，亦《考工記》之流也。

吴任臣識

山海經雜述

《吕氏春秋》曰：禹東至榑木之地，日出九津，青羌之野，欑木之所，揞天之山，鳥谷、青丘之鄉，黑齒之國；南至交阯，孫樸續樠①之國，丹粟、漆木、沸水漂漂九陽之山，羽人、裸民之處，不死之鄉；西至三危之國，巫山之下，飲露吸氣之民，積金之山，共肱、一臂、三面之鄉；北至人正之國，夏海之窮，衡山之上，犬戎之國，夸父之野，禺彊之所，積水、積石之山，不有懈墮。

趙氏《吴越春秋》曰：禹行七年，案《黄帝中經》，見聖人所記曰：九疑山，東南天柱，號曰宛委，其書金簡玉字，編以白銀，瑑其文。禹登衡山，夢赤繡朱衣，自稱玄夷蒼水使者，曰：「欲得我山神書者，齋于黄帝嶽岩之下。」禹退，又齋三月，庚子登宛

① 「樠」，原作「滿」，據《吕氏春秋·慎行》改。

委山，發石取書，按金簡玉字，得通水之理。復返歸嶽，從三子，乘四載以行川，始于霍山，徊集五嶽，遂循行四瀆。與益、夔共謀，行到名山大澤，召其神而問之，山川脈理，金玉所有，鳥獸昆蟲之類，及八方之民俗，殊國異域土地里數，使益疏而記之，名曰《山海經》。使大章步東西，孺亥度南北，暢八極之廣，旋天地之數。

《家語》：子夏曰：「商聞《山書》曰：地東西爲緯，南北爲經。」

《列子》曰：大禹行而見之，伯益知而名之，夷堅①聞而志之。

《鶴牀經》云：《山海經》乃夏后師雲華子所著。

《史記·大宛傳》：太史公曰：至《禹本紀》、《山經》所有怪物，余不敢言之也。

《漢·張騫傳·贊》：《禹本紀》言河出昆侖，言九州山川，《尚書》近之矣。至《禹本紀》、《山經》所有，放哉！

《後漢書·西南夷·論》曰：漢開四夷之境，款殊俗之附，文約之所沾漸，風聲之所周流，幾將日所出入處也。著自《山經》、水志者，亦略及焉。

①「夷堅」，原作「孟堅」，據《列子·湯問》改。

王充《論衡·談天篇》曰：按禹之《山經》，《淮南》之《地形》，以察鄒子之書，虚妄之言也。又《别通篇》曰：禹主治水，益主記異物，海外山表，無遠不至，以所聞見作《山海經》。董仲舒覩重常之鳥，劉子政曉貳負之尸，皆見《山海經》，故能①立二事之説。使禹、益行地不遠，不能作《山海經》；董、劉不讀《山海經》，不能定二疑。

張華《博物志自序》：余觀《山海經》及《禹貢》、《爾雅》、《説文》、地志，雖曰悉備，各有所不載者，作《略説》云云。又《志》曰：太古書今見存，有《神農經》、《山海經》，或云禹所作。

左思《吴都賦》曰：名載于《山經》，形鏤于夏鼎。

杜預《釋例》曰：天有列宿之號，地有山川之名，尚矣。今其遺文，《禹貢》及《山海經》載其大略，而《春秋經》國邑之名尤詳。

《書記洞詮》：車永答陸雲書曰：雖《山海經》、《異物志》、《二京》、《三都》，殆不復過也。

① 「能」字原脱，據《論衡》卷十三補。

顏之推《家訓》曰：《山海經》，禹、益所記，而有長沙、零陵、桂陽、諸暨，後人所羼，非本文也。

《水經注叙》曰：昔大禹記著《山海》，周而不備。引《玄中記》。又曰：《穆天子》、《竹書》及《山海經》，皆埋藴歲久，編韋稀絶，書策落次，難以緝綴。又《盧水》注曰：《山海經》創志大禹，記録遠矣。

謝莊詩：《山經》亟旋覽，水牒勸敷尋。

劉孝儀《啓》曰：雕鏤海籍，圖載《山經》。

江淹《遂古篇》曰：《山經》古書，亂編篇兮。郭釋有兩，人不亡兮。

庾信《終南山義谷銘序》曰：燮理餘暇，披閲《山經》。

《隋志》：漢初，蕭何得秦圖書，故知天下之要害，後又得《山海經》，相傳以爲夏禹所記。

蕭綺《拾遺記録》曰：按《禹貢》、《山海》，正史説名山大澤，或不列書圖，著於編雜之部，或有乍無，或同乍異，故使覽者迴惑而疑焉。

《弘明集》宗炳《與何承天書》曰：《山海經》説死而更生者甚衆，崑崙之山，廣都之野，軒轅之丘，不死之國，氣不寒暑，鳳卵是食，甘露是飲，𪊍玗琪之樹，歃朱泉，人皆數千歲不死。

崔𪊍《答豫章王書》曰：理高《象》《繫》，管輅思而不解；事富《山經》，郭璞注而未詳。

段成式《酉陽雜俎》曰：天地間所化所産，突而旋成形者樊然矣，故《山海經》、《爾雅》所不能究。

杜佑《通典》曰：《禹本紀》、《山海經》，不知何代之書，恢怪不經，疑夫子删《詩》、《書》後尚奇者所作①，或先有其書，如詭誕之言，必後人所加也，若古《周書》、《吴越春秋》、《越絶書》、諸緯書之流是矣。

《文苑英華》許敬宗賦曰：覽《山經》而遡聽，詠周詩而遐想。

劉知幾《史通》曰：夏禹敷土，實著《山經》。

韓愈《毛穎傳》曰：《山經》地志，字書圖畫，九流百家，天人之書。

①「所作」二字原脱，據《通典》卷一七四補。

盧肇《海潮賦狀》曰：言不及渾天而乖誕者凡五家：《莊子》、《玄中記》、王仲任《論衡》、《山經》、釋氏言四天。

王欽若《册府元龜》曰：續伯益之《山經》，備成周之上訓。

周邦彦《汴都賦》曰：《山經》所不記，齊國所不覩。

羅泌《路史》曰：伯益掌火，主驅禽獸，命山川，類草木，別水土，四嶽佐禹、益以周四方，逮人跡之所希至，及舟輿之所罕到，内別五方之山，外分八方之海，紀其珍寶奇物，異方之所生水土草木禽獸昆蟲，麟鳳之所止，禎祥之所隱，及四海之外，絶地之國，殊類之人。禹別九州，任土作貢，益取剩文，類物善惡，著《山海經》以備稽考。又曰：禹周行天下，草木企走，蜚動蟲魚，俾益疏之，以爲《嶽瀆》、《山海》二經。

王應麟《玉海》云：方志亦不傳，荒經所不載。又云：《惠帝紀注》師古引貳負之臣，《地理志》引瑯邪臺，《外國傳》引黄帝生苗龍。《列子注》引《大荒經》。《文選注》引《東荒》、《中山》、《海南》、《海外西經》、《海外東經》、《海内西經》。《水經》、《後漢書》注、王逸注《楚辭·天問》多引之。《左傳疏》，服虔用《山海經》。《莊子釋文》引《海外經》。《爾雅釋文》引《山海經》及《圖讚》。

又《漢藝文志考證》曰：《莊子》言多詭誕，或似《山海經》。本陸德明語。

又《地理通釋序》曰：若《山海經》、《周書·王會》、《爾雅》之《釋地》、管氏之《地員》、《呂覽》之《有始》、《鴻烈》之《墬形》，亦好古愛奇者所不廢。

又《小學紺珠》曰：《山海經》：南、西、北、東、中《山經》爲五篇；《海内》、《海外》、《大荒》三經南、西、北、東各一篇；《海内經》一篇。相傳以爲夏禹所記。又王氏《周山川圖記》云：風后授圖，九州治布，《山海》有經，爲篇十三。

又《困學紀聞》曰：《山海經》，禹、益所紀，有長沙、零陵、桂陽、諸暨之名。《本草》，神農所述，有豫章、朱崖、趙國、常山、奉高、真定、臨淄、馮翊之稱。《爾雅》作於周公，而云「張仲孝友」。《蒼頡篇》造于李斯，而云「漢兼天下」。皆非本文。

章俊卿《山堂考索》曰：辨契丹之駁，而誦《山海經》、《管子》之書以曉之，則若宋之劉敞。

晁公武《讀書志》曰：長沙、零陵、雁門皆郡縣名，又自載禹、鯀，似後人因其名參益之。《跋山海經》。

陶穀《王母宮記》曰：考《山經》與《竹書》，故兩留于前事。

陸深《藏書目序》曰：《山經》地志，具險易，叙貢賦，寓王政矣。

楊慎《水經序》曰：昔在陶唐，水失其行，神禹平之。史官紀其濬導之績，於是乎《禹貢》作焉。厥後好事者，因禹迹之廣，旁及異域，圻壤悉載，俶詭畢陳，於是乎《山海經》作焉。

朱謀㙔《水經叙》曰：地理書極稱該博，乃今所傳，僅《山海》、《佛國》、《十洲》、《神異》數種而已。

黄省曾《山海經水經合序》略曰：古《山海經》十八卷，亦宇中之通撰也。粤遡往牒，則遠方圖物，夏鼎之鑄象也。聶耳、雕題，湯令之備獻也。白民、黑齒，成王之作會也。出受八千，管仲之蒐揚也。殘遺秦柱，蕭何之顯布也。獵廣窮長，王充之嗜信也。以至孔疏據之以釋經，《漢志》録之而麗史，齊澄演之而聚書，唐典繫之而建部，守節屢登于《正義》，應麟富戢于《地鈔》，江淹補之而不能，吉甫删之而頓躓。

王世貞《讀書後》曰：《淮南子》，其辭出于《吕氏春秋》、《玉杯》、《繁露》、《慎子》、《鄧析》、《山海圖經》、《爾雅》。

胡應麟《經籍會通》曰：地志昉自《山海經》，陸澄、任昉浸盛，至蕭德言等五百五十卷極矣。

又《三墳補逸》曰：《穆天子傳》文絶類《山海經》，而事實大不同。自景純取《山海經》以注《穆天子》，而《穆天子傳》殘闕不易讀，好古之士率先熟《山海經》胷中，讀《穆天子》而景純之注又分列其下，故祇以爲同而弗以爲異。試循其本文覈之，則二書之旨有天壤之懸者矣。

又《史書佔僤》曰：《山海經》稱禹、益，實周末都邑簿也。

陳一中《冠編》曰：堯八十六載，伯益著《山海經》。

黄一正《事物紺珠》曰：《山海經》，禹治水所見著。

朱維陛《神異經序》曰：東方朔著《神異經》，記周巡天下所見，《山海經》所不載者列之，雖有而不倫者亦列之，遂知《神異經》與《山海經》類。

劉昌允《類山》曰：禹登玉簣山，得簡書，周行天下。伯益記之，作《山海經》。

焦竑《僞書論》曰：《山海經》，禹、益書也，中有長沙、零陵、桂陽、諸暨，如此郡縣，豈禹時所有耶？此類甚多，或摹古書而僞作，或以己意而妄增。

梁寅《河源記》曰：古今河源之説異。《山海經》言崑崙之水赤黄黑青，色以方異，其名往往不同。或古今變易，番漢異稱。

蘆泉劉氏曰：《淮南子》雜以《吕氏春秋》、《莊》、《列》、《鄧析》、《慎子》、《山海經》、《爾雅》諸書。

朱長春《管子注》曰：不攬《天官》，不知天之變也；不讀《地員》，不知地之變也。《山經》簡而穆，志怪于恒，上古之文也；《地員》博而奇，衍恒于怪，中古之文也。

郭延年《史通釋》曰：《山經》，太史公已不敢言，尤衮定爲秦書，疑信者半。

顧起元《説略》曰：《山海經》，古書也，第首尾多衡決，後世不考。

又曰：《夏英公集·古篆韻》所引書目：汗簡、《説文》、《石經》、《字略》、《古老子》、《山海經》、《古史記》、《古漢書》云云。

董斯張《吹景録》曰：向疑《列子》雜魏晉人筆，其竄《南華》語者十之三，夸父、禺彊、思士、思女見《山海經》。

劉鳳《雜俎》曰：《山海經》文學大儒多讀，學以爲奇。

歸有光詩曰：昔年曾讀《山海經》，所稱怪獸多異名。

陸時雍《讀楚辭語》曰：天地之大，何所不有。《山海經》固多可疑，然安知其事之盡妄者。

晉陶潛有《讀山海經》詩，中云：汎覽周王傳，流觀《山海圖》。後顔魯公詠淵明詩曰：手持《山海經》，頭戴漉酒巾。見《廬山記》。

王應麟曰：靖節之讀《山海經》，猶屈子之賦《遠遊》也。

南齊江淹欲爲《赤縣經》，以補《山海經》之缺，不成。

《南史·王筠傳》其自序云：余少好抄書，《爾雅》、《山海經》、《本草》並再抄。

《宋史·蘇頌傳》：《山經》、《本草》無所不通。又《劉敞傳》：敞學問淵博，《山經》、地志皆究大略。又《何涉傳》：涉上自六經、諸子百家，旁及《山經》、地志、醫卜之術，無所不學。

陶宗儀《輟耕録》云：莊蓼塘《山經》、地志，靡所不具。

黄省曾《五嶽山人集》，《讀山海經詩》三章。

《後漢》：永平十二年，賜王景《山海經》。注云：禹所作。《漢志》：《山海經》十三篇。劉歆所校凡三十二篇，定爲十八篇，固已不同。尤袤定爲先秦之書，非禹及伯翳所作。

《唐六典》：秘書郎掌四部之圖籍。史家十一曰地理，以紀山川郡國。注云《山海經》等一百三十九部。

裴孝源《貞觀畫史》有《大荒經圖》。

《中興書目》：《山海圖》十卷，本梁張僧繇畫。咸平二年，校理舒雅銓次館閣圖書，見僧繇舊蹤尚有存者，重繪爲十卷。又載工侍朱昂進僧繇畫，圖表于首。僧繇在梁以畫著，每卷中先類所畫名，凡二百四十二種。《崇文目》同，舒雅修。○晁氏《志》：

《圖》十卷，舒雅等撰，或題曰張僧繇畫，妄也。《玉海》作《咸平山海經圖》。

《漢志》：形法者，大舉九州之勢以立城郭室舍。六家，百二十二卷，《山海經》爲之首。

《書目》又有《圖》十卷，首載郭璞序，節録經文而圖其物，如張僧繇本不著姓名。

《大禹治水玄奥録》一卷，不知作者，叙《禹貢》治水本末。

《唐志》地理類：郭璞注《山海經》二十三卷，又《圖贊》二卷，《音》二卷。

《舊唐書志》：《山海經》十八卷，《圖讚》二卷，郭璞撰。

《中興書目》：《山海經》十八卷，晉郭璞傳，凡二十三篇，每卷有讚。

《崇文目》、晁氏《志》：《山海經》十八卷。黄伯思《校正崇文總目》云：《山海經》，侍中秀領校，秀即歆也。見《東觀餘論》。

《宋史新編》：地理類，《山海經讚》二卷。五行類，郭璞《山海經》十八卷。

馬氏《文獻通考》：《山海圖經》十卷。

《程俱集》：宋朝李誡《續山海經》十卷。

焦竑《經籍志》：宋朝舒雅《山海經圖》十卷。

劉會孟《評山海經》十八卷。

楊慎《山海經補注》一卷。

王崇慶《山海經釋義》十八卷。

胡文煥《山海經圖》二卷。

《山海經古文》一卷，《金石韻府》引虒靈貐貑二字。

《山海經》目、本文三萬九百十九字，注二萬三百五十字，總五萬一千二百六十九字。

古序説

西漢劉秀字子駿。上《山海經》，奏曰：侍中奉車都尉光禄大夫臣秀領校，祕書言校，祕書太常屬臣望，所校《山海經》凡三十二篇，今定爲一十八篇，已定。《山海經》者，出于唐虞之際。昔洪水洋溢，漫衍中國，民人失據，崎嶇於丘陵，巢於樹木。鯀既無功，而帝堯使禹繼之。禹乘四載，隨山刊木，定高山大川。益與伯翳主驅禽獸，命山川，類草木，别水土。四嶽佐之，以周四方，逮人跡之所希至，及舟輿之所罕到。内别五方之山，外分八方之海，紀其珍寶奇物，異方之所生，水土草木禽獸昆蟲麟鳳之所止，禎祥之所隱，及四海之外，絶域之國，殊類之人。禹别九州，任土作貢，而益等類物善惡，著《山海經》。皆聖賢之遺事，古文之著明者也。其事質明有信。孝武皇帝時，常有獻異鳥者，食之百物，所不肯食。東方朔見之，言其鳥名，又言其所當食，如朔言。問朔何以知之，即《山海經》所出也。孝宣帝時，擊磻石於上郡，陷得石室，其中有反縛盜械人。時臣秀父向爲諫議大夫，言此貳負之臣也。詔問何以知之，亦以《山海經》對。其文曰：「貳負殺窫窳，帝乃梏之疏屬之山，桎其右足，反縛兩手。」上大驚。朝士由是多奇《山海經》者，文學大儒皆讀學，以爲奇，可以考禎祥變怪之物，見遠國異人之謡俗。故《易》曰：「言天下之至賾而不可亂也。」博物之君子，其可不惑焉。臣秀昧死謹上。

東晉記室參軍郭璞字景純。《山海經序》曰：世之覽《山海經》者，皆以其閎誕迂誇，多奇怪俶儻之言，莫不疑焉。嘗試論之曰：莊生有云：「人之所知，莫若其所不知。」吾於《山海經》見之矣。夫以宇宙之寥廓，羣生之紛紜，陰陽之煦蒸，萬殊之區分，精氣渾淆，自相濆薄，遊魂靈怪，觸像而搆，流形於山川，麗狀于木石者，惡可勝言乎？然則總其所以乖，鼓之於一響，成其所以變，混之於一象。世之所謂異，未知其所以異；世之所謂不異，未知其所以不異。何者？物不自異，待我而後異，異果在我，非物異也。故胡人見布而疑黂，越人見罽而駭毳，蓋信其習見而奇所希聞，此人情之常蔽也。今略舉可以明之者，陽火出于冰水，陰鼠生于炎山，而俗之論者莫之或怪，及談《山海經》所載而咸①怪之，是不怪所可怪，而怪所不可怪也。不怪所可怪，則幾于無怪矣；怪所不可怪，則未始有可怪也。夫能然所不可，不可所不可然，則理無不然矣。案《汲郡竹書》及《穆天子傳》，穆王西征，見西王母，執璧帛之好，獻錦組之屬。穆王享王母於瑶池之上，賦詩往來，辭義可觀。遂襲崑崙之丘，遊軒轅之宫，眺鍾山之嶺，玩帝者之寶，勒石王母之山，紀跡玄圃之上。乃取其嘉木艷草，奇鳥怪獸，玉石珍瑰之器，金膏燭銀之寶，歸而殖養之於中國。穆王駕八駿之乘，右服盗驪，左驂騄耳，造父爲御，犇戎爲右，萬里長騖，以周歷四荒，名山大川，靡不登濟。東升大人之堂，西燕王母之廬，南轢黿鼉之梁，北躡積羽之衢，窮歡極娱，然後旋歸。案《史記》説穆王得盗驪、騄耳、驊騮之驥，使造父御之以西巡狩，見西王母，樂而忘歸，亦與《竹書》同。《左傳》曰：「穆王欲肆其心，使天下皆有車轍馬跡焉。」《竹書》所載，則是其事也。而譙周之徒，足爲通識瑰儒，而雅不平此，驗之《史考》，以著其妄。司馬遷叙《大宛傳》，亦云：「自張騫使大夏之後，窮河源，惡覩所謂

①「咸」，原作「生」，據《山海經箋疏》卷首《山海經叙録》改。下簡稱《箋疏》，所據爲二〇一九年中華書局標點本。

崑崙者乎？至《禹本紀》、《山海經》所有怪物，余不敢言也。」不亦悲乎！若《竹書》不潛出于千載，以作徵于今日者，則《山海》之言其幾乎廢矣。若乃東方生曉畢方之名，劉子政辨盜械之尸，王頎訪兩面之客，海民獲長臂之衣，精驗潛効，絶代懸符。於戲！羣惑者其可以少寤乎？是故聖皇原化以極變，象物以應怪，鑒無滯賾，曲盡幽情，神焉廋哉！神焉廋哉！蓋此書跨世七代，歷載三千，雖暫顯于漢，而尋亦寢廢。其山川名號，所在多有舛謬，與今不同。師訓莫傳，遂將湮泯。道之所存，俗之所喪，悲夫！余有懼焉。故爲之創傳，疏其壅閡，闢其茀蕪，領其玄致，標其洞涉，庶幾令逸文不墜于世，奇言不絶于今，夏后之迹靡刊於將來，八荒之事有聞於後裔，不亦可乎。夫蘙薈之翔，叵以論垂天之凌；蹄涔之遊，無以知絳虯之騰。鈞天之庭，豈伶人之所躡；無航之津，豈蒼兕之所涉。非天下之至通，難與言《山海》之義矣。嗚呼！達觀博物之客，其鑒之哉！

陳氏宋人。《書目》説《山海經》曰：漢侍中奉車都尉臣秀所校祕書，秀即劉歆也。晉郭璞注。案《唐志》二十三卷，《音》二卷。今本錫山尤袤延之校定。世傳禹、益所作，其事見《吴越春秋》，曰：禹東巡，登南嶽，得金簡玉字，通水之理，遂行四瀆，與益共謀。所至使益疏而記之，名《山海經》。此其爲説，恢誕不典。司馬遷曰：「言九州山川，《尚書》近之矣。至《禹本紀》、《山海經》所書怪物，余不敢言之也。」可謂名言，孰曰多愛乎？故尤《跋》明其非禹、伯翳所作，而以爲先秦古書無疑，然莫能明其何人也。洪慶善補注《楚辭》，引《山海經》、《淮南子》以釋《天問》，而晦翁則曰：「古今説《天問》者皆本此二書。今以文意考之，疑此二書本皆緣解《天問》而作。」此可以破千載之惑。古今相傳既久，姑以冠地理書之録。

王應麟字伯厚，宋人。《山海經考證》曰：《隋志》相傳以爲夏禹所記，二十三卷，郭璞注，劉歆所定書。其南、西、北、東及中山，號五藏經，凡五篇，其文最多；《海内》、《海外》、《大荒》三經，南、西、北、東各四篇；并《海内經》一篇，總十八篇。多者十餘簡，少者二三簡。其卷後或題「建平元年四月丙戌，待詔太常屬臣望，校治侍中光禄勳臣龔，侍中奉車都尉光禄大夫臣秀領主省」。顔之推曰：「《山海經》禹、益所記，而有長沙、零陵、桂陽、諸暨，後人所羼，非本文也。」《通典》以爲「恢怪不經，疑夫子删《詩》、《書》後，尚奇者所作，或先有其書，如詭誕之言，必後人所加也」。郭璞序曰：「東方生曉畢方之名，劉子政辨盜械之尸，王頎訪兩面之客，海民獲長臂之衣，精驗潛効，絶代懸符。」《論衡》謂：「董仲舒覩重常之鳥，劉子政曉貳負之尸，皆見《山海經》，故能立二事之説。」今本十八卷，劉歆定爲十八篇，多於《志》五篇，固已不同。尤袤定爲先秦之書，非禹及伯翳所作。晁氏曰：「長沙、零陵、雁門皆郡縣名，又載禹、鯀，後人參益之。」薛氏曰：「《左傳》稱大禹鑄鼎象物，以知神姦，入山林者不逢不若。」《山海經》所述，不幾是也？《經》言大川所出及舜所葬，皆秦漢時郡縣。又有成湯、文王之事，《管子》之文，其非先秦有夏遺書審矣。劉歆直云伯益所記，又分伯益、伯翳以爲二人，皆未之詳考于太史公記、漢西京書，非後世之作也。《山海經》要爲有本于古，秦漢增益之書。太史公謂「言九州山川，《尚書》近之，至《山海經》、《禹本紀》所言怪物，余不敢言也」，然哉！

楊慎字用修，明人。《山海經後序》曰：《左傳》曰：「昔夏氏之方有德也，遠方圖物，貢金九牧，鑄鼎象物，物物而爲之備，使民知神姦，入山林不逢不若，魑魅魍魎，莫能逢之。」此《山海經》之所由始也。神禹既錫玄圭，以成水功，遂受舜禪，以家天下。於是乎收九牧之金以鑄鼎，鼎之象則取遠方之圖。山之奇，水之奇，草之奇，木之奇，禽之奇，獸之奇，説其形，著其生，別其性，分其類。其神奇殊彙、駭世驚聽者，或見，或聞，或恒有，或時有，或不必有，皆一一書焉。蓋其經而可守者，具在《禹貢》；奇而不法者，則備在九鼎。九鼎既成，以觀萬國，同彼象而魏之，日使耳而目之，脱輶軒之使，重譯之貢，續有呈焉，固以爲恒而不怪矣。此聖王明民牖俗之意也。夏后氏之世雖曰尚忠，而文反過於成周。太史終古藏古今之圖，至桀焚黄圖，終古乃抱之以歸殷。又史言孔甲于黄帝、姚、姒盤盂之銘，皆緝之以爲書。則九鼎之圖，其傳固出于終古、孔甲之流也。謂之曰《山海圖》，其文則謂之《山海經》。至秦而九鼎亡，獨《圖》與《經》存。晉陶潛詩「流觀《山海圖》」，阮氏《七録》有張僧繇《山海圖》，可證已。今則《經》存而《圖》亡，後人因其義例而推廣之，益以秦漢郡縣地名，故讀者疑信相半。信者直以爲禹、益所著，既述其原，而疑者遂斥爲後人贋作詭譔，抑亦軋矣。漢劉歆《七略》所上，其文古矣。晉郭璞注釋所序，其説奇矣。此書之傳，二子之功與？但其著作之源，後學或忽，故著其説，附之策尾。

胡應麟字元瑞。《説山海經》曰：《山海經》，古今語怪之祖。劉歆謂夏后、伯翳撰，無論其事，即其文，與《典》、《謨》、《禹貢》迥不類也。余嘗疑戰國好奇之士，本《穆天子傳》之文與事，而侈大博極之，雜傳以《汲冢紀年》之異聞，《周書·王會》之詭物，《離騷・天問》之遐旨，南華、鄭圃之寓言，以成此書。而其敘述高簡，詞義淳質，名號倬詭，絶自成家。故雖本會萃諸書，而讀之反若諸書之取證乎此者，而實弗然也。《穆天子傳》晉始出，而此書漢世獨完，緣是前代文人率未能定其先後，余首發之于此，俟大雅君子商焉。見《筆叢》。

又曰：《山海經》本書不言禹、益撰，劉歆校定，以爲禹任上作貢，而益等類物善惡，著《山海經》，蓋億度疑信之言。趙氏《吴越春秋》因禹登會稽，遂撰爲金簡玉字之説。趙，東漢人，在劉歆後，其僞無疑。讀者但以禹、益治水不當至海外，而怪誕之詞聖人所不道以破之，而不據其本書。案《經》稱夏后啓事者三，又言殷王子亥，又言文王墓，凡商、周之事，不一而足。晁氏但疑長沙、桂陵數郡名及鯀湮息壤等文，夫鯀事固禹、益所覩，商周曷從知之哉？

又曰：此書蓋周末文人，因禹鑄九鼎，圖像百物，使民入山林川澤，備知神姦之説，故所記多魑魅魍魎之類，而於禹爲特詳。

又曰：始余讀《山海經》而疑其本《穆天子傳》，雜録《離騷》、《莊》、《列》傳會以成者，然以出于先秦，未敢自信。載讀《楚辭辨證》，云「古今説《天問》者皆本《山海經》、《淮南子》，今以文意考之，疑此二書皆緣《天問》而作」，則紫陽已先得矣。然《經》所紀山川神鬼，凡《離騷》、《九歌》、《遠遊》、二《招》中稍涉奇怪者，悉爲説以實之，不獨《天問》也。而其文體特類《穆天子傳》，故余斷以爲戰國好奇之士，取《穆王傳》，雜録《莊》、《列》、《離騷》、《周書》、晉乘以成者，自非熟讀諸書及此經本末，不易信也。後世必有以余爲知言者。

又曰：《經》載叔均方畊，讙兜方捕魚，長臂人兩手各操一魚，豎亥右手把算，羿執弓矢，鑿齒執盾，此類皆與紀事之詞大異。近世坊間戲取《山海經》怪物爲圖，意古先有斯圖，撰者因而紀之，故其文義應爾。及讀王伯厚《王會補傳》引朱子曰「《山海經》紀諸異物飛走之類，多云東向，或云東首，疑本依圖畫而述之。古有此學，如《九歌》、《天問》皆其類」，余意頓爾釋然。甚矣紫陽之善讀書也！即此文義之間，古今博雅所未究，而獨能察之，況平生精力萃于經傳者，可淺窺乎？

又曰：古人著書，即幻説必有所本。《山海經》之稱禹也，名山大川，遐方絶域，固本治水作貢之文。至異禽詭獸，鬼蜮之狀，充斥簡編，雖戰國浮誇之習，乃《禹貢》則亡一焉，而何以傅合也？偶讀《左傳》王孫滿之對楚子曰「昔夏之方有德也，遠方圖物，貢金九牧，鑄鼎象物，百物而爲之備，使民知神姦，故民入川澤山林，螭魅魍魎，莫能逢之」，不覺灑然，擊節曰：此《山海經》所由作乎！蓋是書也，其用意一根于怪，所載人物靈祇非一，而其形則皆魑魅魍魎之屬也。考王孫之對，雖一時辨給之談，若其所稱圖像百物之説，必有所本。至于周末《離騷》、《莊》、《列》輩，其流遂不可底極，而一時能文之士，因假《穆天子》之體，縱横附會，勒成此書，以傳于圖像百物之説，意將以禹、益欺天下後世，而適以誣之也。自此書之行，古今學士但謂非出大禹而已，而未有辨其本于穆滿之文者，尤未有察其本于王孫之對者，區區名義之末，誠非大體所關，然亦可見古今事理，第殫精索之，即千載以上無弗可窮也。作者有靈，其將爲余絶倒于九京也哉？任臣曰：胡氏之説《山海經》辨矣，然疑爲後人本《穆天子傳》、《楚辭》諸書而作，非實録也。愚論具《讀山海經語》中。

程良孺字穉修。説《山海經》曰：夏禹、伯益作《山海經》，有長沙、零陵、桂陽、諸暨郡縣。神農作《本草》，而有豫章、朱崖、趙國、常山、奉高、真定、臨淄、馮翊等郡縣。周公作《爾雅》，而云「張仲孝友」。孔子作《春秋》，而云孔某卒。左丘明作《世本》，而有漢高祖、燕王喜。《汲冢瑣語》乃載秦望碑。李斯作《蒼頡篇》，而有「漢兼天下，海内并廁，豨黥韓覆，畔討滅殘」。司馬遷作《史記》，而有班固《敘贊》。劉向作《列仙傳》，而贊云七十四人出佛經。又作《列女傳》，其子歆足成之，而有更始韓夫人、明德馬皇后、梁婦人嫕傳。此其爲後人所羼何疑？見《讀書考定》。

劉維《山海經策》曰：禹平水土，主名山川，伯益等類物善惡，著《山海經》，與《禹貢》互相發明，内别五方之山，外分八方之海，山與水錯成，舟車之所罕到，人類之所希覩，凡一十八篇。或云孔子删後所出，或云漢臣劉歆等多所附益，如長沙、零陵、桂陽、諸暨，後人所屬，而其爲唐虞間書則近之。蓋《禹貢》爲地平天成，歸告成功而作，是已成之書也。是故以冀、兖、青、徐、荆、揚、豫、梁、雍定州以上中下，錯綜定賦，其詞確。《山海經》爲隨山刊水，創造經行而作，是未成之書也。故止以南西北東中定方隅，而州則未定，以海内外大荒定梗槩，以鳥獸草木金玉人物紀珍怪，而賦則未定其詞。詳《禹貢》，以尊京師爲主，故首冀州，兖最下，故次兖，雍最高，故終雍，崑崙最遠，故以織皮與三國終之，而無他賦。《山海經》治之導之，從其所自起，天下山起崑崙，故《山海經》首南山。《禹貢》以定賦獻天子，崑崙在荒僻外，故不列九州，止言導河自積石，而非以河源自積石也。《山海經》備載環海内外，故得原其所起，要其所止，獨其海外與大荒、五方與海内，辭多類而事複，則經度之始，原爲未成。大抵君子道其常，達人觀其變。語其正則盡之《禹貢》，語其變則概之《山經》。至若《經》言貳負之臣，帝梏之疏屬之山，桎其足，縛其兩手，至漢宣帝時猶驗，此可爲貳心之臣戒。有蜮民之國，射蜮是食，爲鬼爲蜮，則不可得射而食之，此可爲邪民戒。豐次玉門，日月所入，倚天蘇門，日月所生，羲和之國浴日，天虞浴月，日月君象也，而浴之，此可爲夾輔日月者勸。此即無是事，而理固足信，况《經》備載之乎？

陳一中論《山海經》曰：《山海經》，伯益真經，劉氏、郭氏《經序》，羅氏《路史》得之，此可與虚心好古者道，特筆續于漢儒之貂，義濫于景純之觴耳。察其所志，皆山川之産，財貨之出，風土之俗，祭祀之禮，動植之情，藥石之性，災祥之徵，疾病之宜，道里之數，帝王之葬，鬼神之祠，神明之冑，無非經國福民之良，博詢于山耆野老，廣采于絶域遐方，南天北地，不能無聞見之異，兼收並録，無怪有彼此之殊。故《山海經》爲《禹貢》剩文，有存無棄，乃所謂聖人之至虚也。千載之下，東方生、劉子政習之，其應如神，所見之廣，所志之博，都非後人能辨，孰謂《山海經》非伯益之真乎？見《蛙螢子》。

山海經逸文

應劭《漢地理志》「泫氏縣」注引《山海經》曰：泫水所出。

《史記正義》引《山海經》云：紫淵水出根耆之山，西流注河。

歐陽詢《藝文類聚》引《山海經》曰：列缺，雷名。

李善《文選注》引《山海經》曰：閬風之山，或上倍之，是謂玄圃。或上倍之，是謂大帝之居。

孫愐《唐韻》云：魶魵，魚名，出《山海經》。又云：鸐鳥，出《山海經》。

韓鄂《歲華紀麗》引《山海經》曰：狼山多毒草，盛夏，鳥過之不能去。

《太平御覽》引《山海經》曰：猰㺄食猛獸。

《東觀餘論》引《山海經》曰：南方山谷中有獸，曰貘，象鼻犀目，牛尾虎足，人寢其皮辟温，圖其形辟邪，嗜銅鐵，弗食他物。

王世貞《異物彙苑》亦引此。又曰：《經》一云：白貘似熊，十頭。

朱熹《楚辭注》引《山海經》曰：禹治水，有應龍以尾畫地，即水泉流通，禹因而治之。

虞厚《合璧事類》引《山海經》曰：沃焦在碧海之東，有石闊四萬里，居百川之下，故又名尾閭。

高似孫《緯略》云：《山海經》：流沙之西，丹山之南，有鳳之圓。圓，古卵字。

郭彖《睽車志》：熙寧間，泗州盱眙令，自陳改名雍觀。時王荆公當國，怪其名。云夢中神告如此。其人後渡浮橋，没淮水，事聞朝廷，荆公白：向疑雍觀名，因閲《山海經》，乃知爲水官之名，故慮其有水厄也。厥後縣僚時夢雍觀，騶從甚盛，往來淮岸云。

王應麟《漢藝文志考證》引《山海經》曰：伏羲氏得《河圖》，夏后因之，曰《連山》。廣帝氏得《河圖》，商人因之，曰《歸藏》。列山氏得《河圖》，周人因之，曰《周易》。

《困學紀聞》載：孝皇問王季海：聾字何以從龍從耳？對曰：《山海經》龍聽以

角，不以耳。又《續文獻通考》亦引此。

吴淑《事類賦注》引《山海經》曰：仙女降露，仙人常飲之。

李肇《國史補》引《山海經》云：水獸好爲害，禹鎖①之，名巫支祈。《輟耕録》又云：《山海經》：水獸好爲雲雨，禹鎖于軍山之下，名無支祈。

楊慎《外集》曰：陸渾山，《山海經》作賁渾。案古陸字作坴，賁渾當是坴渾之誤。

楊慎《均藻》引《山海經》曰：鳳丸。鳳卵也。山㺑。即山魈。

劉賡《稽瑞録》引《山海經》曰：鸑鳳之佐，鳴中五音也。

梅膺祚《字彙》引《山海經》云：橎木，煮其汁，味甘，可爲酒。

馮應京《月令廣義》引《山海經》曰：道州有暖谷，在寒亭之旁。

茅溱《韻譜本義》引《山海經》曰：鱟形如惠，文青黑色，十二足悉在腹下，長五六尺，似蟹。雌常負雄，漁者取之，必得其雙。

---

①「鎖」，原作「瑣」，據《唐國史補》卷上改。

董斯張《廣博物志》引《山海經》云：崑崙縱廣萬里，高萬一千里，有青河、白河、赤河、黑河環其墟。又引《經》曰：九真郡居風，有風門，常出風。

程良孺《讀書考定》曰：江海之有潮，辰刻不移，《山海經》則以爲海鰌出入穴之度。郎瑛《七脩類藁》、畢拱辰《蟬雪哤言》亦引此云。

程氏又曰：金吾，其形似美人首，魚尾，有兩翼，其性通靈，不睡。出《山海經》、《博物志》。

郭紹孔《正誤》曰：《山海經》：神荼、鬱壘，海中二神人。郭璞注：神荼音伸舒，欝壘一作鬱律，又作鬱壘，張衡《東京賦》「守以鬱壘」是也。《戰國策》作鬱靁，沈休文作[illegible][illegible]，王充作欝㠥，音義同。應劭《風俗通》、楊慎《古音複字》、羅泌《餘論》皆云出《山海經》，戴埴《鼠璞》亦引《山海經》曰：滄海之中，度朔之山，上有大桃木，其屈蟠三千里，其枝間東北曰鬼門，萬鬼所出入也。有二神人，一曰神荼，一曰鬱壘。

陳一中《冠編》引《山海經》云：黃帝字律，曰帝律。

虞淳熙《陰符演》引《山海經》曰：廣成子治屯蒙二卦，黃帝之師也。

夏樹芳《詞林海錯》曰：《山海經》：海神名馬銜，一角而龍形。

陳敬《香譜》引《山海經》曰：丁香生東海及崑崙國，二三月花開，七月結實。郭造卿《永平府志》亦引《山海經》曰：丁香生東海及崑崙。

白湛淵《續演雅》云：嬰啼聞木枝。注云見《山海經》。

《正韻注》引《山海經》云：楓木入地，千年爲虎魄。

屠隆《篇海》云：具疢山，山名，見《山海經》，疢音快。

《篇韻》引《山海經》云：獛鉛，南極之人，尾長數寸，巢居山林。

任臣案：前文今本所無，存之以備闕略。

山海經圖記

右《山海經圖》五卷。

凡二百四十四圖：爲靈祇者二十，爲異域者二十有一，爲獸族者五十有一，爲羽禽者二十有二，爲鱗介者三十。奇形怪物，靡不悉陳；異獸珍禽，燦然畢具。中間若肥𧍕與肥遺攸分，蠻鳥與蠻鼠迥別。以至桃水之鮹，子桐水之鮹，字同音異；而浮玉之彘，倫山之羆，三危之鴟，又與世所稱曰彘曰羆曰鴟者有殊。咸爲分形析象，用辨微芒。昔人識疏屬之尸，知一足之鳥，審駮馬之狀，證孟婆之神，往往載諸史籍，以爲美譚。即此而循覽周回，亦庶幾遇物能名，無庸冥索矣。

舊舒雅咸平圖十卷，計二百四十二種，今登其詭異，以類相次，而見聞所及者都爲闕如云。

康熙六年夏五，吴任臣謹

山海經圖總目

第一卷　靈祇

第二卷　異域

第三卷　獸族

第四卷 羽禽

化蛇 222
飛魚（正回水） 229
三足龜 257
巴蛇 392
陵魚 421
應龍 455

山海經廣注卷之一

仁和吳任臣注

南山經

《南山經》之首曰䧿山〔一〕。其首曰招摇之山〔二〕，臨于西海之上〔三〕。多桂〔四〕，多金、玉。有草焉，其狀如韭〔五〕而青華，其名曰祝餘〔六〕，食之不饑〔七〕。有木焉，其狀如穀而黑理〔八〕，其華四照〔九〕，其名曰迷穀〔一〇〕，佩之不迷。有獸焉，其狀如禺而白耳〔一一〕，伏行人走，其名曰狌狌，食之善走〔一二〕。麗𪊨之水出焉〔一三〕，而西流注于海。其中多育沛〔一四〕，佩之無瘕疾〔一五〕。

〔一〕任臣案：今本作「鵲」。《三才圖會》有「鵲山之神」，即此山也。又濟南、汝寧、太原、順德皆有鵲山。《搜神記》「仲子隱于鵲山」①，蓋濟南鵲山；《通鑑》「李世民與竇建德戰，西薄汜水，南屬鵲山」，汝寧鵲山也，非此。

〔二〕任臣案：王崇慶《釋義》云：「既曰鵲山，又曰其首曰招摇之山，是一山而二名，或兩山相並也。」任昉《述異記》曰：「招摇山亦名鵲山。」

〔三〕郭曰：在蜀伏山山南之西頭，濱西海也。

〔四〕郭曰：桂葉似枇杷，長二尺餘，廣數寸，味辛，白花，叢生山峰，冬夏常青，間無雜木。《吕氏春秋》曰：「招摇之桂。」　任臣案：《王會解》「自深桂」注：「自深，南蠻也。」《楚辭》：「嘉南州之炎德兮，麗桂樹之冬榮。」《山海經圖贊》曰：「桂生南裔，拔萃岑嶺。廣莫熙葩，淩霜津穎。氣王百藥，森然雲挺。」

〔五〕郭曰：璨曰：韭音九，《爾雅》云「霍山亦多之」。

〔六〕郭曰：或作「桂荼」。

〔七〕任臣案：《駢雅》曰：「祝餘，療飢草也。」徐氏《饗脩賦》云：「采石蕈以夕春兮，羞祝餘以黿餔。」《圖贊》云：「祝荼嘉草，食之不飢。」即此。

① 按今本《搜神記》無此事。仲子，當指陳仲子。

〔八〕郭曰：穀，楮也，皮作紙。璨曰：穀，亦名構。名穀者，以其實①如穀也。

〔九〕郭曰：言有光燄也。若木華赤，其光照地，亦此類也。見《離騷經》。　任臣案：梁簡文帝《相宫寺碑》：「四照吐芬，五衢異色。」《梁元帝集》：「苣亂九衢，花含四照。」又啓云：「昔住陽臺，雖逢四照。」李百藥賦：「翫四照於花叢。」庾子山啓：「花開四照，惟見其榮。」又詩：「五衢開辨路，四照起文烽。」王巾《頭陀寺碑》：「九衢之草千計，四照之花萬品。」《晉書》：「四照開春華，萬寶成秋實。」顧野王詩：「争攀四照花，競戲三條術。」王勃《乾元殿頌》：「四照霏紅，間靈葩于右城。」王氏《華平頌》：「五衢四照，未數山經。」《韻府羣玉》云：「即若草木，其光四照。」本此。

〔一〇〕任臣案：吴淑《木賦》：「迷穀四照之異，文玉五色之奇。」《駢雅》曰：「迷穀四照，楊榣七脊。」《述異記》云：「迷穀出招摇山。」《事物紺珠》云：「迷穀如楮而黑理。」王世貞《騷》曰：「佩迷穀之璀琅兮，脩途向乎叢林。」吴國倫書云：「疑網暫撤，迷穀在躬。」《圖贊》曰：「爰有嘉樹，産自招摇。厥華流光，上映垂霄。佩之不惑，潛有靈標。」

〔一一〕郭曰：禺似獼猴而大，赤目長尾，今江南山中多有。説者不了此物名禺，作「牛」字，圖亦作牛形，或作猴，皆失之也。禺字音遇。

〔一二〕郭曰：生生禺獸，狀如猿，伏行交足，亦此類也。見京房《易》。　任臣案：《淮南萬畢術》曰：「婦

①「實」，原作「食」，據宋本改。

終知來，狌狌知往。」《王會解》「州靡費①費，都郭生生」，即狌狌也。《太微經》曰：「狌染齒于酒，忘其努取。」《圖贊》曰：「狌狌似猴，走立行伏。櫰木挺力，少辛明目。蜚廉迅足，豈食斯肉？」

〔一三〕郭曰：麐音作几。

〔一四〕郭曰：未詳。

〔一五〕郭曰：瘕，蟲病也。　任臣案：《内經》：「癥瘕之疾。」

狌狌　狀如禺而白耳，伏行人走。出招搖山。

又東三百里曰堂〔一〕庭之山。多棪木〔二〕，多白猿〔三〕，多水玉〔四〕，多黄金〔五〕。

---

①「費」上原衍「以」字，據《周書·王會解》删。

〔一〕郭曰：一作「常」。

〔二〕郭曰：棪，別名連其。子似柰而赤，可食。音剡。　任臣案：《爾雅》：「棪，速其。」曹毗《魏都賦》：「果則谷棪山樗。」

〔三〕郭曰：今猿似獼猴而大，臂脚長，便捷，色有黑有黄，鳴其聲哀。　任臣案：《圖贊》曰：「白猿肆巧，由基撫弓。應眄而號，神有先中。數如循環，其妙無窮。」

〔四〕郭曰：水玉，今水精也。相如《上林賦》曰：「水玉磊砢。」赤松子所服，見《列仙傳》。　任臣案：庾肩吾啓云：「競爽雲珠，争奇水玉。」李賀詩：「暗佩清臣敲水玉。」又玻璃亦名水玉。《圖贊》曰：「水玉沐浴，潛映洞淵。赤松是服，靈蜕乘煙。吐納六氣，升降九天。」

〔五〕任臣案：《説文》：「五金，黄爲之長。」《地鏡圖》云：「黄金之氣赤，夜有光。或云上有薤，下有金。」又黄金有沙金、麩金、橄欖、葉子、胯子之名，不可盡述，見《寶貨辨疑》。又《事物紺珠》有珄金、蔓苔、揚邁、麟趾、闍浮檀之屬，皆黄金也。

又東三百八十里曰猨翼之山〔一〕。其中多怪獸，水多怪魚〔二〕，多白玉，多蝮虫〔三〕，多怪蛇，多怪木，不可以上。

〔一〕任臣案：楊慎《補注》曰：「山險難登，猨亦須翼，諺所謂猢猻愁也。」又《淮南子》云「臨蝯眩之岸」，亦此義。

〔二〕郭曰：凡言怪者，皆謂貌狀倔奇不常也。《尸子》曰：「徐偃王好怪，没深水而得怪魚，入深山而得怪獸者，多列于庭。」

〔三〕郭曰：蝮虫，色如綬文，鼻上有針，大者百餘斤。一名反鼻。虫，古「虺」字。任臣案：《楚辭》「蝮蛇蓁蓁」是也。蝮大而虺小。

又東三百七十里曰杻陽之山〔一〕。其陽多赤金〔二〕，其陰多白金〔三〕。有獸焉，其狀如馬而白首，其文如虎而赤尾，其音如謡〔四〕，其名曰鹿蜀〔五〕，佩之宜子孫〔六〕。怪水出焉而東流，注于憲翼之水。其中多玄龜，其狀如龜而鳥首虺尾〔七〕。其名曰旋龜，其音如判木〔八〕。佩之不聾，可以爲底〔九〕。

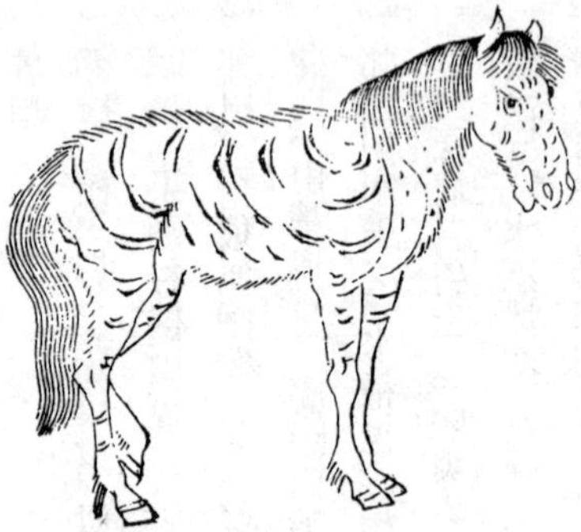

鹿蜀　狀如馬而白首，其文如虎而赤尾。佩其皮，宜子孫。出杻陽山。

旋龜　狀如龜而鳥首虺尾。出怪水。

〔一〕郭曰：音紐。

〔二〕郭曰：銅也。　任臣案：《經》中銅自名赤銅；赤金者，紫磨金類，《爾雅》謂之鏐也。寇宗奭云：「顆塊金，其色深赤。」又外國五種，波斯紫磨金，林邑赤金①。後陶氏亦以赤金爲銅，蓋本郭之誤。

〔三〕郭曰：銀也，見《爾雅》。山南爲陽，山北爲陰。　任臣案：《説文》：「鋈，白金也。」梵書謂之阿路巴。《管子》：「上有鉛，下有銀。」《地鏡圖》曰：「上有葱，下有銀。」《寶藏論》：「銀有十七種，又外國四種。」其産銀谷者稱銀筍、銀牙②。

〔四〕郭曰：如人歌聲。

〔五〕任臣案：《駢雅》曰：「鹿蜀，虎文馬也。」又《五侯鯖》云：「鹿蜀，祖陽山獸。」「杻」字之譌也。崇禎時鹿蜀見于閩南崇德，吴爾壎作詩紀之。

〔六〕郭曰：佩，謂帶其皮尾。　任臣案：《圖贊》曰：「鹿蜀之獸，馬質虎文。攘首吟鳴，矯足騰羣。佩其皮尾，子孫如雲。」

〔七〕郭曰：虺，鋭尾。

〔八〕郭曰：如破木聲。

---

① 「又外國五種」以下見《本草綱目》卷八「金」條，爲李時珍語，與寇宗奭無關。引文節略，僅舉五種中之赤金二種。

② 按《本草綱目》卷八「銀」條，李時珍云：「其生銀，俗稱銀筍、銀牙者也。」疑「谷」字爲「俗」字之誤。

〔九〕郭曰：底，躪也。爲猶治也，《外傳》曰「疾不可爲」。一作「底」，猶病愈也。任臣案：《本草拾遺》曰：「鶚龜生南海，狀如龜，二三尺，兩目在側如鶚。」李時珍釋云：「《山海經》旋龜鳥首虺尾，乃此類也。」又《嶺南異聞》言「海龜鷹首鷹吻，大者方徑丈」，其形狀亦與此類。《駢雅》曰「旋龜鳥首，鼁龜鵝首」，皆水族也。《圖贊》云：「聲如破木，號曰旋龜。修辟似黽，厥鳴如鴟。人魚類鯑，出于洛伊。」

又東三百里柢山〔一〕。多水，無草木。有魚焉，其狀如牛，陵居，蛇尾，有翼，其羽在魼下〔二〕，其音如留牛〔三〕，其名曰鯥〔四〕，冬死而夏生〔五〕。食之無腫疾〔六〕。

鯥魚　狀如牛，陵居，蛇尾，有翼，其羽在魼下。出柢山。

〔一〕郭曰：音蔕。　任臣案：一作「祇山」。

〔二〕郭曰：亦作「脅」。

〔三〕郭曰：《莊子》曰「執犂①之狗」，謂此牛也。《穆天子傳》曰：「天子之狗執虎豹。」

〔四〕郭曰：音六。　任臣案：《圖贊》云：「魚號曰鯥，處不在水。厥狀如牛，鳥翼蛇尾。隨時隱見，倚乎生死。」又《江賦》「鯪鯥踦䠊于垠隒」，又曰「潛鵠魚牛」，亦鯥也。陳禹謨《駢志》云「鯥魚陵居」，明睿宗《江漢賦》「鋭蛇尾之鯥兮」，徐應秋《談薈》云「鯥翼在膊」，謂此。

〔五〕郭曰：此亦蟄類也。謂之死者，言其蟄無所知，如死耳。

〔六〕任臣案：《淮南子》云：「下氣多尰。」

又東四百里曰亶爰之山〔一〕。多水，無草木，不可以上〔二〕。有獸焉，其狀如狸而有髦，其名曰類〔三〕，自爲牝牡，食者不妒〔四〕。

〔一〕郭曰：音蟬。　任臣案：武林江暉著《亶爰集》，取此。

〔二〕郭曰：言崇峭也。

〔三〕郭曰：「類」或作「沛」，「髦」或作「髮」。　任臣案：《列子》曰：「亶爰之獸，自孕而生，曰類。河

①「犂」，今本《莊子》作「犛」。

澤之鳥，視而生，曰鶂。」

類　狀如狸而有髦，自爲牝牡。出亶爰山。

〔四〕郭曰：《莊子》亦曰「類自爲雌雄而化」。今貆猪亦自爲雌雄。　任臣案：陳藏器曰：「靈貓生南海山谷，狀如貍，自爲牝牡。」《異物志》云：「靈貍一體，自爲陰陽。」劉郁《西域記》云：「黑闕丹出香狸，文似土豹。」段成式言：「香狸有四外腎，自能牝牡。」詳考諸説，則類爲靈貍無疑也。楊慎《補注》曰：「今雲南蒙化有此獸，土人謂之香髦，具兩體。」《二十八宿真形圖》心、房二宿皆具兩體。星禽家演房宿爲兔，心宿爲狐。今之兔有雌無雄，撑目而孕，狐有兩體，故能媚惑。亶爰之類，自爲牝牡，又何疑焉？再考此獸名類，蓋種無異同，雄亦類雌，雌亦類雄，類字之義愈益可明。」《圖贊》云：「類之爲獸，一體兼二。近取諸身，用不假器。窈窕是佩，不知妒忌。」程良孺《讀書考定》曰：「《楚辭》『乘赤豹兮載文貍』，王逸注云神貍，而不言其狀。考《南山經》亶爰之山有獸名類，其狀如狸，其文如豹，疑即此物也。」

又東三百里曰基山。其陽多玉，其陰多怪木。有獸焉，其狀如羊，九尾四耳，其目在背，其名曰猼訑〔一〕。佩之不畏〔二〕。有鳥焉，其狀如鷄，而三首六目，六足三翼，其名曰䳜鵂〔三〕，食之無卧〔四〕。

猼訑　狀如羊，九尾四耳，其目在背。出基山。

䳜鵂　狀如鷄而三首六目，六足三翼。出基山。

〔一〕郭曰：博施二音。「施」，一作「陁」。　任臣案：《玄覽》作「䍌䍧」，《字彙》作「䍌羘」，《讀書考定》作「縛訑」。《駢雅》曰：「羊九尾而四耳，曰猼訑。」又《事物紺珠》云「䍌羘似羊，九尾四目」，《彙雅》曰「䍌似羊，四耳無尾，目附于背」，《五侯鯖》云「猼訑、基山獸」，互有異同，皆誤也。《圖贊》曰：「猼詑似羊，眼反在背。視之則奇，推之無怪。若欲不恐，厥皮可佩。」《篇海》又云「猼似羊，四耳九尾，目附于背」，即此獸。

〔二〕郭曰：不知恐畏。

〔三〕郭曰：鶺鵂急性。敞孚二音。　任臣案：《駢雅》曰：「鶺鵂六足，鵸鵌三首。」《玄覽》云：「鶺鵂六足而三首。」或作「鷩鵂」。《廣雅》曰：「南方有鳥焉，三首六目，六足三翼，其名曰鷩鵂。」《圖贊》云：「鳥首魋尾，其名旋龜。鶺鵂六足，三翅並翬。」又《事物紺珠》載「鵁鵂三首六目，六翼六足」，與此鳥差類。

〔四〕郭曰：使人少眠。

又東三百里曰青丘之山〔一〕。其陽多玉，其陰多青頀〔二〕。有獸焉，其狀如狐而九尾〔三〕。其音如嬰兒，能食人，食者不蠱〔四〕。有鳥焉，其狀如鳩〔五〕，其音若呵〔六〕，名曰灌灌〔七〕，佩之不惑。英水出焉，南流注于即翼之澤。其中多赤鱬〔八〕，其狀如魚而人面〔九〕，其音如鴛鴦〔一〇〕，食之不疥〔一一〕。

九尾狐　狐身九尾，能食人。出青丘山。

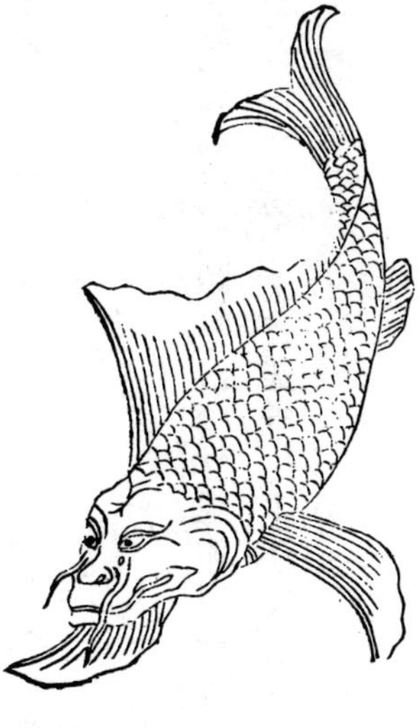

赤鱬　狀如魚而人面。出英水。

〔一〕郭曰：亦有青丘國在海外，《水經》云：即《上林賦》云「秋田于青丘」。　任臣案：《淮南子》：「堯繳大風于青丘之澤。」劉峻《辨命論》：「大風立于青丘。」《唐昭仁寺碑》：「大風之作梗青丘，有苗之稱亂丹浦。」王勃《九成宮頌》：「命繳青丘桃野，見其亡之兆。」沈約詩：「煙極晞丹水，月表望青丘。」許敬宗詩：「青丘絢春組，丹谷耀華林。」儲光羲詩：「軒后青丘埋猰貐。」趙時春《禦敵論》云：「奮青丘之神劍，還紫宮于彝庚。」即斯地也。《十洲記》曰：「青丘山上有紫宮，天真仙女多遊于此。」乃海外青丘山，非此。

〔二〕郭曰：雘，黝屬，音瓠。　任臣案：《尚書大傳》：「青丘出青雘。」今石青、白青之屬。《六書索隱》云：「善丹曰臒，从丹；善青曰雘，从青。」

〔三〕郭曰：即九尾狐。　任臣案：《孝經援神契》：「德至鳥獸則狐九尾。」《田俅子》曰：「殷湯爲天子，白狐九尾。」孫氏《瑞應圖》曰：「王者不傾于色，則九尾狐至。」又曰：「王法修明，三才得所，見九尾狐至。」《春秋運斗樞》云：「璣星得則狐九尾。」《吕氏春秋》：「禹行塗山，有白狐九尾，造于禹。」王褒《講德論》：「昔文王應九尾狐，而東國歸。」《春秋元命苞》云：「天命文王以九尾狐。」《東觀漢紀》：「元和二年，九尾狐見。」《古今注》：「章帝時，白狐九尾見信都。」《魏略》云：「文帝欲受禪，郡國奏九尾狐見于譙、陳。」《宋・符瑞志》：「黄初元年，九尾狐又見甄城。」《北史》：「天平八年，光州獲九尾狐以獻。」張協《七命》云「苑戲九尾之禽」，蓋謂狐也。又《王會解》「青丘狐九尾」，乃青丘國也。兩青丘皆有九尾狐，此所未審。

〔四〕郭曰：噉其肉，令人不逢妖邪之氣。或曰：蠱，蠱毒。

〔五〕任臣案：班鳩一名祝鳩，又名鶌鳩，其小者曰荆鳩，曰楚鳩。鳩之子曰鵓鳩，曰役鳩，曰糠鳩，名類不一。

〔六〕郭曰：如人相呵呼聲。

〔七〕郭曰：或作「濩濩」。　任臣案：《駢雅》曰：「灌灌，鳩屬也。」《圖贊》曰：「厥聲如訶，厥形如鳩。佩之辨惑，出自青丘。」又陶潛詩：「青丘有奇鳥，自言獨見爾。本爲迷者生，不①以喻君子。」

---

①「不」，原作「又」，據袁行霈《陶淵明集箋注》卷四改。《箋注》又云：「不，和陶本作『欲』，亦通。」

〔八〕郭曰：音懦。

〔九〕任臣案：《圖贊》云：「赤鱬之物，魚身人頭。」劉會孟曰：「磁州亦有孩兒魚，四足長尾，聲如嬰兒啼，其膏燃之不滅。」據劉所説，乃鯑魚也。

〔一〇〕任臣案：鴛鴦，《古今注》謂之「匹鳥」，《涅槃經》謂之「婆羅迦鄰提」。或曰雄鳴曰鴛，雌鳴曰鴦。又鸂鶒一名紫鴛鴦。

〔一一〕任臣案：《説文》：「疥，搔也。」又疥與痎通，小瘧也。《左傳》：「齊侯疥，遂痁。」後魏李繪説。

又東三百五十里曰箕尾之山。其尾踆于東海，多沙石〔一〕。汸水出焉〔二〕，而南流注于淯〔三〕，其中多白玉。

〔一〕郭曰：踆，古「蹲」字，言臨海上。音存。

〔二〕郭曰：音芳。

〔三〕郭曰：音育。　任臣案：《水經》：「淯水出弘農盧氏縣攻離山。」《九域志》：「金州洵陽縣有淯水。」晉升平三年，桓温與范汪北討，列營淯水。

凡䧿山之首自招摇之山以至箕尾之山，凡十山，二千九百五十里。其神狀皆鳥身而龍首。其祠之禮，毛〔一〕，用一璋玉瘞〔二〕，糈用稌米〔三〕，一璧，稻米、白菅爲席〔四〕。

〔一〕郭曰：言擇牲取其毛色也。《周官》曰：「陽祀用騂牲之毛。」

〔二〕郭曰：半圭爲璋。瘞，埋也。

〔三〕郭曰：糈，祀神之米名，先呂反。今江東音所，一音壻。稌，稌稻也，他覩反。「糈」或作「疏」，非也。　任臣案：《詩》云：「豐年多黍多稌。」《內則》：「牛宜稌。」今之糯稻。

〔四〕郭曰：菅，茅屬也。音間。

《南次二經》之首曰柜山〔一〕。西臨流黃，北望諸毗，東望長右〔二〕。英水出焉，西南流注于赤水，其中多白玉〔三〕，多丹粟〔四〕。有獸焉，其狀如豚，有距，其音如狗吠，其名曰狸力〔五〕，見則其縣多土功。有鳥焉，其狀如鴟而人手〔六〕，其音如痺〔七〕，其名曰鴸〔八〕，其鳴自號也，見則其縣多放士〔九〕。

〔一〕郭曰：音矩。

〔二〕郭曰：皆山名。

〔三〕郭曰：《尸子》曰：「水方折者有玉，員折者有珠。」

〔四〕郭曰：細丹沙如粟也。　任臣案：雷斆曰「白庭砂如帝珠子許大」，蘇頌曰「辰砂小者如石榴子」，皆丹粟也。張衡《南都賦》：「緑碧紫英，青雘丹粟。」

〔五〕郭曰：一作「狸刀」。　任臣案：《駢雅》云：「狸刀①，距豚也。」

〔六〕郭曰：其脚如人手。鴟音處脂反。　任臣案：《篇海》云：「鴸鳥鴟目人首。」《事物紺珠》亦云：「鴸身如鴟，人面人掌。」乙酉歲夏六月，有鳥止于杭之慶春門上三日，足如小兒，面若老人形，其鳴曰鴸。或以爲即鴸鳥也。

鴸　狀如鴟而人面人手，見則其縣多放士。出柜山。

〔七〕郭曰：未詳。　任臣案：《字彙》：「痺音脾，鳥名，鴾鶉之雌者。」

①「刀」，原作「力」，據《駢雅》改。

〔八〕郭曰：音株。　任臣案：《五音集韻》：「鴸或从隹。」

〔九〕郭曰：放，放逐。或作「效」也。　任臣案：《圖贊》曰：「彗星横天，鯨魚死浪。鴸鳴于邑，賢士見放。厥理至微，言之無况。」又陶潛《讀山海經》詩：「鵃鵝見城邑，其國有放士。念彼懷王世，當時數來止。」或云鵃鵝當作鵬鴸。黄省曾詩云「宛彼鴸鳥鳴，放士真堪哀」，即此。

東南四百五十里曰長右之山。無草木，多水。有獸焉，其狀如禺而四耳，其名長右〔一〕，其音如吟〔二〕，見則郡縣大水〔三〕。

長右　狀如禺而四耳，見則大水。出長右山。

〔一〕郭曰：以山出此獸，因以名之。　任臣案：《圖贊》曰：「長右四耳，厥狀如猴。實爲水祥，見則横流。彘虎其身，厥尾如牛。」《玄覽》云：「長右也，䌸犰也，四耳之獸也。」《駢雅》云：「狌狌、長右、舉父，皆禺屬也。」

〔二〕郭曰：如人呻吟聲。

〔三〕任臣案：「郡縣」之稱非三代前語，此爲後人所增。

又東三百四十里曰堯光之山。其陽多玉，其陰多金。有獸焉，其狀如人而彘鬣，穴居而冬蟄，其名曰猾褢〔一〕，其音如斲木〔二〕，見則縣有大繇〔三〕。

猾褢　狀如人而彘鬣，音如斲木，見則其縣有繇。出堯光山。

〔一〕郭曰：猾懷兩音。　任臣案：褢，古懷字，漢隸《苑鎮碑》「畏威褢德」是也。《太平御覽》作「猬褢」，《廣博物志》作「猾𧛾」，皆誤。《駢雅》曰：「猾褢如人而彘鬣，磾砎獸身而羊首。」汪若海《麟書》云：「以燕伐燕，猾褢是遊。」

〔二〕郭曰：如人斫木聲。

〔三〕郭曰：謂作役也。或曰「其縣是亂」。　任臣案：《圖贊》曰：「猾褢之獸，見則興役。膺政而出，匪亂不適。天下有道，幽形匿跡。」黄省曾《讀山海經》詩：「國邑有大繇，康莊行猾褢。」

又東三百五十里曰羽山〔一〕。其下多水，其上多雨，無草木，多蝮虫〔二〕。

〔一〕郭曰：今東海祝其縣西南有羽山，即鯀所殛處。計此道里不相應，似非也。　任臣案：《禹貢》注：「羽山在郯城縣七十里。」《十道志》：「羽潭，一名羽池，東有羽山。」《郡國志》云：「鍾離泳城有羽山，其水恒清，牛羊不飲。」劉會孟曰：「淮安贛榆縣有羽山。《經》所紀未詳是非。」

〔二〕郭曰：蚖也。　任臣案：「蚖」乃「虮」字之誤，「虮」即「虺」字，謂虺名虮，非。

又東三百七十里曰瞿父之山〔一〕。無草木，多金、玉。

〔一〕郭曰：音劬。

又東四百里曰句餘之山〔一〕。無草木，多金、玉。

〔一〕郭曰：今在會稽餘姚縣南，句餘縣北，故此二縣因此爲名云。見《張氏地理志》。　任臣案：《逸周書》有句餘，此山以地名也。《亢倉》言「勾越之餘」者，非。《一統志》云：「在慈谿西南四十里。」

又東五百里曰浮玉之山〔一〕。北望具區〔二〕，東望諸毗〔三〕。有獸焉，其狀如虎而牛尾，其音如吠犬，其名曰彘，是食人〔四〕。苕水出于其陰〔五〕，北流注于具區〔六〕，其中多鮆魚〔七〕。

彘　狀如虎而牛尾，音如吠犬，是食人。出浮玉山。

〔一〕任臣案：楊慎《補注》曰：「浮玉即金山也。唐明皇改浮玉爲金山。前人詩：天將白玉浮諸水，帝以黄金姓此山。」又劉會孟曰：「浮玉之山有二，在歸安者爲小浮玉，在孝豐者爲大浮玉，苕水出其陰。然《經》云『北望具區』，則山在具區南，非金山明矣。」《一統志》：「浮玉山在湖州城南七里玉湖中，巨石如積，波不以水盈縮，故名。」《天目山志》曰「天目一名浮玉山，見《山海經》，疑非是。陸龜蒙詩：「入雲搆浮玉，宛與崑閬匹。」注云：「太湖乃仙家浮玉之北宅也。」又西海之西亦有浮玉山，見《拾遺記》。

〔二〕郭曰：具區，今吴縣西南太湖也。《尚書》謂之「震澤」。　任臣案：《周禮·職方氏》：「揚州，其澤曰具區。」《爾雅》「十藪」云：「吴越之間有具區。」《吕覽》云：「菜之美者，具區之菁。」陸廣微《吴地記》云：「今吴縣西南太湖中有包山。」《越絶》曰：「太湖周迴三萬六千頃，亦曰五湖。」《揚州記》云：「太湖，一名震澤，一名洞庭。」

〔三〕郭曰：水名。

〔四〕任臣案：《事物紺珠》曰：「長彘出湖州浮玉山，如猴四耳，虎身牛尾，聲如犬吠。」即斯獸也。《異物彙苑》引《經》亦作「長彘」。

〔五〕任臣案：苕水有兩源，一源出天目山，一源自獨松嶺合浮玉山水。

〔六〕任臣案：《水經注》曰：「謝康樂云：《山海經》浮玉之山在句餘東，便是句餘縣之東山，乃應入海。具區今在餘姚鳥道山北，何由北望具區也？言洞庭南口有羅浮山，高三千六百丈。會稽山宜直湖南，又有山陰溪水入焉。山陰縣西四十里，有二溪，東谿廣一丈九尺，冬煖夏冷，西谿廣三丈五尺，冬冷夏煖。二谿北出行三里至徐村，合成一谿，廣五丈餘，而温凉不①雜，蓋《山

---

①「不」，原作「又」，據京都大學藏鈔本《水經注疏》卷二九改。

海經》所謂苕水也。北經羅浮山而下注于太湖，故言出其陰，入于具區。」謝言山水，微與今時不合，未足據也。

〔七〕郭曰：鮆魚，狹薄而長頭，大者尺餘，太湖中今饒之。一名刀魚。音祚啓反。　任臣案：《爾雅》「鮤，鱴刀」是也，即鱭魚。《異物志》云是鱭鳥所化，故腹中有鳥腎二枚。《魏武食制》謂之「望魚」，《本草》謂之「鱭魚」。楊慎《異魚圖贊》：「浮玉之山，北望具區。苕水出焉，中多鮆魚。蝴蝶所化，列蔓長須。」

又東五百里曰成山〔一〕。四方而三壇〔二〕，其上多金、玉，其下多青雘。閟水出焉〔三〕，而南流注于〔四〕虖勺〔五〕，其中多黄金〔六〕。

〔一〕任臣案：劉會孟曰：成山今在文登縣古不夜城。計其道里，殊爲懸絶。劉鳳《吴郡考》云慈谿縣西南十五里有城山渡，或即此也。

〔二〕郭曰：形如人築壇相累也。成，亦重耳。

〔三〕郭曰：音涿。

〔四〕郭曰：一作「流注于西」。

〔五〕郭曰：虖音呼。「勺」或作「多」，下同。　任臣案：楊慎《補注》：「虖勺即滹沱，古今字異耳，況『多』音與『沱』相近。」又曰：「滹沱有南有北，此南滹沱也。其字古書所載，例無定體。《經》作『虖勺』，又作『虖多』，乃南也；作『濩池』，北滹沱也。《水經》作『滹池』，《秦詛楚文》作『亞馳』，

《字林》作『滤沱』,《周禮》作『虖池』,《史記》作『嘑池』,《九州記》作『滹沲』,《禮記》作『惡池』。」據此,則會稽勺水宜从沱音無疑。酈氏以爲夕水者,豈即「多」字之譌耶?又下虖勺山與此同名,未審何音。

〔六〕郭曰:今永昌郡水出金,如糠在沙中。《尸子》曰:「清水出黄金、玉英。」　任臣案:《異物志》:「黔南遂府吉州水中並産麩金。」《華陽國志》曰:「蘭滄水有金沙,洗取融爲金。」《本草拾遺》曰:「麩金出水沙中,氊上淘取,或鵝鴨腹中得之。」《嶺表録》云:「五嶺内富州、賓州、澄州、涪縣江溪河皆産金。」

又東五百里曰會稽之山。四方〔一〕,其上多金、玉〔二〕,其下多砆石〔三〕。勺水出焉,而南流注于湨〔四〕。

〔一〕郭曰:今在會稽郡山陰縣南,上有禹冢及井。　任臣案:孔靈之《會稽記》:「會稽山在縣東南,其上石狀似覆釜。禹夢玄夷,會蒼水使者,却倚覆釜之山是也。」《周禮》:「揚州之鎮山曰會稽。」《爾雅》:「東南之美者,有會稽之竹箭焉。」《水經注》:「會稽之山,古防山也,亦謂之茅山,又曰棟山。」《越絶》曰:「棟猶鎮也,故又名鎮山。」劉會孟云:「古防山有陽明洞,道書第十一洞天。唐封爲南鎮。」《吴越春秋》云:「禹巡越,大會計治國之道,更名茅山,爲會計,亦曰苗山也。」《圖贊》曰:「禹徂會稽,爰朝羣臣。不虔是討,乃戮長人。玉匱表夏,玄石勒秦。」

〔二〕任臣案:王十朋《會稽賦》:「苗山金玉。」

〔三〕郭曰：砆，武夫石，似玉。今長沙臨湘出之，赤地白文，色蘢葱不分明。　任臣案：砆石，《水經注》作「玞石」。

〔四〕郭曰：音鴖。　任臣案：勺水，《水經注》作「夕水」。注于湨，《水經注》作「注于湖」。

又東五百里曰夷山。無草木，多沙石。湨水〔一〕出焉，而南流注于列塗。

〔一〕郭曰：一作「浿」。

又東五百里曰僕勾〔一〕之山。其上多金、玉，其下多草木，無鳥獸，無水。

〔一〕郭曰：一作「夕」。

又東五百里曰咸陰之山。無草木，無水。

又東四百里曰洵山〔一〕。其陽多金，其陰多玉。有獸焉，其狀如羊而無口，不可殺也〔二〕，其名曰䍺〔三〕。洵水出焉〔四〕，而南流注于閼之澤〔五〕，其中多芘蠃〔六〕。

〔一〕郭曰：一作「旬」。

〔二〕郭曰：稟氣自然。　任臣案：王氏《釋義》曰：「自人至物，未有無口，繼之曰『不可殺』，爲其不成物也。」

〔三〕郭曰：音還，或音患。　任臣案：《獸經》曰：「蟨則比肩，䍺則無口。」《事物紺珠》云：「䍺如羊無口，黑色。」孫愐《唐韻》曰：「䍺，獸名，似羊，黑色，無口，不可殺也。又作羦。」《圖贊》曰：「有獸無口，其名曰䍺。害氣不入，厥體無間。至理之盡，出乎自然。」

〔四〕郭曰：音詢。

〔五〕郭曰：音遏。

〔六〕郭曰：紫色螺也。　任臣案：楊慎《補注》：「螺色白，磨之則紫文生。」

䍺　狀如羊而無口。出洵山。

又東四百里曰虖勺之山。其上多梓、枏〔一〕，其下多荆、杞〔二〕。滂水出焉〔三〕，而東流注于海。

〔一〕郭曰：梓，山楸也。柟，大木，葉似桑。今作「楠」，音南。《爾雅》以爲柟。任臣案：梓有數種，木理白者爲梓，赤者爲楸，楸之小者爲榎，梓之美者爲椅。《尸子》曰：「荆有長松文椅。」又有鼠梓，一名楰，亦楸屬。《詩》曰「北山有楰」，蓋指此也。柟木，其樹直上，若幢蓋之狀，生南方，黔蜀尤多。

〔二〕郭曰：杞，枸杞也，子赤。任臣案：荆有紫荆、白荆、金荆、牡荆、蔓荆之名。蘇頌云：「有青、白二種，青者爲荆，白者爲楛。」《春秋運斗樞》云：「玉衡星散而爲荆。」杞，一名苦杞，其根名地骨皮。《爾雅》云「杞，枸檵」，《小雅》云「集于苞杞」，即枸杞也。或曰無刺者爲荆杞，有刺者爲枸杞。

〔三〕郭曰：音滂沱之滂。

又東五百里曰區吳之山。無草木，多砂石。鹿水出焉，而南流注于滂水。

又東五百里曰鹿吳之山。上無草木，多金石。澤更之水出焉，而南流注于滂水。水有獸焉，名曰蠱雕〔一〕，其狀如雕而有角〔二〕，其音如嬰兒之音，是食人。

〔一〕郭曰：「蠱」或作「纂」。任臣案：《圖贊》曰：「纂雕有角，聲若兒號。」《駢雅》云：「蠱雕如雕而戴角。」《事物紺珠》云：「蠱雕如豹，鳥喙一角，音如嬰兒。」

〔二〕郭曰：雕似鷹而大尾長翅。任臣案：禽之似獸者，駝蹄鳥、飛生鳥；獸之似禽①者，鷹背犬、蠱雕獸，皆物類絶異也。

蠱雕　狀如雕而有角，是食人。出鹿吴山。

又東五百里曰漆吴之山。無草木，多博石〔一〕，無玉。處于東海，望丘山，其光載出載入〔二〕，是惟日次〔三〕。

①「禽」，原作「食」，據《四庫》本改。

〔一〕郭曰：可以爲博碁石。

〔二〕郭曰：神光之所潛耀。

〔三〕郭曰：是日景之所次舍。　任臣案：楊氏《補注》曰：「《經》載日月所出入之山，凡數十所，蓋峰巒隱映，壑谷層叠，所見然矣，非必日月出没定在是也。曹孟德《樂府》『日月之行，若出其中』，孟郊《終南山》詩『日月石上生，幽谷視光明』，即此意耳。」

凡《南次二經》之首自柜山至于漆吳之山，凡十七山，七千二百里。其神狀皆龍身而鳥首。其祠：毛用一璧瘞，糈用稌〔一〕。

〔一〕郭曰：稻穬也。

《南次三經》之首曰天虞之山。其下多水，不可以上。

又東五百里曰禱過之山。其上多金、玉，其下多犀、兕〔一〕，多象〔二〕。有鳥焉，其狀如鵁〔三〕，而白首，三足〔四〕，人面，其名曰瞿如〔五〕，其鳴自號也。泿水出焉〔六〕，而南流注于海，其中有虎蛟〔七〕，其狀魚身而蛇尾，其音如鴛鴦，食者不腫，可以已痔〔八〕。

〔一〕郭曰：犀似水牛，猪頭庳脚，脚似象，有三蹄，大腹黑色，三角，一在頂上，一在額上，一在鼻上，在鼻上者小而不墮，食角也。好噉棘，口中常灑血沫。兕亦似水牛，青色一角，重三千斤。任臣案：《圖贊》云：「犀頭似猪，形兼牛質。角則併三，分身互出。鼓鼻生風，吐氣隘溢。」又云：「兕推壯獸，似牛青黑。力無不傾，自焚以革。皮充武備，角助文德。」

〔二〕郭曰：象，獸之最大者，長鼻，大者牙長一丈，性妒，不畜淫子。　任臣案：象膽四時在四足，象身備十二肖肉，象皮隨割隨合，象牙聞雷發花，皆物性之異者。　今荆蠻山中亦有野象，猶馬有野馬也。又楚粤象皆青黑，惟拂林、大食國乃多白象。《北户録》云：「象一名伽耶。」《圖贊》曰：「象實魁梧，體巨貌詭。肉兼十牛，目不踰豕。望頭如尾，動若丘徙。」

〔三〕郭曰：鵁，似鳬而小，脚近尾。　音骹箭之骹。

〔四〕郭曰：或作「手」。

〔五〕郭曰：音劬。　任臣案：《玄覽》云：「三足之鳥，有瞿鴽焉。」

瞿如　狀如鵁而白首三足。出禱過山。

〔六〕郭曰：音銀。　任臣案：桑欽《水經》「浪水出武陵鐔城縣北界沅水谷」，注云「浪水東別逕番禺」，即此水也。

〔七〕郭曰：蛟，似蛇四足，龍屬。　任臣案：景純《江賦》「水物怪錯，則有虎蛟鉤蛇」，謂此也。又《述異記》：「蛟，龍類，眉交生，故謂之蛟。」裴淵《廣州記》云：「蛟長丈餘，似蛇，頸有白嬰，尾有肉環。」梵書云：「蛟名宫毗羅。」蛟之屬復有蜃，名蜧。　陸禋云：「蜧即蛟也。」其外更有蛇頭鼈身者名吉弔，龍身赤色有毒者名海蘁，皆龍種而蛟類也。

〔八〕任臣案：《拾遺記》：「漢昭帝釣于渭水，得白蛟，命大官作鮓，甚美，骨青而肉紫。」則蛟可食也。《圖贊》曰：「瞿如三手，厥狀似鵁。　魚身蛇尾，是謂虎蛟。」

又東五百里曰丹穴之山〔一〕。其上多金、玉。丹水出焉，而南流注于渤海〔二〕。有鳥焉，其狀如雞，五采而文，名曰鳳皇，首文曰德，翼文曰義，背文曰禮，膺文曰仁，腹文曰信。是鳥也，飲食自然，自歌自舞，見則天下安寧〔三〕。

〔一〕任臣案：《爾雅》：「岠齊州以南，戴日爲丹穴。」《淮南》云：「丹穴太蒙，反踵空同。」《梁元帝集》：「度青丘而跨丹穴。」盧柟賦：「南麗丹穴，北駁空同。」皆謂此。《玉海》云：「通鳳穴以文軌，襲龍庭以冠帶。」又云：「流沙蟠木，鳳穴龜林。」鳳穴即丹穴也。

〔二〕郭曰：渤海，海岸曲崎頭也。　任臣案：丹水今出冢嶺山。酈道元云：「名高猪山也。」《吕氏春秋》：「堯有丹水之戰，以服南蠻。」又丹水南有丹崖山，赬壁霞舉，若紅雲、秀天二岫，更爲殊觀。

〔三〕郭曰：漢時鳳鳥數出，高五六尺，五采。莊周説鳳文字與此有異。《廣雅》曰：「鳳，雞頭、燕頷、蛇頸、龜背、魚尾。雌曰皇，雄曰鳳。」任臣案：《樂叶圖徵》云：「五鳳皆五色，爲瑞者一，爲孽者四。其四皆似鳳並爲妖，一鷫鸘，二發明，三焦明，四幽昌。」《玄覽》云：「鳳青曰鶡，赤曰鶉，黄曰焉，白曰鷫，紫曰鷟。」楊慎云：「西有鴆雀，東有諫珂，北有定甲，南有錦駝，皆竊鳳形而似者也。」《圖贊》曰：「鳳皇靈鳥，實冠羽羣。八象其體，五德其文。羽翼來儀，應我聖君。」天老説鳳云：「濯羽弱水，暮宿丹穴。」陸機①《七徵》云：「拾朝陽之遺卵，納丹穴之飛鳳。」安成王教云：「鶉火之禽，不匿景于丹山。」顔延之詩：「聆龍睽九淵，聞鳳窺丹穴。」庾信《宇文憲碑》：「鳳沈丹穴，龍亡黑陂。」又詩云：「丹穴更巢梧。」王勃《乾元殿頌序》：「桐珪作瑞，鳳毛曜丹穴之英。」魏徵《邢國公墓誌》：「渥注龍種，丹穴鳳雛。」吕吉父表云：「鳳生而五色，悵丹穴之已遥。」周邦彦《汴都賦》：「鸑鷟離丹穴而來集。」指此也。

又東五百里曰發爽〔一〕之山。無草木，多水，多白猿〔二〕。汎水出焉，而南流注于渤海。

① 本書「陸機」、「陸璣」均有，據底本録。

〔一〕郭曰：或作「喪」。

〔二〕任臣案：猿似猴而長臂。《列子》：「貐變化爲猨。」《抱朴子》：「猴八百歲變爲猨。」王濟《日詢記》①云：「猿初生毛黑而雄，老則變黄，轉雄爲雌，數百歲，黄又爲白也。」

又東四百里至于旄山之尾。其南有谷，曰育遺〔一〕，多怪鳥〔二〕，凱風自是出〔三〕。

〔一〕郭曰：或作「隧」。　任臣案：盧柟《泰宇賦》：「訝育遺而洗幼海。」

〔二〕郭曰：《廣雅》曰：「鶵鶉、鷦朋、爰居、⿰臣鳥雀，皆怪鳥之屬也。」

〔三〕郭曰：凱風自南。　任臣案：王叔齋《籟記》：「景風一曰凱風，又曰薰風，亦曰巨風，起自赤天之暑門，從南方來。」《圖贊》曰：「育隧之谷，爰含凱風。青陽既謝，氣應祝融。炎風是扇，以散鬱隆。」

又東四百里，至于非山之首。其上多金、玉，無水，其下多蝮虫。

又東五百里曰陽夾之山。無草木，多水。

又東五百里曰灌湘之山。上多木，無草，多怪鳥，無獸〔一〕。

①《日詢記》，王濟有《日詢手鏡》，即此。

〔一〕郭曰：一作「灌湖射之山」。　任臣案：《釋義》曰：「獸依草，無草故無獸。鳥依木，多木故多鳥。堯夫謂『鳥羽如木葉，獸毛如草』。」

又東五百里曰雞山〔一〕。其上多金，其下多丹臒〔二〕。黑水出焉，而南流注于海〔三〕。其中有鱄魚〔四〕，其狀如鮒而彘尾〔五〕，其音如豚，見則天下大旱。

〔一〕任臣案：劉會孟云：「雲南雞山，乃八寶所出。其瀾滄江即黑水。」張掖亦有雞山，見下注。

〔二〕郭曰：臒，赤色者。或曰臒，美丹也。見《尚書》。音尺蠖之蠖。　任臣案：《大傳》云：「丹丘出丹臒。」《周書》：「若作梓材，惟其塗丹臒。」蓋赤石脂之類。

〔三〕任臣案：《禹貢彙疏》：「雍州黑水有六，入《禹貢》者則寧夏之黑水。地志云出張掖雞山，南流至燉煌。」蔡氏《書傳》云：「黑水出汾關山，在雍西北。」今計其道里，此似非張掖黑水也。劉説爲近之。樊綽曰：「西國之水入南海者四，曰區江，曰西洱河，曰麗江，曰瀰渃江。麗江，古黑水。」

〔四〕郭曰：音團扇之團。　任臣案：《吕氏春秋》：「魚之美者，洞庭之鱄。」或作「蟤」，《江賦》云：「蜦蟤鱟蝞。」

〔五〕任臣案：《集韻》：「鱄魚似蛇而豕尾。」與此小異。鮒，鯽也。

又東四百里曰令丘之山。無草木，多火〔一〕。其南有谷焉，曰中谷，條風自是出〔二〕。有鳥焉，其狀如梟，人面四目而有耳，其名曰顒〔三〕，其鳴自號也，見則天下大旱〔四〕。

顒　狀如梟，人面四目有耳，見則天下大旱。出令丘山。

〔一〕任臣案：即熒臺、火井之屬；又火山軍，其地鋤耘深入，則有烈焰，不妨耕植，皆此類也。吴淑《火賦》「行司爟之政令，絶令丘之草木」，本此。

〔二〕郭曰：東北風爲條風。記曰：「條風至，出輕繫，督逋留。」任臣案：《淮南子》云：「諸稽、攝提，條風之所生也。」

〔三〕任臣案：《集韻》作「顒」，《篇韻》作「雝」，或作「鶅」，又作「顒顒」，雙名。朱謀㙔《異林》云：「萬曆二十年，鵾鳥集豫章城永寧寺，高二尺許，燕雀羣噪之。是年五月至七月，酷暑異常時。」朱國禎《湧幢小品》亦云：「萬曆壬辰，鵾鳥集豫章，人面四目有耳，其年夏無雨，田禾盡枯。」

〔四〕任臣案：《圖贊》曰：「顒鳥栖林，鱄魚處淵。俱爲旱徵，災延普天。測之無象，厥數惟玄。」顒，郭音娛。

又東三百七十里曰侖者之山〔一〕。其上多金、玉，其下多青艧。有木焉，其狀如穀而赤理，其汗如漆，其味如飴，食者不饑，可以釋勞，其名曰白䓘〔二〕，可以血玉〔三〕。

〔一〕郭曰：音論説之論，一音倫。

〔二〕郭曰：或作「睪蘇」。睪蘇一名白䓘，見《廣雅》。音羔。　任臣案：楊氏《補注》曰：「睪，古皋字。《春秋繁露》云『皋蘇釋勞』，即此也。《荀子》亦有『睪芷』之文。睪，皋蘇也。芷，白芷也。」《事物紺珠》云：「白䓘如穀，赤理，汁如漆，味甘。」《駢雅》曰：「白䓘，睪蘇，飴木也。」《玄覽》云：「白䓘之汁如漆，芑木之汁如血。」《詞林海錯》引《經》云「侖山有木，其名曰白䓘」，乃「䓘」之譌也。《圖贊》曰：「白䓘皋蘇，其汁如飴。食之辟穀，味有餘滋。逍遥忘勞，窮生盡期。」

〔三〕郭曰：血謂可用染玉作光彩。　任臣案：《談薈》云：「海芋可變金，白䓘可血玉。」

又東五百八十里曰禺稾之山〔一〕。多怪獸，多大蛇。

〔一〕任臣案：王本作「禺膏」。

又東五百八十里曰南禺之山〔一〕。其上多金、玉，其下多水。有穴焉，水春輒入，夏乃出，冬則閉。佐水出焉，而東南流注于海。有鳳皇、鵷鶵〔二〕。

〔一〕任臣案：郭子章曰：今清海之屬有禺山。

〔二〕郭曰：亦鳳屬。任臣案：《莊子》：「南方之鳥鵷鶵。」相如《上林賦》云：「捷鵷鶵，揜焦朋。」張衡《南都賦》：「鸞鷟鵷鶵翔其上。」

凡《南次三經》之首自天虞之山以至南禺之山，凡一十四山，六千五百三十里。其神皆龍身而人面〔一〕。其祠皆一白狗祈〔二〕，糈用稌。

〔一〕任臣案：王延壽《夢賦》：「或龍形而似人。」注引此證之。

〔二〕郭曰：祈，請禱也。

右南經之山志，大小凡四十山，萬六千三百八十里。

山海經廣注卷之二

仁和吳任臣注

西山經

《西山經》華山之首曰錢來之山。其上多松〔一〕，其下多洗石〔二〕。有獸焉，其狀如羊而馬尾，名曰羬羊〔三〕，其脂可以已腊〔四〕。

〔一〕任臣案：松磥砢修聳，其葉有兩鬣五鬣七鬣。荆公《字説》曰：「松栢爲百木之長，松猶公也，栢猶伯也，故名。」

〔二〕郭曰：澡洗可以磢體去垢圿。磢，初兩反。任臣案：楊慎云：「洗石，去垢之石，今南中有之。」

〔三〕郭曰：今大月氏國有大羊，如驢而馬尾。《爾雅》云「羊六尺爲羬」，謂此羊也。羬音針。任臣案：《尸子》：「大羊爲羬，六尺。」李時珍注《本草》，以羬羊爲羚羊，誤矣。《説文》：「麢，山羊也，大而細角。」麢、羬同。《圖贊》云：「月氏之羊，其類在野。厥高六尺，尾赤如馬。何以審之？事見《爾雅》。」

〔四〕郭曰：治體皴。腊音昔。

羬羊　狀如羊而馬尾。出錢來山。

西四十五里曰松果之山。濩水出焉，北流注于渭。其中多銅。有鳥焉，其名曰螐渠〔一〕，其狀如山雞，黑身赤足，可以已㬩〔二〕。

〔一〕郭曰：螐音彤弓之彤。任臣案：楊慎《補注》：「螐音同。螐渠即鷛渠，南中通海縣有之，名曰鶇雞。舊注音彤，謬。」又《古音略》云：「鶇乃庸渠，水鳥也。」《廣韵》作「鱅鰈」，直音作「鷛鸆」。《韻府羣玉》曰：「庸渠似鳧，灰色，雞脚，一名草渠，即今水雞。」明獻帝《江漢賦》：「鷛鸆之行且摇兮，況兄弟之急難。」亦此也。又《通志略》引《經》作「蜼梁」。蜼，徒冬切。

〔二〕郭曰：謂皮皺起也。音叵駮反。

又西六十里曰太華之山〔一〕。削成而四方〔二〕，其高五千仞，其廣十里〔三〕，鳥獸莫居。有蛇焉，名曰肥䗥〔四〕，六足四翼，見則天下大旱〔五〕。

肥䗥　蛇形，六足四翼，見則大旱。出太華山。

〔一〕郭曰：即西嶽華陰山也，今在弘農華陰縣西南。任臣案：《爾雅》：「華山爲西山嶽。」《白虎通》：「華之爲言穫也，言萬物成熟，可得獲也。」應劭《風俗通》：「華，變也，萬物成變，由於西方也。」《河圖》云：「華山君姓浩名鬱狩。」《雲笈七籤》云：「西嶽姓浩名元倉。」《五嶽圖》云：「西嶽姓姜名塋。」

〔二〕郭曰：今山形上大下小，峭峻也。　任臣案：張説《途經華岳》詩：「寒空類削成。」李氏《華山記》：「削成上四方，顧其中汙也。」

〔三〕郭曰：仞，八尺也。上有明星玉女，持玉漿。得上，服之，即成仙。道險僻不通。《詩含神霧》云。　任臣案：達奚珣《華山賦序》：「太華之山，前成四面方直者，五千餘仞，蓋岳之雄也。」又《辛氏三秦記》：「華山在長安東三百里，不知幾千仞①，如半天之雲。」《華山記》云：「山頂有池，生千葉蓮華，因名華山。」劉會孟曰：「今華陰縣最著者，蓮花、明星、玉女三峰，而仙掌崖、日月巖、蒼龍嶺皆奇境也。《謝華啓秀》云『華山之上，明星遠燭』，謂此。」《圖贊》曰：「華嶽靈峻，削成四方。爰有神女，是挹玉漿。其誰遊之，龍駕雲裳。」

〔四〕任臣案：胡文焕圖作「蜚遺」，音廢。《駢雅》：「肥遺、肥蟦，皆毒蟲也。」

〔五〕郭曰：湯時此蛇見于陽山下。復有肥遺蛇，疑是同名。　任臣案：成湯元祀，肥蟦見于陽山，後有七年之旱。《述異記》曰：「肥遺，西華山中有也，見則大旱。」吴淑《蛇賦》：「或號肥遺。」《旌忠廟碑》：「驅伯强兮逐肥蟦。」宋濂文：「蜚蟦一出，潛魚盡怖。」《圖贊》云：「肥遺爲物，與

①「仞」，原作「里」。

災合契。鼓翼陽山，以表亢厲。乘林既禱，倏忽潛逝。」今華山有肥𧔥穴，土人謂之老君臍。明末時大旱，肥𧔥曾一見云。

又西八十里曰小華之山〔一〕。其木多荆、杞，其獸多㸲牛〔二〕。其陰多磬石〔三〕，其陽多㻬琈之玉〔四〕。鳥多赤鷩〔五〕，可以禦火。其草有萆荔〔六〕，狀如烏韭而生于石上，亦緣木而生〔七〕，食之已心痛。

〔一〕郭曰：即少華山。

〔二〕郭曰：今華陰山中多山牛山羊，肉皆千斤，牛即此牛也。音胙。　任臣案：㸲牛即犛牛，見《中山經》注。

〔三〕郭曰：可以爲樂石。

〔四〕郭曰：㻬琈，玉名，所未詳也。㴾浮兩音。　任臣案：虞汝明《古琴疏》：「鄒屠氏以瑶碧之梓爲琴，飾以㻬琈寶玉，即名曰㻬琈。」又《洪武正韻》：㻬，音摴蒱之摴。又楊氏《玉名詁》曰：「琈，玉采也。」

〔五〕郭曰：赤鷩，山雞之屬。胸腹洞赤，冠金。皆黄頭緑尾，中有赤，毛彩鮮明。音作蔽，或作鼈。任臣案：《爾雅翼》曰：「鷩，一謂之蟞蜉，又謂之鵔鸃。」《説文》：「鷩，赤雉也。」此鳥雅好高，故曰蟞蜉，好山棲。」

〔六〕郭曰：萆荔，香草也。蔽戾兩音。　任臣案：楊慎曰：「即薜荔也。舊注音戾，非。」《六書索隱》云：「《山海經》薜荔作萆荔。」《事物紺珠》曰：「萆荔如韭而厚，三月開紫碧花，五月結實，生木石上。一名荔挺，一名馬薤，可合香。」

〔七〕郭曰：烏韭在屋者曰昔邪，在墻者曰垣衣。任臣案：崔融《瓦松賦》：「昔邪，今之瓦松也。」①《本草》云：「在石曰烏韭，在屋曰瓦松，在墻曰土馬騣，在山曰卷栢，在水曰藫。」

又西八十里曰符禺之山〔一〕。其陽多銅〔二〕，其陰多鐵〔三〕。其上有木焉，名曰文莖，其實如棗，可以已聾。其草多條，其狀如葵，而赤華黄實，如嬰兒舌，食之使人不惑。符禺之水出焉〔四〕，而北流注于渭。其獸多葱聾，其狀如羊而赤鬣〔五〕。其鳥多鴖〔六〕，其狀如翠而赤喙〔七〕，可以禦火〔八〕。

〔一〕任臣案：《水經注》作「覯愚之山」，《緯略》引此作「將遇之山」。

〔二〕任臣案：《鶴頂新書》云：「土得紫陽之氣而生緑，緑二百年而生石，銅始生于中。」《管子》：「上有陵石，下有赤銅。」

〔三〕任臣案：《土宿本草》云：「鐵受太陽之氣，始生之初，鹵石産焉，一百五十年而成慈石，二百年孕而成鐵。」《管子》云：「上有赭，下有鐵。」

---

①《文苑英華》載崔賦全文，無此句。

〔四〕任臣案：《水經注》作「符愚之水」。

〔五〕任臣案：《駢雅》曰：「羊之異者，一角謂之辣辣，赤鬣謂之葱聾，一角而神謂之觟觿。」《事物紺珠》曰：「葱聾如羊，黑首赤鬣。」

〔六〕郭曰：音旻。

〔七〕郭曰：翠似燕而紺色也。

〔八〕郭曰：畜之辟火災也。　任臣案：《圖贊》曰：「螐渠已殃，赤鷩辟火。文莖愈聾，是則嘉果。鴖亦衛災，厥形唯麽。」

葱聾　狀如羊而赤鬣。出符禺山。

又西六十里曰石脆之山。其木多椶、枏〔一〕。其草多條，其狀如韭而白華黑實，食之已疥。其陽多瑀玗之玉，其陰多銅。灌水出焉〔二〕，而北流注于禺水。其中有流赭〔三〕，以塗牛馬，無病〔四〕。

〔一〕郭曰：椶樹高三丈許，無枝條，葉大而員，枝生梢頭，實皮相裹，上行一皮者爲一節，可以爲繩。一名栟櫚。音馬騣之騣。任臣案：椶有兩種，一種有皮，絲可作繩，一種小而無絲，葉可作帚。《通志略》以爲「王篲」，非也。

〔二〕任臣案：《水經注》「小赤水出石脆之山」，即灌水也。

〔三〕郭曰：赭，赤土。

〔四〕郭曰：今人亦以朱塗牛角，云以辟惡。「馬」或作「角」。任臣案：《圖贊》曰：「沙則潛流，亦有運赭。于以求鐵，趨在其下。蠲牛之癘，作采于社。」

又西七十里曰英山。其上多杻、橿〔一〕。其陰多鐵，其陽多赤金。禺水出焉〔二〕，北流注于招水〔三〕。其中多鮮魚〔四〕，其狀如鼈，其音如羊〔五〕。其陽多箭䉋〔六〕。其獸多㸲牛、羬羊。有鳥焉，其狀如鶉〔七〕，黃身而赤喙，其名曰肥遺，食之已癘〔八〕，可以殺蟲。

〔一〕郭曰：杻，似棣而細葉，一名土橿。音紐。橿，木中車材，音姜。任臣案：《爾雅》：「杻，檍。」陸璣云：「杻葉似杏葉而尖，白色，皮正赤，爲木多曲少直。二月開花，似練而細蕋正白。」嚴粲《詩緝》曰：「杻木，今官園種之，名曰萬歲。或謂之牛筋，或謂之檍。材可爲弓弩幹。」

〔二〕任臣案：《水經注》作「愚水」。

〔三〕郭曰：音韶。

〔四〕郭曰：音同蚌蛤之蚌。

〔五〕任臣案：《事物紺珠》曰：「蚌魚如龜，魚尾二足，音如羊。」又劉鳳《雜俎》作「鮮魚」。

鮮魚　其狀如鼈，其音如羊。出禺水。

〔六〕郭曰：今漢中郡出䉋竹，厚裹而長節，根深。筍冬生地中，人掘取食之。䉋音媚。　任臣案：《廣雅》：「箭，䉋蓺也。」

〔七〕任臣案：鶉大如雞雛，頭細而無尾，毛有斑點，性醇，無常居，有常匹，隨地而安。《莊子》所謂「聖人鶉居」也。其子曰䳭，初生謂之羅鶉，至秋初謂之早秋，中秋已後謂之白唐，一物四名。

《淮南萬畢術》云：「蝦蟇得瓜化爲鶉。」《交州記》云：「南海黃魚，九月變爲鶉。」

〔八〕郭曰：癘，疫病也，或曰惡創。《韓子》曰：「癘人憐主。」 任臣案：癘一音賴。 劉會孟曰：「太華山蛇名肥蟥，見則大旱，英山鳥名肥遺，食之已厲，美惡不嫌同名。」

又西五十二里曰竹山。其上多喬木〔一〕，其陰多鐵。有草焉，其名曰黃雚，其狀如樗，其葉如麻，白華而赤實，其狀如赭〔二〕，浴之已疥，又可以已胕〔三〕。竹水出焉，北流注于渭。其陽多竹箭〔四〕，多蒼玉〔五〕。丹水出焉〔六〕，東南流注于洛水，其中多水玉，多人魚〔七〕。有獸焉，其狀如豚而白毛，大如笄而黑端〔八〕，名曰毫彘〔九〕。

〔一〕郭曰：枝上竦者。音橋。

〔二〕郭曰：紫赤色。

〔三〕郭曰：治胕腫也。音符。

〔四〕郭曰：箭，篠也。 任臣案：《爾雅》：「會稽之竹箭。」《禹貢》：「篠簜既敷。」注云：「篠，竹箭也。」

〔五〕任臣案：于闐采玉之地，有綠玉河、白玉河、烏玉河。《太平御覽》載交州出白玉，夫餘出赤玉，挹婁出青玉，大秦出菜玉，西蜀出黑玉，並不言蒼玉。 然《周禮》有「蒼璧禮天」之文，意即青玉類也。

〔六〕郭曰：今所在有丹水。

〔七〕郭曰：如鯑魚四脚。 任臣案：《異物志》、《異魚圖》皆云「人魚似人，長三尺，有髮，不可食」，是同名異類者也。

〔八〕郭曰：笄，簪屬。

〔九〕郭曰：貆猪也，夾髀有麄豪，長數尺，能以脊上毫射物，亦自爲牝牡。貆或作豭。吴楚呼爲鸞猪，亦此類也。　任臣案：揚雄《長楊賦》：「搤熊羆，拖毫猪。」注：「一名帚獂。」《通志略》謂之「山猪」，《唐本草》謂之「蒿猪」，亦謂之「獂貐」，或謂之「貆豬」。《星禽》云：「壁水貐，毫豬也。」《圖贊》曰：「剛鬣之族，號曰豪狶。毛如攢錐，中有激矢。厥體兼資，自爲牝牡。」又張師正《倦游録》：「南海有泡魚，大如斗，身有棘刺，能化豪豬。」巽爲魚，坎爲豕，豈巽變坎乎？理或然也。

豪彘　其狀如豚，白毛大如笄而黑端。出竹山。

又西百二十里曰浮山〔一〕。多盼木〔二〕，枳葉而無傷〔三〕，木蟲居之〔四〕。有草焉，名曰薰〔五〕草〔六〕，麻葉而方莖，赤華而黑實〔七〕，臭如蘼蕪〔八〕，佩之可以已癘。

〔一〕任臣案：成都、平陽、澤州、高州、皖城、亳州①、廣陵、松江皆有浮山，是異地而同名者。

〔二〕郭曰：音「美目盼兮」之「盼」。

〔三〕郭曰：枳，刺針也，能傷人，故名云。

〔四〕郭曰：在樹之中。　任臣案：劉會孟云：「桂蠹在木之中，其味甚美，尉佗所貢。」

〔五〕郭曰：音訓。

〔六〕任臣案：《左傳》：「一薰一蕕。」《魏略》曰：「大秦山出熏草。」成公綏《宣清賦》：「哀薰草之見焚。」《南越志》云：「土人名燕草，即今零陵香也。」嵇含《草木狀》云：「薰草出南海，葉如麻，兩兩相對，其氣如蘼蕪，可以止癘。」

〔七〕任臣案：屈子《天問》：「靡蓱九衢，枲華安居。」柳子《天對》：「有蓱九岐，厥圖以詭。浮山孰產，赤華伊枲。」蓋指此。

〔八〕郭曰：蘼蕪，香草。《易》曰：「其臭如蘭。」眉無兩音。　任臣案：《爾雅》作「蘪蕪」。疏云：「芎

① 「亳州」，原本誤作「豪州」。

藭苗也，一名蕲茝，一名薇蕪，一名江蘺。」《淮南子》曰：「似蛇牀。」古詩：「上山采蘼蕪。」言拾香草也。

又西七十里曰羭次之山〔一〕。漆水出焉〔二〕，北流注于渭。其上多棫、橿〔三〕，其下多竹箭。其陰多赤銅，其陽多嬰垣之玉〔四〕。有獸焉，其狀如禺，而長臂善投，其名曰囂〔五〕。有鳥焉，其狀如梟，人面而一足，曰橐𩇯〔六〕，冬見夏蟄〔七〕，服之不畏雷〔八〕。

橐𩇯　狀如梟，人面一足，冬見夏蟄。出羭次山。

〔一〕郭曰：音臾。　任臣案：即榆次山。

〔二〕郭曰：今漆水出岐山。　任臣案：《水經注》：「漆水出扶風杜陽俞山，東北入于渭。」程大昌《雍録》曰：「雍境漆水，凡四出而實三派：雍州富平縣石川河，一也；邠州新平縣漆水，二也；鳳翔府普潤縣漆水，三也；鄭白渠亦名沮漆，四也。四水之中，唯石川河當爲《禹貢》『漆沮』。而《綿》詩之謂『自土漆沮』者，在岐不在邠也。」

〔三〕郭曰：棫，白桵也。音域。　任臣案：《詩·大雅》：「芃芃棫樸。」陸機曰：「《三蒼》説棫即柞也，其材理全白無赤心者，謂之白桵，可爲車輞。」今人謂之「白梂」，或曰「柘」。《爾雅疏》：「桵，小木叢生有刺，實如耳璫，紫赤可啖。」二説不同，未知孰是。

〔四〕郭曰：「垣」或作「短」，或作「根」，或作「埋」，傳寫謬錯，未可得詳。　任臣案：《駢雅》曰：「嬰垣瑀琈，美玉也。」

〔五〕郭曰：亦在畏獸畫中，似獼猴投擲也。　任臣案：《圖贊》曰：「浴疾之草，厥子赭赤。肥遺似鶉，其肉已疫。囂獸長臂，爲物好擲。」

〔六〕郭曰：音肥。　任臣案：《駢雅》曰：「槖𩇯、瞿如、鵹鶘、梟𪇴，人面鳥也。」《圖贊》曰：「有鳥人面，一脚孤立。性與時反，冬出夏蟄。帶其羽毛，迅雷不入。」又孫愐《唐韻》云：「鷙，土精也，似鴈一足，黄色。」《廣州志》：「獨足鳥，一名山蕭鳥，大如鵠，其色蒼，其聲自呼。」《臨海志》云：「獨足鳥，文身赤口，晝伏夜飛，將雨轉鳴，即孔子所謂商羊也。」《河圖》曰：「鳥一足，名獨立，見則主勇强。」《南史》：「陳之將亡，有鳥一足，集其殿庭，以觜畫地成文。」凡此皆一足鳥，亦橐蜚類。

〔七〕任臣案：《釋義》曰：「純陽之氣，冬則出，夏則藏耳，若蟄而非蟄也。」

〔八〕郭曰：著其毛羽，令人不畏天雷也。或作「災」。

又西百五十里曰時山。無草木。逐〔一〕水出焉，北流注于渭。其中多水玉。

〔一〕郭曰：或作「遂」。

又西百七十里曰南山〔一〕。上多丹粟。丹水出焉，北流注于渭。獸多猛豹〔二〕，鳥多尸鳩〔三〕。

〔一〕任臣案：劉氏云：「南山，今按長安藍田鄠縣界。」

〔二〕郭曰：猛豹，似熊而小，毛淺有光澤，能食蛇，食銅鐵，出蜀中。「豹」或作「虎」。

〔三〕郭曰：尸鳩，布穀類也，或曰鶻鵰也。「鳩」或作「丘」。任臣案：《爾雅》：「鳲鳩，鴶鵴。」陸璣云：「一名擊穀。」嚴粲云：「一名乘鳩。仲春鷹所化爲鳩也。」山陰陸氏曰：「一名搏黍，江東呼爲郭公，又爲穫穀。」

又西百八十里曰大時之山〔一〕。上多穀、柞〔二〕，下多杻、橿。陰多銀，陽多白玉。涔水出焉〔三〕，北流注于渭。清水出焉，南流注于漢水〔四〕。

〔一〕任臣案：上有時山，此名大時山，猶地志中射的山有大射的山，勞山有大勞山。

〔二〕郭曰：柞，櫟。　任臣案：又鑿子木①亦名柞。

〔三〕郭曰：音潛。　任臣案：涔水，今出旱山。　酈道元云：「涔水即黄水也。」

〔四〕郭曰：今河内修武縣縣北黑山亦出清水。

又西三百二十里曰嶓冢之山〔一〕。漢水出焉，而東流注于沔〔二〕。囂水出焉，北流注于湯②水〔三〕。其上多桃枝〔四〕、鉤端〔五〕。獸多犀、兕、熊、羆〔六〕，鳥多白翰〔七〕、赤鷩。有草焉，其葉如蕙〔八〕，其本如桔梗〔九〕，黑華而不實，名曰蓇蓉〔一〇〕，食之使人無子。

〔一〕郭曰：今在武都氐道縣南。嶓音波。　任臣案：《括地象》曰：「嶓冢上爲狼星。」常璩《華陽國志》：「西岷嶓冢，地稱天府。」《漢中記》云：「嶓冢以東，水皆東流；嶓冢以西，水皆西流。」又嶓冢有二，一在天水，一在漢中寧羌，漢水所出。

〔二〕郭曰：至江夏安陸縣，江即沔水。

---

①「木」，原作「本」，《神農本草經疏》：「柞木即鑿子木。」據改。

②「湯」，原作「陽」，據《四庫》本改。

〔三〕郭曰：或作「陽」。

〔四〕任臣案：桃枝，今名桃竹，實心多節，可以爲杖，又可爲簟。裴氏《廣州記》有桃竹，《魏志》倭國有桃枝竹。《圖贊》曰：「嶓冢美竹，厥號桃枝。叢薄幽藹，從容鬱猗。簟以安寢，杖以扶危。」

〔五〕郭曰：鈎端，桃枝屬。　任臣案：鈎端，藤也，其色紅，可以束物。

〔六〕郭曰：羆似熊而黄白色，猛憨能拔樹。一云長頭高脚①。　任臣案：李時珍曰：「熊、羆、魋，三種一類也。如豕色黑者，熊也；大而色黄白者，羆也；小而色黄赤者，魋也。」羅願②云：「熊有豬熊，形如豕，而馬熊形如馬。」

〔七〕郭曰：白翰，白鵫也，亦名鵫雉，又曰白雉。

〔八〕郭曰：薰，香草，蘭屬也。或以爲薰葉，失之。音惠。　任臣案：薰草，即零陵香也，亦謂之薰草。《離騷》云：「余既滋蘭之九畹兮，又樹蕙之百畮。」又云：「既替余以蕙纕兮，又申之以攬茝。」蓋蘭爲蘭草，蕙爲薰葉也。張揖《廣雅》云：「鹵薰也，其葉謂之蕙。」《廣志》云：「蕙草，緑葉紫花，魏武以爲香，燒之，葉可代香，非今之蘭審矣。」鄭樵曰：「蕙即零陵香，後人因不識蘭草、蘭花原爲二種，遂以一榦一花者爲蘭，一榦數花者爲蕙，號曰蕙蘭。」朱子《楚詞辨證》曰：

---

① 「一云長頭高脚」，諸本《山海經》郭注均無此六字。

② 「羅願」，原作「羅良願」，按羅願字端良，或作「羅端良願」，吴氏誤以「良願」爲字也。後同此。

「今蘭蕙但花香而葉乃無氣，質弱易萎之，可刈佩，必非古人所指。」然則今似茅而花有兩種者，非古蘭蕙明甚。郭謂蕙非薰葉，其亦誤以蕙蘭爲蕙草歟？

〔九〕郭曰：本，根也。任臣案：桔梗似薺苨，一名利如，一名符扈，一名房圖。《國策》云：「今求柴葫、桔梗于沮澤，則累世不得一焉；及之睪黍梁父之陰，則郄車而載耳。」

〔一〇〕任臣案：《河圖括地象》云：「嶓冢山上有異花草，名骨容，食之無子。」楊慎《補注》曰：「今名花骨空，淩霄花之類。」黃氏《紺珠》亦云：「花蓇空出嶓嵝山，服之無子。」又《爾雅·釋草》：「花而不實謂之蓇。」

又西三百五十里曰天帝之山。上多櫻、柟，下多菅、蕙〔一〕。有獸焉，其狀如狗，名曰谿〔二〕邊〔三〕，席其皮者不蠱〔四〕。有鳥焉，其狀如鶉，黑文而赤翁〔五〕，名曰櫟〔六〕，食之已痔〔七〕。有草焉，其狀如葵，其臭如蘼蕪，名曰杜衡〔八〕，可以走馬〔九〕，食之已癭。

〔一〕郭曰：菅，茅類也。

〔二〕郭曰：或作「谷」。

〔三〕郭曰：或作「遺」。

〔四〕任臣案：熊氏《冀越集》：「木狗形如黑狗，能登木，其皮可爲衣褥，能運動血氣。」李時珍《本草》

云：「川西①有玄豹，大如狗，黑色，尾亦如狗，其皮作裘褥甚暖。」疑即谿邊類也。《事物紺珠》云：「谿邊如狗，席其皮，辟蠱。蠱，腹病，或云蛇蠱、金蠶蠱之類。」

〔五〕郭曰：翁，頭下毛。音汲甕之甕。

〔六〕郭曰：音沙礫之礫。

〔七〕任臣案：《讀書考定》曰：「肥遺已癘，雷櫟已痔。」《事物紺珠》亦曰：「雷櫟已痔，數斯已癭。」《圖贊》曰：「有華無實，萆容之樹。谿邊類狗，皮厭不蠱。黑文赤翁，鳥愈隱痔。」

〔八〕郭曰：香草也。　任臣案：《爾雅》：「杜，土鹵。」《離騷》：「雜杜衡與芳芷。」《博物志》云「杜衡亂細辛」，故一名「土細辛」。又其葉如馬蹄，俗名「馬蹄香」。《經》謂可以走馬，亦因其性以爲用也。杜若亦名杜衡，《別録》所謂「杜蓮」，《廣雅》所謂「楚衡」者也。其類自別，後人多不辨。

〔九〕郭曰：帶之令人便馬。或曰馬得之而健走。　任臣案：《圖贊》曰：「狌狌犇人，杜衡走馬。理固須因，體亦有假。足駿在感，安事御者。」

西南三百八十里曰皋塗之山。薔〔一〕水出焉，西流注于諸資之水。塗水出焉〔二〕，南流注于集獲之水。其陽多丹粟，其陰多銀黃金〔三〕。其上多桂木〔四〕。有白

---

① 「西」，原作「酉」，據《四庫》本改。

石焉，其名曰礜，可以毒鼠[五]。有草焉，其狀如槀茇[六]，其葉如葵而赤背，名曰無條，可以毒鼠[七]。有獸焉，其狀如鹿而白尾，馬足人手[八]而四角，名曰玃如[九]。有鳥焉，其狀如鴟[一〇]而人足，名曰數斯[一一]，食之已癭[一二]。

玃如　狀如鹿而白尾，馬足人手四角。出皋塗山。

[一] 郭曰：音色。或作「蕢」，又作「蓄」。

[二] 任臣案：今榆次縣有大涂水、小涂水。

[三] 任臣案：銀黄，楊慎以爲即黄銀也。銀黄，漢代用以爲佩。唐太宗常賜房玄齡黄銀帶。又虞世南書《夫子廟碑》，太宗賜之王羲之黄銀印一枚。《北史》：「辛公義爲牟州刺史，山産黄銀，

獲①之以獻。」《春秋運斗樞》云：「人君秉金德而生，則黄銀見。」熊太古《冀越集》云：「黄銀絶少，道家言鬼神畏之。」方勺《泊宅編》云：「黄銀出蜀中，與金無異，但上石則白色。」《丹霞子》曰：「丹砂伏火，化爲黄銀，能重能輕，能神能靈。」程氏《演繁露》云：「銀黄主辟邪。」《玄覽》云：「黄銀辟鬼，金剛石辟惡毒。」或云鍮石類也，非是。庾信《羽調曲》：「山不藏於紫玉，地不愛于黄銀。」一云銀與黄金二物。

〔四〕任臣案：范成大《桂海志》云：「凡木葉心皆一縱理，獨桂有兩道，如圭形，故字从圭。」《爾雅》謂之「梫」。

〔五〕郭曰：今礜石殺鼠。音豫。蠶食之而肥。　任臣案：《本草經》：「礜一名青分石，一名立志石，一名固羊石，又名鼠鄉，以其能毒鼠也。」《圖贊》曰：「稟氣方殊，舛錯理微。礜石殺鼠，蠶食而肥。物性雖反，齊之一歸。」

〔六〕郭曰：藁茇，香草。　任臣案：茇音沛。藁，本也，一名鬼鄉。《别録》謂之「微莖」。

〔七〕任臣案：《玄覽》云：「無蓧毒鼠，葶藶毒魚。」

〔八〕郭曰：前兩脚似人手。

〔九〕郭曰：音猳嬰之嬰。　任臣案：《埤蒼》云：「皋塗之山有獸如鹿，名曰玃如。」《駢雅》曰：「鹿四

---

①「獲」，原作「護」，據《北史·辛公義傳》改。

角爲玃如。」或作「玃如」，《廣雅》曰：「西方有獸焉，如鹿白尾，馬足人手四角，其名曰玃如。」亦作「玃玃」，《事物紺珠》曰：「玃玃，狀如白鹿，前兩脚似人手，後兩脚似馬蹄。」《圖贊》曰：「玃如之獸，鹿狀四觡。馬足人手，其尾則白。貌兼三形，攀木緣石。」又司馬貞引《經》云：「鼻塗山有獸似鹿，馬足人手四角，名爲玃。」是古本異同也。梅氏云：「玃即玃猱。」

〔一〇〕任臣案：鴟似鷹而稍小，尾如舵，極善高翔。類有數種。《禽經》云：「善搏者曰鷂，竊玄者曰鵰，骨曰鶻，瞭曰鷂，展曰鸇，奪曰鵽。」又云：「鶻生三子，一爲鴟。」《爾雅》謂之「茅鴟」，《詩疏》謂之「雀鷹」，或謂之「隼」，齊人謂之「擊正」，或①謂之「題肩」。

〔一一〕任臣案：《駢雅》云：「周周、大首、鴛鶵、數斯，皆人足鳥。」《事物紺珠》曰：「數斯如雉，人足。」

〔一二〕郭曰：或作「癇」。

又西百八十里曰黃山〔一〕。無草木，多竹箭。盼水出焉〔二〕，西流注于赤水，其中多玉。有獸焉，其狀如牛，而蒼黑大目，其名曰𤛎〔三〕。有鳥焉，其狀如鴞〔四〕，青羽赤喙，人舌能言，名曰鸚䳇〔五〕。

〔一〕郭曰：今始平槐里縣有黃山，上故有宫，漢惠帝所起，疑非此。　任臣案：潘之恒《黃海》引此

---

① 「或」，原作「南」，據陸璣《毛詩草木鳥獸蟲魚疏》改。

與徽州黃山爲類，非是。又濟南府南六十里亦有黃山，與此同名。

〔二〕郭曰：音「美目盻兮」之盻。

〔三〕郭曰：音敏。　任臣案：即牰犚牧犈之屬。《事物紺珠》云：「犚蒼黑色，大目。」

〔四〕任臣案：鴞大如鳩，綠色。張華云：「鴞、鵩、鵂鶹，一物也。」

〔五〕郭曰：鸚䳇，舌似小兒舌，脚趾前後各兩，扶南徼外出五色者，亦有純赤白者，大如鴈也。　任臣案：《説文》：「鸚䳇，能言鳥也。」《爾雅翼》曰：「其足指前後各二，特爲羽族異，故字从武，又名鸚䳇。《吴志》云：『鳥名鸚䳇，未聞鸚父。』《字説》云：『嬰兒生不能言，母教之言，已而能言，以言此鳥之能言類是也。』又鳥目下瞼眨上，惟此鳥兩瞼俱動如人目。」內典謂之臊陀。今秦中有吉了，聲差重濁，亦鸚䳇類。《玄覽》云：「鸚䳇人舌而語清，吉了人耳而語濁。」《圖贊》曰：「鸚䳇慧鳥，青羽赤喙。四指中分，行則以觜。自貽伊籠，見幽坐趾。」

又西二百里曰翠山。其上多椶、柟，其下多竹箭。其陽多黃金、玉，其陰多旄牛〔一〕、麢、麝〔二〕。其鳥多鸓〔三〕，其狀如鵲，赤黑而兩首①四足〔四〕，可以禦火〔五〕。

①「首」，原誤作「手」，據上下文改。

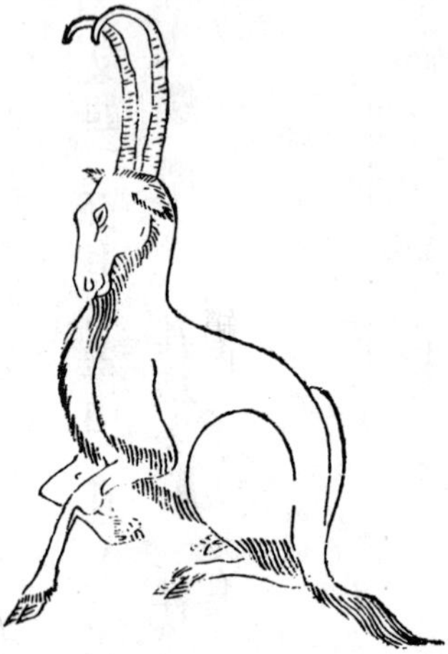

麢羊　似羊而大，細角，有圓繞蹙文，夜則懸角木上以防患。翠山多此獸。

鸓　狀如鵲，赤黑，兩首四足，出則可以禦火。出翠山。

〔一〕見「潘侯山」注。

〔二〕郭曰：麢，似羊而大角細食，好在山崖間。麝似獐而小，有香。任臣案：《爾雅》：「麢，大羊。」陶注《本草》云：「今出建平、宜都諸蠻中及西域。」王安石《字説》：「鹿則比類而環，角外向以自防，麢則獨棲，懸一角以遠害，可謂靈也，故字从鹿从靈。」後人作「羚」。《星槎勝覽》云：「阿丹國羚羊自胸中至尾垂九塊，名九尾羊。」又安南高石山出一角羚羊，見《寰宇志》。唐傅奕以羚羊角碎金剛石，即麢羊也。麝脚似麢有香。《爾雅·釋獸》云：「麝父麢足。」《字林》云：「小鹿有香，其足似麞，故云麢足。俗呼爲香麞。」

〔三〕郭曰：音壘。任臣案：《廣雅》云：「鸓鴨，飛鸓也。」即此。又《字彙》：「鸓鳥如鵲，兩手四足，可禦火。音徒協切。」睿宗《江漢賦》云：「又有兩首之鸓。」以鸓爲鸓，未識所據。

〔四〕任臣案：《博物志》：「翠山鳥兩首四足，可以禦火。」又《五侯鯖》云：「鸓鳥生翠山，狀如鵲，四足。」不云兩首，疑誤也。又釋書載其命鳥，亦二首一身。

〔五〕任臣案：劉會孟曰：「鳥可禦火者多，漢宮殿多以鳥名。」《事物紺珠》云：「鵸、鸓、鴃餘，俱辟火。」《圖贊》曰：「數斯人脚，厥狀似鴟。犛獸大眼，有鳥名鸓。兩頭四足，翔若合飛。」

又西二百五十里曰騩山〔一〕，是錞于西海〔二〕。無草木，多玉。淒水出焉〔三〕，西流注于海，其中多采石、黃金〔四〕，多丹粟。

〔一〕郭曰：音巍，一音隗囂之隗。

〔二〕郭曰：錞，猶堤埻也。音章閏反。

〔三〕郭曰：或作「浽」。

〔四〕郭曰：采石，石有彩色者，今雌黃、空青、緑碧之屬。　任臣案：楊慎《補注》曰：「《穆天子傳》：『天子至于重䣘氏之黑水，爰有采石之山，凡好石之器于是乎出。』又《水經注》若水傍有光珠之穴。其云采石山、光珠穴者，疑即今寶山、寶井，今多産寶石，其品有紅刺、紫刺、軟紅、硬紅、酒黃、祖母緑，是即《經》之采石也。」又李東璧《本草》亦云：「采石與寶石同，碧者唐人謂之瑟瑟，紅者宋人謂之靺鞨，黃者名木難珠，紫者名蠟子。」

凡《西經》之首自錢來之山至于騩山，凡十九山，二千九百五十七里。華山，冢也〔一〕，其祠之禮太牢〔二〕。羭山，神也，祠之用燭〔三〕，齋百日，以百犧〔四〕，瘞用百瑜〔五〕，湯〔六〕其酒百樽〔七〕，嬰以百珪百璧〔八〕。

〔一〕郭曰：冢者，神鬼之所舍也。任臣案：《漢志》云：「東北神明之舍，西方神明之墓。」冢，猶墓意。

〔二〕郭曰：牛、羊、豕爲太牢。

〔三〕郭曰：或作「煬」。

〔四〕郭曰：牲純色者爲犧。

〔五〕郭曰：瑜亦美玉名。音臾。

〔六〕郭曰：或作「温」。

〔七〕郭曰：温酒令熱。

〔八〕郭曰：嬰謂陳之以環祭也。或曰「嬰」即古「罌」字，謂盂也。徐州云。《穆天子傳》曰「黄金之嬰」之屬也。

其餘十七山之屬，皆毛牷，用一牢祠之〔一〕。燭者，百草之未灰。白蓆，采等純之〔二〕。

〔一〕郭曰：牷，謂牲①體全具也。《左傳》曰「牷牲肥腯」者也。

〔二〕郭曰：純，緣也。五色純之，等差其文綵也。《周禮》：「莞席紛純。」

《西次二經》之首曰鈐山〔一〕。其上多銅，其下多玉。其木多杻、橿。

〔一〕郭曰：音髡鉗之鉗。或作「冷」，又作「塗」。任臣案：劉氏云屬袁州，誤。

西二百里曰泰〔一〕冒之山。其陽多金，其陰多鐵。浴水出焉，東流注于河，其中多藻玉〔二〕，多白蛇〔三〕。

〔一〕郭曰：或作「秦」。

〔二〕郭曰：藻玉，玉有符彩者。或作「柬」，音練。

〔三〕郭曰：水蛇。

又西一百七十里曰數歷之山〔一〕。其上多黃金，其下多銀。其木多杻、橿。其鳥多鸚鴞。楚水出焉，而南流注于渭，其中多白珠〔二〕。

〔一〕任臣案：《太平御覽》引《經》作「數壢」。

① 「牲」字原脱，諸本《山海經》郭注均有，據補。

〔三〕郭曰：今蜀郡平澤出青珠。《尸子》曰：「水員折者有珠。」　任臣案：左思《蜀都賦》「青珠黃環」是也。

又西百五十里曰高山。其上多銀，其下多青碧〔一〕、雄黃〔二〕。其木多椶，其草多竹。涇水出焉〔三〕，而東流注于渭〔四〕，其中多磬石〔五〕、青碧。

〔一〕郭曰：碧亦玉類也。今越嶲會稽縣東山出碧。

〔二〕郭曰：晉大興三年，高平郡界有山崩，其中出數千斤雄黃。

〔三〕郭曰：音經。

〔四〕郭曰：今涇水出安定朝那縣西开頭山，至京兆高陵縣入渭也。　任臣案：《一統志》云：「涇河自平涼府西南白巖發源，至涇州，又東南至邠州界，又東北至西安府高陵縣界，會于渭。」

〔五〕郭曰：《書》曰「泗濱浮磬」是也。　任臣案：劉會孟云：「陝西耀州石可爲磬，故名磬玉山，非泗濱浮磬也。」

西南三百里曰女牀之山〔一〕。其陽多赤銅，其陰多石涅〔二〕。其獸多虎、豹、犀、兕。有鳥焉，其狀如翟而五彩文〔三〕，名曰鸞鳥，見則天下安寧〔四〕。

〔一〕任臣案：《東京賦》注：「女牀①山在華陰西六百里。」

〔二〕郭曰：即礬石也，楚人名爲涅石，秦名爲羽涅也。《本草經》亦名曰涅石也。　任臣案：《本草》：「黑石脂，一名石墨，一名石涅，南人謂之畫眉石。」礬石一名涅石，又名羽澤。二名原自不同。且礬石并無石涅之名，以涅石爲石涅，是郭注之誤也。李氏注《本草》，于礬石條下仍引《經》文，亦未察其謬耳。又石灰亦名石墨，與此不同。楊慎《補注》曰：「石涅可以染黑色。《論語》涅而不淄，即此物也。又可以書字，謂之石墨。上古用漆書，中古用石墨書，今代用煙墨，不知石墨爲何物矣。《本草》：石涅一名玄丹，又名黑丹。」《孝經援神契》曰：「王者德至山陵而黑丹出。」《文選·東京賦》：「黑丹流淄。」《魏都賦》：「墨井鹽池。」注云：「鄴西有墨井。」又宜陽縣有石墨山，汧陽縣有石墨洞，贛州興國縣上洛山皆産石墨，廣東始興縣小溪中亦産石墨。《水經注》：「商州黄水北有墨②山，山石悉黑。」此皆石涅也。

〔三〕郭曰：翟似雉而大，長尾。或作「鵫」。鵫，雕屬也。

〔四〕郭曰：舊説鸞似鷄，瑞鳥也。周成王時西戎獻之。　任臣案：師曠《禽經》：「鸞，瑞鳥，一曰雞趣。」顧野王《符瑞圖》曰：「雞趣，王者有德則見。」《尚書中候》云：「周公歸政于成王，太平制

① 「牀」，原作「林」，據《文選·東京賦》李善注改。

② 「墨」，原作「黑」，據《水經注》卷二十改。

禮，鸞鳥見。」《禽蟲述》曰：「鸞赤曰丹鳳，青曰羽翔，白曰化翼，玄曰陰翥，黄曰土符。」亦名翳，《楚詞》云「駟玉虬而乘翳」是也。張衡《東京賦》：「鳴女牀之鸞鳥，舞丹穴之鳳皇。」駱賓王《露布》：「女牀鳴鳳韻，歸昌于帝梧。」李商隱詩：「女牀無樹不棲鸞。」顧起元《幽思賦》：「羞鸞羽之差池兮，感女牀之文鸞。」指此。《圖贊》曰：「鸞翔女牀，鳳出丹穴。拊翼相和，以應聖哲。擊石靡詠，韶音其絶。」

又西二百里曰龍首之山〔一〕。其陽多黄金，其陰多鐵。苕水出焉，東南流注于涇水，其中多美玉。

〔一〕任臣案：《一統志》：「山在應州北山之南，跨雲中。」《三秦記》曰：「長六十里，頭入于渭，尾達樊川，云昔有黑龍從山南出飲渭，其行道因成土山，故以名焉。」

又西二百里曰鹿臺之山〔一〕。其上多白玉，其下多銀。其獸多㸲牛、羬羊、白豪〔二〕。有鳥焉，其狀如雄雞而人面，名曰鳧徯，其名自叫也，見則有兵〔三〕。

〔一〕郭曰：今在上郡。　任臣案：今名麓臺山，在平遥縣南四十七里。一名蒙山。

〔二〕郭曰：豪，貆猪也。

〔三〕任臣案：劉會孟曰：「鳥人面者，非大美則大惡。其大美者頻伽，大惡者鳧徯。」黄省曾詩「海内揚戈兵，鳧徯下鹿臺」，謂此也。

鳧徯　狀如雄雞而人面，見則有兵。出鹿臺山。

西南二百里曰鳥危之山。其陽多磬石〔一〕，其陰多檀〔二〕、楮〔三〕，其中多女牀〔四〕。鳥危之水出焉，西流注于赤水，其中多丹粟。

〔一〕任臣案：陳暘《樂書》曰：「少華之山，其陰多磬。鳥危之山，其陽多磬。高山，涇水出焉，其中多磬。則磬名所自，固雖不一，要之一適陰陽之和者。泗濱所貢浮磬而已，蓋取其土少而水多，其聲和且潤也。」

〔二〕任臣案：檀有黃白二種，葉皆如槐，與梓榆莢蒾相似。語云：「斫檀不諦得莢蒾，莢蒾尚可得駁馬。」

〔三〕郭曰：楮即穀木。　任臣案：《日華子》曰：「皮斑者爲楮，皮白者爲穀。」李時珍云：「楚人呼乳爲穀，其木白汁如乳，故以名之。《埤雅》訓爲善，誤矣。」陶隱居云：「即今構樹也。」陸璣《詩疏》曰：「構，幽州人謂之穀桑，荆揚交廣謂之穀。」

〔四〕郭曰：未詳。　任臣案：王氏《釋義》曰：「女牀，疑草石類。」

又西四百里曰小次之山。其上多白玉，其下多赤銅。有獸焉，其狀如猿而白首赤足，名曰朱厭〔一〕，見則大兵〔二〕。

〔一〕任臣案：《駢雅》曰：「朱厭、雍和、騰猿、獑胡、風母、前兒，皆猿屬也。」《事物紺珠》云：「朱厭如猿，白身赤足。」

〔二〕郭曰：一作「見則有兵起焉」，一作「見則爲兵」。　任臣案：《圖贊》曰：「鳧徯、朱厭，見則有兵。類異感同，理不虚行。推之自然，厥數難明。」

又西三百里曰大次之山。其陽多堊〔一〕，其陰多碧。其獸多㸲牛、麢羊。

〔一〕郭曰：堊似土，色甚白。音惡。

又西四百里曰薰吴之山。無草木，多金、玉。

又西四百里曰厎陽之山〔一〕。其木多櫻、柟、豫章〔二〕。其獸多犀、兕、虎、犳〔三〕、牸牛。

〔一〕郭曰：音旨。

〔二〕郭曰：椶似松，有刺，細理。音即。豫章，大木似楸，葉冬夏青，生七年而後復可知也。任臣案：張衡《南都賦》：「其木則檉松楔椶。」司馬相如賦云：「楩楠豫章。」顔注曰：「豫即沈木，章即樟木，二木生七年乃可分別。」觀此，則豫即釣樟也。《通志略》曰：「釣樟亦樟類，《爾雅》所謂棆無疵是也。」又縣名豫章，亦因此木得名。

〔三〕郭曰：犳，音之藥反。任臣案：《字海》云：「犳皮有虎文。」《字彙》云：「獸豹文。又音腰。狀如狗而文首也。」

又西二百五十里曰衆獸之山。其上多㻬琈之玉，其下多檀、楮，多黄金。其獸多犀、兕。

又西五百里曰皇人之山。其上多金、玉，其下多青雄黄〔一〕。皇水出焉，西流注于赤水，其中多丹粟。

〔一〕郭曰：即雌黄也，或曰空青、曾青之①屬。任臣案：雄黄生山陽，故名雄黄；雌黄生山陰，故

①「之」，原作「乏」，據《四庫》本改。

名雌黄，二義自别。若爲雌黄，不當復有青雄黄之名矣。蘇頌云：「階州山中雄黄，有青黑色而堅者，名曰熏黄。」「青雄黄」意即此也。

又西三百里曰中皇之山。其上多黄金，其下多蕙、棠〔一〕。

〔一〕郭曰：彤棠之屬也。「蕙」或作「羔」。　任臣案：或以爲薰葉、棠梨二種。

又西三百五十里曰西皇之山。其陽多金，其陰多鐵。其獸多麋鹿、牿牛〔一〕。

〔一〕郭曰：麋大如小牛，鹿屬。　任臣案：麋，牡麔牝麎，其子麇。鹿，牡麚牝麀，其子麛。熊氏《禮記疏》曰：「鹿，山獸，屬陽，情淫而遊山，夏至得陰氣而解角，從陽退之象。麋，澤獸，屬陰，情淫而遊澤，冬至得陽氣而解角，從陰退之象。」

又西三百五十里曰萊山。其木多檀、楮。其鳥多羅羅，是食人〔一〕。

〔一〕郭曰：羅羅之鳥，所未詳也。　任臣案：《宛委餘編》曰：「鳥之雙名者，藥山羅羅。」「萊山」作「藥山」，誤。

凡《西次二經》之首，自鈐山至于萊山，凡十七山，四千一百四十里。其十神者，皆人面而馬身，其七神，皆人面牛身，四足而一臂，操杖以行，是爲飛獸之神。其祠之，毛用少牢〔一〕，白菅爲席。其十輩〔二〕神者，其祠之，毛一雄雞，鈐而不糈；〔三〕

毛采〔四〕。

〔一〕郭曰：羊、猪爲少牢也。

〔二〕郭曰：音背。

〔三〕郭曰：鈐，所用祭器名，所未詳也。或作「思」，訓祈。不糈，祠不以米。

〔四〕郭曰：言用雄色雞也。

《西次三經》之首曰崇吾之山，在河之南，北望冢遂〔一〕，南望䍃之澤〔二〕，西望帝之搏獸之丘〔三〕，東望蠕〔四〕淵。有木焉，員葉而白柎〔五〕，赤華而黑理，其實如枳〔六〕，食之宜子孫。有獸焉，其狀如禺而文臂，豹虎〔七〕而善投，名曰舉父〔八〕。有鳥焉，其狀如鳧〔九〕，而一翼一目，相得乃飛，名曰蠻蠻〔一〇〕，見則天下大水。

〔一〕郭曰：山名。

〔二〕郭曰：音遥。

〔三〕郭曰：「搏」或作「簿」。

〔四〕郭曰：音於然反。

〔五〕郭曰：今江東人呼草木子房爲柎。音府。一曰：柎，花下鄂。音丈夫。字或作「柎」，音符。

〔六〕任臣案：《周禮》：「橘逾淮而北爲枳。」又小者枳實，大者枳殼。

〔七〕任臣案：字有誤。

〔八〕郭曰：或作「夸父」。　任臣案：《本草》：「豦，音據，建平山有之，大如狗，狀如猴，黃黑色，多髯鬣，好奮頭，舉石擲人，即舉父也。又有玃父，亦豦類。」徐氏《賽修賦》云：「慜舉父之不量兮，蹉九鳥使安居。」

〔九〕任臣案：鳧似鴨而小，長尾。《爾雅》：「鸍，沈鳧。」《詩》云：「鳧鷖在涇。」《尸子》曰：「野鴨爲鳧，家鴨爲鶩。」

〔一〇〕郭曰：比翼鳥也。色青赤，不比不能飛。《爾雅》作鶼鶼鳥也。　任臣案：《周書》：「成王時，巴人獻比翼鳥。」《瑞應圖》曰：「王者德及高遠，則比翼鳥至。」《管仲》曰：「西海致比翼之鳥。」《拾遺記》：「成王時，然丘國獻之，狀如鵲而多力。」張華以爲一青一赤，在參嵎山。焦氏《易林》云：「比目附翼，歡樂相得。」《太微經》曰：「有羽鶼鶼，而或九騎與七驂。」《博物志》云：「崇丘山有鳥，一足一翼一目，相得而飛，名曰䖟，見則吉良，乘之壽千歲。」皆此鳥也。晉俞益期《與韓康伯牋》：「林邑城外比翼鳥，不比不飛，鳥名歸飛，鳴聲自呼。」疑亦此也。又《韻會》作「⿰蠻鳥⿰蠻鳥」，《通志略》引《經》又作「⿰䜌鳥」。《圖贊》曰：「比翼之鳥，似鳧青赤。雖云一形，氣同體隔。延頸離鳥，翻飛合翮。」

舉父　狀如禺，文臂善投。出崇吾山。

蠻蠻　狀如鳧，而一翼二目，相得乃飛，見則大水。出崇吾山。

西北三百里曰長沙之山。泚水出焉〔一〕，北流注于泑水〔二〕。無草木，多青雄黃。

〔一〕郭曰：音紫。　任臣案：《水經》泚水有二，一出泚陽太湖山，一出霍山東北，非此。

〔二〕郭曰：烏交反，又音黝，水色黑也。

又西北三百七十里曰不周之山〔一〕。北望諸毗之山，臨彼嶽崇之山，東望泑澤，河水所潛也，其源渾渾泡泡〔二〕。爰有嘉果，其實如桃，其葉如棗，黃華而赤柎，食之不勞。

〔一〕郭曰：此山形有缺不周匝處，因名云。西北不周風自此山出。　任臣案：《淮南子》：「崑崙虛旁有四百四十門，其西北隅北門開，以納不周風。」又曰：「禺强，不周風之所生也。」《拾遺記》：「員嶠多大鵲，高一丈，銜不周之粟，粟穗高三丈。」《吕氏春秋》：「粟之美者，有不周之粟。」即此山。

〔二〕郭曰：河南出崑崙，潛行地下，至葱嶺出于闐國，復分流岐出，合而東流注泑澤，已復潛行，南出于積石山，而爲中國河也。名泑澤，即蒲澤，一名蒲昌海，廣三四百里，其水停，冬夏不增減，去玉門關三百餘里，即河之重源，所謂潛行也。渾渾泡泡，水濆涌之聲也。衮、咆二音。

又西北四百二十里曰峚山〔一〕。其上多丹木，員葉而赤莖，黄華而赤實，其味如飴〔二〕，食之不飢〔三〕。丹水出焉，西流注于稷澤〔四〕。其中多白玉，是有玉膏，其源沸沸湯湯〔五〕，黄帝是食是饗〔六〕。是生玄玉〔七〕，玉膏所出，以灌丹木〔八〕。丹木五歲，五色乃清〔九〕，五味乃馨〔一〇〕，黄帝乃取峚山之玉榮〔一一〕，而投之鍾山之陽〔一二〕。瑾瑜之玉爲良〔一三〕，堅粟精密〔一四〕，濁澤有而光〔一五〕，五色發作〔一六〕，以和柔剛〔一七〕。天地鬼神，是食是饗〔一八〕。君子服之，以禦不祥〔一九〕。自峚山至于鍾山，四百六十里，其間盡澤也。是多奇鳥、怪獸、奇魚，皆異物焉。

〔一〕郭曰：峚音密。　任臣案：他書引此多作「密山」。

〔二〕任臣案：劉熙《逸雅》：「餹之清者曰飴，稠者曰餳。」揚雄《方言》謂之「餦餭」。《楚詞》云：「粔粎蜜餌有①餦餭。」

〔三〕任臣案：陶潛《讀山海經》詩：「丹木生何許？迺在峚山陽。黄華復朱實，食之奉命長。」

〔四〕郭曰：后稷神所凴，因名云。

〔五〕郭曰：玉膏涌出之貌也。《河圖玉版》曰：「少室山，其上有白玉膏，一服即仙矣。」亦此類也。沸音拂。　任臣案：玉膏即玉髓，或謂之玉液，又謂之玉脂。《十洲記》云：「瀛洲有玉膏，名曰玉醴，飲數升輒醉。」《抱朴子》云：「生玉之山，有玉膏流出，鮮明如水精，以無心草木和之，須臾成水，服之長生。」《圖贊》曰：「丹木煒爗，沸沸玉膏。黄軒是服，遂攀龍豪。渺然升遐，羣下烏號。」

〔六〕郭曰：所以得登龍于鼎湖而龍蜕也。　任臣案：陶淵明詩：「白玉凝素液，瑾瑜發奇光。豈伊君子寶，見重我軒黄。」即此。

〔七〕郭曰：言玉膏中又出黑玉也。　任臣案：于闐國有烏玉河。《御覽》云：「西蜀出黑玉。」王逸《玉論》云：「黑如純漆。」又高昌人謂玄玉爲石璺，今謂之墨玉，皆此玉也。孫興公賦云：「挹以玄玉之膏。」

〔八〕任臣案：《事類賦》：「玉膏灌丹木之根，金刀剖如何之實。」

〔九〕郭曰：言光鮮也。　任臣案：吴淑《木賦》：「搴弱水之九衢，翫密山之五色。」

---

①「有」，原作「用」，據《楚辭·招魂》改。

〔一〇〕郭曰：言滋香也。

〔一一〕郭曰：謂玉華也。《離騷》曰：「懷琬琰之華英。」又曰：「登崑崙兮食玉英。」《汲冢周書》所謂「若華之玉」。　任臣案：《穆天子傳》：「天子于是得玉策枝斯之英。」玉策即玉榮也。注引《山海經》亦作「玉策」。《尸子》曰：「龍泉有玉英。」梁任昉《咏雪》詩「山經陋密榮」，謂此也。

〔一二〕郭曰：以爲玉種。　任臣案：潘氏《黄海》云：「峚山玉榮，投之鍾山之陽，以爲種。」

〔一三〕郭曰：言最善也。或作「食」。覬臾兩音。　任臣案：《圖贊》曰：「鍾山之寶，爰有玉華。光彩流映，氣如紅霞。君子是佩，象德閑邪。」

〔一四〕郭曰：説玉理也。《禮記》曰：「瑱密似粟。」「粟」或作「栗」。玉有粟文，所謂穀璧也。　任臣案：陳氏《禮書》：「子不足于長人，故璧瑑以穀。」是穀璧非自然之文，以此相證非是。

〔一五〕郭曰：濁謂潤厚。

〔一六〕郭曰：言符彩互映色。　王子靈《符應》曰：「赤如雞冠，黄如蒸栗，白如割肪，黑如醇漆，玉之符彩也。」

〔一七〕郭曰：言玉協九德也。

〔一八〕郭曰：玉所以祈祭者，言能動天地，感鬼神。

〔一九〕郭曰：今徼外出金剛石，石屬而似金，有光彩，可以刻玉。　外國人帶之，云辟惡氣，亦此類也。

又西北四百二十里曰鍾山〔一〕。其子曰鼓〔二〕，其狀如人面而龍身〔三〕。是與欽䲹〔四〕殺葆江于崑崙之陽〔五〕。帝乃戮之鍾山之東，曰䍃〔六〕崖。欽䲹化爲大鶚〔七〕，其狀如雕而黑文，白首赤喙而虎爪，其音如晨鵠〔八〕，見則有大兵。鼓亦化爲鵕鳥〔九〕，其狀如鴟，赤足而直喙，黄文而白首，其音如鵠，見即其邑大旱〔一〇〕。

鼓　人面龍身，居鍾山。

〔一〕任臣案：《穆天子傳》：「自密山以至鍾山四百六十里。」《論衡》曰：「鍾山之上，以玉抵鵲。」嚴忌《哀時命》云：「願至崑崙之玄圃也，采鍾山之玉英。」嵇康《琴賦》：「徽以鍾山之玉。」即此山也。又應天府、興國州皆有鍾山，非此。

〔二〕郭曰：此亦神名，名之爲「鍾山之子」耳。其類皆見《歸藏・啓筮》。　任臣案：《事物紺珠》作「古」。《續騷經》：「鍾䰠又附耳而舉佩。」注云：「謂鼓也。」

〔三〕郭曰：《啓筮》曰「麗山之子青羽人面鳥身」，亦似此狀也。　任臣案：《三才圖會》曰：「鍾山之子有神名曰鼓，其狀龍身而人面。」

〔四〕郭曰：音邳。　任臣案：王世貞《欽䲹行》云：「不知鳳凰是欽䲹。」盧柟《泰宇賦》云：「齒欽䲹而猑略玃。」顧起元《詠懷》詩：「瑶崖有大鳥，其名爲欽䲹。」本此。

〔五〕郭曰：「葆」或作「祖」。　任臣案：張衡《思玄賦》：「瞰瑶谿之赤岸兮，弔祖江之見劉。」陶潛《讀山海經》詩：「巨猾肆威暴，欽䲹違帝旨。窫窳强能變，祖江遂獨死。」皆以「葆」爲「祖」也。

〔六〕郭曰：音遥。

〔七〕郭曰：鶚，鵰屬也。音愕。　任臣案：《禽經》云：「王鴡，魚鷹也。」即此。《詩》謂之「雎鳩」，《淮南子》謂之「沸波」。

〔八〕郭曰：晨①鵠，鶚屬，猶云晨梟耳。《説苑》曰：「緤吠犬比奉晨梟也。」

〔九〕郭曰：音俊。　任臣案：劉會孟曰：「褒君化龍，牛哀化虎，黄母化黿，徐伯化魚，何但欽䲹與

---

① 「晨」字原脱，據宋本補。

鼓？」又陶潛詩：「長枯固已劇，鵔鶚豈足恃？」謂此也。

〔一〇〕郭曰：《穆天子傳》云「鍾山」作「舂①」字，音同耳。「穆天子北升此山，以望四野，曰：鍾山是唯天下之高山也，百獸之所聚，飛鳥之栖也。爰有赤豹、白虎、白鳥、青雕，執犬羊，食豕鹿。穆王五日觀于鍾山，乃爲銘迹于縣圃之上，以詔後世。」任臣案：《圖贊》曰：「欽䲹及鼓，是殺祖江。帝乃戮之，崑崙之東。二子皆化，矯翼亦同。」

又西百八十里曰泰器之山。觀水出焉，西流注于流沙，是多文鰩魚〔一〕，狀如鯉魚，魚身而鳥翼，蒼文而白首赤喙，常行西海，遊于東海，以夜飛〔二〕，其音如鸞雞〔三〕，其味酸甘，食之已狂〔四〕，見則天下大穰〔五〕。

文鰩魚　狀如鯉魚，鳥翼蒼文，白首赤喙。常從西海飛游東海。出觀水。

①「舂」，原作「春」，據宋本改。

〔一〕郭曰：音遥。　任臣案：《吕氏春秋》：「藿水之魚，名曰鰩，其狀若鯉而有翼，常從西海飛遊于東海。」左思賦云：「文鰩飛波而觸綸。」《庾信集》云：「文鰩夜觸，翼似青鸞。」郭璞《江賦》：「鮫鰩鯩鰱。」《酉陽雜俎》云：「洞庭之鮒，灌水之鰩。」《稽瑞録》云：「虬何以驂？鰩何以蜚？」曹植《七啓》：「膾西海之飛鱗。」李善注以爲文鰩也。《駢雅》云：「文鰩長尺許，有翼。」《函史物性志》：「文鰩出南海，名飛魚，羣飛水上則大風。」又《神異經》言「東南海中有温湖，其中有鰩魚，長八尺」，不言能飛，似别爲一種。

〔二〕任臣案：薛道衡詩：「杉樹朝飛向洛陽，文魚夜過歷吴洲。」《白氏六帖》云：「獸爲毛羣，天馬潛而在水；魚非羽族，文鰩飛以排空。」《事類賦》云：「夜飛常駭于文鰩。」

〔三〕郭曰：鸞雞，鳥名，未詳也。或作「欒」。　任臣案：鸞亦名雞趣，疑即鸞也。

〔四〕任臣案：《淮南子》曰：「丘氣多狂。」

〔五〕郭曰：豐穰，收熟也。《韓子》曰：「穰歲之秋。」　任臣案：《圖贊》曰：「見則邑穰，厥名曰鰩。經營二海，矯翼閑霄。唯味之奇，寄厥伊庖。」又簡文詩「鰩魚顯嘉瑞」，謂此也。

又西三百二十里曰槐江之山。丘時之水出焉，而北流注于泑水。其中多蠃母〔一〕，其上多青雄黄，多藏琅玕、黄金、玉〔二〕。其陽多丹粟，其陰多采黄金、銀。實惟帝之平圃〔三〕，神英招司之〔四〕，其狀馬身而人面，虎文而鳥翼，狥于四海〔五〕，其音如榴〔六〕。南望崑崙，其光熊熊，其氣魂魂〔七〕。西望大澤，后稷所潛也〔八〕。其中多玉，其陰多榣木之有若〔九〕。北望諸毗〔一〇〕，槐鬼離侖居之〔一一〕，鷹鸇之所宅也〔一二〕。東望恒山四成〔一三〕，有窮鬼居之，各在一搏〔一四〕。爰有淫水，其清洛洛〔一五〕。有天神焉，其狀如牛，而八足二首馬尾，其音如勃皇〔一六〕，見則其邑有兵。

英招　馬身人面，虎文鳥翼。司槐江山。

〔一〕郭曰：即蟝螺也。　任臣案：螺之屬，有珠螺、鸚鵡螺、梭子螺，皆蟝螺類。

〔二〕郭曰：琅玕，石似珠者。藏猶隱也。郎干兩音。　任臣案：《爾雅》：「西北之美者，有崑崙之璆琳、琅玕。」許氏《説文》云：「琅玕，石①似玉。」《禹貢》：「雍州厥貢琅玕。」孔安國云：「石之似珠者。」《荀子》「琅玕龍兹」，注亦云「琅玕似珠」。又徐氏《總龜》曰：「琅玕生南海石崖間，壯如筍，質似玉。」《西域記》：「天竺國出琅玕。」大抵珊瑚、琅玕本是一類，生于海而赤者爲珊瑚，生于山而碧者爲琅玕。今回回出青珠，與碧龍相似，即琅玕所作。或曰：左思《蜀都賦》「青珠黄環」，蓋指琅玕子也。又杜綰《石譜》載「明州昌國有琅玕石，生水中，初白而後微紫」，是水中亦有琅玕矣。

〔三〕郭曰：即玄圃也。《穆天子傳》曰：「乃爲銘迹于玄圃之上。」謂刊石紀功德，如秦皇漢武之爲者也。　任臣案：王融《曲水詩序》：「載懷平圃，乃睠芳林。」

〔四〕郭曰：司，主也。招，音韶。

〔五〕郭曰：徇，謂周行也。　任臣案：《圖贊》曰：「槐江之山，英招是主。巡游四海，撫翼雲儛。實唯帝囿，有謂玄圃。」

〔六〕郭曰：音留。或作「籀」，此所未詳也。

〔七〕郭曰：皆光氣炎盛相焜燿之貌。

〔八〕郭曰：后稷生而靈智，及其終化形，遯此澤而爲之神，亦猶傅説騎箕尾也。　任臣案：后稷有

①「石」，原作「乃」，據《四庫》本改。

二，一爲炎帝柱，一爲舜之臣棄。

〔九〕郭曰：榣木，大木也，言其上復生若木。大木之奇靈者爲若，見《尸子》。《國語》曰「榣木不生花」也。　任臣案：《楚詞》：「擥榣木之橝枝兮，望閬風之板桐。」即榣木也。楊氏《補注》云：「凡木大至百圍，年歷千載，皆有奇靈，不獨扶桑得稱若木耳。」《尸子》曰：「食若木者，多爲仁人。」《圖贊》曰：「榣唯靈樹，爰生若木。重根增駕，流光旁燭。食之靈化，榮名仙録。」《古音附録》曰：「《山海經》多榣木，《列子》『碧樹而冬生曰櫾』，蓋省作『榣』也。」未審是非。

〔一〇〕郭曰：山名。

〔一一〕郭曰：離侖，其神名。

〔一二〕郭曰：鸇亦鴟屬也。莊周曰「鴟鴉甘鼠」，《穆天子傳》云「鍾山上有白鳥青鵰」，皆此族類也。

〔一三〕郭曰：成亦重也。《爾雅》云：「再成曰英也。」

〔一四〕郭曰：搏猶脅也，言羣鬼各以類聚處山四脅，有窮，其總號耳。「搏」一作「摶」。　任臣案：楊慎《補注》云：「退之《送窮文》實衍此也。」

〔一五〕郭曰：水留下之貌也。淫音遥也。　任臣案：陶潛《讀山海經》詩：「迢遞槐江嶺，是謂玄圃丘。西南望崑墟，光氣難與儔。亭亭明玕照，落落清瑶流。恨不及周穆，託乘一來遊。」

〔一六〕郭曰：勃皇未詳。

西南四百里曰崑崙之丘，是實惟帝之下都〔一〕，神陸吾司之〔二〕。其神狀虎身而九尾，人面而虎爪。是神也，司天之九部及帝之囿時〔三〕。有獸焉，其狀如羊而四角，名曰土螻〔四〕，是食人。有鳥焉，其狀如蜂，大如鴛鴦，名曰欽原〔五〕，蠚鳥獸則死，蠚木則枯〔六〕。有鳥焉，其名曰鶉鳥，是司帝之百服〔七〕。有木焉，其狀如棠〔八〕，黄華赤實，其味如李而無核，名曰沙棠，可以禦火，食之使人不溺〔九〕。有草焉，名曰蕡草〔一〇〕，其狀如葵，其味如葱，食之已勞〔一一〕。河水出焉〔一二〕，而南流東注于無達〔一三〕。赤水出焉〔一四〕，而東南流注于氾天之水〔一五〕。洋水出焉〔一六〕，而西南流注于醜塗之水〔一七〕。黑水出焉〔一八〕，而西流于大杅〔一九〕。是多怪鳥獸〔二〇〕。

陸吾　虎身九首，人面虎爪。司崑崙之丘。

土螻　狀如羊四角，是食人。出崑崙之丘。

〔一〕郭曰：天帝都邑之在下者也。《穆天子傳》曰：「吉日辛酉，天子升于崑崙之丘，以觀黄帝之宫，而封豐隆之葬，以詔後世。」言增封于崑崙山之上。　任臣案：《十六國春秋》：馬岌言：「酒泉南山，即崑崙之體也，周穆王見西王母，樂而忘歸，蓋謂此山。《禹貢》崑崙在臨江之西，即此明矣。」《十三州記》云：「崑崙正在西海之戌地，北海之亥地，去岸十三萬里，有弱水周迴繞匝。山南接積石圃，西北接北户之堂，東北臨大活之井，西南至承淵之谷。此四角大山，實崑崙之支輔也。」《河圖始開圖》云：「崑崙山北地轉下三千六百里，有八玄幽都，方二十萬里，地下有四柱，廣十萬里，地有三千六百軸，犬牙相舉。」言誕而誇，未可據也。又《括地象》曰：「崑崙之墟下通含右赤縣之州，是爲中則。」《赤霆經》曰：「崑崙柱天，萬脈由起西北，綿亘幽寒。」《搜神記》曰：「崑崙之山，是唯帝之下都。」《淮南子》云：「昆侖之丘，或上倍之，是謂凉風之山；或上倍之，是謂玄圃；或上倍①之，是謂太帝之居。」《酉陽雜俎》云：「崑崙之墟，帝之下都，百神所在。」《十洲記》云：「上有金臺玉闕，天帝君之居治處也。」《葛仙公傳》：「崑崙一曰玄圃，一曰積石瑶房，一曰閬風臺，一曰華蓋，一曰天柱，仙人所居也。」《圖贊》曰：「崑崙月精，水之靈府。唯帝下都，西邦之宇。礫然中峙，號曰天柱。」盧柟《崑崙山人賦》：「崪厲萬仞，爲帝下都。」本此。

①「上倍」，原倒作「倍上」，據上下文乙。

〔二〕郭曰：即肩吾也。莊周曰「肩吾得之，以處大山」也。　任臣案：《圖贊》曰：「肩吾得一，以處崑崙。開明是對，司帝之門。吐納靈氣，熊熊魂魂。」王世貞騷云：「彼茎亦何爲兮，辱陸吾使不得主。」盧柟《泰宇賦》：「挫陸吾而陁驕蟲。」徐氏《謇修賦》：「令陸吾啓鑰而列圖。」謂此也。

〔三〕郭曰：主九域之部界、天帝苑囿之時節也。　任臣案：《事物紺珠》作「堅吾，虎身人面九首，司九域事」。《開山圖》注：「無外之山，在崑崙東南，五龍天皇皆出此中，爲十二時神也。」道里既殊，或與此神異。

〔四〕任臣案：一作「土螻」，又作「土耬」，《篇海》云：「土耬獸，似羊四角，觸物則斃。」《玄覽》曰：「土耬也，嗛羊也，四角之獸也。」《事物紺珠》云：「土螻如羊，四鋭角。」《駢雅》曰：「羊四角爲土螻。」又蟺蝺，北方亦謂之土螻，見《爾雅翼》，與此同名異物。

〔五〕郭曰：「欽」或作「爰」，或作「至」也。　任臣案：《駢雅》云：「蹴塬，蠚鳥也。」《玄覽》曰：「蜚蝎水，欽原蠚木。」彭儼《五侯鯖》云：「欽原蠹鳥獸則死，蠹木則空。」

〔六〕任臣案：蠚，毒蟲名，猶言毒也。《漢書》：齊王曰：「蝮蠚手則斬手，蠚足則斬足。」卞壼《與温嶠書》：「元規召峻意，定必縱毒蠚以向朝廷。」《圖贊》曰：「土螻食人，四角似羊。欽原類蜂，大如鴛鴦。觸物則斃，其鋭難當。」

〔七〕郭曰：服，器服也。一曰服事也。或作「藏」。　任臣案：《天文志》：「鶉首、鶉火、鶉尾三宮，當太微軒轅之座南面，而承如在帝左右焉，且星主衣裳文繡，張主宗廟服用，皆鶉火宿也。」《周禮》輪人「鳥旟七斿」，畫南方鶉火之象，司服「鷩冕褘翟」諸制，皆本此意通之。《經》云「鶉鳥司帝百服」，或義取此也。今三式家猶以朱雀爲文章采服之神，夫有所受之矣。

〔八〕郭曰：棠梨也。

〔九〕郭曰：言體浮輕也。沙棠爲木，不可得沉。《吕氏春秋》曰：「果之美者，沙棠之實。」銘曰：「安得沙棠，刻以爲舟，泛彼滄海，以遨以遊。」　任臣案：《南越志》：「寧鄉果多沙棠。」竺法真①《羅浮山疏》：「羅浮山有沙棠，華黄實赤，甘如李。」《上林賦》云：「沙棠櫟櫧，華楓枰櫨。」謝朓啓云：「帝臺妙棠，安期靈棗。」《圖贊》曰：「安得沙棠，制爲龍舟？汎彼滄海，渺然遐遊。聊以逍遥，在彼去留。」

〔一〇〕郭曰：音頻。　任臣案：毛晃曰：「蘋，大萍也，與蘋同。」《本草》云：「大者爲蘋，小者爲荇，葉如田字形，有水陸二種。」《左傳》：「蘋蘩藴藻之采，可薦于鬼神，可羞于王公。」則蘋有賓之義，故字从賓。

〔一一〕郭曰：《吕氏春秋》曰：「菜之美者，崑崙之蘋。」　任臣案：《圖贊》曰：「司帝百服，其鳥名鶉。沙棠之實，唯果是珍。爰有奇菜，厥號曰蘋。」

〔一二〕郭曰：出山東北隅也。

---

①「真」，原作「其」，按撰《登羅浮山疏》者爲竺法真，據改。

〔一三〕郭曰：山名。

〔一四〕郭曰：出山東南隅也。

〔一五〕郭曰：氾天亦山名，赤水所窮也。《穆天子傳》曰：「遂宿于崑崙之側，赤水之陽。」陽，水北也。氾，浮劍反。

〔一六〕郭曰：出山西北隅。或作「湑」。　任臣案：《水經注》引《經》作「漾水出崑崙西北隅」。又許慎、吕忱、孔安國、常璩並以漾水出隴西，則洋水或一名漾水，未可知也。又案《海内西經》，洋當音翔。

〔一七〕郭曰：醜塗，亦山名也。皆在南極。《穆天子傳》曰「戊辰，濟洋水」，又曰「觴天子洋水」也。任臣案：《水經注》作「配塗」。

〔一八〕郭曰：亦出西北隅也。

〔一九〕郭曰：山名也。《穆天子傳》曰：「乃封長肱于黑水之西河，是惟崑崙鴻鷺之上，以爲周室主。」杅音于。

〔二〇〕郭曰：謂有一獸九首、有一鳥六首之屬也。

又西三百七十里曰樂游之山。桃水出焉，西流注于稷澤，是多白玉。其中多䱻魚〔一〕，其狀如蛇而四足，是食魚〔二〕。

〔一〕郭曰：音滑。　任臣案：字書䱻魚有二，鳥翼如魚者音滑，子桐水之䱻魚是也；如蛇四足者音骨。今郭音相反，疑字書誤。景純《江賦》云：「䱻鰊鰺鮋。」張融《海賦》云：「鯡魜鱴䱻。」

〔二〕任臣案：劉會孟曰：「龍蟠山潭中亦産魚，四足而有角。」

䱻魚　如蛇四足。出桃水。

西水行四百里曰流沙，二百里至于蠃母之山，神長乘司之，是天之九德也〔一〕。其神狀如人而犳〔二〕尾〔三〕。其上多玉，其下多青石而無水。

〔一〕郭曰：九德，九氣所生。

〔二〕郭曰：之藥反。

〔三〕任臣案：《圖贊》曰：「九德之氣，是生長乘。人狀犳尾，其神則凝。妙物自潛，世無得稱。」

又西三百五十里曰玉山，是西王母所居也〔一〕。西王母其狀如人，豹尾虎齒而善嘯，蓬髮戴勝〔二〕，是司天之厲及五殘〔三〕。有獸焉，其狀如犬而豹文，其角如牛〔四〕，其名曰狡，其音如吠犬，見則其國大穰〔五〕。有鳥焉，其狀如翟而赤，名曰胜遇〔六〕，是食魚，其音如録〔七〕。

〔一〕郭曰：此山多玉石，因以名云。《穆天子傳》謂之「羣玉之山」，「見其山河無險，四轍中繩，先王之所謂策府，寡草木，無鳥獸。穆王於是攻其玉石，取玉石版三乘，玉器服物，載玉萬隻以歸。」雙玉爲瑴，半瑴爲①隻。　任臣案：闞駰《十三州志》：「赤水西有白玉山，山有西王母堂室。」《外國圖》曰：「西王母國前弱水中有玉山白兔。」陶潛《讀山海經》詩：「玉臺淩霞秀，王母妙怡顔。」又李賀詩：「忽憶周天子，驅車上玉山。」即此也。又玉山近春山旁，《東瀛子》云：「西王母所居在龜山之春山，瓊華之闕，光碧之堂，所謂玉闕塈天，緑臺承霄。」《老君中經》、《集仙傳》、《諸皋記》、《書記洞詮》諸書云：「西王母，九靈太妙龜山金母也，姓緱氏，名婉妗，一云姓楊名回，與東王公共理二氣，乃西華之至妙，洞陰之極尊。」其説甚誕，不足據也。

〔二〕郭曰：蓬頭亂髮。勝，玉勝也。音龐。　任臣案：《帝王世紀》曰：「崑崙之北，玉山之神，人身

① 「瑴爲」二字原脱，據宋本補。

虎首，豹尾蓬頭。」又《廣記》云：「蓬髮戴華勝，虎齒善嘯者，此乃王母之使，金方白虎之神，非王母真形也。」其説未足信。今戴鵀鳥以頭上有毛花成勝，故亦名戴勝，明此知戴勝之義。

〔三〕郭曰：主知灾厲、五刑殘殺之氣也。《穆天子傳》曰：「吉日甲子，天子賓于西王母，執玄圭白璧以見西王母，獻錦組百縷，金玉百斤，西王母再拜受之。乙丑，天子觴西王母于瑶池之上。西王母爲天子謡曰：『白雲在天，山陵自出，道里悠遠，山川間之，將子無死，尚復能來。』天子答之曰：『予還東土，和理諸夏，萬民均平，吾顧見汝，比及三年，將復而野。』西王母又爲天子吟曰：『徂彼西土，爰居其所，虎豹爲羣，烏鵲與處，嘉命不遷，我爲帝女，彼何世民，又將去子，吹笙鼓簧，中心翱翔，世民之子，惟天之望。』天子遂驅升于奄山，乃紀迹于奄山之石，而樹之槐，眉曰『西王母之山』。」奄山，即崦嵫山。案《竹書》：穆王五十七年，西王母來見，賓于昭宫。舜時西王母遣使獻玉環，見《禮·三朝》。任臣案：黄帝時，西王母授益地圖。《廣博物志》云：「堯教化及雕題蜀越，西見王母。」《大戴禮》云：「舜時西王母獻白玉琯。」説見《大荒經》注。《圖贊》曰：「天帝之女，蓬髮虎顔。穆王執贄，賦詩交歡。」

〔四〕郭曰：或作「羊」。

〔五〕郭曰：晉太康七年，邵陵扶夷縣檻得一獸，狀如豹文，有兩角，無前兩脚，時人謂之狡。疑非此。任臣案：盧柟《蠛蠓集》云：「狡音龐吠，豹文純擾。」

〔六〕郭曰：音姓。任臣案：《事物紺珠》云：「胜遇如翟而赤，食魚。」《駢雅》曰：「蠻蠻、胜遇，兆水鳥也。」又張華《神異經叙》「天柱上有大鳥，名曰希有，南向，右翼覆西王母」，當與此鳥共處也。

〔七〕郭曰：音禄，義未詳。　任臣案：《字義總略》：碌碌，古作「録録」，或作「鹿鹿」。是録、鹿古相通也，疑爲鹿之借字。

又西四百八十里曰軒轅之丘〔一〕。無草木。洵水出焉〔二〕，南流注于黑水，其中多丹粟，多青雄黄。

〔一〕郭曰：黄帝居此丘，娶西陵氏女，因號軒轅丘。　任臣案：皇甫謐云：「黄帝受國于有熊，居軒轅之丘。」劉會孟曰：「今新鄭縣，古有熊氏之國。」曹學佺《名勝志》云：「新鄭縣城内有軒轅丘，又秦州亦有軒轅丘。」

〔二〕郭曰：音詢。

又西三百里曰積石之山。其下有石門，河水冒以西流〔一〕。是山也，萬物無不有焉〔二〕。

〔一〕郭曰：冒猶覆也。積石山，今在金城河門關西南境中，河水行塞外，東入塞内。　任臣案：《一統志》：「積石在西寧衛境廢龍文縣之南。」劉辰翁曰：「積石在陝西河州。」夏氏《禹貢合注》云：「積石有二，河水經大積石山，又東北流至小積石山，一名唐述山。土人以鬼爲唐述，蓋傳其山有神人往還也。」葛洪《枕中書》曰「舜治積石山」，即此。「河水冒以西流」，《水經注》引此作「西南流」。

〔二〕郭曰：《水經》引《山海經》云：「積石山在鄧林山東，河所入也。」　任臣案：《圖贊》曰：「積石之中，實生重河。夏后氏導，石門湧波。珍物斯備，比奇崑阿。」

又西二百里曰長留之山，其神白帝少昊居之〔一〕。其獸皆文尾〔二〕，其鳥皆文首〔三〕。是多文玉石。實惟員〔四〕神磈氏之宫〔五〕。是神也，主司反景〔六〕。

〔一〕郭曰：少昊金天氏，帝摯之號也。　任臣案：《禮斗威儀》曰：「白帝白招拒。」《枕中書》云：「白帝治華陰山。」顔之推《家訓》曰：「《帝王世紀》帝少昊崩，其神降長流之山，於祀主秋。」《周禮》秋官主刑罰，故今名治獄參軍爲長流，即長留也。羅苹《路史注》云：「今臨朐有祠，曰治泉祠，《廣雅》以爲金神之祠，斯少昊所降也。」是少昊之主西也久矣。又傳稱少昊爲西皇，亦以帝居西方故耳。

〔二〕郭曰：或作「長」。

〔三〕郭曰：「文」或作「長」。

〔四〕任臣案：一本作「負」。

〔五〕郭曰：音隗。　任臣案：《國名記》作「隗氏」，即春秋隗氏之地。《冠編》云：「少昊青陽氏偕妃隗氏，降神于長流之山。」《圖贊》曰：「少昊之帝，號曰金天。磈氏之宫，亦在此山。是司日入，其景則圓。」

〔六〕郭曰：日西入則景反東照，主司察之。　任臣案：吴淑《日賦》「長留反景，都廣無晷」，謂此。楊慎《補注》云：「日西入則景反東照，故曰反景，揚雄賦所謂『倒景』也。《尚書》：『宅西曰昧谷，寅餞納日。』古文『昧谷』作『柳谷』。鄭氏曰：『五色聚爲柳，日入時具五色。』《説文》：『穀，日入色也，音忽。』《尚書》餞日柳谷，屬之仲秋，《山海經》『司反景』，亦居之白帝。蓋倒景反照，在秋爲多，其變千狀，有作胭脂紅者，有如金縷穿射者，凡乍雨乍霽，載霞載陰，雲氣斑駁，日光穿漏其中，必有蛟龍隱見，是則所謂神司反景也。」

又西二百八十里曰章莪之山〔一〕。無草木，多瑶、碧〔二〕，所爲甚怪〔三〕。有獸焉，其狀如赤豹〔四〕，五尾一角，其音如擊石，其名如猙〔五〕。有鳥焉，其狀如鶴〔六〕，一足，赤文青質而白喙，名曰畢方，其鳴自叫也，見則其邑有譌火〔七〕。

猙　狀如赤豹，五尾一角，音如擊石。出章莪山。

畢方　狀如鶴，一足，赤文青質白喙，見則有譌火。出章莪山。

〔一〕任臣案：一本作「章義」。

〔二〕郭曰：碧亦玉屬。

〔三〕郭曰：多有非常之物。

〔四〕任臣案：《穆天子傳》：「鍾山爰有赤豹、白虎。」屈子《九歌》云：「乘赤豹兮從文貍。」《詩·大雅》：「赤豹黃羆。」鬼谷子遺蘇秦、張儀書中云：「下有赤豹麒麟。」

〔五〕郭曰：京氏①《易義》曰：「音如石相擊。」音静也。　任臣案：猙又音争。一曰似狐有翼，見《廣韻》。黃氏《續騷經》：「梟授翼于獰猙。」注云：「似豹，一角五尾。」《圖贊》曰：「章莪之山，奇怪所宅。有獸似豹，厥色惟赤。五尾一角，鳴如擊石。」又《篇海》言「狢如赤豹，五尾，與猙相類」，似誤也。

〔六〕任臣案：鶴大於鵠，長喙丹頂，赤目赤頰，青脚修頸，白羽黑翎。《相鶴經》云：「飲而不食，乃胎化也。」

〔七〕郭曰：「譌」亦「妖」，「訛」字。　任臣案：《駢雅》：「畢方，兆火鳥也。商羊、鸖鵉，兆雨鳥也。」《淮南子》「木生畢方」注云：「狀如鳥，青色赤脚，一足，不食五穀。」《事物紺珠》云：「畢方，見者主壽。」《彙苑》云：「畢方，老鬼也，一曰南方獨脚鳥，形如鶴。」《尚書故實》云：「漢武帝有獻獨

① 「京氏」，原作「金氏」，據宋本改。

足鶴者，人皆以爲異，東方朔奏曰：『《山海經》云畢方鳥也。』驗之果是。」《華林博議》云：「孝武帝常有獻異鳥者，莫識，東方朔曰：『此畢鸞也，見《山海經》。』」「畢鸞」本爲「畢方」之訛。又《白澤圖》：「火之精曰必方，狀如鳥，一足，以其名呼之則去。」即畢方也。《圖贊》曰：「畢方赤文，離精是炳。旱則高翔，鼓翼陽景。集乃流灾，火不炎正。」柳宗元《逐畢方文》：「元和七年夏，火灾日夜數十發，蓋類物之爲者，訛傳怪鳥，莫實其狀。《山海經》『畢方見有訛火』，則怪鳥其畢方與？」《興化府志》云：「嘉靖十八年九月間，莆田縣火災，是夜有鳥下火中，即子厚所云畢方鳥也。」又《續騷經》云：「俞兒騃騂而遠去兮，畢方躨跜以卜鄰。」疑指此。又薛綜《文選注》：「畢方如鳥，兩足一翼，常銜火作怪灾。」與《經》文小有異同，未可據也。

又西三百里曰陰山。濁浴之水出焉，而南流注于蕃澤，其中多文貝〔一〕。有獸焉，其狀如狸〔二〕而白首，名曰天狗〔三〕，其音如榴榴〔四〕，可以禦凶〔五〕。

〔一〕任臣案：《相貝經》：「貝十二等。」《書大傳》：「大貝如車渠。」《顧命》云：「文貝，仍几。」《楚詞》：「紫貝闕兮珠宮。」《詩·小雅》「成是貝錦」，言其文也。《圖贊》云：「先民有作，龜貝爲貨。貴以文彩，賈以小大。簡則易資，犯而不過。」

〔二〕郭曰：或作「豹」。　任臣案：《字林》云：「貍狀獸，似貙，其子名隸。」

〔三〕任臣案：大荒有赤犬，曰天犬；又太白化妖星，名天狗；窮奇獸亦名天狗，非此。《事物紺珠》云：「天狗如狸，白首，音如猫，食蛇。」

〔四〕郭曰：或作「猫猫」。

〔五〕任臣案：《圖贊》云：「乾麻不長，天狗不大。厥質雖小，禳灾除害。氣之相旺，在乎食帶。」

天狗 狀如狸而白首。出陰山。

又西二百里曰符惕之山〔一〕。其上多椶、柟，下多金、玉。神江疑居之〔二〕。是山也，多怪雨，風雲之所出也〔三〕。

〔一〕郭曰：音陽。　任臣案：劉子威《雜俎》作「符陽」。

〔二〕任臣案：《郁離子》云：「江疑乘雲，列缺御雷。」即此神。

〔三〕任臣案：劉鳳《玄覽篇》「符陽之山多怪雨」，謂此也。

又西二百二十里曰三危之山〔一〕。三青鳥居之〔二〕。是山也，廣員百里。其上有獸焉，其狀如牛，白身四角，其毫如披蓑〔三〕，其名曰徶徆〔四〕，是食人。有鳥焉，一首而三身，其狀如鸈，其名曰鴟〔五〕。

獓狚　狀如牛，白身四角，其毫如披蓑，是食人。出三危山。

鴟　一首三身，其狀如鸈。出三危山。

〔一〕郭曰：今在燉煌郡。《尚書》云「竄三苗于三危」是也。　任臣案：三危，古字作「三峗」，在陝西沙州城東南二十里，其山三峰峭絶，因名。《河圖括地象》曰：「三危山在鳥鼠之西南，與汶山相接，上爲天苑星，黑水出其南。」《河西舊事》云：「三危山有三峰，故曰三危。俗亦爲昇雨山，在縣南二十里。」又《列朝詩集注》：「麗江府羅些城北有山，即三危山。」未知是非。

〔二〕郭曰：三青鳥主爲西王母取食者，别自棲息于此山也。《竹書》曰：「穆王西征，至于青鳥所解。」　任臣案：《圖贊》曰：「山名三危，青鳥所憩。往來崑崙，王母是隸。穆王西征，旋①軫斯地。」陶潛《讀山海經》詩：「翩翩三青鳥，毛色奇可憐。朝爲王母使，暮歸三危山。」徐陵《天台碑》：「來去三鳥，賓遊二童。」②虞綽《大鳥銘》：「西王青鳥，東海赤鴈。」伏知道書云：「玉山青鳥，仙使難通。」本此。《留青日札》曰：「三危山有青鳥，爲王母使者。」《左傳》云：「青鳥，司啓者也。」注：「鶬鴰也，立春鳴，立夏止，故司啓。」因啓有通信問之義，故言西王母使者。又《漢武故事》云：「七月七日，西王母至，有三青鳥夾侍王母傍。」亦緣此附會之。

〔三〕郭曰：蓑，辟雨之衣也。音催。

〔四〕郭曰：傲噎兩音。　任臣案：一作「獓㹈」。《駢雅》曰：「牛四角而白曰獓㹈。」《字彙》引此作「獒㹈」，《古音略》又作「傲㹈」。

〔五〕郭曰：鵸似鵰，黑文赤頸。音洛。下句或云「扶狩則死，扶木則枯」，應在上「欽原」下，脱錯在此耳。○一本作「扶狩則短」。　任臣案：《圖贊》曰：「江疑所居，風雲是潛。獸有獓㹈，毛如披蓑。鵸鳥一頭，厥身則兼。」

① 「旋」，原作「旅」，據《藝文類聚》卷九一引文改。

② 「來去三鳥，賓遊二童」，原本「來」作「未」，「童」作「章」，據《徐僕射集·天台山徐則法師碑》改。又，徐集「三鳥」本作「三島」。吳氏誤讀。

又西一百九十里曰騩山。其上多玉而無石。神耆童居之〔一〕，其音常如鐘磬。其下多積蛇。

〔一〕郭曰：耆童，老童，顓頊之子。任臣案：《圖贊》曰：「顓頊之子，嗣作火正。鏗鏘其鳴，聲如鐘磬。處于騩山，唯靈之盛。」

又西三百五十里曰天山〔一〕。多金、玉，有青雄黃。英水出焉，而西南流注于湯谷〔二〕。有神焉，其狀如黃囊，赤如丹火〔三〕，六足四翼，渾敦無面目〔四〕，是識歌舞，實惟帝江也〔五〕。

帝江　狀如黃囊，赤如丹火，六足四翼，渾敦無面目。居天山。

〔一〕任臣案：《河西舊事》曰：「天山高，冬夏長雪，故曰白山。山中有好木鐵白，人謂之天山，過之皆下馬拜。在蒲東一百里，即漢貳師擊右賢王處也。」《九州要記》云：「涼州古武城都有天山，黄帝受金液神丹于此。」程大昌《北邊備對》云：「一名時漫羅山。」杜詩注：「天山即祁連山，在伊州。」顧氏《説略》曰：「天山、雪山、祁連山、白山四名，其實一也。」

〔二〕任臣案：《開山圖》：「麗山西北有温池。」《辛氏三秦記》、《漢武故事》並云驪山有湯泉，若《南都賦》所稱「湯谷湧其後」，非此地也。

〔三〕郭曰：體色黄，而精光赤也。

〔四〕任臣案：渾敦，《古音叢目》音衮沌，與混沌同。《中天佚典》云：「渾沌蔑刳，太希其谷。」《太微經》曰：「有物齒于渾敦，莫之敢作。」又《神異經》言：「崑崙西有獸，兩目不見，兩耳不聞，有腹而無五臟，有腸直而不旋，名曰渾沌。」

〔五〕郭曰：夫形無全者則神自然靈照，精無見者則闇與理會，其帝江之謂乎？莊生所云中央之帝混沌，爲儵忽所鑿七竅而死者，蓋假此以寓言也。　任臣案：段氏《諾皋記》：「天山有神，是爲渾瀲，狀如橐而光，其光如火，六足重翼，無面目，嗜音歌舞，實爲帝江。」《事物紺珠》云：「帝江出天山，識歌舞之妙。」楊慎《均藻》云：「帝江鳥名，知歌舞之音。」王氏《彙苑》云：「天山之神鳥，名曰帝江，故能識歌舞之妙，無如帝江。一曰鼓神也。」《圖贊》曰：「質則渾沌，神則旁通。自然靈照，聽不以聰。强之爲名，曰惟帝江。」王融《曲水詩序》：「傳妙靡于帝江。」盧柟《滄溟賦》云：「帝江蹶左而歛翼。」謂此也。又《路史》「帝不降，是爲帝江」，注云：「《山海經》帝江也。」此羅氏之誤。

又西二百九十里曰泑山〔一〕。神蓐收居之〔二〕。其上多嬰短之玉〔三〕。其陽多瑾瑜之玉，其陰多青雄黄。是山也，西望日之所入，其氣員〔四〕，神紅光之所司也〔五〕。

〔一〕郭曰：泑音黝黑之黝。

〔二〕郭曰：亦金神也，人面虎爪白尾，執鉞。見《外傳》云。　任臣案：《風俗通》、《姓纂》云：「蓐收後有蓐國，蓋少皞之子該也，生則爲諸侯，死則爲神。」《月令》亦云「其神蓐收」。

〔三〕郭曰：未詳。　任臣案：瑜次山有嬰垣玉。「短」疑「垣」字之譌。

〔四〕郭曰：日形員，故其氣象亦然也。　任臣案：楊慎《補注》云：「《晉・天文志》：東海氣如圓窟。」其説亦此類也。

〔五〕郭曰：未聞其狀。

西水行百里至于翼望之山〔一〕。無草木，多金、玉。有獸焉，其狀如狸，一目而三尾，名曰讙〔二〕，其音如奪百聲〔三〕，是可以禦凶，服之已癉〔四〕。有鳥焉，其狀如烏，三首六尾而善笑，名曰鵸鵌〔五〕，服之使人不厭〔六〕，又可以禦凶。

讙　狀如狸，一目三尾。出翼望山。

鵸鵌　狀如烏，三首六尾，善笑。出翼望山。

〔一〕郭曰：或作「土①翠山」。

〔二〕郭曰：讙音歡，或作「原」。

〔三〕郭曰：言其能作百種物聲也。或曰：奪百，物名。亦所未詳。任臣案：《太平御覽》引《經》，「讙」作「讙讙」，「奪百聲」作「泰百聲」。《五侯鯖》云「原一目二尾，音奪衆音」，即斯獸也。

〔四〕郭曰：黄癉病也。音旦。

---

①「土」，原作「上」，據宋本改。

〔五〕郭曰：猗餘兩音。　任臣案：帶山鳥自爲牝牡，亦名鵸鵌。《事物紺珠》云：「鵸鵌如烏，九首六尾，善笑，自爲雌雄。」黄氏之誤也。　又《駢雅》云：「鵸鵌三首。」《玄覽》云：「三首之鳥，有鵸余焉。　九首之鳥，有鶬焉，鬼車焉。　字書或作鵸鵌。」

〔六〕郭曰：不厭夢也。《周書》曰：「服者不眯。」音莫禮反。　或曰「眯」，眯目也。　任臣案：程良孺曰：「鵸鵌不魘，當扈不眴。」《圖贊》云：「鵸鵌三頭，獂獸三尾。　俱禦不祥，消凶辟眯。　君子服之，不逢不韙。」

凡《西次三經》之首崇吾之山至于翼望之山，凡二十三山，六千七百四十四里。其神狀皆羊身人面，其祠之禮，用一吉玉瘞〔一〕，糈用稷米〔二〕。

〔一〕郭曰：玉加采色者也。《尸子》曰：「吉玉大龜。」

〔二〕任臣案：稷，穄也，黍之不黏者。

《西次四經》之首曰陰山〔一〕。上多穀，無石，其草多茆、蕃〔二〕。陰水出焉，西流注于洛。

〔一〕任臣案：在今寧夏。

〔二〕郭曰：茆，鳧葵也。　蕃，青蕃，似莎而大。　卯煩兩音。　任臣案：《詩・魯頌》：「薄采其茆。」江南人謂之「蓴菜」。《齊民要術》作「蒓」。

北五十里曰勞山〔一〕，多茈草〔二〕。弱水出焉，而西流注于洛〔三〕。

〔一〕任臣案：齊地亦有大勞山、小勞山，晏謨《齊記》所謂「泰山高不如東海勞」也，是異地同名者。

〔二〕郭曰：一名茈莀，中染紫也。　任臣案：即紫草。《爾雅》云：「藐，茈草。」《唐本草》：「一名紫丹。」

〔三〕任臣案：《留青日札》：「天下有三弱水。東海中弱水不勝鴻毛，至則必溺。西海中弱水在今西寧衛西三百里甘州界。昔乞伏熾磐破吐谷渾覓地于弱水南，覓地降，署爲弱水護軍是也。勞山所出，疑此水。又弱水條支，去長安四萬里，似與甘州之弱水異，則又一弱水也。」《釋義》言：「天地之氣，東南而升，西北而降，降則其氣沉也，氣沉水斯弱矣。」然東海亦有弱水，則何説也？

西五十里曰罷父之山〔一〕。洱水出焉〔二〕，而西流注于洛〔三〕，其中多茈、碧〔四〕。

〔一〕任臣案：楊氏《古音》引此作「罷谷山」。罷，皮買切。

〔二〕郭曰：音耳。　任臣案：劉會孟云：「洱水，葉榆河也，中有三島四洲九曲之勝。」朱國禎《大事記》曰：「西洱河在大理府城南，一名昆瀰池，亦名瀰海，源出浪穹縣罷谷中山下。世傳黑水伏流，别派自縣西北來，滙于縣東，爲巨津，形如月生五日抱珥之狀，故又曰珥河。」又案：《水經注》：「清水又南，洱水注之。水出弘農郡盧氏縣之熊耳山。」《地理志》：「熊耳之山出三水，洱水其一焉。」計其道里，與朱説不合，未能斷也。

〔三〕任臣案：李元陽云：「《地理志》謂『南中山曰昆彌，水曰洛』，《山海經》『洱水西流入于洛』，蓋瀾滄江亦名洛水，言脉絡分明也。」據此，則諸洛非上洛之洛。

〔四〕任臣案：紫石華、玄石英之類。

北百七十里曰申山。其上多穀、柞，其下多杻、橿，其陽多金、玉。區水出焉，而東流注于河〔一〕。

〔一〕任臣案：《水經注》：「世謂之清水。」

北二百里曰鳥山。其上多桑，其下多楮。其陰多鐵，其陽多玉。辱水出焉，而東流注于河〔一〕。

〔一〕任臣案：《水經》：「河水又南，又納辱水。」注云：「俗謂之秀延水。」

又北百二十里曰上申之山〔一〕。上無草木而多硌石〔二〕，下多榛、楛〔三〕。獸多白鹿。其鳥多當扈〔四〕，其狀如雉，以其髯飛〔五〕，食之不眴目〔六〕。湯水出焉，東流注于河〔七〕。

〔一〕任臣案：劉鳳《雜俎》引此作「上甲」。

〔二〕郭曰：硌，磊硌，大石貌也。音洛。

〔三〕郭曰：榛子似栗而小，味美。楛木可以爲箭。《詩》云：「榛楛濟濟。」臻怙兩音。　任臣案：陸璣《詩疏》：「榛，栗屬。」字或作「蓁」。木有二種，《鄘風》云「樹之榛栗」，《左傳》「女贄不過榛栗棗脩」。楛，木名，《書傳》云「可以爲矢」，《禹貢》「荆州厥貢惟箘簵楛」。

〔四〕郭曰：或作「户」。

〔五〕郭曰：髯，咽下須毛。　任臣案：《談薈》云：「飛者以翼，當扈之鳥以髯。」《圖贊》曰：「鳥飛以翼，當扈則鬚。廢多任少，沛然有餘。輪運于轂，至用在無。」

〔六〕郭曰：音眩。

〔七〕任臣案：《水經》：「河水又南，湯水注之。」《一統志》：「湯水在盧氏縣西南一百二十里，源出惡峪嶺。」

又北百八十里曰諸次之山。諸次之水出焉，而東流注于河〔一〕。是山也，多木無草，鳥獸莫居，是多衆蛇。

〔一〕任臣案：《水經》曰：「河水又南，諸次之水入焉。」

又北百八十里曰號山。其木多漆、椶〔一〕，其草多葯、虈、芎藭〔二〕。多汵石〔三〕。端水出焉，而東流注于河〔四〕。

〔一〕郭曰：漆①似樗也。　任臣案：韓保昇曰：「漆樹高二三丈，皮白，葉似槐，子似牛李子，木心黄，六七月刻取滋汁。又一種似小榎而大，取汁漆物，黄澤如金，《唐書》所謂黄漆者也。」

〔二〕郭曰：葯，白芷别名。䕡，香草也。芎藭，一名江蘺②。葯，音烏較反。　任臣案：《廣雅》：「白芷葉謂之葯。」《楚詞》：「桂棟兮蘭橑，辛怡媚兮葯房。」《淮南子》：「秋葯被風。」吴氏《本草》曰：「白芷，一名䕡，一名苻離，一名澤芬，一名葩。」《説文》云：「晉謂之䕡，齊謂之茝，楚謂之蘺，又謂之葯。」是葯、䕡皆白芷也。芎藭，《左傳》作「山鞠藭」，《本草》、《釋名》謂之「壺藭」，與藁本類。《淮南》云：「亂人者，若芎藭之與藁本。」《名山志》曰：「横山諸山，草多芎藭。」又案《别録》：「蘼蕪一名江蘺，芎藭苗也。」郭以芎藭名江蘺，非是。然《上林賦》稱「被以江蘺，糅以蘼蕪」，若非一物。李氏云「大葉似芹者爲江蘺，細葉似蛇牀者爲蘼蕪」，總爲芎藭葉斷矣。

〔三〕郭曰：泠或音金，未詳。　任臣案：《水經注》引《經》作「泠石」。

〔四〕任臣案：《水經》：「河水又東，端水入焉。」

又北二百二十里曰孟山〔一〕。其陰多鐵，其陽多銅。其獸多白狼、白虎〔二〕，其鳥

---

①「漆」下，諸本《山海經》有「樹」字。

②「蘺」，原作「籬」，據宋本改。

多白雉、白翟〔三〕。生水出焉，而東流注于河〔四〕。

〔一〕郭曰：音于。　任臣案：《水經注》引郭注云：「盂或作明。」今本無此文。《藝文類聚》引此作「蓋山」。

〔二〕郭曰：《外傳》曰：「周穆王伐犬戎，得四白狼、白虎，虎名甝虪。」　任臣案：《瑞應圖》曰：「白狼，王者仁德則見。周宣王時，白狼見，西國滅。」《田俅子》曰：「商湯爲天子，有神手牽白狼，口銜金鉤，而入湯庭。」《尚書中候》曰：「湯牽白狼，握禹籙。」《圖贊》云：「矯矯白狼，有道則遊。應符變質，乃御靈鉤。惟德是適，出殷見周。」《孝經援神契》曰：「德至鳥獸，白虎見。」《春秋演義圖》曰：「湯地七十，内懷聖明，白虎戲朝。」《魏略》曰：「文帝欲受禪，郡國上言白虎二十七見。」《中興徵祥説》曰：「白虎，狀如虎而白色，嘯則風興，皜身如雲而無雜者。」近代所謂白虎，背斑虎文，是《爾雅》之虦虎也。《圖贊》云：「甝虪之虎，仁而有猛。其質載皓，其文載炳。應德而擾，止我交境。」

〔三〕郭曰：或作「白翠」。

〔四〕任臣案：即奢延水也。水西出奢延縣西南赤沙阜，東北流。

西二百五十里曰白於之山〔一〕。上多松、栢〔二〕，下多櫟、檀〔三〕。其獸多㸲牛、羬羊，其鳥多鴞〔四〕。洛水出于其陽〔五〕，而東流注于渭。夾水出于其陰，東流注于生水。

〔一〕任臣案：《括地志》：「白於山在慶州洛源縣。」《水經注》曰：「白於山，今名女郎山。」指張魯女也。

〔二〕任臣案：吴淑《栢賦》：「擢華嶽，秀白於。」

〔三〕郭曰：櫟即柞。任臣案：實名橡斗。

〔四〕郭曰：鴞似鳩而青色。任臣案：鴞即梟，盛弘之《荆州記》云：「有鳥如雌雞，其名爲鴞，楚人謂之鵩。」

〔五〕任臣案：洛水非一，此秦中洛水也。伊洛之洛，其源出熊耳。《漢書》云：「洛出重野。」

西北三百里曰申首之山〔一〕。無草木，冬夏有雪。申水出于其上，潛于其下，是多白玉。

〔一〕任臣案：《唐類函》作「由首」。宋濂《演連珠》亦云「由首之山，曾雪常凝①」，似誤。

又西五十五里曰涇谷之山〔一〕。涇水出焉〔二〕，東南流注于渭〔三〕，是多白金、白玉。

〔一〕郭曰：或無「之山」二字。

①「凝」，原作「疑」，據宋濂《文憲集》卷二七改。

〔二〕郭曰：或以此爲今涇水，未詳。

〔三〕任臣案：《關中記》云：「涇、渭、洛，關中三川，與滻、澇、潏、灃、滈爲關中八水。」《一統志》曰：「今涇河，自平凉府西南白巖發源，至涇州，又東南至邠州界，又東北至西安府高陵縣界，會于渭。」

又西百二十里曰剛山。多柒木〔一〕，多㻬琈之玉。剛水出焉，北流注于渭。是多神䰠〔二〕，其狀人面獸身，一足一手，其音如欽。

神䰠　人面獸身，一足一手。居剛山。

〔一〕任臣案：《廣韻》：「柒與漆同。此即榛漆之漆也。」

〔二〕郭曰：⿰米鬼亦魑魅之類也。音恥回反。或作「媿」。　任臣案：《圖經》作「神魃」，《集韻》引此作「神魅」，音熾。

〔三〕郭曰：「欽」亦「吟」字假音。　任臣案：劉會孟云：「深山魑魅多一足，故詩曰山鬼獨一足。」《圖贊》曰：「其音如吟，一脚人面。鼠身鼈頭，厥號曰蠻。目如馬耳，食厭妖變。」

又西二百里至剛山之尾。洛水出焉，而北流注于河。其中多蠻蠻，其狀鼠身而鼈首，其音如吠犬。

蠻蠻　鼠身鼈首，音如吠犬。出剛山。

又西三百五十里曰英鞮之山。上多漆木，下多金、玉，鳥獸盡白〔一〕。涴水出焉〔二〕，而北注于陵羊之澤。是多冉遺之魚〔三〕，魚身蛇首六足，其目如馬耳，食之使人不眯〔四〕，可以禦凶。

冉遺魚　魚身蛇首，六足，目如馬耳。出涴水。

〔一〕任臣案：《釋義》曰：「西方金，屬於氣爲白，鳥獸盡白，似感金氣也。然他山又不盡然，豈感者有淺深耶？」

〔二〕郭曰：「涴」或作「溾」，音冤枉之冤。

〔三〕任臣案：《御覽》作「無遺之魚」。《事物紺珠》作「冉鱧」，《玄覽》曰：「儵魚、鮒遺、鮯鮯，皆六足。」又《集韻》引《經》云「英鞮之山，涴水出焉，多鮹魚」，似誤。

〔四〕任臣案：目不明曰眯。《莊子》云：「簸糠眯目。」《讀書考定》云：「文鰩已狂，冉遺不眯。」

又西三百里曰中曲之山。其陽多玉，其陰多雄黃、白玉及金。有獸焉，其狀如馬，而白身黑尾，一角，虎牙爪，音如鼓音，其名曰駮，是食虎豹〔一〕，可以禦兵〔二〕。有木焉，其狀如棠，而員葉赤實，實大如木瓜〔三〕，名曰櫰木〔四〕，食之多力〔五〕。

駮　狀如馬而白身黑尾，一角，虎牙爪，音如鼓音，是食虎豹。出中曲山。

〔一〕郭曰：《爾雅》説「駮」，不道有角及虎爪。駮亦在畏獸畫中。　任臣案：晉平公獵，遇虎，虎伏于道。問師曠，曠曰：「臣聞駮馬伏虎豹，意君所乘者駮馬乎？」又《宋史》載順州山中有異獸，如馬，而食虎豹，北人不能識，問劉敞，敞曰：「此駮也。」爲説其狀，且誦《山海經》、《管子書》曉之。《汲冢瑣語》曰：「駮馬能食虎豹。」邢氏《爾雅疏》曰：「駮亦野馬名。」《秦風》「隰有六駮」，嚴粲音剥。陸璣云：「駮馬，梓榆也，以其木皮似駮馬，故名之。」《王會篇》「義渠以兹白」，注：「兹白一名駮。」近宋廉憲于秦中見駮，一角虎蹄，食四虎云。《圖贊》曰：「駮惟馬類，實畜之英。騰髦驤首，嘘天雷鳴。氣無不淩，吞虎辟兵。」

〔二〕郭曰：養之辟兵刃也。

〔三〕郭曰：木瓜如小瓜。　任臣案：木瓜一名楙。《詩》云：「投我以木瓜。」

〔四〕郭曰：音懷。　任臣案：槐亦名櫰木，非此也。

〔五〕郭曰：《尸子》曰：「木食之人，多爲仁者。」名爲若木，此之類。　任臣案：《圖贊》曰：「櫰之爲木，厥形似棟。若能長服，拔樹排山。力則有之，壽亦宜然。」

又西二百六十里曰邽山〔一〕。其上有獸焉，其狀如牛，蝟毛，名曰窮奇，音如獆狗，是食人〔二〕。濛水出焉〔三〕，南流注于洋水。其中多黄貝〔四〕、蠃魚〔五〕，魚身而鳥翼〔六〕，音如鴛鴦，見則其邑大水。

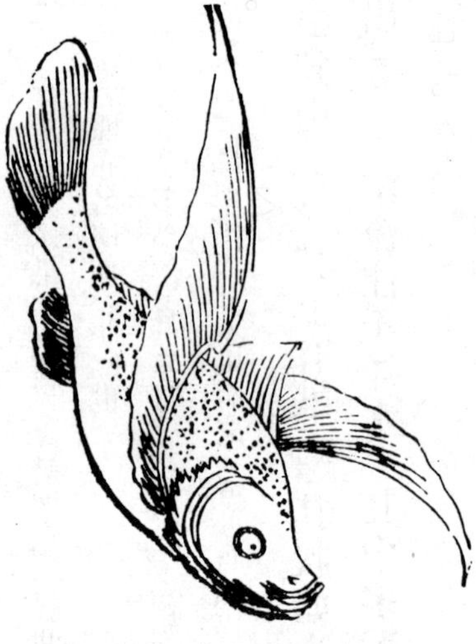

贏魚　魚身鳥翼，見則大水。出濛水。

〔一〕郭曰：音圭。　任臣案：高氏《緯略》引此作「封山」。

〔二〕郭曰：或云似虎，蝟毛有翼。　銘曰：「窮奇之獸，厥形甚醜，馳逐妖邪，莫不奔走。　是以一名，號曰神狗。」　任臣案：《緯略》云：「窮奇聞人鬬，乃助不直者。文王出獵所獲。」張揖《上林賦注》：「窮奇，其音如狗嗥。」《神異經》云：「窮奇狀如牛而色貍，長尾曳地，其聲如狗，狗頭人形，鈎爪鋸牙，逢忠信之人則齧而食之，逢奸邪則捕禽獸而飼之。」《宛委餘編》云：「窮奇逐妖，一名神狗。」《駢雅》曰：「牛蝟毛，謂之窮奇。」黃香《九宮賦》「驂駿騆而挾窮奇」，即此也。　又逐疫神亦名窮奇，《後漢志》云：「窮奇、騰根共食蠱。」北方天神亦名窮奇，《淮南子》云：「窮奇，廣莫風之所生也。」《抱朴子》云：「前道十二窮奇，後從三十六辟邪。」皆非此窮奇。或作「窮寄」，誤。

〔三〕郭曰：音蒙。

〔四〕郭曰：貝，甲蟲，肉如科斗，但有頭尾耳。　任臣案：《爾雅》：「貝陸居贆，在水者蜬，余貾黃白文，余泉白黃文。」《相貝經》云：「貝十二等，濯貝使人善驚，黃脣點齒是也。浮貝投水則浮也。」

〔五〕郭曰：音螺。

〔六〕任臣案：睿宗《江漢賦》「翼飛鰩鸁于天池」，謂此與文鰩也。或作「鸁」，孫愐《唐韻》云：「鸁，落戈反，魚身鳥翼。」

又西二百二十里曰鳥鼠同穴之山〔一〕。其上多白虎、白玉。渭水出焉，而東流注于河〔二〕。其中多鰠魚〔三〕，其狀如鱣魚〔四〕，動則其邑有大兵〔五〕。濫水出于其西〔六〕，西流注于漢水。多鴽魮之魚〔七〕，其狀如覆銚，鳥首而魚翼魚尾，音如磬石之聲，是生珠、玉〔八〕。

〔一〕郭曰：今在隴西首陽縣西南，山有鳥鼠同穴，鳥名曰鵌，鼠名曰鼵。鼵如人家鼠而短尾。鵌似燕而黃色，穿地入數尺。鼠在內、鳥在外而共處。孔氏《尚書傳》曰：「共爲雌雄。」張氏《地理記》云：「不爲牝牡也。」　任臣案：山在今陝西渭原縣。《一統志》云：「俗呼爲青雀山是也。」《河圖括地象》曰：「鳥鼠同穴山，地之幹也，上爲揜華星。」楊衒之《伽藍記》云：「赤嶺不生草木，其山有鳥鼠同穴，鳥雄鼠雌，共爲陰陽。」段國《沙州記》云：「寒嶺去太陽川三十里，有雀鼠同穴。雀亦如家雀，色小白。鼠亦如家鼠，色如黄鼬，無尾。」《太康地記》曰：「鳥鼠山，穴入三四尺，鼠在内，鳥在外。」《甘肅志》云：「涼州之地有兀兒鼠，形狀似鼠，尾若贅疣。有鳥曰本周兒，其形似雀而色灰白。兩物同穴而處。」又《禹貢合注》「鼠名鮎鼵」，與古所傳鳥名鵌、鼠名鼵者不一，蓋俗所沿也。沈約《宋書》：「沙州甘谷嶺北有雀鼠同穴，或在山嶺，或在平地。雀色白，鼠色黄。地生黄紫華草，便有雀鼠穴。」杜彥達曰：「同穴止宿，養子互相哺食，長大乃止，故因以名山。」袁小脩《書經考》曰：「鳥鼠山，鳥形色似雀而稍大，頂出毛角，飛即厓穴，穴口有鼠，狀如常鼠，但脣缺似①兔，蓬尾似鼬，與鳥狎昵，有類雌雄。」楊慎云：「鳥鼠同穴，今陝西人實云有之，岳修撰正戍邊時親見之。宋人作《書傳》，乃以鳥鼠爲一山，同穴爲一山，非也。」近時宋廉憲琬亦云目擊之。《圖贊》曰：「鵌鼵二蟲，殊類同歸。聚不以方，或走或飛。不然之然，難以理推。」《玄覽》云：「飛蛾、匹鼠，蟲螽、妻蚓，鵌鼵同居，諸龍雙處。」田氏《日札》曰：「廣西潯州桂平縣有牛蛇山，𤛓牛與蛇同穴。牛嗜鹽，其角如玉。」亦與鳥鼠山類。

①「似」，原作「以」，據《四庫》本改。

鳥鼠同穴　鳥名鵌，鼠名鼵，共處一穴。在今渭原縣。

絮魮魚　狀如覆銚，鳥首而魚翼魚尾，音如磬石之聲，是生珠玉。出濫水。

〔二〕郭曰：出山東，至弘農華陰縣入河。　任臣案：《水經注》：「渭水出首陽縣首陽山渭首亭南谷，山在鳥鼠山西北。此縣有高城嶺，嶺上有城，號渭源①城。」

〔三〕郭曰：音騷。　任臣案：《字彙》云：「鰠魚似鱣。」

〔四〕郭曰：鱣魚，大魚也，口在頷下，體有連甲也。或作「鮎魚」。　任臣案：《詩》：「鱣鮪發發。」今江東呼爲黃魚，似鱣。

---

①「源」，原作「原」，據《水經注》卷一七改。

〔五〕郭曰：或脱無從「動則」以下語者。　任臣案：《圖贊》曰：「物以感應，亦不數動。壯士挺劍，氣激白虹。鰠魚潛淵，出則邑悚。」

〔六〕郭曰：音檻。　任臣案：《水經注》：「洮水北逕降狄道故城，又北，隴水注之，即《經》所謂濫水也。水出鳥鼠山，西逕隴坻，其岸崩落者，聲聞數百里，故揚雄稱『響若坻頹』是也。」又《小學紺珠》載「濫水爲九淵之一」，或謂即此水，未知是非。

〔七〕郭曰：如玭兩音。

〔八〕郭曰：亦珠母蚌類而能生出之。　任臣案：《文選》云：「鳴磬孕璆。」吴淑《珠賦》云：「濫水文魮，瀛洲紺翼。」睿宗《江漢賦》：「轉車輪之鱟兮，覆金銚之魮。」此也。《南越志》曰：「海中有文魮，鳴似磬，鳥頭魚尾而生玉。」《圖贊》云：「形如覆銚，包玉含珠。有而不積，涉以尾閭。闇與道會，可謂奇魚。」楊慎《異魚圖贊》：「《海經》⿱如魚鮆，《江賦》文魮。孕璆音磬，鳥首魚尾。出鳥鼠穴，《禹貢》攸紀。」

西南三百六十里曰崦嵫之山〔一〕。其上多丹木，其葉如穀，其實大如瓜，赤符而黑理，食之已癉〔二〕，可以禦火〔三〕。其陽多龜，其陰多玉。苕〔四〕水出焉，而西流注于海〔五〕，其中多砥礪〔六〕。有獸焉，其狀馬身而鳥翼，人面蛇尾，是好舉人〔七〕，名曰孰湖〔八〕。有鳥焉，其狀如鴞而人面，蜼身大尾〔九〕，其名自號也〔一〇〕，見則其邑大旱。

人面鴞　其狀如鴞，人面蜼身犬尾，見則大旱。出崦嵫山。

〔一〕郭曰：日没所入山也，見《離騷》。奄兹兩音。　任臣案：《穆天子傳》謂之「弇山」。《十道志》云：「昧谷在秦州西南。《堯紀》『申命和叔，宅西土，曰昧谷』。亦謂之兑山，一曰崦嵫山。」《事物紺珠》云：「崦嵫亦曰落棠山，日入處。」

〔二〕任臣案：癉音旦，惡創也。《左傳》「荀偃癉疽」。又黄病，與疸①同，醫家有五疸症。

〔三〕任臣案：《圖贊》曰：「爰有丹木，生彼洧盤。厥實如瓜，其味甘酸。蠲痾辟火，用奇桂蘭。」今廣

① 「疸」，原作「疽」，據《四庫》本改。下同。

州有樹，可以禦火，山北謂之慎火，多種屋上以防火，亦斯類也。

〔四〕郭曰：或作「若」。

〔五〕郭曰：《禹大傳》曰：「洧盤之水，出崦嵫山。」　任臣案：江淹賦「崦嵫之泉」，疑指此。

〔六〕郭曰：磨石也。精爲砥，粗爲礪也。

〔七〕郭曰：喜抱舉人。

〔八〕任臣案：《駢雅》：「馬而人面鳥翼，曰孰湖。」又游氏《臆見》作「孰湘」，未知所據。《圖贊》曰：「窮奇如牛，蝟毛自表。濛水之羸，匪魚伊鳥。孰湖之獸，見人則抱。」

〔九〕郭曰：蜼，獼猴屬也。音贈遺之遺，一音誄。見《中山經》。「尾」又作「背」。

〔一〇〕郭曰：或作「設」，設亦呼耳。疑此脱誤。

凡《西次四經》自陰山以下至於崦嵫之山，凡十九山，三千六百八十里。其祠祀禮皆用一白雞祈，糈以稻米，白菅爲席。

右西經之山凡七十七山，一萬七千五百一十七里。

山海經廣注卷之三

仁和吴任臣注

北山經

《北山經》之首曰單狐之山〔一〕，多机木〔二〕，其上多華草。漨水出焉〔三〕，而西流注于泑水，其中多芘石、文石〔四〕。

〔一〕任臣案：「單狐」一作「罳狐」，在洛一百五十里，秦遷西周公于單狐聚，即此。

〔二〕郭曰：机木似榆，可燒以糞稻田，出蜀中。音飢。　任臣案：楊慎《補注》：「机，今之榿也。」《字書》云：「榿音溪。蜀人以榿爲薪，三年可燒。」又宋元符二年，眉山縣榿木二株，異根同幹，即此木。

〔三〕郭曰：音逢。

〔四〕任臣案：文石即瑪瑙，佛書謂之摩羅迦隸，見《本草》、《釋名》。今紫雲瑪瑙、竹葉瑪瑙，多出中州、淮右、山東諸地。又《周禮・秋官》注「嘉石，文石也」，蓋指石之有文理者。

又北二百五十里曰求如之山。其上多銅，其下多玉，無草木。滑水出焉，而西流注于諸毗之水〔一〕。其中多滑魚，其狀如鱓，赤背〔二〕，其音如梧〔三〕，食之已疣〔四〕。其中多水馬，其狀如馬，文臂牛尾〔五〕，其音如呼〔六〕。

〔一〕郭曰：水出諸毗山也。

〔二〕郭曰：鱓魚似蛇。音善。

〔三〕郭曰：如人相枝梧聲。音「吾子」之「吾」。

〔四〕郭曰：疣，贅也。任臣案：字書疣音由，結肉也。

〔五〕郭曰：臂，前脚也。《周禮》曰：「馬黑脊而斑臂膢。」漢武元狩四年，燉煌渥洼水出馬，以爲靈瑞者，即此類也。任臣案：漢馬出于余吾之水。又元和中，神馬四匹出鎮池河中。魏黄初間，於上黨得澤馬。晉孝武太元十四年，鎮池縣河水有神馬二匹。唐明皇時，靈昌郡得異馬于河。《隨巢子》云：「夏后之興，方澤出馬。」皆水馬也。又考《襄陽記》中廬山有地穴，漢時常有數百匹馬出，遂名馬穴，吴時陸遜復于此穴得數十匹馬出土中，更一異也，附記之。《圖贊》曰：「馬實龍精，爰出水類。渥洼之駿，是靈是瑞。昔在夏后，亦有何駟。」

〔六〕郭曰：如人叫呼。

又北三百里曰帶山。其上多玉，其下多青碧。有獸焉，其狀如馬，一角有錯〔一〕，其名曰䑏疏〔二〕，可以禦火〔三〕。有鳥焉，其狀如烏，五采而赤文，名曰鵸鵌〔四〕，是自爲牝牡〔五〕，食之不疽〔六〕。彭水出焉，而西流注于芘湖之水。其中多儵魚〔七〕，其狀如雞而赤毛，三尾六足四首〔八〕，其音如鵲，食之可以已憂〔九〕。

䑏疏　狀如馬，一角有錯，可以辟火。出帶山。

儵魚　狀如雞，赤毛，三尾六足四目，食之已憂。出鼓水。

〔一〕郭曰：言角有甲錯也。或作「歷」。

〔二〕郭曰：音歡。　任臣案：《駢雅》曰：「雖馬、䑏疏，一角馬也。」《五侯鯖》云「懽疏出常山，如馬一角，其性墨」，即此也。《異物彙苑》作「矔疏」，似誤。

〔三〕任臣案：《圖贊》曰：「厭火之獸，厥惟矔疏。有鳥自化，號曰鵸䳜。一頭十身，何羅之魚。」

〔四〕郭曰：上已有此鳥，疑同名。　任臣案：《學海》作「鵸鴒」。

〔五〕任臣案：《唐韻注》云「有鳥名鵸䳜，能自爲牝牡」，疑即此鳥也。《爾雅翼》曰：「《山海經》類有二種，獸之出亶爰山者，如狸而有髮，其名曰㠩類；帶山之鳥，如烏而五采文，其名曰奇類。」

〔六〕郭曰：無癰疽病也。

〔七〕郭曰：音由。

〔八〕任臣案：《引書晶鈍》云：「儵，徒堯切，又市流切。似雞赤毛，六足四目也，从魚。」睿宗《江漢賦》云：「翹雞尾之儵。」

〔九〕任臣案：《圖贊》曰：「汨和損平，莫慘于憂。詩咏萱草，山經則儵。壑焉遺岱，聊以盤遊。」《宛委餘編》曰：「儵已憂，鯖已狂。」吴淑《事類賦》：「鮒唯宜暑，儵可忘憂。」

又北四百里曰譙明之山〔一〕。譙水出焉，西流注于河〔二〕。其中多何羅之魚，一首而十身〔三〕，其音如吠犬，食之已癰。有獸焉，其狀如貆而赤豪〔四〕，其音如榴榴〔五〕，名曰孟槐，可以禦凶〔六〕。是山也，無草木，多青雄黄〔七〕。

〔一〕任臣案：《荒史·循蜚紀》有譙明氏，蓋居于此山也。《冠編》云：「譙明氏顯治譙明之山。」羅泌云：「伯益之書有譙明之山、涿光之山，而俱載于《北經》。譙明、涿光，信其爲繼治者，乃知邃古之事，非必無據。」

〔二〕任臣案：《一統志》：「譙水在陝州城南三里湧出入河，俗呼三里澗。」

〔三〕任臣案：張融《海賦》「何儸鱅鮨」，即此也。楊慎《補注》云：「何羅魚，今八帶魚也。」《異魚圖贊》曰：「何羅之魚，十身一首。化而爲鳥，其名休舊。竊糈于舂，傷隕在臼。夜飛曳音，聞舂疾走。」《玄覽》曰：「何羅之魚，一首而十身。」游氏《臆見》云：「冉遺六足，建同四足，章舉八足，鰼鰼十翼，何羅一首十身，皆異魚也。」鄧元錫《物性志》云：「其尤異者曰何羅魚，曰鮨，曰鱒，曰鮔，則鱗族之生不測也。」

〔四〕郭曰：貆，豪猪也。音丸。　任臣案：嚴粲音暄。

〔五〕任臣案：程良孺曰：「榴榴，亦獸也。」

〔六〕郭曰：辟凶邪氣也。亦在畏獸畫中也。　任臣案：《駢雅》曰：「貉邊如狗，孟槐如貆，石縠如貉，活褥地如鼠。」《圖贊》云：「孟槐似貆，其豪則赤。列象畏獸，凶邪是辟。氣之相勝，莫見其迹。」又「孟槐」，《代醉編》作「孟魂」。

〔七〕郭曰：一作「青碧」。

何羅魚　一首十身，食之已癰。出譙水。

又北三百五十里曰涿光之山〔一〕。囂水出焉〔二〕，而西流注于河。其中多鰼鰼之魚〔三〕，其狀如鵲而十翼，鱗皆在羽端，其音如鵲〔四〕，可以禦火〔五〕，食之不癉。其上多松、栢，其下多椶、橿。其獸多麢羊，其鳥多蕃〔六〕。

〔一〕任臣案：《荒史·循蜚紀》有涿光氏，蓋居于此山也。《冠編》云：「涿光氏顯治涿光之山。」《前編》引此作「作光山」，《神異經》、《事類賦》注作「涑光之山」，《緯略》引此作「緣光之山」。

〔二〕任臣案：《緯略》引此作「囂水」。

〔三〕郭曰：音袴褶之褶。

〔四〕任臣案：《雒書靈准聽》云：「鰼鰼之魚，狀如鵲，食之不癉，出涿光之山。」《神異經》云：「鰼鰼之魚，如鵲而十翼，可以禦火。」《述異記》云：「涿光山下囂水，多鰼鰼之魚。」《玄覽》曰：「鰼鰼之魚十翼。」《圖贊》曰：「鼓翮一揮，十翼翩翻。厥鳴如鵲，鱗在羽端。是謂怪魚，食之辟燔。」吴淑《魚賦》：「䱉則似蛇，鰼聞有翼。」

〔五〕任臣案：王氏《釋義》曰：「鰼魚禦火，意其得水氣居多，氣有相制故也。」又鄧氏《物性志》作「善銜火」，傳寫之誤也。

〔六〕郭曰：未詳，或云即鶚。音煩。

鰼鰼魚　狀如鵲而十翼，鱗皆在羽端，禦火治癉。出囂水。

又北三百八十里曰虢山。其上多漆，其下多桐、椐〔一〕。其陽多玉，其陰多鐵。伊水出焉，西流注于河。其獸多橐駝〔二〕。其鳥多寓，狀如鼠而鳥翼，其音如羊，可以禦兵。

寓鳥　狀如鼠而鳥翼，其音如羊，可以禦兵。出虢山。

〔一〕郭曰：桐，梧桐也。椐，樻木，腫節中杖。椐音袪。　任臣案：桐有三種，青桐、赤桐、白桐外又有岡桐，其名櫬者，青桐也。陸璣云：「椐節中腫似扶老。」《詩》曰：「其檉其椐。」

〔二〕郭曰：有肉鞍，善行流沙中，日行三百里，其負千斤，知水泉所在也。　任臣案：《西域傳》：「大月氏出封駝，脊上有一峰，隆起若封土，故俗呼爲封牛，亦曰犦牛。」《穆天子傳》謂之「物牛」，《爾雅》謂之「犦牛」。嶺南徐聞縣、海康皆出之。羅願以爲此即橐駝也。然橐駝肉鞍肤起有二，封牛領肉肤起惟一，自是二種。橐駝善知伏泉，性惡熱，夏至退毛至盡。又駝峰爲八珍之一，古詩所稱「紫駝峰」是也。《五侯鯖》云：「駝之聲曰圖。」《圖贊》曰：「駝惟奇畜，肉鞍是被。迅景流沙，顯功絶地。潛識泉源，微乎其智。」又《南史》「滑國出兩脚駝」，亦異種。

又北四百里至于虢山之尾，其上多玉而無石。魚水出焉，西流注于河，其中多文貝。

又北二百里曰丹熏之山〔一〕。其上多樗、柏〔二〕，其草多韭、薤〔三〕，多丹雘。熏水出焉，而西流注于棠水。有獸焉，其狀如鼠而菟首麋身，其音如獋犬，以其尾飛〔四〕，名曰耳鼠〔五〕，食之不䐁〔六〕。又可以禦百毒〔七〕。

〔一〕任臣案：《白帖》引此作「丹重之山」。

〔二〕任臣案：蘇恭曰：「椿、樗二樹形相似，但樗木疎、椿木實爲別。」又山樗名栲，《詩》云「山有栲」是也。

〔三〕郭曰：皆山菜，《爾雅》有其名。　任臣案：《説文》云：「一種而久故謂之韭，生山中者名藿，又名韱。」蘇頌云：「形性亦與家韭類，但根白，葉如燈心苗也。」薤，《爾雅》作「䪥」，葉似韭，一名藠子，一名火葱，生山中者名葝。

〔四〕郭曰：或作「髯飛」。獋音豪。

〔五〕任臣案：即鼯鼠，飛生鳥也，狀如蝙蝠，暗夜行飛，其形翅聯四足及尾，與蝠同，故曰「以尾飛」。《神農經》謂之「鸓鼠」，《禽經》謂之「鴅」，《爾雅》謂之「夷由」。劉子曰：「飛鼯甘煙，走貘美鐵。」《別録》稱：「鸓鼠，狀如蝙蝠。」《爾雅注》言「鼯鼠狀如小狐」，《經》稱「耳鼠，菟首麋身」，雖所喻不同，其實一也。又《博物志》「鼠之最小者謂之耳鼠」，邢昺以爲「鼷鼠」也，非此。

〔六〕郭曰：䐣，大腹也，見《裨倉》。音采也。

〔七〕任臣案：《圖贊》曰：「蹠實以足，排虛以羽。翹尾翻飛，奇哉耳鼠。厥皮惟良，百毒是禦。」

又北二百八十里曰石者之山。其上無草木，多瑤碧。泚水出焉，西流注于河。有獸焉，其狀如豹而文題白身〔一〕，名曰孟極，是善伏，其鳴自呼〔二〕。

〔一〕郭曰：題，額也。

〔二〕任臣案：《獸經》云：「在子其鳴也在子，孟極其名曰孟極。」《騈雅》曰：「孟極、諸犍，豹屬也。」《麟書》云「孟極是覆」，指此。

又北百一十里曰邊春之山〔一〕。多葱、葵、韭〔二〕、桃、李〔三〕。杠水出焉，而西流注于泑澤。有獸焉，其狀如禺〔四〕而文身，善笑，見人則臥〔五〕，名曰幽頞〔六〕，其鳴自呼。

〔一〕郭曰：或作「春山」。

〔二〕郭曰：山葱名茖，大葉。

〔三〕郭曰：山桃，榹桃，子小，不解核也。　任臣案：桃屬甚多，如緋桃、緗桃、銀桃、御桃、方桃、偏桃之類，未可枚舉，大抵山中所産，則《爾雅》所謂「榹桃」是也。《玄中記》云「積石之桃，大如斗斛」，《酉陽雜俎》云「九疑有桃，核半扇可容斗一升」，亦奇矣。《爾雅》：「休，無實李。座，接慮李。駁，赤李。」《兩京記》謂之「嘉慶子」。梵書名曰「居陵迦」。其種有牛心、馬肝、柰李、苦李之異，不能具述。吳淑《李賦》云：「邊春則見於方外，員丘則載彼仙經。」

〔四〕任臣案：大者爲禺，小者爲狖。

〔五〕郭曰：言佯眠也。

〔六〕郭曰：或作「嬻嬒」。頞音遏。　任臣案：《事物紺珠》曰：「幽頞如禺，文身善笑。」《圖贊》曰：「幽頞似猴，俾愚作智。觸物則笑，見人佯睡。好用小慧，終是嬰累。」頞，古音餘，作「䳒」。又《太平御覽》作「幽頞」，疑誤。

又北二百里曰蔓聯之山〔一〕，其上無草木。有獸焉，其狀如禺而有鬣，牛尾文臂馬蹄，見人則呼，名曰足訾〔二〕，其鳴自呼。有鳥焉，羣居而朋飛〔三〕，其毛如雌雉，名曰鵁〔四〕，其鳴自呼，食之已風〔五〕。

〔一〕郭曰：萬連二音。

〔二〕任臣案：《獸經》云：「足訾文臂，風狸長眉。」《五侯鯖》云：「足訾如禺有鬣。」《駢雅》云：「嬇𪏆、足訾，皆禺屬也。」《圖贊》曰：「鼠而傅翼，厥聲如羊。孟極似豹，或倚無良。見人則呼，號曰足訾。」

〔三〕郭曰：朋猶輩也。

〔四〕郭曰：交音，或作「渴」也。　任臣案：鳷，疑即鳷鵲也。鳷鵲一名䴌，頂有紅毛如冠，翠鬣丹觜，頗似雉。

〔五〕任臣案：《圖贊》曰：「毛如雌雉，朋翔羣下。飛則籠日，集則蔽野。肉驗鍼石，不勞補寫。」

又北百八十里曰單張之山，其上無草木。有獸焉，其狀如豹而長尾，人首而牛耳一目，名曰諸犍〔一〕。善吒，行則銜其尾，居則蟠其尾。有鳥焉，其狀如雉而文首，白翼黃足，名曰白鵺〔二〕，食之已嗌痛〔三〕，可以已痸〔四〕。櫟水出焉，而南流注于杠水。

〔一〕郭曰：音如犍牛之犍。　任臣案：顧野王《玉篇》云「犍獸似豹，人首一目」，即此也。

〔二〕郭曰：音夜。　任臣案：《篇海》云：「鵺鳥似雉。」《駢雅》曰：「白鵺象蛇。」皆雉屬也。

〔三〕郭曰：嗌，咽也。《穀梁傳》曰：「嗌不容粒。」今吴人呼咽爲嗌。音隘。

〔四〕郭曰：痸，疑病也。

又北三百二十里曰灌題之山。其上多樗、柘〔一〕，其下多流沙，多砥。有獸焉，其狀如牛而白尾，其音如詨〔二〕，名曰那父〔三〕。有鳥焉，其狀如雌雉而人面，見人則躍〔四〕，名曰竦斯，其鳴自呼〔五〕。匠韓之水出焉，而西流注于泑澤，其中多磁石〔六〕。

諸犍　狀如豹而長尾，人身牛耳一目，行則銜其尾，居則蟠其尾。出單張山。

〔一〕任臣案：《考工記》：「弓人取材，以柘爲上。」《埤雅》云：「柘宜山石，柞宜山阜，又其葉飼蠶，絲中琴瑟。」《爾雅》所謂「棘繭」是也。

〔二〕郭曰：如人呼喚。詨音叫。

〔三〕任臣案：《駢雅》：「獸似牛而白尾曰那父，赤尾曰領月，馬尾曰精精。」

〔四〕郭曰：躍，跳。

〔五〕任臣案：彭儼①《五侯鯖》云：「竦斯狀如雌雉，見人則躍。」《駢雅》云：「竦斯、當扈，皆雉屬也。」《圖贊》曰：「諸犍善吒，行則銜尾。白鵺竦斯，厥狀如雉。見人則跳，頭文如繡。」

〔六〕郭曰：可以取鐵。《管子》曰：「山上有磁石者，下必有銅。」音慈。任臣案：《董子》曰：「兹石取鐵，頸金取火。」羅泌曰：「兹石引針，琥珀拾芥。」《淮南萬畢術》：「磁石一名磁君。」《圖贊》曰：「磁石吸鐵，琥珀拾芥。氣有潛感，數有冥會。物之相投，出乎意外。」

竦斯　狀如雌雉而人面，見人則躍。出灌題山。

①「彭儼」下原衍「鯖」字，據上下文删。

又北二百里曰潘侯之山。其上多松、柏，其下多榛、楛。其陽多玉，其陰多鐵。有獸焉，其狀如牛而四節生毛，名曰旄牛〔一〕。邊水出焉，而南流注于櫟澤。

〔一〕郭曰：今旄牛背、膝及胡、尾皆有長毛。　任臣案：《文獻通考》云：「冉駹有旄牛，無角，一名犛牛，肉重千斤，毛可爲毦。」羅氏《爾雅翼》曰：「犛，西南國髦牛也，似牛，四節腹下及肘有赤毛，長尺餘，而尾尤佳，大如斗，天子之車左纛以此爲之。」是旄、犛一物也。又案《上林賦》「庸旄貘犛」，顏監注云：「庸，今犎牛。旄，今偏牛。犛，今貓牛。」李東璧亦云：「旄牛一名犏牛，即《爾雅》之犣牛。若犛牛，則《爾雅》之犘牛，明爲二種矣。」《圖贊》曰：「牛充兵機，兼之者旄。冠于旄鼓，爲軍之標。匪肉致灾，亦毛之招。」

又北二百三十里曰小咸之山〔一〕。無草木，冬夏有雪。

〔一〕任臣案：《藝文類聚》引此作「小威之山」。

北二百八十里曰大咸之山〔一〕。無草木，其下多玉。是山也，四方不可以上。有蛇名曰長蛇，其毛如彘豪〔二〕，其音如鼓柝〔三〕。

〔一〕任臣案：《事類賦注》引此作「大同之山」，疑誤。

〔二〕郭曰：説者云長百尋。今蝮蛇色似艾，綬文，文間有毛如猪鬐，此其類也。常山亦有長蛇，與此形不同。　任臣案：《豫章記》「永嘉末有大蛇，長十餘丈」，亦此類。《圖贊》曰：「長蛇百尋，厥鬣如彘。飛羣走類，靡不吞噬。極物之惡，盡毒之厲。」又吴淑《蛇賦》云「毛若彘豪」，本此也。

〔三〕郭曰：如人行夜敲木柝聲。音託。

長蛇　長百尋，毛如彘豪，音如鼓柝。出大咸山。

又北三百二十里曰敦薨之山。其上多椶、柟，其下多茈草。敦薨之水出焉〔一〕，而西流注于泑澤，出于崑崙之東北隅，實惟河源〔二〕，其中多赤鮭〔三〕。其獸多兕、旄牛〔四〕，其鳥多鳲鳩。

〔一〕任臣案：《水經注》：「敦薨之水出焉耆之北，敦薨之山在北邊之西、烏孫①之東。」

〔二〕郭曰：即河水，出崑崙之虛。　任臣案：漢張騫、元都實俱窮河源，河源名火敦腦兒，華言星宿海也，在吐蕃西鄙。

〔三〕郭曰：今名鯸鮐，爲鮭魚。音圭。　任臣案：左思《吴都賦》「王鮪鯸鮐」，即鮭魚也。王充《論衡》云：「鮭肝死人，鯵鰍螫人。」《雷公炮炙論》：「鮭魚插樹，立便枯乾。」一名鯢魚，一名嗔魚。《日華子》謂之「鰗魚」，今謂之河豚。無鱗，無腮，無膽，有聲，目能眨。《漢書・貨殖傳》：「鮐鮆千尺。」桓寬《鹽鐵論》：「萊黄之鮐。」

〔四〕郭曰：或作「樸牛」。樸牛見《離騷・天問》②，所未詳。

又北二百里曰少咸之山。無草木，多青碧。有獸焉，其狀如牛而赤身，人面馬足，名曰窫窳〔一〕，其音如嬰兒，是食人。敦水出焉〔二〕，東流注于鴈門之水〔三〕。其中多鰤鰤之魚〔四〕，食之殺人。

〔一〕郭曰：《爾雅》云「窫窳似貙，虎爪」，與此錯。軋愈二音。　任臣案：《爾雅》：「貏貐類貙，食

① 「烏孫」，原作「鳥孫」，據《水經注》卷二改。

② 「樸牛」僅見於《天問》。郭璞常以《離騷》代指《楚辭》，後亦多有以《九歌》之類稱《離騷》者。

人，迅走。」《淮南子》：「堯時，窫窳爲民害，乃使羿殺之。」《海内經》：「窫窳龍首，是食人。」《海内西經》：「窫窳蛇身人面。」《駢雅》：「牛人面而馬足，曰窫窳。」或爲「猰貐」，或爲「猰窳」，形狀不同，所傳亦異，實未詳也。

〔二〕任臣案：《水經注》：「敦水導源西北少咸之山南麓，東流逕參合縣故城南。」

〔三〕郭曰：水出鴈門山間。

〔四〕郭曰：音沛。未詳。或作「鯆」。　任臣案：李時珍《本草》以爲即「鯸鮐」也，與鮭同物異名。又江豚别名鯆魚，《魏武食制》謂之「𩶉䱐」，未知孰是。

又北二百里曰獄法之山。瀤澤之水出焉〔一〕，而東北流注于泰澤。其中多鱳魚〔二〕，其狀如鯉而雞足〔三〕，食之已疣。有獸焉，其狀如犬而人面，善投，見人則笑，其名山𤟤〔四〕，其行如風〔五〕，見則天下大風〔六〕。

〔一〕郭曰：音懷。

〔二〕郭曰：音藻。

〔三〕任臣案：《圖贊》曰：「鱳之爲狀，半鳥半鱗。形如雞鯉，食之已疣。」又《南齊書》載張融《海賦》云「𩹉魞鰊䲁」，疑鰊即鱳之誤。

〔四〕郭曰：音暉。　任臣案：《爾雅翼》曰：「𥝩𥝩亦作𩳁，一名揮揮，一名梟羊，一名山𤟤，俗謂之山都，北方謂之土螻。周成王時，州糜國獻之。」竊謂狒狒者，梟羊也；山𤟤者，山都、山丈類，

《吴都賦》「𤟤子長嘯」是也。又狒狒人形，山𤟤獸狀，故有差别，羅氏誤矣。璞注「梟陽國」，以山都即狒狒，亦非是。

〔五〕郭曰：言疾。

〔六〕任臣案：《獸經》云：「風獸兆風。」《圖贊》曰：「山𤟤之獸，見人歡謔。厥性善投，行如矢激。是惟氣精，出則風作。」

鱳魚　狀如鯉而雞足。出瀤澤之水。

山𤟤　狀如犬而人面，善投，見人則笑，其行如風，見則大風。出獄法山。

又北二百里曰北嶽之山〔一〕。多枳、棘、剛木〔二〕。有獸焉，其狀如牛而四角，人目彘耳，其名曰諸懷〔三〕，其音如鳴鴈〔四〕，是食人。諸懷之水出焉〔五〕，而西流注于囂水。其中多鮨魚〔六〕，魚身而犬首〔七〕，其音如嬰兒〔八〕，食之已狂。

諸懷　牛形四角，人目彘耳，是食人。出北嶽山。

鮨魚　魚身犬首，音如嬰兒，食之已狂。出諸懷水。

〔一〕任臣案：劉會孟曰：「恒山渾源即北嶽，相傳飛至曲陽縣，歷代怯升者就祠于曲陽。」

〔二〕郭曰：檀、柘之屬。

〔三〕任臣案：《駢雅》曰：「牛四角人目曰諸懷。」又《篇海》、《字彙》作「犪」，通作「獿」。《事物紺珠》曰：「㹂似牛三足，犪似牛四角。」《玄覽》云：「諸犪也，駊駊也，四角之獸也。」

〔四〕任臣案：《獸經》曰：「窮奇之音獆狗，諸懷之音鳴鴈。」

〔五〕任臣案：水以獸名，猶蜮山、贛水之義。

〔六〕郭曰：音詣。

〔七〕任臣案：《物性志》作「人首」。

〔八〕郭曰：今海中有虎鹿魚及海豨，體皆如魚而頭似虎鹿豬，此其類也。任臣案：張融《海賦》云「何儸鱅鮨」，即斯魚。

又北百八十里曰渾夕之山。無草木，多銅、玉。嚻水出焉〔一〕，而西北流注于海。有蛇一首兩身，名曰肥遺，見則其國大旱〔二〕。

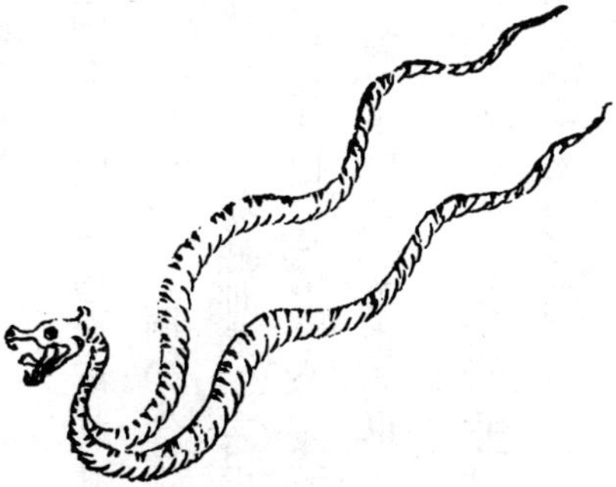

肥遺　一首兩身，見則大旱。出渾夕山。

〔一〕任臣案：《爾雅翼》引《經》作「䳋水」。

〔三〕郭曰：《管子》曰「涸水之精名曰蟡，一頭而兩身，其狀如蛇，長八尺，以其名呼之，可使取魚龜」，亦此類。　任臣案：《搜神記》曰：「涸小水精生蚳，蚳者一頭而兩身，其狀若蛇。」即《管子》之所記也。又《五音集韻》云：「䖘蟦神蛇，二身同首，六足四羽，見則不雨。」是合兩肥蟦爲一矣，疑誤。《圖贊》云：「窫窳諸懷，是則害人。鰈之爲狀，羊鱗黑文。肥遺之蛇，一頭兩身。」王世貞詩：「狸力見距山，渾夕出肥遺。」蓋指此也。

又北五十里曰北單之山。無草木，多葱、韭。

又北百里曰羆差之山。無草木，多馬〔一〕。

〔一〕郭曰：野馬也，似馬而小。

又北百八十里曰北鮮之山，是多馬。鮮水出焉，而西北流注于涂吾之水〔一〕。

〔一〕郭曰：漢元狩二年，馬出涂吾水中也。　任臣案：「涂吾」與「余吾」同。揚雄《長楊賦》：「髓余吾。」又漢得馬于余吾是也。王氏《釋義》曰：「水亦生馬，如所謂渥洼水。」

又北百七十里曰隄山〔一〕，多馬。有獸焉，其狀如豹而文首，名曰狕〔二〕。隄水出焉，而東流注于泰澤，其中多龍龜〔三〕。

〔一〕郭曰：或作「陡」，古字耳。

〔二〕郭曰：音么①。　任臣案：《事物紺珠》云：「猲如豹文首。」

〔三〕任臣案：《殊域周咨録》：「滿剌加海有龍龜，高四尺，四足，有鱗甲，露長牙嚙人立死。」王氏《釋義》曰：「龍龜，蓋龜之大者，亦謂既有龍而又有龜也。」

凡《北山經》之首自單狐之山至于隄山，凡二十五山，五千四百九十里。其神皆人面蛇身。其祠之，毛用一雄雞、彘，瘞，吉玉用一珪，瘞，而不糈〔一〕。其山北人，皆生食不火之物〔二〕。

〔一〕郭曰：言祭不用米，皆埋其所用牲玉。

〔二〕郭曰：或作「皆生食而不火」。

《北次二經》之首在河之東，其首枕汾〔一〕，其名曰管涔之山〔二〕。其上無木而多草，其下多玉。汾水出焉〔三〕，而西流注于河〔四〕。

〔一〕郭曰：臨汾水上也。音墳。　任臣案：《山海經》例先書山，此獨變文。

① 「么」，《箋疏》作「幺」。

〔二〕郭曰：今在太原郡故汾陽縣北秀容山。涔音岑。　任臣案：管涔山，土人亦曰箕管山。又爲「菅」字，見多菅草，或以爲名。《十六國春秋》：「劉曜弱冠隱居菅涔山，菅涔王以神劍獻之。」劉會孟云：「管涔山，今屬静樂縣。」又劉子威《雜俎》引此作「官涔山」，誤。

〔三〕任臣案：《十三州記》：「汾水出武州燕京山，亦管涔之異名也。」李維禎《五臺山記》云：「燕京山一名管涔，即五臺之一。」

〔四〕郭曰：至汾陽縣北西入河。

又西二百五十里曰少陽之山〔一〕。其上多玉，其下多赤銀〔二〕。酸水出焉，而東流注于汾水〔三〕。其中多美赭〔四〕。

〔一〕任臣案：《名勝志》：「少陽山在交城縣西北四十里。」

〔二〕郭曰：銀之精也。　任臣案：《寶藏論》云：「銀牙生銀坑内石縫中，狀如亂絲，紅色者上，即赤銀也。唐立大通監于此，取鐵礦烹煉，亦以此故。」

〔三〕任臣案：《名勝志》：「酸水其味微酸，流入文谷水。」

〔四〕郭曰：《管子》曰：「山上有赭者，其下有鐵。」　任臣案：赭，赤土。晉張華嘗以赤土拭寶劍。《本草别録》曰：「出代郡者名代赭，出姑幕者名須丸，一名血師。」

又北五十里曰縣雍之山〔一〕。其上多玉，其下多銅。其獸多閭、麋〔二〕，其鳥多白翟、白鵫〔三〕。晉水出焉，而東南流注于汾水〔四〕。其中多鮆魚，其狀如儵而赤麟〔五〕，其音如吒〔六〕，食之不驕〔七〕。

〔一〕郭曰：今在晉陽縣西，名汲甕。雍音甕。　任臣案：《郡國志》曰：「縣罋山，一名龍山，亦名結絀。」《一統志》云：「因山腹有巨石如甕，故名。」

〔二〕郭曰：閭即羭也，似驢而岐蹄，角如麢羊，一名山驢。《周書》曰：「北唐以閭。」亦見《鄉射禮》。任臣案：《禮》曰：「君國中射，則皮樹中。于郊，則閭中。」陳祥道《禮書》云：「閭如驢，一角。」《廣志》云「驢羊似驢」，《南史》云「滑國出野驢，有角」，皆閭也。或曰《歸藏・齊母經》「兩壺兩羭」即此。

〔三〕郭曰：即白鵫也。音于六反。　任臣案：《爾雅》「鷮，山雉」，注疏云：「俗呼山雞也。白鵫一名鵫雉，江東人亦呼爲白雉。」又《字林》云「鵨郁似鶴，出懸雍山」，蓋指此鳥也。然與郭注不同，未詳是非。

〔四〕郭曰：東過晉陽南，又東入汾。　任臣案：《水經》：「晉水出晉陽縣西縣壅山，又東入于汾水。」

〔五〕郭曰：小魚曰儵。

〔六〕任臣案：一本作「叱」。

〔七〕郭曰：或作「騷」。騷，臭也。　任臣案：即藴羝之疾。《圖贊》曰：「陽鑒動日，土蛇致霄。微哉鮆魚，食則不驕。物在所感，其用無標。」

又北二百里曰狐岐之山〔一〕。無草木，多青碧。勝水出焉，而東北流注于汾水，其中多蒼玉。

〔一〕任臣案：《禹貢》「治梁及岐」，即此山也。在汾州介休縣東南二十五里孝義縣西八十里，一名薛頡山，勝水所出。又名洪山。《三易洞璣》曰：「烏鼠、朱圉、岷、嶓爲艮之太陰，其井出于龍洞隔谷，其合入于狐岐。」

又北三百五十里曰白沙山，廣員三百里盡沙也，無草木鳥獸。鮪水出于其上，潛于其下〔一〕，是多白玉。

〔一〕郭曰：出山之頂，停其底也。任臣案：武王師渡鮪水，疑非此。

又北四百里曰爾是之山，無草木，無水。

又北三百八十里曰狂山，無草木。是山也，冬夏有雪。狂水出焉，而西流注于浮水〔一〕，其中多美玉。

〔一〕任臣案：《國名記》云：「狂水逕綸氏城，在陽城。」

又北三百八十里曰諸餘之山。其上多銅、玉，其下多松、柏。諸餘之水出焉，而東流注于旄水。

又北三百五十里曰敦頭之山。其上多金、玉，無草木。旄水出焉，而東流注于印澤。其中多䮝馬〔一〕，牛尾而白身，一角，其音如呼〔二〕。

䮝馬　牛尾而白身，一角。出旄水中。

〔一〕郭曰：音勃。

〔二〕任臣案：馬一角者名驨。元康八年，九真郡曾獵得之。《王會解》云：「俞人雖馬。」雖馬亦一角，皆斯類也。郭璞《江賦》：「䮝馬騰坡以噓蹀。」《駢雅》曰：「白而一角謂之䮝馬。」明睿宗《江漢賦》：「水狗䮝馬，厥類孔多。」《圖贊》云：「有獸如豹，厥文惟縟。閭善躍嶮，䮝馬一角。」又吴從仙《别記》作「施水出䮝馬」，「旄」字之誤也。

又北三百五十里曰鉤吾之山。其上多玉，其下多銅。有獸焉，其狀如羊身人面，其目在腋下，虎齒人爪，其音如嬰兒，名曰狍鴞〔一〕，是食人〔二〕。

狍鴞　羊身人面，目在腋下，虎齒人爪，是食人。出鉤吾山。

〔一〕任臣案：《駢雅》云：「羊人面腋目曰狍鴞。」《談薈》云：「猼訑目在背上，狍鴞目在腋下。」

〔二〕郭曰：爲物貪惏，食人未盡，還害其身，像在夏鼎，《左傳》所謂「饕餮」是也。狍音咆。任臣案：《宣和博古圖》古器多篆雲雷饕餮之形。《吕氏春秋》曰：「饕餮有首無身，食人未咽，害及其身。」黄伯思《東觀餘論》曰：「饕餮之爲物，食人未盡，還齧其軀，又其目在腋①下，《山經》所謂狍鴞者，故多以飾器之腋腹，象其本形，示爲食戒。」彭儼《五侯鯖》云：「鉤吾山獸名饕餮，能

①「腋」，原作「掖」，據《四庫》本改。下同。

食人。」《圖贊》曰：「狍鴞貪惏，其目在腋。食人未盡，還自齦割。圖形妙鼎，是謂不若。」

又北三百里曰北囂之山，無石。其陽多碧，其陰多玉。有獸焉，其狀如虎而白身犬首，馬尾彘鬣，名曰獨狢〔一〕。有鳥焉，其狀如烏，人面，名鵥鶜〔二〕，宵飛而晝伏〔三〕，食之已暍〔四〕。涔水出焉，而東流注于邛澤。

鵥鶜　頭如烏，人面，宵飛而晝伏。出北囂山。

〔一〕郭曰：音谷。　任臣案：《圖贊》云：「虎狀馬尾，號曰獨狢。」《説文》云：「北囂山有獨狢獸，如虎白身，豕鬣，尾如馬。余蜀切。」《駢雅》曰：「獨狢如虎而馬尾，猾褭如人而彘鬣。」《事物紺珠》云：「獨狢如虎，白身，犬首，馬足，豕鬣。」

〔二〕郭曰：般冒兩音。或作「夏」也。任臣案：孫愐《唐韻》：「鵌鶋，異鳥人面。」《圖贊》曰：「禦暍之鳥，厥名鵌鶋。昏明是互，晝隱夜覿。物貴應用，安事鸞鵠？」《釋義》云：「鵌鶋一作斑貓。」

〔三〕郭曰：鵂鶹之屬。

〔四〕郭曰：中熱也。音謁。任臣案：程良孺曰：「鵌鶋已渴，鵑鵂無卧。」

又北三百五十里曰梁渠之山，無草木，多金、玉。脩水出焉，而東流注于鴈門〔一〕。其獸多居暨，其狀如彙而赤毛〔二〕，其音如豚。有鳥焉，其狀如夸父〔三〕，四翼一目犬尾，名曰囂，其音如鵲，食之已腹痛，可以止衕〔四〕。

囂鳥　狀如夸父，四翼一目，犬尾。出梁渠山。

〔一〕郭曰：水名。　任臣案：脩水即于延水也。《水經注》云：「《地理志》有于延水而無鴈門、脩水之名，《山海經》有鴈門之目而無説，于延河自下亦通謂之于延河矣。」

〔二〕郭曰：彙似鼠，赤毛，如刺猬。彙音渭。　任臣案：「彙」，古「猬」字，即蝟鼠。《廣韻》云：「似蝟而赤尾者名居暨。」或作居豎，《集韻》曰：「居豎獸似蝟，毛赤。」

〔三〕郭曰：或作「舉父」。

〔四〕郭曰：治洞下也。音洞。

又北四百里曰姑灌之山，無草木。是山也，冬夏有雪。

又北三百八十里曰湖灌之山。其陽多玉，其陰多碧，多馬。湖灌之水出焉，而東流注于海，其中多䱇〔一〕。有木焉，其葉如柳而赤理〔二〕。

〔一〕郭曰：亦鱓魚字。　任臣案：《字苑》作「黄䱇」，云黄䱇之名取此。音旦。

〔二〕任臣案：今檉柳似柳而赤色。未審是非。

又北水行五百里，流沙三百里，至于洹山。其上多金、玉。三桑生之，其樹皆無枝，其高百仞〔一〕。百果樹生之，其下多怪蛇〔二〕。

〔一〕任臣案：《圖贊》曰：「居暨豚鳴，如彙赤毛。四翼一目，其名曰囂。三桑無枝，厥樹惟高。」

〔二〕任臣案：嶺表之蛇人面，雲南之蛇岐尾，活褥之蛇似鼠而捕鼠，苟印之蛇如蛇而四足，古都之蛇角號曰碧犀，千歲之蝮精呼曰博叔，凡皆蛇類絶怪者，附記之。

又北三百里曰敦題之山，無草木，多金、玉，是錞于北海〔一〕。

〔一〕任臣案：《釋義》曰：「錞于北海，謂依附于海也。」

凡《北次二經》之首自管涔之山至于敦題之山，凡十七山，五千六百九十里。其神皆蛇身人面，其祠毛用一雄雞、彘，瘞〔一〕，用一璧一珪，投而不糈〔二〕。

〔一〕郭曰：埋之。

〔二〕郭曰：擿玉于山中以禮神，不埋之也。

《北次三經》之首曰太行之山〔一〕，其首曰歸山。其上有金、玉，其下有碧。有獸焉，其狀如麢羊而四角，馬尾而有距，其名曰驒，善還〔二〕，其鳴自叫。有鳥焉，其狀如鵲白身，赤尾六足，其名曰鷶〔三〕，是善驚，其鳴自詨〔四〕。

〔一〕郭曰：今在河内野王縣西北。行音户剛反。任臣案：《丹鉛録》曰：「太行山一名五行山，《列子》作大形，則行本音也。」《河圖括地象》云：「太行，天下之脊。」郭緣生《述征記》：「太行首始河内，自河内至幽州凡有八陘。」崔伯陽《感山賦》：「上正樞星，下開冀方。起爲名丘，妥爲平岡。巍乎甚尊，其名太行。」蓋趁韻之誤耳。《博物志》曰：「太行山北，不知山所限極，亦如東海不知所窮。」《尸子》曰：「龍門，魚之難也。太行，牛之難也。」《一統志》云：「山勢綿①亘數千里，雖各因地立名，其實皆名太行山。」魏武帝《苦寒行》：「北上太行山，艱哉何巍巍。羊腸坂詰曲，車輪爲之摧。」

〔二〕郭曰：還，旋；旋，儛也。驒音暉。任臣案：李氏《本草》：「驒，山驢之類。」《圖贊》云：「驒獸四角，馬尾有距。涉歷歸山，騰嶮躍岨。厥貌惟奇，如是旋舞。」

驒　狀如麢羊，四角，馬尾而有距。出太行山。

鶌　狀如鵲，白身赤尾六足。出太行山。

①「綿」，原作「緯」，據《明一統志》卷二八改。

〔三〕郭曰：音犇。任臣案：《玄覽》云：「鷝四足，鶘六足。」顧起元《帝京賦》曰「三目之鶘，五工之鴒」，蓋謂此也。

〔四〕郭曰：今吴人謂呼爲詨，音呼交反。

又東北二百里曰龍侯之山。無草木，多金、玉。決決之水出焉〔一〕，而東流注于河。其中多人魚〔二〕，其狀如鯑魚四足，其音如嬰兒〔三〕，食之無癡疾〔四〕。

人魚　狀如鯑魚，四足，音如嬰兒，食之療痴。出決決之水。

〔一〕郭曰：音訣。

〔二〕任臣案：《史記》：「始皇之葬也，以人魚爲燭。」又《稽神録》言：「人魚上身如婦人，腰以下皆魚。」《臨海異物志》云：「人魚長三尺餘，不可食。」此更名同而異物者。

〔三〕郭曰：鯑見《中山經》。或曰人魚即鯢也，似鮎而四足，聲如小兒啼，今亦呼鮎爲鯑，音啼。

任臣案：鯑魚、鯢魚皆名人魚，此則鯢魚也。李時珍謂其聲如小兒，故名，蓋即鯑魚之能上樹者，與海中鯨同名。陳藏器云：「鯢生溪中，似鮎，有四足長尾，能上樹。」《廣志》曰：「鯢四足，形如鱧，可以治牛。」《爾雅》：「鯢大者謂之鰕。」又一名「孩兒魚」。秦人名「鰨」，蜀人名「魶」，《益部方物略》記「魶魚出溪谷及雅江，有足能緣木，其聲如兒啼」是也。《一統志》「興安縣龍蟠山水中有魚，四足而有角，人不敢傷，恐致風雨」，亦其類。

〔四〕任臣案：《酉陽雜俎》：「峽中人食鯢魚，縛樹上，鞭至白汁出如構汁，方可食，不爾有毒也。」《本草》云「食之已疫疾」。

又東北二百里曰馬成之山。其山多文石，其陰多金、玉。有獸焉，其狀如白犬而黑頭，見人則飛〔一〕，其名曰天馬〔二〕，其鳴自訆。有鳥焉，其狀如烏，首白而身青足黄，是名曰鶌鶋〔三〕，其鳴自詨，食之不飢，可以已寓〔四〕。

〔一〕郭曰：言肉翅飛行自在。

〔二〕任臣案：《韻寶》云：「飛虡，天上神獸，鹿頭龍身，在天爲勾陳，在地爲天馬，即其獸也。」文人用「天馬行空」之語，亦指此爾。《圖贊》曰：「龍憑雲遊，騰蛇假霧。未若天馬，自然淩翥。有理懸運，天機潛御。」吴淑《錦賦》：「辟邪、天馬之奇。」《名山藏》載永樂十八年，忽魯謨斯進天馬，即此獸也。又徐陵云「天馬龍媒」，梁簡文云「天馬半漢」，疑指漢之天馬，非此。

〔三〕郭曰：屈居二音。或作「鳴」。　任臣案：《駢雅》曰：「鴚鵝、鶌鶋，皆烏屬也。」

〔四〕郭曰：未詳。或曰寓猶誤也。　任臣案：《圖贊》曰：「鶌鶋如烏，青身黃足。食之不飢，可以辟穀。内厥惟珍，配彼丹木。」

天馬　狀如白犬而黑頭，有肉翅能飛。出馬成山。

又東北七十里曰咸山。其上有玉，其下多銅，是多松、柏，草多茈草。條菅之水出焉〔一〕，而西南流注于長澤。其中多器酸，三歲一成〔二〕，食之已癘。

〔一〕郭曰：菅音間。

〔二〕郭曰：所未詳也。　任臣案：《釋義》曰：「器酸，疑物之可食而酸者，如解州鹽池出鹽之類。」

蓋澤水止而不流，積久或酸，理所有也，故曰三年一成。」

又東北二百里曰天池之山〔一〕。其上無草木，多文石。有獸焉，其狀如兔而鼠首，以其背飛〔二〕，其名曰飛鼠〔三〕。澠水出焉，潛于其下〔四〕，其中多黃堊〔五〕。

飛鼠　狀如兔而鼠首，以其背飛。出天池山。

〔一〕任臣案：劉會孟曰：「天池山，今河內鄉，一名高前。」疑非。

〔二〕郭曰：用其背上毛飛，飛則仰也。

〔三〕任臣案：《宛委餘編》：「飛鼠斷猿，狼虱噬鶴。」楊慎《補注》云：「飛鼠即《文選》所謂飛蝠，雲南姚安、蒙化有之，其肉可食，其皮治難産。」《談薈》云：「飛者以翼，而天池之山飛兔以背。」又

《方言》云：「鼸鼠，自關而東謂之飛鼠，蓋所指服翼也。」非此。《圖贊》曰：「或以尾翔，或以髯淩。飛鼠鼓翰，翛然皆騰。因無常所，惟神是馮。」天啓三年十月，鳳縣有大鼠，肉翅無足，毛黄黑，豐尾若貂，首若兔，飛食黍粟，疑即斯類也。

〔四〕郭曰：停山底也。　任臣案：河南澠池縣與此近，戰國澠池之會是其地也。　若易牙「辨淄澠之水」，《左傳》「有酒如澠」，則又臨淄之澠水，同字而異音。

〔五〕郭曰：垔，土也。

又東三百里曰陽山。其上多玉，其下多金、銅。有獸焉，其狀如牛而赤尾，其頸𦙍，其狀如勾瞿〔一〕，其名曰領胡〔二〕，其鳴自詨，食之已狂。有鳥焉，其狀如雌雉而五彩以文，是自爲牝牡，名曰象蛇〔三〕，其鳴自詨。留水出焉，而南流注于河。其中有䱻父之魚〔四〕，其狀如鮒魚，魚首而彘身〔五〕，食之已嘔。

〔一〕郭曰：言頸上有肉𦙍。勾瞿，斗也。音劬。

〔二〕任臣案：《駢雅》曰：「獸似牛而赤尾，曰領胡。」

〔三〕任臣案：鳥獸自爲雌雄者，亶爰之類，䳢鵸之禽，帶山鵸䳜，竹山豪彘，陽山象蛇，以至火眼狻猊，一首兩身，相爲牝牡，而人類傀異，亦有婆羅門半釋迦之屬，兩體畢具，内典列于五種黄門，是皆天地不正之氣，陰陽變異之事也。

〔四〕郭曰：音陷。　任臣案：《五音集韻》引《經》作「鮥文之魚」，音兼。《圖贊》曰：「有鳥善驚，名曰鵮鵮。象蛇似雉，自生子孫。鮥父魚首，厥體如豚。」

〔五〕任臣案：《廣雅》：「鮒，鰿也。」《莊子》：「鮒魚涸轍。」《易》曰：「井谷射鮒。」《吕氏春秋》：「魚之美者，洞庭之鮒。」音附。

又東三百五十里曰賁聞之山。其上多蒼玉，其下多黄堊，多涅石〔一〕。

〔一〕任臣案：涅石，礬石也，與石涅不同，辨見「女牀山」注。

又北百里曰王屋之山〔一〕，是多石。𤃩水出焉〔二〕，而西北流注于泰澤〔三〕。

〔一〕郭曰：今在河東東垣縣北。《書》曰「至于王屋」也。　任臣案：劉會孟曰：「在今山西澤州。晁氏曰：山形如屋，故名。」李石《續博物志》曰：「中國有洞天三十六所，第一王屋山洞天，周迴萬里，名小有清虚天。」《王君内傳》曰：「王屋山有小天，號曰小有天。」《真誥》曰：「王屋山①，仙之别天，所謂陽臺是也。」又王屋山有二，一在山西之垣曲，一在河南之濟源，實一山也。

〔二〕郭曰：𤃩音輦。

〔三〕郭曰：《地理志》：「王屋山，沇水所出。」𤃩、沇聲相近，殆一水耳。沇則濟也。　任臣案：《水經注》引

①「山」，原作「出」，據《真誥》卷五改。

《經》「瀰水」作「聯水」，「泰澤」作「秦澤」。

又東北三百里曰教山〔一〕，其上多玉而無石。教水出焉，西流注于河。是水冬乾而夏流，實惟乾河〔二〕。其中有兩山，是山也，廣員三百步，其名曰發丸之山，其上有金、玉。

〔一〕任臣案：楊慎《補注》曰：「教即殽也。秦晉戰于殽，即此地。兩山則殽之南北兩嶔也。夏后皋墓、文王避雨陵在焉。見《公羊傳》。」又案《水經》曰「河之右則崤水注之」，注云：「出河南盤崤山，西北流。」又曰「河水又東與教水合」，注云：「出垣縣教山。」是二山實相近，然以爲教即殽也，非是。《名勝志》云：「教山今名効山，亦名罝山，在絳縣東南八十里，入垣曲界。」

〔二〕郭曰：今河東聞喜縣東北有乾河口，因名乾河里，但有故溝處，無復水，即是也。任臣案：酈道元云：「是水冬乾夏流，今世人猶謂之乾澗。」楊慎曰：「乾河在陝州，唐名石壕，杜子美有《石壕吏歌》，今名石壕鋪。」

又南三百里曰景山〔一〕，南望鹽販之澤〔二〕，北望少澤。其上多草藷藇〔三〕，其草多秦椒〔四〕。其陰多赭，其陽多玉。有鳥焉，其狀如蛇，而四翼六目三足，名曰酸與〔五〕，其鳴自詨，見則其邑有恐〔六〕。

〔一〕郭曰：《外傳》曰：「景、霍以爲城。」任臣案：《寰宇記》：「山在聞喜縣東南十八里。」非《毛詩》「景山」。

酸與　狀如蛇，而四翼六目三足，見則其邑有恐。出景山。

〔二〕郭曰：即鹽池也，今在河南猗氏縣。或無「販」字。任臣案：《地理志》曰：「鹽池在安邑西南，許慎謂之鹽盬，長五十一里，廣六里，周一百一十四里。吕宿云：河東鹽池，謂之解鹽。今池水東西七十里，南北十七里，紫色澄渟，渾而不流，水出石鹽，自然印成。西又一池，名女鹽澤。」朱廷立《鹽政志》曰：「安邑一池，謂之女鹽澤，東西二十五里，南北二十里，在猗氏故城南。大曆間生乳鹽，賜名寶應靈慶池。」《本草》云：「解州、安邑兩池，取鹽于池旁，耕地沃川，池水每得南風急，則宿夕成鹽滿畦。」

〔三〕郭曰：根似羊蹄，可食。曙豫二音。今江南單呼爲藷，音儲，語有輕重耳。任臣案：藷藇有二種，此草藷藇也。《中山經》「其木多藷藇」，蓋木藷藇也。又藷藇或音儲余，許然曰「儲藇本出三輔，白色者善」是也。或音署預，《本草》「薯蕷味甘温」是也。

〔四〕郭曰：子似椒而細葉，草也。　任臣案：楊氏云：「秦椒，今名地椒，羖𦍩羊食之，故尾比他羊爲美。」計然云：「秦椒出隴西天水，粒細者善。」又《本草》以大椒爲秦椒，即《爾雅》「檓」也。地椒別爲一種。

〔五〕任臣案：《駢雅》曰：「酸與三足。」《玄覽》云：「三足之鳥，有酸鵸焉。」即此也。《事物紺珠》云：「酸與如蛇，四翼六目三足。」程良孺曰：「善芳令人不寐，酸與令人不醉。」《圖贊》曰：「景山有鳥，禀形殊類。厥狀如蛇，脚三翼四。見則邑恐，食之不醉。」

〔六〕郭曰：或曰「食之不醉」。

又東南三百二十里曰孟門之山〔一〕。其上多蒼玉，多金，其下多黄堊，多涅石。

〔一〕郭曰：《尸子》曰：「龍門未辟，吕梁未鑿，河出于孟門之上，大溢逆流，無有丘陵高阜滅之，名曰洪水。」《穆天子傳》曰：「北升孟門、九河之隥。」　任臣案：《辛氏三秦記》曰：「河津一名龍門，巨靈迹猶在，去長安九百里。孟門與龍門相對，即龍門之上口也，實爲河巨阸，兼孟門津之門也。」《名勝志》云：「今在山西平陽府吉州西七十里，界離風山四十里。」

又東南三百二十里曰平山〔一〕。平水出于其上，潛于其下，是多美玉。

〔一〕任臣案：《水經注》：「輔山，疑即平山也，山頂周員五六里，少草木。」《隋圖經》曰：「平山在平陽，一名壺口山，《尚書》『既載壺口』是也。今名姑射山，平水出其下。」又《一統志》：「平山在平陽府西南二十五里，姑射山之支也。」《圖經》以爲即姑射山，非，姑射山在府西五十里。

又東三百里曰京山。有美玉，多漆木，多竹。其陽有赤銅，其陰有玄䃤〔一〕。高水出焉，南流注于河。

〔一〕郭曰：黑砥石也。《尸子》曰「如玄黃砥」，明色非一也。䃤音「竹篠」之「篠」。

又東二百里曰蟲尾之山。其上多金、玉，其下多竹，多青碧。丹水出焉，南流注于河。薄水出焉〔一〕，而東南流注于黃澤。

〔一〕郭曰：《淮南子》曰：「薄水出鮮于山。」

又東三百里曰彭毗之山。其上無草木，多金、玉，其下多水。蚤林之水出焉〔一〕，東南流注于河。肥水出焉〔二〕，而南流注于牀水，其中多肥遺之蛇。

〔一〕郭曰：音早。

〔二〕任臣案：今鎮原縣西北有肥水，疑即此。劉會孟曰：「昔黃帝誅百魅，膏流成泉，故有肥泉之水。」

又東百八十里曰小侯之山。明漳之水出焉，南流注于黃澤。有鳥焉，其狀如烏而白文，名曰鴣鸐〔一〕，食之不灂〔二〕。

〔一〕郭曰：姑習二音。　任臣案：《駢雅》曰：「鵸鵌、鶌鶋、鴣鸐、精衛，皆鳥屬也。」

〔二〕郭曰：不瞧目也。或作「皭」，音醮。

又東三百七十里曰泰頭之山。共水出焉〔一〕，南注于虖池〔二〕。其上多金、玉，其下多竹箭。

〔一〕郭曰：音恭。

〔二〕郭曰：呼佗二音，下同。

又東北二百里曰軒轅之山〔一〕。其上多銅，其下多竹。有鳥焉，其狀如梟而白首，其名曰黄鳥，其鳴自詨，食之不妒〔二〕。

〔一〕任臣案：《路史·禪通紀》有「軒轅氏作于空桑之北」，注引此爲據，非黄帝軒轅也。

〔二〕任臣案：倉庚亦名黄鳥，倉庚即鸎也。李氏《本草》于「鸎」條下云「食之不妒」，且引《經》文爲證。又楊夔《止妒論》云：「梁武帝郗氏性妒，或言倉庚爲膳療忌，遂令治之，妒果減半。」合觀二説，明以此鳥爲倉庚矣。然《經》云「狀如梟，白首」，與倉庚不甚類，疑亦同名異物者也。《圖贊》曰：「鴟鶚之鳥，食之不瞧。爰有黄鳥，其鳴自叫。婦人是服，矯情易操。」

又北二百里曰謁戾之山〔一〕。其上多松、柏，有金、玉。沁水出焉，南流注于河〔二〕。其東有林焉，名曰丹林，丹林之水出焉〔三〕，南流注于河。嬰侯之水出焉，北流注于汜水〔四〕。

〔一〕郭曰：今在上黨郡涅縣。任臣案：劉會孟云：「今在澤州高平縣。」

〔二〕郭曰：至滎陽縣東北入河，或出穀述縣羊頭山也。　任臣案：《水經》「沁水出上黨沮縣謁戾山」，注云：「沁水即涓水也。」

〔三〕任臣案：鄭世子《律學新説》：「羊頭山西二十里曰丹朱嶺，意古之丹林也。蓋年久伐盡，不復有林矣，遂譌爲丹嶺，而朱乃後人妄加者。」楊慎《補注》曰：「丹林，今之懷慶清化鎮，柿林百里，故曰丹林，實北地之上腴、太行之穠秀也。丹水在懷慶，實帶府城。」《水經注》云：「丹水出上黨高都縣故城東北阜下，俗謂之源源水。」《地理志》云：「高都縣有莞谷，丹水所出，東南入絶水。」《竹書紀年》：「晉出公五年，丹水三日絶不流。幽公九年，丹水出，相反擊。」皆丹水也。

〔四〕任臣案：《水經注》：「濝水又會嬰侯之水，北流注于汜水，亂流逕中都縣，俗又謂之中都水。」《一統志》曰：「嬰澗水，今在平遥縣東三十里，即嬰侯水也。」

東三百里曰沮洳之山〔一〕。無草木，有金玉。濝水出焉〔二〕，南流注于河〔三〕。

〔一〕郭曰：《詩》云：「彼汾沮洳。」　任臣案：劉會孟曰：「今山西太原，叔虞封此。」

〔二〕郭曰：音其。　任臣案：郝敬《讀書通》曰：「文字附合增減，悉由人作，如《山海經》『沮洳之山，濝水出焉』，增『系』；『海内西南陬有鶽』，增『鳥』。」

〔三〕郭曰：今淇水出汲郡隆慮縣大號山，東過河内縣南，爲白溝。　任臣案：清淇自魏郡朝歌縣界入，分爲二派，一在郡東，一在郡西，俱南流入河。漢建武二年，遣司空王梁守濝關，即濝水地也。《水經》「河西會濝水」，注云：「水出垣縣王屋西山。」

又北三百里曰神囷之山〔一〕。其上有文石，其下有白蛇，有飛蟲。黃水出焉〔二〕，而東流注于洹〔三〕。滏水出焉〔四〕，而東流注于歐水〔五〕。

〔一〕郭曰：音如倉囷之囷。

〔二〕任臣案：劉鳳《雜俎》云：「隆慮縣黃水出于神囷之山黃華谷，山高十七里，水出木門帶直瀉巖下，狀若雞翅，故謂之雞翅洪。」

〔三〕郭曰：洹水出汲郡林慮縣東北，至魏郡長樂入清水。洹音丸。　任臣案：《隋圖經》云：「洹水出隆慮縣西北，俗謂安陽河，即聲伯夢涉之所。」

〔四〕任臣案：楊慎云：「滏水在今磁州。」

〔五〕郭曰：滏水今出臨水縣西釜口山，經鄴西北，至列人縣入于漳，其水熱。　任臣案：《水經注》：「滏水發源出石鼓山南岩下，泉奮湧，如滏水之湯矣①。其水冬溫夏冷，水上有祠，能興雲雨，又東流注于漳，謂之合河。」

又北二百里曰發鳩之山〔一〕，其上多柘木。有鳥焉，其狀如烏，文首白喙赤足，名曰精衛，其鳴自詨。是炎帝之少女，名曰女娃〔二〕。女娃遊于東海，溺而不返，故

---

①「如」字原脱，「湯」原作「陽」，據《御覽》卷六四引文改補。

爲精衛，常銜西山之木石，以堙于東海〔三〕。漳水出焉〔四〕，東流注于河〔五〕。

〔一〕郭曰：今在上黨郡長子縣西。　任臣案：劉會孟云：「今屬山西潞安府。」《一統志》云：「在長子縣西五十里。」《律學新説》曰：「繖蓋山西北三十里曰發鳩山，山下有泉，泉上有廟，濁漳水之源也。廟有象，神女三人，女侍手擎白鳩。俗言漳水欲漲則白鳩先見，蓋以精衛之事而傅會之也。」王鑑《禹貢考》云：「發鳩山又名鹿谷山。」

〔二〕郭曰：炎帝，神農也。娃，惡佳反。語誤或作「階」。

〔三〕郭曰：堙，塞也。音因。　任臣案：《述異記》：「炎帝女溺死東海中，化爲精衛，一名誓鳥，一名冤禽①，一名志鳥，俗名帝女雀。」《學海注》云：「赤帝之女，姜姓，爲精衛，在上黨發鳩山。」《博物志》云：「有鳥如烏，文首白喙赤足，曰精衛。精衛常取西山之木石以填東海。」《五侯鯖》曰：「精衛無雄，偶海燕而生。」《抱朴子》曰：「精衛填海，玄讓遞生。」左思《魏都賦》：「[illegible][illegible]精衛，銜木償怨。」《吳都賦》：「精衛銜石而遇繳，文鰩飛波而觸綸。」庾信《連珠》云：「精衛何禽，欲銜石而塞海。」又《哀江南賦》：「豈冤禽之能塞海，非愚叟之可移山。」顏之推賦：「既銜石以填海，終荷戟以入秦。」崔融《嵩山碑》：「精衛銜木而償冤，女尸化草而成嬪。」李白詩：「西飛精衛鳥，東海何由填？」又云：「精衛費木石，黿鼉無所憑。」又《大鵬賦》：「精衛殷勤於銜木，鶢鶋

① 「冤禽」，原作「宛禽」，據《述異記》卷上改。

悲愁乎薦觴。」《白氏六帖》：「婦化石以望夫，鳥銜木而填海。」胡斗南詩：「千年木石勞精衛。」邊貢詩：「柳邊精衛浙江潮。」豐坊《鳴鳳行》：「精衛一小鳥，銜石翻飛東海頭。」文翔鳳《後湖行》：「銜木非馮精衛填。」徐光啓《曆書表》：「精衛填海，有求成之望；愚叟移山，諭可爲之理。」黄氏《續騷經》云：「娥宛轉于水滸兮，精衛舞于江渚。」《圖贊》曰：「炎帝之女，化爲精衛。沉形東海，靈爽西邁。乃銜木石，以填波害。」陶潛《讀山海經》詩：「精衛銜微木，將以填滄海。刑天舞干戚，猛志故常在。同物既無慮，化去不復悔。徒設在昔心，良晨詎可待。」王氏《釋義》云：「炎帝少女化精衛，猶蜀帝化杜鵑也。」

〔四〕郭曰：濁漳，音章。　任臣案：《一統志》：「濁漳在潞州西南二十里。」《名勝志》曰：「發鳩山上有靈湫泉，即濁漳之源也。」

〔五〕郭曰：或曰出長子縣鹿谷山，而東至鄴入清漳。

又東北百二十里曰少山〔一〕。其上有金、玉，其下有銅。清漳之水出焉，東流于濁漳之水〔二〕。

〔一〕郭曰：今在樂平郡沾縣。沾縣故屬上黨。　任臣案：《晉地記》云：「少山即太谷也，在太谷縣西南十里，有咸陽故城，亦名咸陽谷。」王鑑《禹貢考》云：「山在太原府樂平縣西南二十里。」《福地記》曰：「其高八百丈，可以避兵，恒山之佐命也。清漳水出此，又名沾嶺。」

〔二〕郭曰：清漳出少山大繩谷，至武安縣南暴宫邑入于濁漳，或曰東北至邑城入于大河也。　任臣案：《禹貢合注》：「漳水有二，出大黽谷爲清漳，出鹿谷山爲濁漳。」

于滏水。

又東北二百里曰錫山〔一〕。其上多玉，其下多砥〔二〕。牛首之水出焉，而東流注

〔一〕任臣案：王氏云：「今無錫亦有錫山。」

〔二〕任臣案：《禹貢》云：「礪砥砮丹。」

又北二百里曰景山，有美玉。景水出焉，東南流注于海澤。

又北百里曰題首之山。有玉焉，多石無水。

又北百里曰繡山，其上有玉、青碧。其木多栒〔一〕，其草多芍藥、芎藭〔二〕。洧水出焉〔三〕，而東流注于河。其中有鱯〔四〕、黽〔五〕。

〔一〕郭曰：木中枚也。音荀。

〔二〕郭曰：芍藥一名辛怡①，亦香草屬。任臣案：辛怡乃辛雉，今謂之木筆。揚雄《甘泉賦》「列辛雉于林薄」，服虔注云：「即辛怡。雉、怡聲相近耳。」《楚詞》有「辛怡車」，亦不謂芍藥也，郭

① 「怡」，其他諸本《山海經》郭注俱作「夷」。

注非是。又毛傳以芍藥爲香草，陸璣云：「今藥草。芍藥無香氣，未審今何草。」「芍」或作「勺」，《鄭風》云：「伊其相謔，贈之以勺藥。」董子云：「勺藥一名將離，故將别贈之。」《韓詩外傳》云：「勺藥，離草也。」李瀕湖曰：「芍藥猶綽約也，此草花容綽約，故以爲名。」《爾雅翼》云：「制食之毒，莫良于勺，故得藥名。」又赤者名金芍藥，白者名木芍藥。

〔三〕任臣案：《水經》云：「洧水出河南密縣馬領山。」

〔四〕郭曰：鱯似鮎而大，白色也。

〔五〕郭曰：鼃黽似蝦蟇，小而青，或曰螻黽一物名耳。　任臣案：《爾雅疏》：「蟾諸在水者名黽，一名耿黽，一名土鴨。」鄭樵云：「黽，水雞也，音猛。」

又北百二十里曰松山。陽水出焉，東北流注于河。

又北百二十里曰敦與之山〔一〕。其上無草木，有金、玉。溹水出于其陽〔二〕，而東流注于泰陸之水〔三〕。泜水出于其陰〔四〕，而東流注于彭水〔五〕。槐水出焉，而東流注于泜〔六〕。

〔一〕任臣案：《名勝志》作「敦輿山」，在今直隸趙州臨城縣南七十里。

〔二〕郭曰：音悉各反。　任臣案：今索水源出滎陽小陘山，北流入京水。

〔三〕郭曰：大陸水，今鉅鹿北廣平澤即其水。　任臣案：「泰陸」一本作「泰陛」，誤。

〔四〕郭曰：音抵肆也。

〔五〕郭曰：今泜水出中丘縣西窮泉谷，東注于堂陽縣，入于漳水。　任臣案：《一統志》：「泜水在臨城縣西北，源發元氏縣。」《史記》：「韓信斬成安君于泜水上。」

〔六〕任臣案：《釋義》曰：「此謂『泜水出于其陰』，指泰陸之南而言。曰『東流注于彭水』，亦泜水也。曰『槐水出焉』，則出于彭水也。三水委折，必分别始悉。」

又北百七十里曰柘山。其陽有金、玉，其陰有鐵。歷聚之水出焉，而北流注于洧水。

又北三百里曰維龍之山。其上有碧玉，其陽有金，其陰有鐵。肥水出焉〔一〕，而東流注于臯澤，其中多礨石〔二〕。敞鐵之水出焉，而北流注于大澤。

〔一〕任臣案：成德亦有肥水，出良餘山，非此。

〔二〕郭曰：未詳也。音雷。或作「壘」，磈壘，大石貌，或曰石名。

又北百八十里曰白馬之山。其陽多石、玉，其陰多鐵，多赤銅。木馬之水出焉，而東北流注于虖沱〔一〕。

〔一〕郭曰：呼佗二音。　任臣案：曹學佺《名勝志》：「白馬山在盂縣東北四十里，有白馬關，相傳後魏時築。其水俗謂之牧馬河，源有二，一出當縣，一出忻州，俱名①白馬山。至三交村之牛

①「名」，原作「君」，據《四庫》本改。

尾莊合流，經城南七里，東北入定襄界，注于滹沱。」

又北二百里曰空桑之山〔一〕。無草木，冬夏有雪〔二〕。空桑之水出焉，東流注于虖池〔三〕。

〔一〕郭曰：上已有此山，疑同名也。任臣案：空桑有二。《路史》云：「共工振滔鴻水，以薄空桑，其地在莘陝之間；伊尹莘人，故《吕氏春秋》、《古史考》俱言尹産空桑。空桑故城在今陳留三十里。又有空桑澗，史稱帝榆罔居空桑。」《歸藏·啓筮》云：「蚩尤伐空桑，帝所居也。」即此空桑也。兖地亦有空桑，其地廣絶，高陽氏所嘗居，皇甫謐所謂「廣桑之野，上古有空桑氏」。又《春秋演孔圖》及干寶所記，孔子生于空桑，皆魯之空桑也，見《東山經》。

〔二〕任臣案：吴淑《雪賦》云「怪空桑于四時」，本此。

〔三〕郭曰：音佗。

又北三百里曰泰戲之山〔一〕。無草木，多金、玉。有獸焉，其狀如羊，一角一目，目在耳後，其名曰辣辣〔二〕，其鳴自訆。虖沱之水出焉〔三〕，而東流注于漊水〔四〕。液女之水出于其陽，南流注于沁水〔五〕。

〔一〕任臣案：一作「秦戲」。《一統志》云：「秦戲山在繁峙縣東北，俗名小孤山。」《寰宇記》云：「一名武夫山，亦曰氏天山，今名孤山。」王鑑《禹貢考》引此，亦作「秦戲」。

〔二〕郭曰：音屋楝之楝。　任臣案：《獸經》曰：「䍶䍶一目，從從六足。」《玄覽》曰：「解廌、狰駮、臛疏、䍶䍶，一角之獸也。」《駢雅》曰：「羊一角謂之䍶䍶。」楊慎《奇字韻》云：「䍶䍶，今産于代州鴈門谷口，俗呼爲耩子，見則歲豐。音東。見《晉志》。」曹學佺《名勝志》曰：「代州谷中常産獸，其名曰䍶，狀如羊，一目一角，目生耳後，鳴則自呼。」《河源志》云：「崑崙以西，獸有犛牛、野馬、狼狍、䍶羊之類。」又《字彙》引此作「猍」。又《集韻》音陳，別有獸名豶，似豕，目出于耳，亦與此類。見《事物紺珠》。

䍶䍶　狀如羊，一角一目，目在耳後。出泰戲山。

〔三〕郭曰：今虖池水出鴈門鹵成縣南武夫山。　任臣案：《地理通釋》云：「嘑沱在今代州繁峙縣，東流經定州深澤縣東南，即光武所渡處，俗謂之危渡口。」《名勝志》：「滹沱水列如品字，又名三白水。」古本作「灉池」，「虖沱」後人改也。

〔四〕郭曰：音樓。

〔五〕郭曰：液音悦懌之懌。　任臣案：劉會孟曰：「竇憲奪公主田處。」

又北三百里曰石山，多藏金、玉。濩濩之水出焉〔一〕，而東流注于虖池。鮮于之水出焉，而西南流注于虖池。

〔一〕郭曰：濩音尺蠖之蠖。

又北二百里曰童戎之山。皋涂之水出焉，而東流注于漊、液水。

又北三百里曰高是之山〔一〕。滋水出焉〔二〕，而南流注于虖沱。其木多棕，其草多條。滱水出焉〔三〕，東流注于河〔四〕。

〔一〕郭曰：今在北地靈丘縣。　任臣案：《一統志》：「高是山，在蔚州西北七十里。」

〔二〕郭曰：音慈。　任臣案：《一統志》云：「在靈丘西南枚迴嶺，懸流五丈，湍激之聲震動山谷。」《名勝志》云：「滋水在蔚州西南三十里之南馬莊，名流水泉。」

〔三〕郭曰：音寇。　任臣案：滱水，今在渾源州恒山南。《水經》：「滱水出代州靈丘縣高氏山。」注云：「即温彝之水也。」今名纏河，亦名温彝河。

〔四〕郭曰：過博陵縣南，又東北入于易水。

又北三百里曰陸山，多美玉。𨚗水出焉〔一〕，而東流注于河。

〔一〕郭曰：或作「郯水」。

又北二百里曰沂山〔一〕。般水出焉〔二〕，而東流注于河。

〔一〕郭曰：音祈。

〔二〕郭曰：音盤。

北百二十里曰燕山〔一〕，多嬰石〔二〕。燕水出焉，東流注于河。

〔一〕任臣案：《一統志》：「燕山在玉田縣西北，自西山一帶迤邐東，其延袤數百里。北平立燕山三衛，因此山而名。」

〔二〕郭曰：言石似玉，有符彩嬰帶，所謂燕石者。任臣案：劉會孟云：「今此石出保定滿城縣。」語云：「魚目混珠，燕石亂玉。」

又北山行五百里，水行五百里，至于饒山。是無草木，多瑶碧。其獸多橐駝，其鳥多鶹〔一〕。歷虢之水出焉，而東流注于河。其中有師魚，食之殺人〔二〕。

〔一〕郭曰：未詳。或曰：「鶹，鵂鶹也。」任臣案：《廣雅》曰：「鶹鶹，飛鸓也。」疑即是。

〔二〕郭曰：未詳。或作「鯢」。任臣案：《本草綱目》有「魚師」之名。陳藏器《本草拾遺》云：「魚師大者有毒殺人。」疑即此魚也。《唐韻》云：「鰤，老魚。」《事物紺珠》云：「鰤魚，青黄色，腮下有横骨如鋸。」

又北四百里曰乾山，無草木。其陽有金、玉，其陰有鐵而無水。有獸焉，其狀如牛而三足，其名曰獂〔一〕，其鳴自詨。

〔一〕郭曰：音元。　任臣案：《玄覽》曰：「從從六足，獂三足。」

獂　牛形三足。出乾山。

又北五百里曰倫山。倫水出焉，而東流注于河。有獸焉，其狀如麋，其川在尾上〔一〕，其名曰羆〔二〕。

羆　狀如麋，其川在尾上。出倫山。

〔一〕郭曰：川，竅也。　任臣案：楊慎《補注》曰：「《伯樂相馬經》有馬『白州』，當是『川』字，以此可證。」姚旅《露書》云：「倫山獸，川在尾上。」則川可爲穿也。

〔二〕任臣案：《圖贊》本作「羆九獸」。《贊》曰：「辣辣似羊，眼在耳後。竅生尾上，號曰羆九。幽都之山，大蛇牛呴。」《談薈》云：「羆有二種，如麋與如熊者别也。」

又北五百里曰碣石之山〔一〕。繩水出焉，而東流于河〔二〕。其中多蒲夷之魚〔三〕。其上有玉，其下多青碧。

〔一〕郭曰：《水經》曰「碣石山」，今在遼西臨渝縣南水中。或曰在右北平驪城縣，海邊山。　任臣案：《水經注》：「碣石在驪城縣西南，漢武帝常登之以望海。」杜佑曰：「碣石在樂浪郡，長城起于此，東截遼水而入高麗。《禹貢》『右碣石』在平州有三十餘里，則高麗中爲左碣石也。」或曰碣石一在廣東海口，一在冀州北海口北。碣石在海中如河中砥柱，迨天造也。

〔二〕任臣案：滙水亦謂之繩水，《水經注》「繩水又西北入時水」是也，非此。

〔三〕郭曰：未詳。

又北水行五百里至于鴈門之山，無草木〔一〕。

〔一〕郭曰：鴈門山即「北陵西隃」，鴈之所出，因以名云。在高柳北。任臣案：《釋義》曰：「今三晉代州有鴈門山，遂以是名關，然其上草木多生，此曰無草木，又曰水行五百里，所未詳也。」

又北水行四百里至于泰澤。其中有山焉，曰帝都之山，廣員百里，無草木，有金、玉〔一〕。

〔一〕任臣案：《釋義》曰：「凡此皆在晉地。夫環晉皆山，恐無水行四百里者。然鴈門山亦曰水行五百里，豈禹治水時事與？」

又北五百里曰錞于母逢之山。北望雞號之山〔一〕，其風如颮〔二〕。西望幽都之山〔三〕，浴水出焉〔四〕。是有大蛇，其音如牛，見則其邑大旱。

〔一〕任臣案：《通志略》作「惟號之山」。

〔二〕郭曰：颲，急風貌也。音戾。或云飄風也。　任臣案：一本作「颸」。又《説文》引《經》云「惟號之山，其風若劦」，何頰切。

〔三〕任臣案：《爾雅》：「北方之美者，有幽都之筋角焉。」《一統志》：「山在昌平縣西北，古幽州蓋因山爲名。」

〔四〕郭曰：浴即黑水也。　任臣案：今黑水在定州界，未審是非。

凡《北次三經》之首自太行之山以至于無逢之山，凡四十六山，萬二千三百五十里。其神狀皆馬身而人面者二十神〔一〕，其祠之皆用一藻、茝，瘞之〔二〕。其十四神狀皆彘身而載玉，其祠之皆玉，不瘞〔三〕。其十神狀皆彘身而八足蛇尾，其祠之皆用一璧，瘞之。大凡四十四神，皆用稌糈米祠之，此皆不火食。

〔一〕任臣案：一本作「廿神」。

〔二〕郭曰：藻，聚藻。茝，香草，蘭之類。音昌代反。

〔三〕郭曰：不埋所用玉也。

右北經之山志凡八十七山，二萬三千二百三十里。

山海經廣注卷之四

仁和吴任臣注

東山經

《東山經》之首曰樕螽之山〔一〕，北臨乾昧〔二〕。食水出焉，而東北流注于海。其中多鳙鳙之魚〔三〕，其狀如犂牛〔四〕，其音如彘鳴。

〔一〕郭曰：速株二音。　任臣案：《五音集韻》引《經》作「獓蟗」。《廣博物志》引《經》作「樕蛛」。江暉《亹爰集》云「申搴樕螽之壁英」，謂此也。

〔二〕郭曰：亦山名也。音妹。

〔三〕郭曰：音容。　任臣案：《楚辭·大招》曰：「鳙鳙短狐。」《篇海》云：「鳙與鰫同，似牛，音如豕。」《説文長箋》云：「海魚，肉如彘，曰鳙。」

〔四〕郭曰：牛似虎文者。　任臣案：《莊子》云「執犂之狗」，犂即此牛。

又南三百里曰葍山〔一〕。其上有玉，其下有金。湖水出焉，東流注于食水。其中多活師〔二〕。

〔一〕郭曰：音誄。　任臣案：《釋義》曰：「此紀東山而皆曰南何？豈北山徧歷之後，自北而南，遂紀東方之山與？」

〔二〕郭曰：科斗也。《爾雅》謂之「活東」。　任臣案：陳藏器曰：「活師即蝦蟇兒，生水中，有尾如鯨魚，漸大則脚生尾脱。」陸農師云：「活師，月大盡則生前兩足，月小盡則生後兩足。」崔豹《古今注》：「一名懸針，一名玄魚。」朱謀㙔曰：「活東、活師，鼃黽子也。」

又東三百里曰栒狀之山。其上多金、玉，其下多青碧石。有獸焉，其狀如犬，六足，其名曰從從〔一〕，其鳴自詨。有鳥焉，其狀如雞而鼠毛，其名曰蚩鼠〔二〕，見則其邑大旱。沢水出焉〔三〕，而北流注于湖水。其中多箴魚，其狀如儵，其喙如箴〔四〕，食之無疫疾。

〔一〕任臣案：《獸經》云：「從從六足。」《駢雅》曰：「從從，六足犬也。」一作「從」，又作「猣」，《事物紺珠》云：「猣猣如犬，六足，尾長丈餘。」《宋書》：「六足獸，王者謀及衆庶則至。」

〔二〕郭曰：音咨。　任臣案：《駢雅》曰：「蚩鼠，雞屬也。」《事物紺珠》云：「蚩鼠如雞鼠尾。」《篇韻》作「鷲」，《字彙》作「⿱此鼠」。《圖贊》曰：「魚號鱅鱅，如牛虎駮。從從之狀，似狗六脚。蚩鼠如雞，見則旱涸。」

〔三〕郭曰：音枳。

〔四〕郭曰：出東海。今江東水中亦有之。　任臣案：鱵魚大小形狀與鱠殘魚相似，但喙尖有一細黑骨如鍼爲異耳。《臨海志》謂之「銅哾魚」，俗名「姜公魚」。

從從　狀如犬而六足。出栒狀山。

蚩鼠　狀如雞而鼠毛，見則大旱。出栒狀山。

又南三百里曰勃亝之山〔一〕。無草木，無水。

〔一〕任臣案：林茂槐《字考》曰：「勃亝山，亝與齊同。」《釋義》本作「齋」。

又南三百里曰番條之山。無草木，多沙。減水出焉〔一〕，北流注于海。其中多鱤魚〔二〕。

〔一〕郭曰：音同減損之減。

〔二〕郭曰：一名黄頰。音感。　任臣案：鱤魚即䱂魚，一名鰥魚。《異苑》云：「諸魚欲産，䱂以頭衝其腹，世謂之衆魚生母。」李時珍曰：「鱤，敢也。䱂，䑐也，食而無厭也。又其性獨行，故曰鰥。」

又南四百里曰姑兒之山。其上多漆，其下多桑、柘。姑兒之水出焉，北流注于海。其中多鱤魚。

又南四百里曰高氏之山。其上多玉，其下多箴石〔一〕。諸繩之水出焉，東流注于澤。其中多金、玉。

〔一〕郭曰：可以爲砥針，治癰腫者。　任臣案：《素問》：「東方之域，其病爲瘡瘍，其治宜砭石，故砭石亦從東方來。」程良孺曰：「或云金剛鑽即其物也。」《南史》：金元起訪王僧孺以砭石，僧孺對曰：「古人當以石爲針，《東山經》高氏之山多針石，璞云可以爲砭針。季世無嘉石，故以鐵代之耳。」

又南三百里曰嶽山。其上多桑，其下多樗。濼水出焉〔一〕，東流注于澤。其中多金、玉。

〔一〕郭曰：音樂。　任臣案：濼水即魯桓公會齊襄公地。

又南三百里曰犲山。其上無草木，其下多水。其中多堪㐨之魚〔一〕，其狀如夸父而彘毛，其音如呼，見則天下大水。

〔一〕郭曰：未詳。音序。　任臣案：《字彙》云：「堪㐨，一本作㐨。」又《篇海》云「㐨亦魚子」，非此也。

又南三百里曰獨山〔一〕。其上多金、玉，其下多美石。末塗之水出焉，而東南流注于沔。其中多偹蟰〔二〕，其狀如黃蛇，魚翼，出入有光，見則其邑大旱〔三〕。

偹蟰　狀如黃蛇，魚翼，見則大旱。出末塗之水。

〔一〕任臣案：平樂府亦有獨山，良餘山亦名獨山，非此。

〔二〕郭曰：條容二音。　任臣案：《駢雅》曰：「蝭蛦、鯈鳙、䝿聽䴎人，皆毒蟲也。」楊慎《奇字韻》云：「鯈鳙色如黄蛇，有羽。」景純《江賦》云：「鯈鳙拂翼而掣耀。」《字彙》作「鯈鳙」。

〔三〕任臣案：《圖贊》曰：「鯈鳙蛇狀，振翼灑光。憑波騰逝，出入江湘。見則歲旱，是惟火祥。」

又南三百里曰泰山〔一〕。其上多玉，其下多金。有獸焉，其狀如豚而有珠，名曰狪狪〔二〕，其名自訆〔三〕。環水出焉〔四〕，東流注于江〔五〕。其中多水玉〔六〕。

〔一〕郭曰：即東嶽岱宗也，今在泰山奉高縣西北。從山下至頂四十八里三百步也。　任臣案：劉會孟云：「山屬山東泰安州，又名天孫，高四十餘里，凡十八盤。」馬第伯《封禪記》曰：「泰山石壁窅篠，鬱鬱蒼蒼，仰視天門，如從穴中視天矣。」《五嶽真形圖》：「東嶽姓歳名崇。」《雲笈七籤》云：「東嶽姓玄丘名目陸。」《河圖》云：「東方泰山君，姓圓名常龍。」《枕中書》云：「太昊①氏爲青帝，治岱宗山。」

〔二〕郭曰：音如吟恫之恫。　任臣案：《駢雅》曰：「狪狪，珠豚也。」《亶爰子》云「召鳙狪使先驅」，謂此。又彭氏《五侯鯖》作「侗侗」。亦作「狪」，孫愐《唐韻》曰：「狪獸似豕，出泰山。」《圖贊》曰：「蚌則含珠，獸何不可？狪狪如豚，被褐懷禍。患難無由，招之自我。」蓋物有珠者，瀛洲之紺翼，濫水

①「昊」，原作「吴」，據《枕中書》改。

之鴽魚，與夫珠母、文魮、龍虵、蛛蟞之屬，爲種不一，最異者狪狪，以獸而孕珠，殆猶之羊哀、馬墨、鹿璚、狐媚珠也。又顧氏《説略》載「易定之水馬吐珠，劉鋹之苑羊吐珠」，更爲物類之變矣。

〔三〕任臣案：《釋義》本作「訆」。

〔四〕任臣案：環水，古引水爲璧雍處，基瀆存焉，世謂之石汶也。但璧雍爲禹以後事，未審是非。

〔五〕郭曰：一作「海」。

〔六〕任臣案：今水晶也。《玄覽》云：「北産偏黑，南産偏白，信州産濁而不清，倭産者爲上。」

又南三百里曰北山①，錞于江〔一〕。無草木，多瑶碧〔二〕。激水出焉，而東南流注于娶檀之水。其中多茈羸〔三〕。

〔一〕郭曰：一作「涯」。任臣案：或言江形如錞于。然《西山經》「錞于西海」，《北山經》「錞于北海」，解難互通。注見「䰠山」。

〔二〕任臣案：瑶，美玉。《禹貢》：「瑶琨篠簜。」《衛風》：「報之以瓊瑶。」《説文》云：「碧石之青美者。」

〔三〕任臣案：即茈蠃也，誤作「羸」。《釋義》曰：「疑亦草蟲屬。」

凡《東山經》之首自樕螽之山以至于竹山，凡十二山，三千六百里。其神狀皆人

① 「北山」，宋本等均作「竹山」。

身龍首，祠毛用一犬，祈聃用魚〔一〕。

〔一〕郭曰：以血塗祭爲聃也。《公羊傳》云：「蓋扣其鼻以聃社。」音釣餌之餌。

《東次二經》之首曰空桑之山〔一〕，北臨食水〔二〕，東望沮吴，南望沙陵〔三〕，西望湣澤〔四〕。有獸焉，其狀如牛而虎文，其音如欽〔五〕，其名曰軨軨〔六〕，其鳴自叫〔七〕，見則天下大水〔八〕。

〔一〕郭曰：此山出琴瑟材，見《周禮》也。　任臣案：此魯之空桑也，説見《北山經》注。《歸藏·啓筮》云「空桑之蒼蒼，八極之既張」，謂斯地也。《述異記》曰：「空桑生大野山中，爲琴瑟之最者空桑也，山以産此桑而名。」

〔二〕任臣案：即㯭螽山食水。

〔三〕任臣案：即下流沙界。

〔四〕郭曰：音旻。

〔五〕郭曰：或作「吟」。

〔六〕郭曰：音靈。

〔七〕任臣案：《駢雅》曰：「牛而虎文曰軨軨。」《亶爰集》云：「命軨狳，使奔騄。」王世貞詩：「軨軨娱空桑，鹿臺嘯梟徯。」即此也。

〔八〕任臣案：《圖贊》曰：「堪孖、軨軨，殊氣同占。見則洪水，天下昏墊。豈伊妄降，亦應圖讖。」《談薈》云：「水獸兆水，軨軨之獸見則天下大水也。」

又南六百里曰曹夕之山。其下多穀而無水，多鳥獸。

又西南四百里曰嶧皋之山〔一〕。其上多金、玉，其下多白堊。嶧皋之水出焉，東流注于激女之水〔二〕，多蜃、珧〔三〕。

〔一〕郭曰：音亦。

〔二〕任臣案：《爾雅疏》引《經》作「激汝之水」。

〔三〕郭曰：蜃，蚌也。珧，玉珧，亦蚌屬。腎、遥兩音。　任臣案：蜃，大蛤也，一名蚌，一名含漿。小者名珧，可飾佩刀鞘。《詩傳》：「天子玉琫而珧珌。」楊氏云：「珧，宋人謂之江瑶柱，今登、萊、閩、廣皆有之。」萬震《南州志》云：「江瑶柱，厥甲美，肉柱膚寸，名江瑶柱。」

又南，水行五百里，流沙三百里，至于葛山之尾。無草木，多砥礪。

又南三百八十里曰葛山之首，無草木。澧水出焉〔一〕，東流注于余澤。其中多珠蟞魚〔二〕，其狀如肺而有目，六足有珠，其味酸甘，食之無癘〔三〕。

〔一〕郭曰：音禮。

〔二〕郭曰：音鼈。

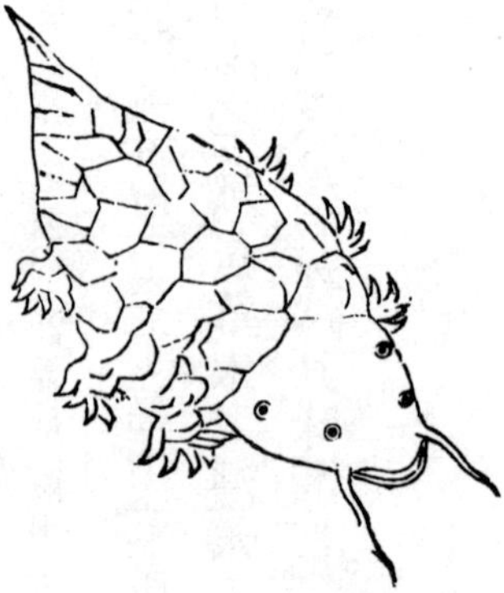

珠鳖魚　其狀如肺，六足四目，有珠。出澧水。

〔三〕郭曰：無時氣病也。《吕氏春秋》曰：「澧水之魚名曰朱鳖，六足有珠，魚之美也。」　任臣案：「鳖」通作「鼈」。《淮南子》：「蛤蟹珠鼈①，與月盛衰。」傳曰：「舜攝天子，有鈸耳貫胸之民來獻珠蝦、珠鼈。」《埤雅》云：「鼈珠在足，蚌珠在腹。」《玄覽》亦云：「魚之珠在目，鼈之珠在足。」《一統志》：「珠鼈生高州海中，狀如肺、四目，六足、吐珠。」《寰宇記》云：「高州府海中出珠鼈，六眼四脚而吐珠。」景純《江賦》「赬鳖胇躍而吐璣」，謂此也。又「珠」或作「朱」。阮籍《詠懷詩》：「朱鼈躍飛泉，夜飛過吴洲。」《庾信集》云：「澧水朝浮，光疑朱鼈。」然朱鼈生南海，大如錢，腹

① 「鼈」，《淮南子·墬形訓》作「龜」。

赤如血，《鴻烈解》云「朱鼈浮波，必有風雨」，自爲一種，非珠鼈也。《圖贊》曰：「澧水之鱗，狀如浮肺。體兼三才，以貨賈害。厥用既多，何以自衛？」

又南三百八十里曰餘峩之山。其上多梓、枏，其下多荆、芑。雜余之水出焉，東流注于黄水。有獸焉，其狀如菟而鳥喙，鴟目蛇尾，見人則眠〔一〕，名曰犰狳〔二〕，其鳴自訆，見則螽蝗爲敗〔三〕。

〔一〕郭曰：言佯死也。

〔二〕郭曰：仇餘二音。　任臣案：《篇海》曰：「狳獸似兔，鳥喙鴟目。」《獸經》云：「山都見人則走，犰狳見人則眠。」《駢雅》曰：「㺯即如膜，犰狳鳥喙。」《圖贊》曰：「犰狳之獸，見人佯眠。與灾協氣，出則無年。此豈能爲？歸之于天。」《事物紺珠》作「犰㺄」。

〔三〕郭曰：螽，蝗類也，言傷敗田苗。音終。　任臣案：《春秋》書「螽」，《傳》云：「蝗也。」《詩經》「螽斯羽」，嚴粲注云：「螽即蝗。斯，助語也。」是螽、蝗明爲一物，《經》以二名連文，或古之方言然也。若《豳風》「五月斯螽動股」，此爲蚱蜢之名，即阜螽也，似蝗而亦能害稼，《爾雅》謂之「蜙蝑」，與螽不同。中郎以斯螽、螽斯皆爲蝗，時珍以螽斯、斯螽皆爲蚱蜢，與郭氏以螽爲蝗類，均非。

又南三百里曰杜父之山。無草木，多水。

又南三百里曰耿山。無草木，多水碧〔一〕，多大蛇。有獸焉，其狀如狐而魚翼，其名曰朱獳〔二〕，其鳴自叫，見則其國有恐〔三〕。

朱獳　狀如狐而魚翼，見則其國有恐。出耿山。

〔一〕郭曰：亦水玉類。　任臣案：即青雘、石緑之屬。今畫家染采，猶有「天水碧」之色。謝靈運詩「水碧輟流溫」，注云：「水玉也。」江淹詩：「水碧驗未黷。」又云：「淩波采水碧。」李白《過彭蠡》詩：「水碧或可采。」李賀詩：「採玉採玉須水碧。」《西溪叢語》云：「常見墨子道書石藥中有水脂碧者，當是。」楊慎《謝華啓秀》曰：「耿山饒水碧，龍淵多玉英。」

〔二〕郭曰：音儒。　任臣案：《駢雅》曰：「朱獳、乘黄，狐屬也。」《事物紺珠》曰：「朱孺似狐，魚翼。」

《亶爰集》云「率獳猈而來御」，本此。

〔三〕任臣案：《圖贊》曰：「朱獳無奇，見則邑駭。通感靡誠，維數所在。因事而作，未始無待。」

又南三百里曰盧其之山。無草木，多沙石。沙水出焉〔一〕，南流注于涔水。其中多鵹鶘〔二〕，其狀如鴛鴦而人足，其鳴自訆，見則其國多土功〔三〕。

〔一〕任臣案：《水經注》：「逢澤其水，東北流爲新溝，新溝又東北流，逕牛首鄉北，又東北注渠，即沙水也。」又《左傳》「楚令尹子常以舟師及沙汭而還」，杜預曰：「沙，水名也。」是此水之末流入淮者。

〔二〕郭曰：音黎。

〔三〕郭曰：今鵜鶘足，頗有似人脚形狀也。　任臣案：鵜鶘一名鴮鸅，又名淘河，江南甚多。俗以夏至前來謂之「犁湖」，主水；夏至後來謂之「犁塗」，主旱。以其嘴之形狀似犁，故云犁湖，轉聲爲鵜鶘，又譌爲「駝鶴」。《駢雅》曰：「周周、大首、鵹鶘、數斯，皆人足也。」《圖贊》曰：「狸力、鵹鶘，或飛或伏。是惟土祥，出其功築。長城之役，同集秦域。」

又南三百八十里曰姑射之山〔一〕。無草木，多水。

〔一〕任臣案：山在平陽城西，有姑射、蓮花二洞，神人所居。

又南，水行三百里，流沙百里，曰北姑射之山〔一〕。無草木，多石。

〔一〕任臣案：《括地志》有南姑射山、北姑射山，即此。猶語有南語北語，潞有東潞西潞。

又南三百里曰南姑射之山。無草木，多水。

又南五百里曰碧山。無草木，多大蛇，多碧水玉〔一〕。

〔一〕任臣案：《本草拾遺》：「玻瓈一名水玉，與水精同名。」《梁四公記》「扶南人來賣碧頗黎鏡、碧水玉」，疑即是也。然玻瓈今出南番西國，内地絶少，此非。一云靛子石類。或曰碧、水玉爲二物。

又南五百里曰緱氏之山〔一〕。無草木，多金、玉。原水出焉，東流注于沙澤。

〔一〕郭曰：一曰「俠氏之山」。任臣案：即偃師地也。道書七十二福地有緱氏。今本或作「維氏之山」。

又南三百里曰姑逢之山。無草木，多金、玉。有獸焉，其狀如狐而有翼，其音如鴻鴈，其名曰獙獙〔一〕，見則天下大旱。

〔一〕郭曰：音斃。任臣案：《駢雅》曰：「獙獙烏翼，狐屬也。」盧柟《蠛蠓集》云：「窮怪異獸，猎猎、獙獙。」

獙獙　狀如狐而有翼，見則大旱。出姑逢山。

又南五百里曰鳧麗之山。其上多金、玉，其下多箴石。有獸焉，其狀如狐而九尾九首，虎爪，名曰蠪姪〔一〕，其音如嬰兒，是食人。

〔一〕郭曰：龍蛭二音。　任臣案：《駢雅》曰：「灌灌，九尾狐也；蠪姪，九首狐也，皆食人。」然灌灌，青丘鳥名，朱氏以爲狐，誤矣。《亶爰集》云：「蠪⿱山衣翼其倏軛兮，率獳⿰犭軍而來御。」《玄覽》云「蠪狌九首，蔡①茂兩頭」，皆指此。或作「蠪蛭」，《唐韻》云：「蠪蛭如狐，九尾虎爪，呼如小兒，食

①「蔡」，原作「秦」，據《四庫》本改。

人。一名蛣蛭。」《廣博物志》又作「蠪姪」。獸九首者，别有開明九首，又阿羊九頭而更食，國亂乃出，見《淮南萬畢術》。

蠪姪　狀如狐而九尾九首，虎爪。出鳧麗山。

又南五百里曰硜山〔一〕，南臨硜水，東望湖澤。有獸焉，其狀如馬而羊目，四角牛尾，其音如獆狗，其名曰峳峳〔二〕，見則其國多狡客〔三〕。有鳥焉，其狀如鳧而鼠尾，善登木，其名曰絜鉤，見則其國多疫〔四〕。

〔一〕郭曰：音一真反。

〔二〕郭曰：音攸。　任臣案：《駢雅》：「馬四角牛尾曰峳峳。」《玄覽》云：「土螻也，嗛羊也，諸懷也，䮾䮾也，夫觰也，四角之獸也。」

〔三〕郭曰：狡，狡猾也。　任臣案：狡客，姦人也。《麟書》曰：「狡客用，乃有攸攸。」《五侯鯖》云：「峳峳見，其國多狡猾。」《圖贊》曰：「治則得賢，亡由失人。峳峳之來，乃致狡賓。歸之冥應，誰見其津？」

〔四〕任臣案：《圖贊》曰：「獙獙如狐，有翼不飛。九尾虎爪，號曰龍蚳。絜鉤似鳧，見則民悲。」劉會孟曰：「海鳧毛見則天下大亂。」斯鳥亦海鳧類。

峳峳　狀如馬而羊目四角，見則國多狡客。出䃌山。

凡《東次二經》之首自空桑之山至于䃌山，凡十七山，六千六百四十里。其神狀皆獸身人面載觡〔一〕。其祠，毛用一雞祈，嬰用一璧瘞。

〔一〕郭曰：麋鹿屬。角爲觡，音格。

又《東次三經》之首曰尸胡之山，北望殍山〔一〕。其上多金、玉，其下多棘。有獸焉，其狀如麋而魚目，名曰妴胡〔二〕，其鳴自訆。

〔一〕郭曰：音詳。

〔二〕郭曰：音婉。　任臣案：《駢雅》云：「麋而魚目爲妴胡。」

又南，水行八百里曰岐山。其木多桃、李，其獸多虎。

又南，水行五百里曰諸鉤之山。無草木，多沙石。是山也，廣員百里，多寐魚〔一〕。

〔一〕郭曰：即鮇魚。音味。　任臣案：鮇魚，嘉魚也，一名拙魚，一名丙穴魚。

又南，水行七百里曰中父之山。無草木，多沙。

又東，水行千里曰胡射之山。無草木，多沙石。

又南，水行七百里曰孟子之山。其木多梓桐，多桃、李，其草多菌蒲〔一〕，其獸多麋鹿。是山也，廣員百里。其上有水出焉，名曰碧陽，其中多鱣、鮪〔二〕。

〔一〕郭曰：未詳。音晒眙之晒。　任臣案：「菌蒲」，或曰二種。菌，地菌。《爾雅》：「中馗，菌。」小者菌。蒲，蒲草。《羅浮記》云：「山菖蒲也。」

〔二〕郭曰：鮪即鱏也，似鱣而長鼻，體無鱗甲，别名魱鱶，一名鱑也。　任臣案：鱣即鱑，似鱏而短鼻，口在頷下，大者長二三尺，江南呼爲黄魚，俗亦謂之玉板。鮪形似鱣而色青黑，頭小而尖，似鐵兜鍪，口亦在頷下，今謂之鱘魚，一作鱏魚，一名王鮪。小者名鮥子。郭謂鮪一名鱑，誤矣。「䱴䲃」，李奇《漢書注》作「䱴䲃」。

又南，水行五百里曰流沙，行五百里有山焉，曰跂踵之山〔一〕。廣員二百里，無草木，有大蛇，其上多玉。有水焉，廣員四十里皆涌〔二〕，其名曰深澤，其中多蠵龜〔三〕。有魚焉，其狀如鯉而六足鳥尾，名曰鮯鮯之魚〔四〕，其鳴自叫。

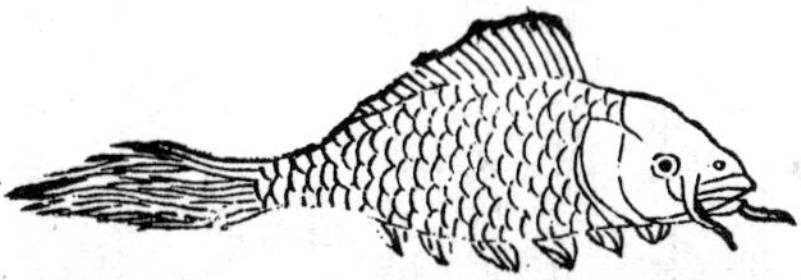

鮯鮯魚　狀如鯉，六足鳥尾。出深澤。

〔一〕郭曰：跂音企。

〔二〕郭曰：今河東汾陰縣有瀵水，源在地底，濆沸涌出，其深無限，即此類也。　任臣案：神瀵是也。宋寶鼎縣瀵泉有光如燭焰，其聲如雷。

〔三〕郭曰：蠵，觜蠵，大龜也，甲有文彩，似瑇瑁而薄。音遺知反。　任臣案：應劭《漢書注》：「靈蠵，大龜也。雄曰瑇瑁，雌曰觜蠵。」《臨海水土記》云：「其甲黄點有光，彼人以亂瑇瑁。」《日華子》曰：「觜蠵即鼉鼊也，皮可寶裝飾物，或云蠵龜大者爲觜蠵，屓贔小者爲鼉鼊。」段成式《西陽雜俎》：「係臂狀如龜，生南海。」劉欣《交州記》：「蚼蠏似瑇瑁，其甲有黑珠文彩，斑似錦文。」皆是物也。《圖贊》曰：「水圓四十，潛源溢沸。靈龜爰處，掉尾養氣。莊生是感，揮竿傲貴。」

〔四〕郭曰：音鮯。　任臣案：《廣雅》曰：「東方有魚焉，如鯉，六足鳥尾，其名曰鮯。」《事物紺珠》云：「鮯如鯉，六足鳥尾，出東方深澤中。」《駢雅》曰：「冉遺、鮯鮯、建同、浮瑚，皆異魚也。」睿宗《江漢賦》曰：「曳六足之鮯兮，戴八極之蹭神鰲。」楊慎《異魚贊》云：「東方有魚，其形如鯉。其名爲鮯，六足鳥尾。鱅爲之母，胎育厥子。」《圖贊》曰：「娶胡之狀，似麋之眼。精精似牛，以尾自辨。鮯鮯所潛，厥深無限。」

又南，水行九百里曰踇隅之山〔一〕。其上有草木，多金、玉，多赭。有獸焉，其狀如牛而馬尾，名曰精精〔二〕，其鳴自叫。

〔一〕郭曰：音敏字。

〔二〕任臣案：《駢雅》曰：「獸似牛而馬尾，曰精精。」萬曆二十五年，括蒼得異獸，其角雙，身作鹿文，馬尾牛蹄。董斯張《吹景録》引此爲證。或又云：乃辟邪也。

又南，水行五百里，流沙三百里，至于無皋之山。南望幼海〔一〕，東望榑木〔二〕，無草木，多風。是山也，廣員百里。

〔一〕郭曰：即少海也。《淮南子》曰：「東方大渚曰少海。」任臣案：周弘正啓：「色華少海，用寶叢臺。」庾信詩：「黿橋浮少海，鵠蓋上中峰。」《徐陵集》云：「叢臺之璧，少海之珠。」盧柟賦云：「跨渚毗，弄少海。」又云：「訝育遺而洗幼海。」指此也。

〔二〕郭曰：扶桑二音①。任臣案：《六書正譌》「扶桑」作「榑桑」。嚴忌《哀時命》云：「左袪挂于榑桑。」《吕覽》云：「夏禹東至榑木之地。」即此也。

凡《東次三經》之首自尸胡之山至于無皋〔一〕之山，凡十九山，六千九百里。其神狀皆人身而羊角，其祠用一牡羊，米用黍。是神也，見則風，雨水爲敗。

〔一〕任臣案：一本作「睪」，古睪、皋通。

① 郝懿行稱：「不當讀『木』爲『桑』，注有脱誤。」

又《東次四經》之首曰北號之山，臨于北海。有木焉，其狀如楊，赤華，其實如棗而無核〔一〕，其味酸甘，食之不瘧。食水出焉，而東北流注于海。有獸焉，其狀如狼，赤首而鼠目，其音如豚，名曰猲狚〔二〕，是食人。有鳥焉，其狀如雞而白首，鼠足而虎爪，其名曰鬿〔三〕雀，亦食人〔四〕。

〔一〕任臣案：《異物彙苑》有無核棗，即此也。

〔二〕郭曰：葛苴二音。　任臣案：楊慎《古音略》引《經》云：「有獸赤眉鼠目，名曰獦狚。」與此文異。

〔三〕郭曰：音祈。

〔四〕任臣案：《天問》云：「鬿堆焉處。」王逸注：「鬿堆，奇獸也。」柳子《天對》云：「鬿雀在北號，惟人是食。」楊萬里注：「堆當爲雀，王逸注誤也。」王世貞《續九辨》云「鬿堆侁侁而鼓翼」，謂此。《騈雅》曰：「鬿雀，食人鳥也。」《篇海》、《字彙》引此復作「鬿雈」，音桓，非是。《圖贊》曰：「猲狚狡獸，鬿雀惡鳥。或狼其體，或虎其爪。安用甲兵，擾之以道。」又李給諫《筆記》云：「崇禎甲戌，鳳陽出惡鳥數萬，兔頭雞身鼠足，味甚美，犯其骨立死。」稽其形狀，疑即此鳥也。

又南三百里曰旄山，無草木。蒼體之水出焉，而西流注于展水。其中多鱃魚〔一〕，其狀如鯉〔二〕而大首，食者不疣。

〔一〕郭曰：今蝦鰌字亦作「鱃」，秋音。　任臣案：鱃魚，《本草拾遺》以爲即「鱅魚」。李時珍曰：「此魚中之下品。」蓋魚之庸常，以供饈食者，故曰鱅曰鱃。鄭氏作「溶魚」。

〔二〕任臣案：鯉三十六鱗，應老陰之數。又鱗有十字文理，故名。交州人呼赤鯉爲玄駒。

又南三百二十里曰東始之山，上多蒼玉。有木焉，其狀如楊而赤理，其汁如血，不實，其名曰芑〔一〕，可以服馬〔二〕。泚水出焉，而東北流注于海，其中多美貝。多茈魚，其狀如鮒，一首而十身〔三〕，其臭如麋蕪，食之不糟〔四〕。

〔一〕郭曰：音起。　任臣案：《玄覽》曰：「芑木之汁如血。」

〔二〕郭曰：以汁塗之則馬調良。　任臣案：《圖贊》曰：「馬惟剛峻，塗之芑汁。不勞孫陽，自然閒習。厥術無方，理有潛執。」

〔三〕任臣案：與何羅魚類。

〔四〕郭曰：孚謂反，止①失氣也。　任臣案：糟，氣下泄也。譬、費二音。《圖贊》曰：「有魚②十身，麋蕪其臭。食之和體，氣不下溜。薄之躍淵，是惟灾候。」

---

① 「止」，原作「魚」，據宋本改。

② 「魚」，原作「止」，據《山海經圖贊》改。

又東南三百里曰女烝之山，其上無草木。石膏水出焉，而西注于鬲水。其中多薄魚，其狀如鱣魚而一目，其音如歐〔一〕，見則天下大旱〔二〕。

〔一〕郭曰：如人嘔吐聲也。　任臣案：「歐」與「嘔」同。《太玄經》：「歐鳴之疾至。」

〔二〕任臣案：《物異志》作「見則天下大水」。

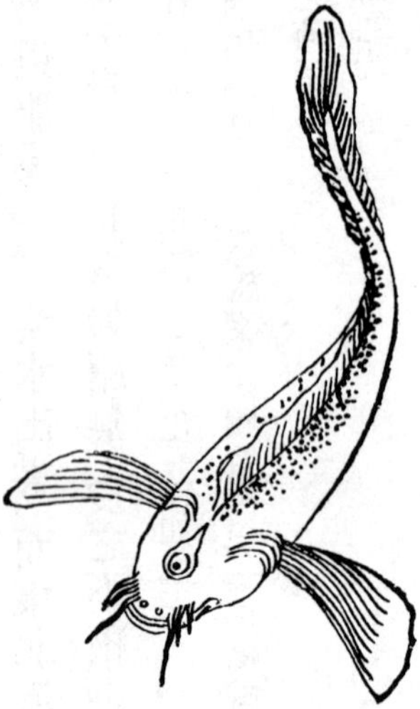

薄魚　狀如鱣，一目，見則大旱。出膏水。

又東南二百里曰欽山，多金、玉而無石。師水出焉〔一〕，而北流注于皋澤。其中多鱃魚，多文貝。有獸焉，其狀如豚而有牙，其名曰當康〔二〕，其鳴自叫，見則天下大穰。

〔一〕任臣案：今信陽縣有浉水，疑即此水。

〔二〕任臣案：《駢雅》云：「當康，牙豚也。」《事物紺珠》作「當庚」，誤。

又東南二百里曰子桐之山。子桐之水出焉，而西流注于餘如之澤。其中多䱻魚〔一〕，其狀如魚而鳥翼，出入有光，其音如鴛鴦，見則天下大旱〔二〕。

〔一〕郭曰：音骨。　任臣案：《太平御覽》曰：「子桐之水，其中澤多⿰魚胃魚。」疑⿰魚胃即䱻也。

〔二〕任臣案：《圖贊》曰：「當康如豚，見則歲穰。䱻魚鳥翼，飛乃流光。同出殊應，或災或祥。」

䱻魚　狀如魚而鳥翼，見則大旱。出子桐水，

又東北二百里曰剡山，多金、玉。有獸焉，其狀如彘而人面，黃身而赤尾，其名

曰合窳〔一〕，其音如嬰兒，是獸也食人，亦食蟲蛇，見則天下大水〔二〕。

〔一〕郭曰：音庾。

〔二〕任臣案：《事物紺珠》曰：「合窳如猪，人面血食。」《駢雅》曰：「皮樹、在子、合窳，皆人面獸也。」《圖贊》曰：「豬身人面，號曰合窳。厥性貪殘，物爲不咀。至陰之精，見則水雨。」

又東二百里曰太山，上多金、玉、楨木〔一〕。有獸焉，其狀如牛而白首，一目而蛇尾，其名曰蜚〔二〕，行水則竭，行草則死，見則天下大疫〔三〕。鉤水出焉，而北流注于勞水，其中多鱃魚。

蜚　狀如牛而白首，一目，蛇尾，見則大疫。出太山。

〔一〕郭曰：女楨也，葉冬不凋。　任臣案：女貞亦名冬青，負霜葱翠，振柯淩風。《琴操》載魯有處女，見女貞木而作歌，乃此木也。《駢雅》云：「思偪不腐，女貞不凋。」《上林賦》「豫章女貞」，張揖曰：「女貞冬青。」

〔二〕郭曰：音如翡翠之翡。

〔三〕郭曰：言其體含灾氣也。其銘曰：「蜚之爲名，體似無害。所經枯竭，甚於鴆厲。萬物斯懼，思爾遐逝。」　任臣案：《春秋》莊二十五年，「秋，有蜚」。劉侍讀《春秋解》引此，謂「蜚狀若牛，一目虵尾」。江休復《雜志》亦云：「唐彦猷有舊本《山海經》，説『蜚處淵則涸，行木則枯』，《春秋》所書，似即此物。若是負蠜，不當云『有』，謂之『多』可也。」未審是非。又《字彙》「犕似牛，白首一目」，疑爲此獸。《篇海》引《經》又作「蟲」。《五侯鯖》云：「蜚生太山，行水水竭，行草草枯。」《圖贊》云：「蜚則灾獸，跂踵厲深。會所經涉，竭水槁林。禀氣自然，體此殃淫。」

凡《東次四經》之首自北號之山至于太山，凡八山，一千七百二十里。

右東經之山志凡四十六山，萬八千八百六十里。

山海經廣注卷之五

仁和吴任臣注

中山經

《中山經》薄山之首〔一〕曰甘棗之山〔二〕。共水出焉〔三〕，而西流注于河。其上多杻木，其下有草焉，葵本而杏葉〔四〕，黄華而莢實〔五〕，名曰籜〔六〕，可以已瞢〔七〕。有獸焉，其狀如𤟹鼠而文題〔八〕，其名曰𪊬〔九〕，食之已癭〔一〇〕。

〔一〕任臣案：《封禪書》「華山以西名山七」，薄山其一焉。薄山即襄山也。徐廣曰：「蒲坂縣有襄山。」應劭云：「在潼關北十餘里。」

〔二〕任臣案：《括地志》云：「蒲州河東縣雷首山，一名中條，一名歷山，亦名首陽山，亦名蒲山，亦名襄山，一名甘棗山，亦名猪山。」又《水經注》引《經》，「薄山」作「蒲山」，「甘棗」作「甘桑」。

〔三〕郭曰：音恭。

〔四〕郭曰：或作楉葉。

〔五〕任臣案：如莢薺之實，《周禮》「莢物」是也。

〔六〕郭曰：他落反。

〔七〕郭曰：音盲。　任臣案：瞢，目不明也，瞽瞍號天瞢。

〔八〕郭曰：猒鼠所未詳，音虵，字亦或作「虵」。　任臣案：猒鼠，《集韻》作「猒」，注云「獸名」。

〔九〕郭曰：音那，或作「熊」也。　任臣案：《羣書鈎玄》云：「古熊字作𪊨，與𪊨字相近。」《古音略》曰：「𪊨又音熊。」

〔一〇〕任臣案：《集韻》曰：「𪊨獸似鼠斑頭，食之明目。」與此略異。《草木子》云：「阻氣多癭。」

又東二十里曰歷兒之山。其上多橿，多櫔木〔一〕。是木也，方莖而員葉，黃華而毛，其實如揀〔二〕，服之不忘。

〔一〕郭曰：音厲。

〔二〕郭曰：揀，木名，子如指頭，白而粘，可以浣衣也。音練，或作「簡」。　任臣案：《爾雅翼》曰：「揀實名金鈴子。」

又東十五里曰渠豬之山，其上多竹。渠豬之水出焉，而南流注于河。其中是多豪魚，狀如鮪〔一〕，赤喙尾，赤羽，可以已白癬。

〔一〕郭曰：鮪似鱣也。

又東三十五里曰蔥聾之山，其中多大谷。是多白堊〔一〕、黑青黄堊〔二〕。

〔一〕任臣案：《本草》：「白堊，白善土也，邯鄲者爲上。」

〔二〕郭曰：言有雜色堊也。

又東十五里曰涹山〔一〕。其上多赤銅，其陰多鐵。

〔一〕郭曰：音倭。

又東七十里曰脱扈之山。有草焉，其狀如葵葉而赤花、莢實，實如椶莢〔一〕，名曰植楮，可以已癙〔二〕，食之不眯。

〔一〕郭曰：今椶木，莢似皂莢也。任臣案：《事物紺珠》云：「植楮實如棕莢。」椶、棕同。

〔二〕郭曰：癙，病也。《淮南子》曰：「狸頭已癙也。」任臣案：《正韻》云：「癙，憂病。」《詩》云：「癙憂以痒。」

又東二十里曰金星之山。多天嬰，其狀如龍骨〔一〕，可以已痤〔二〕。

〔一〕任臣案：龍骨出晉地川谷及太山巖。雷斆曰：「細文廣者雌骨，粗文狹者雄骨。」

〔三〕郭曰：癰痤也。　任臣案：《説文》云：「小腫也。」一曰：癤也。才何反。

又東七十里曰泰威之山。其中有谷，曰梟谷，其中多鐵〔一〕。

〔一〕郭曰：或無「谷」字。

又東十五里曰橿谷之山，其中多赤銅〔一〕。

〔一〕郭曰：或作「檀谷之山」。

又東百二十里曰吴林之山，其中多葌草〔一〕。

〔一〕郭曰：亦「菅」字。　任臣案：《爾雅》：「白華，野菅。」《説文》云：「菅，茅也。」《左傳》：「雖有絲麻，無棄菅蒯。」《詩經》：「東門之池，可以漚菅。」陸璣曰：「似茅而滑澤無毛，柔韌宜爲索。」葌、菅古字通。

又北三十里曰牛首之山〔一〕。有草焉，名曰鬼草，其葉如葵而赤莖，其秀如禾，服之不憂〔二〕。勞水出焉〔三〕，而西流注于潏水〔四〕。是多飛魚，其狀如鮒魚，食之已痔衕〔五〕。

〔一〕郭曰：今長安西南有牛首山，上有館，下有水，未知此是非。　任臣案：金陵亦有牛首山。徐陵表：「南望牛頭，方稱天闕。」是同名者也。

〔二〕任臣案：合歡蠲忿，萱草忘憂，此其類也。《圖贊》曰：「焉得鬼草，是樹是蓺？服之不憂，樂天儀世。如彼滚舟，任波流滯。」

〔三〕任臣案：《説文》：「澇水出①扶風鄠，北入渭。」《一統志》：「澇水源出浮山縣，西入汾河。」

〔四〕郭曰：音如譎詐之譎。　任臣案：《水經注》：「潏水即巢山之水也，水源東南，出巢山東谷，北逕浮山東，又西北流，與勞水合。」《一統志》：「潏水源出龍角山。」《字林》曰：「潏水出杜陵縣。」

〔五〕任臣案：屠本峻《海錯疏》：「飛魚頭大尾小，有肉翅，一躍十餘丈。」《林邑圖記》曰：「飛魚身圓，長丈餘，羽重沓，翼如山蟬，出入羣飛，游翔翳會。」張駿《飛魚贊》：「飛魚如鮒，登雲游波。」楊慎《異魚贊》曰：「飛魚身圓長丈餘，登雲游波形如鮒，翼如輕蟬翔泳俱，仙人甯封曾餌諸，著藻灼灼千載舒。」《酉陽雜俎》云：「朗山浪魚長一尺，能飛，飛則淩雲，息歸潭底。」《一統志》：「陝西鄠縣澇水出飛魚，狀如鮒，食之已痔疾也。」

又北四十里曰霍山〔一〕，其木多榖。有獸焉，其狀如狸而白尾，有鬣，名曰朏朏，養之可以已憂〔二〕。

---

①「出」，原作「如」，據《説文解字》卷一一上改。

〔一〕郭曰：今平陽永安①縣、廬江灊縣、晉安羅江縣、河南鞏縣皆有霍山，明山以霍爲名者非一矣。案《爾雅》大山繞小山爲霍。　任臣案：霍山甚多，最大者衡山，一名霍山。《白虎通》云：「霍之爲言護也。太陽用事，護養萬物也。」漢武帝移南岳于天柱山，遂以天柱山爲霍山，廬江之霍山也。《爾雅》「北方之美，有霍山之珠玉焉」，平陽之霍山也，《經》所紀疑是此山。《水經注》：「霍太山上有飛廉冢，山上有廟甚虚，鳥雀不棲其林，猛虎常守其庭。」劉會孟云：「山西霍州霍山，今爲中鎮，固《禹貢》之岳陽也。」

〔二〕郭曰：謂畜養之也。普昧反。　任臣案：《駢雅》曰：「朏朏、蒙頌，皆狸屬也。」《麟書》云：「安得朏朏與之遊，而釋我之憂？」

又北五十二里曰合谷之山，是多薝棘〔一〕。

〔一〕郭曰：未詳。音瞻。　任臣案：薝棘，木名，一②音膽。《説文》云：「金谷多薝棘。」又《篇海》引《經》作「爾谷山」。

又北三十五里曰陰山〔一〕，多礪石、文石〔二〕。少水出焉，其中多彫棠，其葉如榆

① 「安」字原脱，據《箋疏》補。

② 「一」，原作「下」，據《四庫》本改。

葉而方，其實如赤菽〔三〕，食之已聾〔四〕。

〔一〕郭曰：亦曰「險山」。

〔二〕郭曰：礪石，石中磨者。

〔三〕郭曰：菽，豆。　任臣案：《通志略》海棠子名海紅，其狀如梨，大如櫻桃，亦此類也。赤菽，赤小豆。

〔四〕任臣案：《草木子》曰：「風氣多聾。」

又東北四百里曰鼓鐙之山，多赤銅。有草焉，名曰榮草，其葉如柳，其本如鷄卵〔一〕，食之已風。

〔一〕任臣案：揚雄《解嘲》云：「四皓采榮於南山。」

凡薄山之首自甘棗之山至于鼓鐙之山，凡十五山，六千六百七十里。歷兒，冢也，其祠禮：毛，太牢之具，縣以吉玉〔一〕。其餘十三山者，毛用一羊，縣嬰用桑封，瘞而不糈。桑封者，桑主也，方其下而鋭其上，而中穿之，加金〔二〕。

〔一〕郭曰：縣，祭山之名也，見《爾雅》。　任臣案：祭山曰庪縣，或庪或縣，置之于山。

〔二〕郭曰：言作神主而祭，以金銀飾之也。《公羊傳》曰：「虞主用桑。」或作「玉」。

《中次二經》濟山之首曰輝諸之山，其上多桑。其獸多閭麋，其鳥多鶡〔一〕。

〔一〕郭曰：似雉而大，青色有毛，勇健，鬭死乃止。音曷。出上黨也。任臣案：鶡似雉而大，或以爲黄黑色，鷙鳥之暴疏者也。每所攫撮，應爪摧衄。同類有被侵者，輒往赴救之，一死乃止，曹植賦「雙戰不隻僵」是也。《爾雅翼》曰：「黄帝之戰，以鵰鶡鷹鳶爲旗幟。趙武靈王製鶡冠以表武士。」《東都賦》云：「武夫皆戴鶡。」又鶡冠子居山以鶡爲冠，漢世常用之。顔師古云：「俗爲鶡鷄，黄霸乃以爲鳳凰，故張敞譏之。」《圖贊》曰：「鶡之爲鳥，同羣相爲。疇①類彼侵，雖死不避。毛飾武士，兼厲以義。」

又西南二百里曰發視之山。其上多金、玉，其下多砥礪。即魚之水出焉，而西流注于伊水。

又西三百里曰豪山，其上多金、玉而無草木。

又西三百里曰鮮山〔一〕，多金、玉，無草木。鮮水出焉，而北流注于伊水。其中多鳴蛇，其狀如蛇而四翼，其音如磬，見則其邑大旱〔二〕。

〔一〕任臣案：《事類賦》注引此作「鱗山」。

① 「疇」，原作「疇」，據《山海經圖贊》改。

〔二〕任臣案：張衡《南都賦》：「其水蟲則有蠳龜、鳴蛇。」吴淑《蛇賦》「音如磬聲」，即此也。《圖贊》曰：「鳴、化二蛇，同類異狀。拂翼俱游，騰波漂浪。見則並災，或淫或亢。」

鳴蛇　如蛇而四翼，其音如磬，見則大旱。出鮮山。

又西三百里曰陽山，多石，無草木。陽水出焉〔一〕，而北流注于伊水。其中多化蛇，其狀如人面而豺身〔二〕，鳥翼而蛇行〔三〕，其音如叱呼，見則其邑大水。

〔一〕任臣案：《水經注》：「陽水出陽山陽谿，世人謂之太陽谷水。」

〔二〕任臣案：豺，狼屬。《爾雅》：「豺，狗足。」《月令》：「仲秋，豺祭獸。」

〔三〕任臣案：《廣雅》曰：「中央有蛇焉，人面豺身，鳥翼蛇行，其名曰化蛇。」

又西二百里曰昆吾之山，其上多赤銅〔一〕。有獸焉，其狀如彘而有角，其音如號〔二〕，名曰蠪蚳〔三〕，食之不眯〔四〕。

〔一〕郭曰：此山出名銅，色赤如火，以之作刀，切玉如割泥也。周穆王時，西戎獻之，《尸子》所謂「昆吾之劍」也。《越絶書》曰：「赤堇之山破而出錫，若耶之谷涸而出銅，歐冶子因以爲純鈎之劍。」汲郡冢中得銅劍一枝，長三尺五寸，乃今所名爲干將劍。汲郡亦皆非鐵也，明古者通以錫雜銅爲兵器也。　任臣案：相如《子虚賦》：「其石則琳瑶昆吾。」楊慎曰：「流州多積石，其名曰昆吾，錬之成鐵以作劍，光明成水精石，蓋鐵卄也。」應即此。又《十洲記》：「昆吾割玉刀，周

化蛇　人面豺身，鳥翼蛇行，見則大水。出陽水。

穆王時西胡所獻。」《列子》：「穆王征西土，得昆吾劍。」疑所稱非内地，郭以爲即斯山，所未詳也。《六帖》云：「穆王得昆吾之劍，切玉如泥。」《拾遺記》云：「昆吾山，其下多赤金，色如火。黄帝於此煉石爲銅，越王採金鑄之，以成八劍之精。」《圖贊》曰：「昆吾之山，名銅所在。切玉如泥，炎有光彩。尸子所嘆，驗之彼宰。」

〔二〕郭曰：如人號哭。

〔三〕郭曰：上已有此獸，疑同名。　任臣案：《五侯鯖》云：「蠪蚳似九尾狐，見而年豐。」又《事物紺珠》云：「龍蚳獸，似狐，九首九尾，見則豐稔十年。」是合蠪蛭爲一物也，誤矣。《駢雅》曰：「蠪蚳，角彘也。」

〔四〕任臣案：程良孺曰：「耳鼠不睬，蠪蚳不眯。」

又西百二十里曰葌山〔一〕。葌水出焉，而北流注于伊水。其上多金、玉，其下多青雄黄。有木焉，其狀如棠〔二〕而赤葉，名曰芒草〔三〕，可以毒魚。

〔一〕郭曰：音間。

〔二〕任臣案：《爾雅》：「杜，赤棠，白者棠。」

〔三〕郭曰：音忘。　任臣案：即莽草，俗名㓃草。

又西一百五十里曰獨蘇之山，無草木而多水。

又西二百里曰蔓渠之山〔一〕。其上多金、玉，其下多竹箭。伊水出焉，而東流注于洛〔二〕。有獸焉，其名曰馬腹，其狀如人面虎身〔三〕，其音如嬰兒，是食人〔四〕。

馬腹　人面虎身，音如嬰兒，是食人。出伊水。

〔一〕任臣案：《水經》：「蔓渠山在南陽縣西。」

〔二〕郭曰：今伊水出上洛盧氏縣熊耳山，東北至河南洛陽縣入洛。　任臣案：《淮南子》云：「伊水出上魏山。」《禹貢合注》云：「伊水出陸渾山。」《一統志》曰：「伊水源出盧氏縣悶頓嶺，流經嵩縣、洛陽、偃師縣界入於洛。」

〔三〕任臣案：《駢雅》：「虎而人面曰馬復。」

〔四〕任臣案：陶弘景《刀劍録》：「漢章帝建初八年鑄一金劍，投伊水中，厭人膝之怪。」《水經注》：

「中廬縣疎水中有物，如三四歲小兒，鱗甲如鯪鯉，膝頭似虎掌爪，常没水中，出膝頭，小兒不知，欲取戲弄，便殺人，名爲水唐。」形狀與馬腹頗類。又《襄沔記》：「中廬有涑水，注于沔。此水有物啖人，名水虎。」盛氏《荆州記》云：「生得者，摘其臯厭，可小小使①，名曰水盧。」合諸書觀之，水唐、水盧、水虎，其爲馬腹異名審矣。今《恒星經緯圖》大火宫有馬腹星，豈此獸亦應列宿耶？然後有馬尾星，疑非謂此。又《睽車志》言「峽江水中有物，頭似狻猊而無足，自頸以下如疋練，喜食馬，土人謂之馬皮婆」，名與此小類，附記之。

凡濟山經之首自輝諸之山至于蔓渠之山，凡九山，一千六百七十里。其神皆人面而鳥身，祠用毛〔一〕，用一吉玉，投而不糈。

〔一〕郭曰：擇用毛色。

《中次三經》萯山之首曰敖岸之山〔一〕。其陽多㻬琈之玉，其陰多赭、黄金。神熏池居之〔二〕。是常出美玉〔三〕。北望河林〔四〕，其狀如蒨如舉〔五〕。有獸焉，其狀如白鹿而四角，名曰夫諸〔六〕，見則其邑大水。

① 「臯」原作「鼻」，「使」原作「便」，據《水經注》卷二八改。

〔一〕郭曰：或作「獻」。蓇音倍。

〔二〕任臣案：《圖贊》云：「泰逢虎尾，武羅人面。熏池之神，厥狀不見。爰有美玉，河林如蒨。」盧柟《蠛蠓集》云「熏池訶虩」，謂此也。

〔三〕郭曰：或作「石」。

〔四〕任臣案：張衡《思玄賦》「怬河林之蓁蓁兮」，即此。

〔五〕郭曰：說者云蒨、櫸皆木名也，未詳。蒨音倩。任臣案：蒨，染絳草也，紫赤色。櫸，櫸柳，大者連抱數仞。如蒨如櫸，言其一望蔚葱，有如丹青樹然。

〔六〕任臣案：《駢雅》曰：「鹿四角而白，爲夫諸。」《麟書》云：「夫諸橫流，天戒罔憂。」《玄覽》作「夫䚢」。

又東十里曰青要之山〔一〕，實維帝之密都〔二〕。北望河曲〔三〕，是多駕鳥〔四〕。南望墠渚〔五〕，禹父之所化〔六〕，是多僕纍、蒲盧〔七〕。魋武羅司之〔八〕，其狀人面而豹文，小腰而白齒〔九〕，而穿耳以鐻〔一〇〕，其鳴如鳴玉〔一一〕。是山也，宜女子〔一二〕。畛水出焉〔一三〕，而北流注于河。其中有鳥焉，名曰鴢〔一四〕，其狀如鳧，青身而朱目赤尾，食之宜子〔一五〕。有草焉，其狀如葌〔一六〕而方莖，黃華赤實，其本如藁本〔一七〕，名曰荀草〔一八〕，服之美人色〔一九〕。

〔一〕任臣案：《十道志》：「青要山名强山。」劉會孟云：「在河南府新安縣西北二十里。」

〔二〕郭曰：天帝曲密之邑。

〔三〕郭曰：河千里一曲一直也。

〔四〕郭曰：未詳也。或曰「駕」宜爲「鴐」，鴐，鵝也，音加。　任臣案：相如《上林賦》「鴐鳥屬玉」，《子虛賦》「弋白鵠，連鴐鵝」。《玄覽》云：「海東青食鴐鵝，後世鴐鵝隊取此名之，蓋即野鵝也。」《爾雅》謂之「鴚鵝」。「鴐」亦有作「駕」者，見陶氏《本草注》。《左傳》榮成伯名鴐鵝。　鴐，平聲。又《名勝志》作「青要山多鴐鳥」。

〔五〕郭曰：水中小洲名渚。　墠音填也。　任臣案：楊慎《奇字韻》引此作「撣陼」。《古音略》又作「禪諸」。或作「禪渚」，《水經注》云：「渚水上承陸渾縣東禪渚，渚在原上，陂方十里，佳饒魚葦，世謂此澤爲慎望陂。」

〔六〕郭曰：鯀化於羽淵，爲黄熊。　今復云在此，然則一已有變怪①之性者，亦無往而不化也。　任臣案：《寤凡》云：「人之化者，鯀化黄熊，望帝化杜鵑，褒君化龍，牛哀化虎，黄母化黿，徐君化魚。」《路史》注云：「今陸渾東有禪渚，即鮌化之所。　河南密縣亦有羽山，鮌化羽淵，一或在此，神則無不在也。」

〔七〕郭曰：僕纍，蝸牛也。《爾雅》曰：「蒲盧者，螟蛉也。」　任臣案：蝸牛一名蚹蠃，一名蜒蝓，形似蛞蝓，但頭皆負殼爾。　蒲盧，細腰蟲，俗呼蠮螉，取桑上之螟蛉爲子，《爾雅》故分二種，非即

---

①「怪」，原作「化」，據《四庫》本改。

螟蛉也。鄭玄注《中庸》，復以爲土蠭，更非。

〔八〕郭曰：武羅，神名也。「䰠」即「神」字。　任臣案：《世本》：「夏有武羅國。」《琴志》有夏臣武羅，與神同名。盧柟《滄溟賦》云：「武羅屏首以蝹身，帝江蹴足而斂翼。」

〔九〕郭曰：或作「首」。

〔一〇〕郭曰：鐻，金銀器之名，未詳也。音渠。　任臣案：《五音集韻》云：「鐻，耳環，與璩同。」左思《魏都賦》：「髽首之豪，鐻耳之傑。」

〔一一〕郭曰：如人鳴玉佩聲。　任臣案：《圖贊》曰：「有神武羅，細腰白齒。聲如鳴珮，以鐻貫耳。司帝密都，是宜女子。」

〔一二〕任臣案：《淮南子》：「青要玉女，降霜神也。」本此傅會之。

〔一三〕郭曰：音軫。　任臣案：《水經注》「畛水出新安縣青要山」，今謂之彊山。

〔一四〕郭曰：音窈窕之窈。　任臣案：《爾雅》「鴢，頭鵁。一作投鵁」，即此也。江東謂之「魚鵁」。張萱《彙雅》曰：「鴢鳥類鴨而有文彩，不能行，多溷野鴨羣中浮游。」

〔一五〕郭曰：朱，淺赤也。　任臣案：《文獻通考》：「建炎二十七年，鄱陽有妖鳥，鳧身鷄尾，長喙方足赤目，止于民屋。」疑是此鳥，不知者以爲妖也。《圖贊》曰：「鴢鳥似鳧，翠羽朱目。既麗其形，亦奇其肉。婦女是食，子孫繁育。」

〔一六〕郭曰：菅，似茅也。　任臣案：《詩》「露彼菅茅」，即葌。

〔一七〕郭曰：根似藁本，亦香草。　任臣案：藁本似芎藭。《淮南》云：「亂人者若藁本之于芎藭。」

〔一八〕郭曰：或作「苞草」。

〔一九〕郭曰：令人更美艷。　任臣案：《一統志》：「青要山有草，黄華赤實，服之益人色。」徐炬《事物原始》云「美顔多食青要草」，即此也。《圖贊》曰：「荀草赤實，厥狀如菅。婦人服之，練色易顔。夏姬是艷，厥媚三遷。」

又東十里曰騩山〔一〕。其上有美棗〔二〕，其陰有㻬琈之玉。正回之水出焉〔三〕，而北流注于河。其中多飛魚，其狀如豚而赤文，服之不畏雷〔四〕，可以禦兵〔五〕。

飛魚　狀如豚而赤文，服之不畏雷，可禦兵。出正回水。

〔一〕郭曰：音巍。　任臣案：《水經注》：「强山東阜即魏山。」

〔二〕任臣案：《爾雅》紀「壺棗」以下十一種。又郭義恭《廣志》有狗牙、鷄心、羊角、獼猴、赤心、三星、駢白諸名，復有氐棗、夕棗、墟棗、棠棗之類，不能悉舉。

〔三〕任臣案：俗謂之彊川水。

〔四〕任臣案：劉會孟云：「雷之形亦如彘形。」

〔五〕任臣案：《圖贊》曰：「馬腹之物，人面似虎。飛魚如豚，赤文無羽。食之辟兵，不畏雷鼓。」

又東四十里曰宜蘇之山。其上多金、玉，其下多蔓居之木〔一〕。滽滽之水出焉〔二〕，而北流注于河，是多黃貝。

〔一〕郭曰：未詳。　任臣案：木居蔓草之中，非木名也。

〔二〕郭曰：音容。　任臣案：《水經》作「庸庸」，出河南垣縣，俗謂之長泉水①。

又東二十里曰和山。其上無草木而多瑶碧，實惟河之九都〔一〕。是山也五曲〔二〕，九水出焉，合而北流注于河〔三〕。其中多蒼玉。吉神泰逢司之〔四〕，其狀如人

①「長泉水」，原作「長川水」，據《水經注》卷四改。

而虎尾〔五〕，是好居于萯山之陽〔六〕，出入有光。泰逢神動天地氣也〔七〕。

泰逢　狀如人而虎尾，和山之神也。好居萯山之陽，出入有光。

〔一〕郭曰：九水所潛，故曰九都。

〔二〕郭曰：曲回五重。　任臣案：《帝王世紀》云即東首陽山也。五曲，《水經注》作「五典」，誤。

〔三〕任臣案：酈道元云：「今首陽東山，無水以應之，當是今古世懸，川域改狀。」

〔四〕郭曰：吉猶善也。　任臣案：《三才圖會》作「泰䙜」。《事物紺珠》云：「泰䙜，司吉善之神。」緯書云：「䙜黄，萯山之神，能動天地。」《冠編》二十二姓紀有泰逢氏，注云：「和山爲河之九都，吉神泰逢寄精之所。」馮氏《雜録》曰：「泰逢，吉神也，居和山五曲。」王文禄《補衍》云：「泰逢出萯山。」《郁離子》曰「泰逢起風，薄號行雨」，指此也。

〔五〕郭曰：或作「雀尾」。

〔六〕任臣案：《學海》曰：「今東陽有萯山，一云倍尾山。」《世紀》云即東首陽山。

〔七〕郭曰：言其有靈爽，能興雲雨也。夏后孔甲田于萯山之下，天大風晦冥，孔甲迷惑，入于民室。見《吕氏春秋》。　任臣案：《通鑑・循蜚紀》：「泰逢氏没，爲河神，司之于萯山之陽，出入有光。」《路史》：「夏后氏游畋黄萯之顔，天風晦冥，遇神襚而迷。」《文心雕龍》云「夏甲嘆于東陽，東音以發」，謂此事耳。《圖贊》曰：「神號泰逢，好遊山陽。濯足九州，出入流光。天氣是動，孔甲迷惶。」《釋義》曰：「今深山有燐火，夜中望之，明滅倏忽，出入有光，無乃類是？」

凡萯山之首自敖岸之山至于和山，凡五山，四百四十里。其祠泰逢、熏池、武羅皆一牡羊，副〔一〕，嬰用吉玉。其二神用一雄鷄，瘞之，糈用稌。

〔一〕郭曰：副謂破羊骨磔之以祭也，見《周禮》。音悃愊之愊。　任臣案：《周禮・大宗伯》「以疈辜祭四方」，何注云：「披牲胸中分曰疈。」《詩經》「不拆不副」，副訓劈。副、疈古字通也。

《中次四經》釐山之首〔一〕曰鹿蹄之山〔二〕。其上多玉，其下多金〔三〕。甘水出焉〔四〕，而北流注于洛〔五〕，其中多泠石〔六〕。

〔一〕郭曰：音狸。

〔二〕任臣案：《寰宇記》云：「鹿蹄山在宜陽縣西南三十里，俗名非山，亦名縱山。」《水經注》云：「其山陰則峻絕百仞，陽則原阜隆平。」

〔三〕任臣案：《寰宇記》云：「上多美玉，下多黃金。」

〔四〕任臣案：《水經》：「甘水出南山甘谷，北逕秦文王萯陽宮，又北逕甘亭，昔夏啓伐扈作誓于是亭。」酈道元注云：「甘水發于鹿蹄山東麓。」

〔五〕任臣案：《一統志》：「今甘水在河南府西南四十里，下流入澗，水味最甘美。」

〔六〕郭曰：泠石，未聞也。「泠」或作「涂」。　任臣案：「泠」當作「冷」，滑石小青黃者也。又作「涂」者，以下有涂石，誤移此。

西五十里曰扶豬之山，其上多礝石〔一〕。有獸焉，其狀如貉而人目〔二〕，其名曰麐〔三〕。虢水出焉，而北流注于海〔四〕，其中多瓀石〔五〕。

〔一〕郭曰：音耎。今鴈門山中出礝石，白者如水，水中有赤色者。　任臣案：《禮記》「士佩瓀玟」，相如《子虛賦》「碝石武夫」，即此。

〔二〕郭曰：「貉」或作「貗」，古字。　任臣案：《爾雅》：「貈子，貆。」注云：「雌者名貔，今江東呼貉爲䝘䝛也。」貈即貉。

〔三〕郭曰：音銀。或作「麏」。　任臣案：黃氏《紺珠》云：「麐如貉，人目。」

〔四〕任臣案：《水經注》：「洛水又與虢水會，水出林褚之山。」疑此「扶豬」之譌。

〔五〕郭曰：言亦在水中。

又西一百二十里曰釐山〔一〕。其陽多玉，其陰多蒐〔二〕。有獸焉，其狀如牛蒼身，其音如嬰兒，是食人，其名曰犀渠〔三〕。滽滽之水出焉，而南流注于伊水〔四〕。有獸焉，名曰獺〔五〕，其狀如獳犬而有鱗，其毛如彘鬣〔六〕。

獺　狀如獳犬而有鱗，其毛如彘鬣。出滽滽之水。

〔一〕任臣案：《名勝志》：「釐山在嵩縣西。」

〔二〕郭曰：音搜。茅蒐，今之蒨草也。　任臣案：《爾雅》「茹藘，茅蒐」，李巡云：「一名茜，可以染絳。」《鄭風》「縞衣茹藘」，又曰「茹藘在阪」，即此草。

〔三〕任臣案：《駢雅》：「牛音如嬰兒曰犀渠。」

〔四〕任臣案：《水經注》云即今之王母澗也，出陸渾縣西南。

〔五〕郭曰：音蒼頡之頡。　任臣案：水烏龍、骨豽之類。

〔六〕郭曰：生鱗間也。　任臣案：獳犬，怒犬也。范槲《蜀都賦》云：「叫窱之獳。」

又西二百里曰箕尾之山。多穀，多涂石，其上多㻬琈之玉。

又西二百五十里曰柄山。其上多玉，其下多銅。滔雕之水出焉，而北流注于洛。其中多羬羊。有木焉，其狀如樗，其葉如桐而莢實，其名曰茇〔一〕，可以毒魚〔二〕。

〔一〕任臣案：《事物紺珠》曰：「茇木如樗，葉如桐，莢實。」

〔二〕郭曰：「茇」一作「艾」。

又西二百里曰白邊之山。其上多金、玉，其下多青雄黃。

又西二百里曰熊耳之山〔一〕。其上多漆，其下多椶。浮濠之水出焉，而西流注于洛。其中多水玉，多人魚。有草焉，其狀如蘇而赤華〔二〕，名曰葶薴〔三〕，可以毒魚〔四〕。

〔一〕郭曰：今在上洛縣南。　任臣案：《河圖括地象》曰：「熊耳山，地門也，其精上爲畢附耳星。」盛弘之《荆州記》：「南修縣北有熊耳山，山東西各一峰，傍竦①，南北望之若熊耳。」《開山圖》曰：「地皇興于熊耳山。」《山書》云：「上有丹青之樹，服之可成仙。」《禹貢合注》曰：「熊耳山有三，一在陝州東；一在宜陽，漢光武破赤眉，積甲與熊耳山齊者也；一在盧州，兩峰相並如耳，《禹貢》導洛處也。又眉州亦有熊耳山，《蜀志》望帝以褒斜爲前門，熊耳、靈關爲後户，蓋指眉州之熊耳。」

〔二〕任臣案：蘇，一名桂荏，生池中者爲水蘇，一名鷄蘇，無紫色不香者名野蘇。

〔三〕郭曰：亭寧、盯矃二音。

〔四〕任臣案：《駢雅》曰：「植楮可以已瘋，葶藶可以毒魚。」又南方有醉魚草，莖如黄荆，七八月開花成穗，紅紫色，漁人采以毒魚，亦葶藶類也。一名樚木。

又西三百里曰牡山。其上多文石，其下多竹箭、竹䉋。其獸多㸲牛、羬羊，鳥多赤鷩〔一〕。

〔一〕郭曰：音閉，即鷩雉也。　任臣案：《周禮》注音鼈。

---

①「竦」，原作「踈」，據《太平御覽》卷四二引《荆州記》改。

又西三百五十里曰讙舉之山。雒水出焉〔一〕，而東北流注于玄扈之水〔二〕，其中多馬腸之物〔三〕。此二山者，洛間也〔四〕。

〔一〕任臣案：魚豢云：「漢火行，忌水，去洛水而加隹。」疑「雒」非古本。考《左傳》「楚子伐陸渾之戎，遂至于雒」，《周禮·職方氏》「其川滎雒」，則古有其文矣，不自漢昉也。

〔二〕任臣案：顓頊得《河圖》于玄扈之水。《一統志》：「玄滬水在永寧縣西五十里。」

〔三〕任臣案：蔓渠山馬腹，一本作「馬腸」，又《事物紺珠》云：「馬腸人面虎身，音如嬰兒。」豈即一物耶？又馬腸亦草名，葉似桑，但非在水者，疑非是。

〔四〕郭曰：洛水今出上洛縣冢嶺山。《河圖》曰「玄扈洛汭」，謂此間也。任臣案：冢嶺即讙舉。

凡釐山之首自鹿蹄之山至于玄扈之山，凡九山，千六百七十里。其神狀皆人面獸身，其祠之毛用一白雞，祈而不糈〔一〕，以彩衣之〔二〕。

〔一〕郭曰：言直祈禱。

〔二〕郭曰：以彩飾鷄。

《中次五經》薄山之首曰苟牀之山〔一〕。無草木，多怪石〔二〕。

〔一〕郭曰：或作「苟林山」。

〔二〕郭曰：怪石似玉也。《書》曰「鉛、松、怪石」也。

東三百里曰首山〔一〕。其陰多穀、柞，草多茱、芫〔二〕。其陽多㻬琈之玉，木多槐，其陰有谷曰机谷。多䭾鳥〔三〕，其狀如梟而三目有耳，其音如録，食之已墊〔四〕。

䭾鳥　狀如梟而三目有耳。出首山之机谷。

〔一〕任臣案：山在襄城縣南五里。《史記》申公曰：「天下名山八，而三在蠻夷，五在中國，皆黄帝所游，首山其一也。」《名勝志》云：「縣南諸山，直接嵩華，而實起于此，故名首山。有聖泉出山上。」

〔二〕郭曰：茱，山薊也。芫，華中藥。任臣案：《本草》：「朮，一名山薑，一名山連。」陶隱居云：「有兩種，白朮葉大有毛，赤朮葉細小苦。其生平地而肥大者名楊抱薊，今呼爲馬薊。」芫花一名赤芫，一名杜芫，根名黄大戟，《玉篇》謂之「杬木」。

〔三〕郭曰：音如鉗鈦之鈦。

〔四〕郭曰：未聞。　任臣案：《字彙》引《經》云：「䲦鳥狀如梟。音地，从犬从鳥。」又曰：「䲦似烏，三目有耳，音如豕，食之亡熱。音代，从鳥从大。」彼此互有異同，未識所據也。明獻帝《江漢賦》「鶩一足而䲦三目兮」，本此。

又東三百里曰縣斸之山〔一〕。**無草木，多文石。**

〔一〕郭曰：音如斤斸之斸。

又東三百里曰葱聾之山〔一〕。**無草木，多摩石**〔二〕。

〔一〕任臣案：《中山經》歧山、䰢山、豊山、女几山、葱聾山各二，皆異地同名。

〔二〕郭曰：未詳。

東北五百里曰條谷之山。其木多槐、桐，其草多芍藥、亹冬〔一〕。

〔一〕郭曰：《本草經》曰：「亹冬一名滿冬。」今作「門」，俗作「耳」。　任臣案：《爾雅》：「蘠蘼，虋冬。」李時珍曰：「蘠蘼乃營實苗。」《爾雅》指爲門冬，蓋錯簡也。《博物志》：「天門冬曰烝休，一名顛棘。」《抱朴子》云或名地門冬，或名筵門冬，在東岳名淫羊藿，在中岳名天門冬，在西岳名菅松，在北岳名無不愈，在南岳名百部。　又麥門冬，秦名羊韭，齊名愛韭，楚名馬韭，越名羊蓍，一名忍冬。二種無名滿冬者，景純不知何據而云。

又北十里曰超山。其陰多蒼玉，其陽有井，冬有水而夏竭〔一〕。

〔一〕任臣案：《釋義》曰：「冬有水，氣專藏也；夏反竭，氣他泄也。是恒而失恒。」

又東五百里曰成侯之山。其上多櫄木〔一〕，其草多芃〔二〕。

〔一〕郭曰：似樗樹，材中車轅。吴人呼櫄音輴，車或曰輴車。任臣案：《集韻》：「櫄即椿也。」《禹貢》作「杶」，《左傳》作「椿」。語云椿、樗、栲、漆，相似如一。

〔二〕任臣案：《詩》「芃芃其麥」，「芃芃其苗」，注：「長大也。」又《正韻》：「芃，草盛貌。」都不言爲草名。考《本草》雷斆云「秦艽，取左文列爲秦治疾，右文列爲艽發足氣」，則「芃」疑「艽」字之譌也。未詳是非。艽音交。

又東五百里曰朝歌之山，谷多美堊。

又東五百里曰槐山，谷多金、錫。

又東十里曰歷山〔一〕。其木多槐〔二〕，其陽多玉。

〔一〕任臣案：濟南有歷山，蒲州有歷山，舜耕之處。《漢志》兖縣亦有歷山。

〔二〕任臣案：蘇頌云：「槐有數種，葉大而黑名櫰槐，晝合夜開名守宫槐，葉細而青緑但謂之槐。」《别録》曰：「槐實生河南平澤。」

又東十里曰尸山。多蒼玉。其獸多麖〔一〕。尸水出焉，南流注于洛水，其中多美玉。

〔一〕郭曰：似鹿而小，黑色。　任臣案：蘇頌曰：「類麃而大者名麖。」《一統志》云：「梧州有靈麖，三足。」

又東十里曰良餘之山。其上多穀、柞，無石。餘水出于其陰，而北流注于河。乳水出于其陽，而東南流注于洛〔一〕。

〔一〕任臣案：《水經》「洛水又東得乳水」，注云：「水北出良餘山南，南注于洛。」

又東南十里曰蠱尾之山〔一〕，多礪石、赤銅。龍餘之水出焉，而東南流注于洛〔二〕。

〔一〕任臣案：《水經注》作「蟲尾」。

〔二〕任臣案：《水經》：「洛水又東，會于龍餘之水。」

又東北二十里曰升山。其木多穀、柞、棘，其草多藷藇〔一〕、蕙〔二〕，多寇脱〔三〕。黄酸之水出焉，而北流注于河，其中多璇玉〔四〕。

〔一〕任臣案：即薯蕷。吴普《本草》云：「一名藷署，一名兒草，一名修脆，齊、魯曰山芋，鄭、越曰土藷，秦、楚曰玉延。」蘇頌云：「江閩人單呼爲藷，音若殊，亦曰山藷，稱名不同，語有輕重耳。後以唐代宗名預，改爲署藥，又以宋英宗諱署，更名山藥。」

〔二〕郭曰：蕙，香草也。

〔三〕郭曰：寇脱草，生南方，高丈許，似荷葉，而莖中有瓤正白。零桂人植而日灌之，以爲樹也。任臣案：《爾雅疏》引此作「冠脱」，蓋離南草也。一名活莌。嘉謨曰：「白瓤中藏脱木，故亦名通脱。」蘇頌云：「又名倚商。」陳氏云：「俗名通草。」

〔四〕郭曰：石次玉者也。荀卿曰：「琁玉瑶珠不知佩。」音旋。任臣案：《韻譜本義》：「『琁』與『璿』同，美玉也。」《漢·安帝紀》：「琁璣玉衡。」

又東十二里曰陽虛之山，多金，臨于玄扈之水〔一〕。

〔一〕郭曰：《河圖》曰：「蒼頡爲帝，南①巡狩，登陽虛之山，臨于玄扈洛汭，靈龜負書，丹甲青文，以授之。」出此水中也。任臣案：《一統志》：「陽虛山在河南永寧縣西五十里，一名陽峪。」曹學佺《名勝志》云：「玄扈水出永寧之陽虛山。」

凡薄山之首自苟林之山至于陽虛之山，凡十六山，二千九百八十二里。升山冢也，其祠禮太牢，嬰用吉玉。首山䰠也，其祠用稌，黑犧，太牢之具，糵釀〔一〕，干儛〔二〕，

①「南」字原脱，據宋本補。

置鼓〔三〕，嬰用一璧。尸水，合天也〔四〕，肥牲祠之，用一黑犬于上，用一雌鷄于下，刉一牝羊，獻血〔五〕。嬰用吉玉，彩之〔六〕，饗之〔七〕。

〔一〕郭曰：以蘗作醴酒也。

〔二〕郭曰：干儛，萬儛；干，楯也。

〔三〕郭曰：擊之以儛。

〔四〕郭曰：天，神之所馮也。

〔五〕郭曰：以血祭也。刉猶刲也。《周禮》曰：「刉珥，奉犬牲。」

〔六〕郭曰：又加以繒綵之飾也。

〔七〕郭曰：勸强之也。《特牲饋食禮》曰「執奠祝饗」是也。

《中次六經》縞羝山之首曰平逢之山〔一〕，南望伊洛，東望穀城之山〔二〕。無草木，無水，多沙石。有神焉，其狀如人而二首，名曰驕蟲，是爲螫蟲〔三〕，實惟蜂蜜之廬〔四〕。其祠之用一雄鷄，禳而勿殺〔五〕。

〔一〕任臣案：《圖經》：「郟山在河南郡西南，逶邐至城北二里，曰芒山，一名北邙，一名平逢山。」又別本作「平蓬」。

〔二〕郭曰：在濟北穀城縣西，黄石公石在此山下，張良取以合葬耳。任臣案：《一統志》：「穀城山在河南府西北五十里，連孟津縣界，舊名替亭山，瀍水出此。」

〔三〕郭曰：爲螫蟲之長。　任臣案：《臆見彙考》作「蟜蟲」。《事類賦》注引《經》云：「嬌蟲是長螫蟲。」盧柟《泰宇賦》「挫陸吾而阤驕蟲」，謂此也。

〔四〕郭曰：言羣蜂之所舍集。蜜，赤蜂名。　任臣案：蜜，蠟蜂。《禮記》謂之「螸」。最小者爲石蜜，凡三種。王元之《蜂記》：「蜂廬始營，必造臺，擁王居臺上，言有君臣之禮也。」吳淑《蜂賦》云「結廬于逢山之側」，本此。

〔五〕郭曰：禳亦祭名，謂禳却惡氣也。

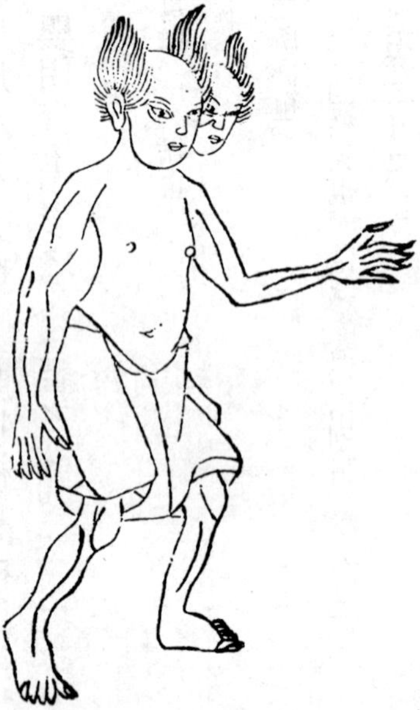

驕蟲　狀如人而二首。平逢山之神。

西十里曰縞羝之山。無草木，多金、玉。

又西十里曰廆山〔一〕。其陰多㻬琈之玉。其西有谷焉，名曰雚谷，其木多柳、楮。其中有鳥焉，狀如山雞而長尾，赤如丹火而青喙，名曰鴒䳊〔二〕，其鳴自呼，服之不眯。交觴之水出于其陽，而南流注于洛。俞隨之水出于其陰，而北流注于穀水〔三〕。

〔一〕郭曰：音如瓌偉之瓌。

〔二〕郭曰：鈴要二音。　任臣案：《駢雅》曰：「鴒䳊，山雞屬也。」睿宗《江漢賦》云：「⿰鳥箴似魚而䳊似雞兮，鼈入洳而爲蛤。」

〔三〕任臣案：俞隨水，世謂之孝水。潘岳《西征賦》：「澡孝水以濯纓，嘉美名之在兹。」酈道元云：「是水在河南城西十餘里，故吕忱曰孝水在河南也。」

又西三十里曰瞻諸之山〔一〕。其陽多金，其陰多文石。谢水出焉〔二〕，而東南流注于洛。少水出其陰，而東流注于穀水〔三〕。

〔一〕任臣案：《一統志》引《經》作「瞻渚之山」。《名勝志》引《經》作「擔堵之山」。

〔二〕郭曰：音謝。　任臣案：《水經注》作「謝水」。

〔三〕郭曰：世謂之慈澗。　任臣案：少水，今在河南新安縣東一十二里，東流入澗。《名勝志》云：「金水發源新安縣，東南流，與少水同入澗水。」

又西三十里曰婁涿之山。無草木，多金、玉。瞻水出于其陽，而東流注于洛〔一〕。陂水出于其陰〔二〕，而北流注于穀水。其中多茈石、文石。

〔一〕任臣案：《水經注》「惠水東南流，與瞻水合」，即此水也。

〔二〕郭曰：世謂之百荅水。　任臣案：《水經注》及蔡沈《書傳》引此作「波水」。《周禮》：「豫州，其浸波溠。」《禹貢》：「滎波既猪。」

又西四十里曰白石之山〔一〕。惠水出于其陽，而南流注于洛〔二〕，其中多水玉。澗水出于其陰〔三〕，西北流注于穀水，其中多麋石、櫨丹〔四〕。

〔一〕任臣案：《一統志》：「白石山在澠池縣東北二十三里龜山。」《白玉經》云：「白石山瓊秀長明之天，是三十六洞天之一。」又《事物紺珠》云：「白石山周七十里，在和州。」孔曄①《會稽記》「剡縣七十里亦有白石山」，是異地同名者也。

〔二〕任臣案：《水經注》：「洛水自枝瀆又東出關，惠水右注之，世謂之八關水。」

〔三〕郭曰：《書》曰：「伊洛瀍澗。」　任臣案：《水經》：「澗水出新安縣白石山。」蔡氏《書傳》云：「新安之東，澗水出焉，至南而入于洛。」

---

①「曄」，原作「華」，據《四庫》本改。

〔四〕郭曰：皆未聞。　任臣案：眉、麋古字通。麋石，疑石之列文如眉者，猶嬰石以嬰帶文而名也。櫨丹，亦疑丹雘、丹粟類。

又西五十里曰穀山。其上多穀，其下多桑。爽水出焉〔一〕，而西北流注于穀水，其下①多碧緑〔二〕。

〔一〕郭曰：世謂之紵麻澗。　任臣案：《水經注》：「穀水又東北逕函谷關城東，右合桑爽之水。」孫汝箋云：「本爲爽水，曰桑爽水者誤矣。」

〔二〕任臣案：亦石緑類。

又西七十二里曰密山〔一〕。其陽多玉，其陰多鐵。豪水出焉，而南流注于洛〔二〕。其中多旋龜，其狀鳥首而鼈尾，其音如判木〔三〕。無草木。

〔一〕郭曰：今滎陽密縣亦有密山，疑非也。

〔二〕任臣案：《水經注》：「斷神水又東北，經神迹亭東又北，謂之豪水。」

〔三〕任臣案：《圖贊》曰：「聲如破木，號曰旋龜。修辟似黽，厥鳴如鴟。人魚類鮷，出于洛伊。」

---

①「其下」，其他諸本並作「其中」。

又西百里曰長石之山〔一〕。無草木，多金、玉。其西有谷焉，名曰共谷，多竹。共水出焉〔二〕，西南流注于洛，其中多鳴石〔三〕。

〔一〕任臣案：《一統志》云即南寧府鳴石山也。計道里甚遠，乃《志》之誤。

〔二〕任臣案：《水經注》：「洛水又東，共水入焉。」

〔三〕郭曰：晉永康元年，襄陽郡上鳴石，似玉色青，撞之聲聞七八里。今零陵泉陵縣永正鄉有鳴石二所，其一狀如鼓，俗因名爲石鼓，即此類也。　任臣案：景純《江賦》云：「鳴石列于陽渚，浮磬肆乎陰濱。」劉會孟曰：「歸德有鼓山，鼓鳴則起兵。」《齊地記》云：「城東祠山有石鼓，將有寇難則鳴。」《後秦記》曰：「天水冀地，石鼓鳴野。」《吴興記》曰：「長城有夏架山石鼓，盤石爲足，聲如金鼓，鳴則三吴有兵。」《一統志》「城固縣有石鼓，在褒水中，擊之有聲」；又「成都石磬山，擊之聲聞數里」；「東昌高唐山巖，高百餘仞，扣之聲甚清越，號鳴石山」。《述異記》曰：「洞庭山東有石樓，樓下有兩石，扣之清越，所謂神鉦者。」凡此皆鳴石之屬也。《圖贊》曰：「金石同類，潛響是韞。擊之雷駭，厥聲遠聞。苟以數通，氣無不運。」

又西一百四十里曰傅山。無草木，多瑶、碧。厭染之水出于其陽，而南流注于洛，其中多人魚〔一〕。其西有林焉，名曰墦冢〔二〕。谷水①出焉，而東流注于洛〔三〕，其中多珚玉〔四〕。

〔一〕任臣案：《水經注》：「伊水又東北流，注于洛水。鯢魚有四足，出伊水也。司馬遷謂之人魚。」徐廣曰：「人魚似魚而四足，即鯢魚。」朱謀㙔箋云：「《山海經》厭染之水多人魚，不云伊水，豈古今相沿，并厭染之水名伊水乎？」

〔二〕郭曰：音番。

〔三〕郭曰：今穀水出穀陽谷，東北至穀城縣入洛河。任臣案：《水經》：「穀水出弘農黽池縣南墦冢林穀陽谷。」《一統志》：「穀水在永寧縣北七十里。」楊衒之《伽藍記》云「扶桑海石竇流于地下，西通穀水」，即此水也。

〔四〕郭曰：未聞也。任臣案：《水經注》作「珉玉」，《一統志》引《經》作「瑂玉」。

又西五十里曰橐山〔一〕，多樗，多構木〔二〕。其陽多金、玉，其陰多鐵多蕭〔三〕。橐水出焉，而北流注于河〔四〕。其中多脩辟之魚〔五〕，狀如黽〔六〕而白喙，其音如鴟，食之已白癬〔七〕。

① 「谷水」，其他諸本並作「穀水」。

〔一〕任臣案：今在陝州東五十里。

〔二〕郭曰：今蜀中有構木，七八月吐穗，穗成，如有鹽粉著狀，可以酢羹。音備。 任臣案：構木即膚木，木狀如椿，葉兩兩對生，七月結子如細豆，其核淡緑，核外皮有薄鹽，其葉上蟲結成五構子，今譌爲五倍。《後魏書》「勿吉國水氣鹹，凝鹽生樹上」，謂此木也。蜀人謂之酸桶，吳人謂之鹽麸，西人謂之木鹽。劉會孟曰：「構木可以酢羹，蔞葉可以作醬。」又案：構木外如林榔木有麪，文穰木有粉，都勾木有屑，羊刺草有蜜，椰子核、頓遜樹有酒，又女國産鹽草，雲南生酸角，波斯有齊墩果，西域出摩廚子，真臘種咸平樹，汁可調羹，皆構木類也。《太平御覽》引《經》作「樠」，音謾。

〔三〕郭曰：蕭，蒿。見《爾雅》。 任臣案：陸璣云：「今人所謂荻蒿是也。可作燭，有香氣。《郊特牲》：『既奠，然後焫蕭合馨香。』」

〔四〕任臣案：《一統志》：「橐水在陝州城南，一名永定澗，水漫流，故又名漫澗。」《寰宇記》云：「橐水即魯水也。」

〔五〕任臣案：《駢雅》曰：「浮湖、章舉、倏辟、鱕䱜、横公、王餘，皆異魚也。」

〔六〕郭曰：黽，蛙屬也。

〔七〕任臣案：《宛委餘編》曰：「何羅已癰，倏辟已白癬。」

又西九十里曰常烝之山。無草木，多堊。潐水出焉〔一〕，而東北流注于河，其中多蒼玉。菑水出焉，而北流注于河〔二〕。

〔一〕郭曰：音譙。　任臣案：《西征記》曰：「北臨焦水，西倚大河。」《名勝志》曰：「譙水在陝州城南三里，平地湧出，與槖水並流入河，俗呼三里澗。」焦水、譙水即潐水也。

〔二〕任臣案：《水經注》：菑水出常烝之山，經曲沃村西北流入河。

又西九十里曰夸父之山〔一〕。其木多椶、柟〔二〕，多竹箭。其獸多㸲牛、羬羊，其鳥多鷩。其陽多玉，其陰多鐵。其北有林焉，名曰桃林〔三〕。是廣員三百里，其中多馬〔四〕。湖水出焉，而北流注于河〔五〕，其中多珚玉。

〔一〕任臣案：《寰宇記》：「夸父山，一名秦山，在閿鄉縣東南二十五里。」諺云：「秦爲頭，虢爲尾。」與太華山相連。

〔二〕任臣案：《通鑑》：「大業元年，廢二崤道，開葼册道。」胡三省注云：「《山海經》夸父山在湖縣西九里，其山多椶柟，或『椶柟』字後譌爲『葼册』，遂爲『葼册道』與？」

〔三〕郭曰：桃林，今弘農湖縣閿鄉①南谷中是也，饒野馬、山羊、山牛也。　任臣案：《三秦記》：「桃林塞在長安東四百里。」《左傳》文公十三年：「晉侯使詹嘉守桃林之塞以備秦。」《名勝志》云：

① 「閿鄉」，原作「闅鄉」，據《四庫》本改。

「自閿鄉已西至潼關皆是也。」《魏志》：「恒農縣有桃林。」《隋志》：「河南郡立桃林縣，因桃林而名也。」劉會孟云：「今閿鄉下有桃林，武王放牛桃林之野即此。」程大昌《雍録》曰：「桃林，一以爲潼關，一以爲閿鄉，一以爲靈寶，《元和志》則又該爲之説曰：靈寶縣西至潼關俱爲桃林塞。」《圖贊》曰：「桃林之谷，實惟塞野。武王克商，休牛風馬。阨越三塗，作嶮西夏。」

〔四〕任臣案：《史記・趙世家》「造父取桃林，盜驪、驊騮、騄耳，獻之繆王」，此以知桃林多馬也。

〔五〕任臣案：《括地志》：「湖水出湖城縣南夸父山。」又樂史云：「大谷關在夸父山谷中，湖水所出，與盤澗水、百姆水、玉澗水同流入河。」

又西九十里曰陽華之山。其陽多金、玉，其陰多青雄黃。其草多藷藇，多苦辛〔一〕，其狀如橚〔二〕，其實如瓜，其味酸甘，食之已瘧。楊水出焉，而西南流注于洛，其中多人魚。門水出焉，而東北流注于河〔三〕，其中多玄𥖁〔四〕。緡姑之水出于其陰〔五〕，而東流注于門水，其上多銅。門水出于河，七百九十里入雒水。

〔一〕任臣案：《圖贊》作「若華」，字之誤也。《駢雅》云：「苦辛可以已瘧，焉酸可以療毒。」

〔二〕郭曰：即「楸」字也。

〔三〕任臣案：《一統志》：「門水在靈寶縣西南。」《水經注》：「門水即洛水之枝流者也。洛水出自上洛縣東北，于拒城之西北分爲二水，枝渠東北出爲門水也，門水又東北歷陽華之山。」

〔四〕郭曰：黑砥石，生水中。

〔五〕郭曰：緒音藉。　任臣案：《水經注》引《經》作「緒茹之水」，即今爥水。

凡縞羝山之首自平逢之山至于陽華之山，凡十四山，七百九十里。嶽在其中，以六月祭之〔一〕，如諸嶽之祠法，則天下安寧。

〔一〕郭曰：六月亦歲之中。

《中次七經》苦山之首曰休與之山〔一〕。其上有石焉，名曰帝臺之棋〔二〕，五色而文，其狀如鶉卵〔三〕。帝臺之石，所以禱百神者也〔四〕，服之不蠱。有草焉，其狀如蓍〔五〕，赤葉而本叢生，名曰夙條，可以爲簳〔六〕。

〔一〕郭曰：「與」或作「輿」，下同。　任臣案：《女紅餘志》「仙蜂出休與山，其形如貓」，即此山。

〔二〕郭曰：帝臺，神人名。棋，謂博棋也。　任臣案：《仙傳拾遺》曰「玉女投壺，天帝爲之瞖嘘」，說與「帝臺棋」類。又《水經注》言「湘水底石如樗蒲」，亦此義也。顔延之《赭白馬賦》「要帝臺于宣嶽」，吴淑《石賦》云「或以布帝臺之棋」，本此。

〔三〕任臣案：《博物志》曰：「桃林休牛之山，有石焉，曰帝臺之棋也，五色而文，狀如鶉卵。」《事物紺珠》云：「帝臺棋出湖城縣休馬山，如雞卵，五色文。」《圖贊》曰：「茫茫帝臺，維靈之貴。爰有石棋，五彩煥蔚。觴禱百神，以和天氣。」

〔四〕郭曰：禱祀百神，則用此石。

〔五〕任臣案：蘇頌曰：「蓍草生如蒿，作叢，高五六尺，一本一二十莖，多者五十莖，生便條直，異于衆蒿。」《埤雅》曰：「草之多壽者，故字從耆，其莖可爲筮。」

〔六〕郭曰：中箭笴也。

東三百里曰鼓鍾之山〔一〕。帝臺之所以觴百神也〔二〕，有草焉，方莖而黄華，員葉而三成〔三〕，其名曰焉酸，可以爲毒〔四〕。其上多礪，其下多砥。

〔一〕任臣案：今名鍾山，在陸渾縣西南三十里，有鼓鍾上峽、鼓鍾下峽。《水經注》云：「垣曲縣鼓鍾川，世人謂之鼓鍾城，《山海經》鼓鍾之山也。」王氏《地理通釋》有「鼓鍾鎮」，亦其地。《名勝志》曰：「鼓鍾城在垣曲縣東北。」

〔二〕郭曰：舉觴燕會則於此山，因名爲鼓鍾也。　任臣案：《事類賦》云「觴百神者帝臺」，謂此也。

〔三〕郭曰：葉三重也。

〔四〕郭曰：爲，治。　任臣案：《駢雅》曰：「焉酸可以療毒，嘉榮令人不霆。」一本作「烏酸」。《圖贊》云：「療虐之草，厥實如瓜。烏酸之葉，三成黄華。可以爲毒，不畏蚖蛇。」

又東二百里曰姑媱之山〔一〕。帝女死焉，其名曰女尸，化爲䔄草，其葉胥成〔二〕，其華黄，其實如菟丘〔三〕，服之媚於人〔四〕。

〔一〕郭曰：音遥。或無「之山」字。

〔二〕郭曰：言葉相重也。亦音遥。任臣案：江淹《别賦》「惜瑶草兮徒芳」，瑶、䔄通。崔融《啓母碑》「女尸化草而成嬪」，本此。又《韻府雜編》載瑶草，仙家用以合丹，乃珊瑚之類。又泰室山有䔄草，其狀如茱，是同名而異物者。或曰䔄草一名懷夢草，然《洞冥記》云「夢草似蒲色紅，亦名懷夢，武帝懷之以夢李夫人」，此非是。

〔三〕郭曰：菟丘，菟絲也，見《爾雅》。任臣案：孫炎云：「唐、蒙、女蘿、菟絲，一物四名。」陸佃曰：「在木爲女蘿，在草爲菟絲，二物殊别，其子如碎黍米粒。」《庚辛玉册》云：「火燄草即菟絲子，陽草結實如粃豆，惟懷、孟多有之。」

〔四〕郭曰：爲人所愛也。傳曰：「人服媚之如是。」一名荒夫草。任臣案：《搜神記》曰：「舌埵山，帝之女死，化爲怪草，其葉鬱茂，其華黄色，其實如菟絲，故服怪草者，恒媚于人焉。」《圖贊》曰：「䔄草黄華，實如菟絲。君子是佩，人服媚之。帝女所化，其理難思。」又《楚國先賢傳》云「帝之季女，名曰瑶姬，精魂化草，實爲靈芝」，亦此類也。李時珍曰：「嶺南無風，獨摇草頭若彈子，尾若鳥尾，兩片開合，見人自動。陳藏器云：『帶之令夫相愛。』」此與䔄草有類，豈即一物耶？

又東二十里曰苦山。有獸焉，名曰山膏，其狀如逐〔一〕，赤若丹火，善詈〔二〕。其上有木焉，名曰黄棘，黄華而員葉，其實如蘭，服之不字〔三〕。有草焉，員葉而無莖，赤華而不實，名曰無條，服之不癭。

〔一〕郭曰：即「豚」字。

〔二〕郭曰：好罵人。　任臣案：《駢雅》曰：「山膏善詈，贛互善笑，蒲牢善鳴，山繅善語。」《五侯鯖》曰：「山膏生苦山，善罵。」《事物紺珠》曰：「山膏如豚，赤若火。」

〔三〕郭曰：字，生也。《易》曰：「女子貞不字。」　任臣案：《駢雅》曰：「黄棘員葉，播栘虚中。」《圖贊》曰：「山膏如豚，厥性好罵。華棘是食，匪子匪化。雖無貞操，理同不嫁。」

又東二十七里曰堵山。神天愚居之，是多怪風雨。其上有木，名曰天楄〔一〕，方莖而葵狀〔二〕，服者不啞〔三〕。

〔一〕郭曰：音鞭。

〔二〕任臣案：《玄覽》曰：「荆木内方，天楄、羊桃外方。」《駢雅》云：「天楄方莖，六駁多癬。」

〔三〕郭曰：食不噎也。　任臣案：《古音略》云：「即咽字。」

又東五十二里曰放皋之山〔一〕。明水出焉，南流注于伊水，其中多蒼玉。有木焉，其葉如槐〔二〕，黄華而不實，其名曰蒙木，服之不惑。有獸焉，其狀如蜂，枝尾而反舌，善呼〔三〕，其名曰文文〔四〕。

〔一〕郭曰：「放」或作「效」，又作「牧」。　任臣案：《水經注》舊本作「放睪」。「睪」即古「皋」字。

〔二〕任臣案：槐葉大而黑，晝聶夜炕。又其生也季春，五日而兔目，十日而鼠耳，經旬而成規。

〔三〕郭曰：好呼喚也。　任臣案：王氏《釋義》曰：「今嶺海有異蛇，亦善呼人之名。」

〔四〕任臣案：《駢雅》曰：「蟲雕如雕而戴角，文文如蜂而反舌。」《獸經》云：「文文善呼。」《古音複字》云：「文文，獸名。音問。」

又東五十七里曰大﨤之山〔一〕。多瑦玗之玉〔二〕，多麋玉。有草焉，其狀葉如榆，方莖而蒼傷，其名曰牛傷〔三〕，其根蒼文，服者不厥〔四〕，可以禦兵。其陽狂水出焉，西南流注于伊水〔五〕。其中多三足龜〔六〕，食者無大疾，可以已腫〔七〕。

三足龜　出狂水，食之可消腫。

〔一〕任臣案：「﨤」同「苦」。《寰宇記》云大苦山、倚箔山、太谷山，俱在舊潁陽境。

〔二〕任臣案：《水經注》引《經》作「璩琈」。

〔三〕郭曰：猶言牛棘。　任臣案：《圖贊》曰：「牛傷鎮氣，天楄弭噎。文獸如蜂，枝尾反舌。䲢魚赤斑，處于逵穴。」

〔四〕郭曰：厥，逆氣病。

〔五〕任臣案：《水經注》：「伊水又逕西北當階城西，大狂水入焉。水東出陽城縣①之大𦬇口，即大𦬇山也。」《國名記》云：「狂水逕綸氏城。」在今南陽。

〔六〕郭曰：今吴興陽羨縣有君山，山上有池，水中有三足六眼龜。鼈②龜三足者名賁，出《爾雅》。　任臣案：吴淑《龜賦》云：「大苦三足，君山六眸。」彭氏《五侯鯖》云：「𦬇山多三足賁。賁，龜也。」疑是「賁」字之譌。又《唐書》江州獻六眼龜，《大明會典》暹羅國獻六足龜，《宋史》趙霆獻兩頭龜，皆異種也，附記之。《圖贊》曰：「造物維均，靡偏靡頗。少不爲短，長不爲多。賁能三足，何異黿鼉？」

〔七〕任臣案：《本草》：「食之辟時疾，消腫。」

---

① 「城縣」二字原脱，據《水經注》卷一五補。

② 「鼈」字疑衍。《爾雅》：「鼈三足，能。龜三足，賁。」

又東七十里曰半石之山〔一〕。其上有草焉，生而秀，其高丈餘，赤葉赤華，華而不實〔二〕，其名曰嘉榮，服之者不霆〔三〕。來需之水出于其陽，而西流注于伊水〔四〕。其中多鯩魚〔五〕，黑文，其狀如鮒，食者不睡〔六〕。合水出于其陰，而北流注于洛。多螣魚〔七〕，狀如鱖，居逵〔八〕，蒼文赤尾，食者不癰，可以爲瘻〔九〕。

〔一〕任臣案：《御覽》：「半石山在緱氏南十五里。」今之偃師縣地也。

〔二〕郭曰：初生先作穗，却著葉，花生穗間。　任臣案：《名勝志》引此作「華莖皆赤，不實」。

〔三〕郭曰：不畏雷霆霹靂也。音廷搏之廷。　任臣案：《御覽》作「服者不遷怒」。　劉鳳《玄覽篇》云：「服之不畏霆。」《圖贊》曰：「霆惟天精，動心駭目。曷以禦之？嘉榮是服。所正者神，用口腸腹。」

〔四〕任臣案：《水經注》曰：「來需之水，又西南逕赤眉城南，又西至高都城東，西入伊水，謂之曲水也。」

〔五〕郭曰：音倫。　任臣案：景純《江賦》云：「鯪鰩鯩鰱。」

〔六〕任臣案：王氏《釋義》曰：「魚目不閉，故謂無妻曰鰥，食之不睡，或取此也。」

〔七〕郭曰：音騰。　任臣案：《本草》：「螣形狀居止功用與鱖略同。」《日華子》謂鱖爲水豚者，意即螣也。《篇海》云：「鰧魚蒼身赤尾。」亦作「䲍」。又云：「似蝦赤文。」或作「䲍」。

〔八〕郭曰：鱖魚大口大目，細鱗有斑彩。逵，水中之穴道交通者。鱖音劌。　任臣案：鱖，蹶也，其體不能屈曲，如僵蹶也。味似豚，又名鱖豚。李廷飛《延壽書》曰：「鱖鬐刺凡十二，以應十二月。」《月令廣義》云：「鱖魚脊有二骨，每月一骨，有毒。」《開寶本草》名爲「石桂魚」。

〔九〕郭曰：瘻，癰屬也，中多有蟲。《淮南子》曰：「雞頭已瘻。」音漏。

又東五十里曰少室之山〔一〕。百草木成囷〔二〕。其上有木焉，其名曰帝休，葉狀如楊，其枝五衢〔三〕，黄華黑實〔四〕，服者不怒〔五〕。其上多玉〔六〕，其下多鐵。休水出焉，而北流注于洛。其中多鯑魚，狀如盩蜼〔七〕而長距，足白而對〔八〕，食者無蠱疾，可以禦兵〔九〕。

〔一〕郭曰：今在河南陽城西，俗名泰室。　任臣案：少室爲七十二福地之一。劉會孟曰：「少室在河南懷慶府登封縣嵩山，乃中嶽也，東曰泰室，西曰少室，有三華。」

〔二〕郭曰：未詳。　任臣案：囷如倉囷之囷，言草木屯聚也。朱氏《玄覽》云：「少室有壽榮草，服之可通百神。」

〔三〕郭曰：言樹枝交錯，相重五出，有象衢路也。《離騷》曰：「靡萍九衢。」　任臣案：劉鳳《雜俎》曰：「帝休之葉，又曰五衢。」謂此也。

〔四〕任臣案：楊炯《少室山碑》：「考於《含神紐》，白玉猶存；驗於《山海經》，黄花不落。」

〔五〕任臣案：《駢雅》曰：「帝休觸忿，文莖已聾。」《事類賦》云：「服帝休而不怒，食員丘而無死。」

《宛委餘編》曰：「屈軼指佞，帝休不愁。」陳藏器曰：「主帶之愁自銷，生少室山嵩高山，亦如萱草之忘憂也。」《事物紺珠》云：「帝休服之不愁，又名不愁木。」《圖贊》云：「帝休之樹，厥枝交對。竦本少室，曾陰雲霨。君子服之，匪怒伊愛。」

〔六〕郭曰：此山巔亦有白玉膏，得服之，即得仙道，世人不能上也。《詩含神霧》云。

〔七〕郭曰：未詳。螯音侔。　任臣案：蜼最小者名蒙頌，紫黑色，説者以鯑魚類獺而紫色，意螯蜼之爲物，即蒙頌異名也。未審是非。

〔八〕郭曰：未詳。　任臣案：《釋義》曰：「言其足白皙，趾相向也。」

〔九〕任臣案：鯑魚一名人魚。陶隱居云：「人魚，荆州臨沮青谿多有之，其膏燃之不消耗，《史記》始皇以人魚膏爲燭是也。」寇宗奭曰：「鯑魚似獺，四足腹重墜如囊，身微紫色，無鱗，與鮎鮠類，剖視之，嘗有小蟹、小魚、小石數枚也。」《全蜀藝文志》：「鯢魚一名魶，一名鯑，大首長尾四足。」又《本草》與鯢魚同名「孩兒魚」，然鯑生江湖，鯢生溪澗，能上樹，此所以異也。睿宗《江漢賦》「文屋瓦之蚶兮，聲嬰兒之鯑」，即此。

又東三十里曰泰室之山〔一〕。其上有木焉，葉狀如梨而赤理，其名曰栯木〔二〕，服者不妒〔三〕。有草焉，其狀如茱〔四〕，白華黑實，澤如蘡薁〔五〕，其名曰䔄草，服之不昧。上多美石〔六〕。

〔一〕郭曰：即中嶽嵩高山也，今在陽城縣西。　任臣案：戴延之《西征記》曰：「中嶽東謂之泰室，西謂之少室，相去十七里，嵩其總名也。以其下各有室焉，故謂之室。」葛洪《枕中書》云：「軒轅爲黄帝，治嵩高山。」《五嶽真形圖》云：「中嶽姓惲名兴。」《圖贊》曰：「嵩維嶽宗，華岱恒衡。氣通天漢，神洞幽明。巍然中立，衆山之英。」

〔二〕郭曰：音郁。 任臣案：栯木，李時珍謂即郁李，其注《本草》云：「郁，《山海經》作栯，馥郁也，花實俱香，故名之。」又案韓保昇云「郁李，樹葉似大李」，又蘇子容言「汴洛一種，枝莖作長條，花極繁密而多葉者，亦謂之郁李」，二説無所謂梨葉赤理者，李以爲即栯木，未審何據也。

〔三〕任臣案：《圖贊》曰：「爰有嘉樹，厥名曰栯。薄言採之，窈窕是服。君子維歡，家無反目。」楊慎曰：「栯，禹九切。婦人服之不妒。」

〔四〕郭曰：茱似薊也。

〔五〕郭曰：言子滑澤。 任臣案：《詩·六月》：「食鬱及薁。」《廣雅》云：「一名嬰舌蘇。」恭以爲千歲虆，誤也。

〔六〕郭曰：次玉者也。 啓母化爲石而生啓，在此山，見《淮南子》。

又北三十里曰講山。其上多玉，多柘，多柏。有木焉，名曰帝屋，葉狀如椒〔一〕，反傷赤實〔二〕，可以禦凶。

〔一〕任臣案：《爾雅》：「椴，大椒。」《唐風》云「椒聊之實」，蓋今秦椒也。又欓子亦名越椒，古謂之藙，或謂之椴，外此有吴茱萸、味履支、蜀椒、崖椒、蔓椒、地椴，其類不一。《圖贊》云：「椒之灌植，實繁有倫。拂頤沾①霜，朱實芬辛。服之不已，洞見通神。」

〔三〕郭曰：反傷，刺下勾也。　任臣案：《駢雅》曰：「平仲銀實，帝屋赤實，君遷瓠實，毗野楮實，羅望刀實。」

又北三十里曰嬰梁之山。上多蒼玉，錞于玄石〔一〕。

〔一〕郭曰：言蒼玉依黑石而生也。或曰：錞于，樂器名，形似椎頭。　任臣案：鄭康成云：「錞于，圜如碓頭。」杜佑云：「圜若箭。」「錞于玄石」者，一云玄石之形類錞于也。但《經》中「錞于」之文凡數見，作依附解者，似亦爲允。

又東三十里曰浮戲之山〔一〕。有木焉，葉狀如樗而赤實，名曰亢木，食之不蠱。汜水出焉〔二〕，而北流注于河。其東有谷，名曰蛇谷〔三〕，上多少辛〔四〕。

〔一〕任臣案：《水經注》：「綏水出方山綏谿，綏谿亦浮戲山之異名也。」是斯山所出不止汜水。

〔二〕任臣案：《史記正義》：「汜音似。汜水在成皋故城東。」《水經注》：「汜水南出浮戲山，世謂之方山。」盧諶《征艱賦》云：「步汜口之芳草，弔周襄之鄙館。」《通鑑·唐紀》「西薄汜水，南屬鵲山」，即此水。

①「頤沾」，原作「顧沾」，據《四庫》本改。

〔三〕郭曰：因此中出蛇，故以名之。

〔四〕郭曰：細辛也。　任臣案：《管子》：「五沃之土，羣藥生。」少辛蓋細辛，根細而味極辛，故名細辛。又名小辛、少辛，亦此義也。李當之曰：「細辛如葵，一根一葉相連。」沈括《筆談》曰：「東南所用細辛，皆杜衡也。」《博物志》有云「杜衡亂細辛」，自古已然矣。

又東四十里曰少陘之山〔一〕。有草焉，名曰䓍草〔二〕，葉狀如葵，而赤莖白華〔三〕，實如蘡薁〔四〕，食之不愚〔五〕。器難之水出焉〔六〕，而北流注于役水〔七〕。

〔一〕任臣案：《名勝志》：「滎陽縣嵩渚山，一名小陘山，俗名周山。」即斯山。

〔二〕郭曰：音剛。

〔三〕任臣案：葵有戎葵、露葵、龍葵、菟葵、終葵之異名，皆葵屬。

〔四〕任臣案：《丹鉛録》引此作「赤莖白葉如顛冬」，與本文異。

〔五〕郭曰：言益人智。　任臣案：《圖贊》曰：「䓍草赤莖，實如蘡薁。食之益智，忽不自覺。殆齊生知，功奇于學。」

〔六〕郭曰：或作「嚚」。

〔七〕郭曰：一作「侵」。　任臣案：《水經注》引《經》「役水」作「侵水」，酈氏以侵水即古旃水也。

又東南十里曰泰山〔一〕。有草焉，名曰梨，其葉狀如荻〔二〕而赤華，可以已疽。太水出于其陽〔三〕，而東南流注于沒水〔四〕。承水出于其陰，而東北流注于沒〔五〕。

〔一〕郭曰：別有東小泰山，今在朱虛縣，汝水所出，疑此非也。

〔二〕郭曰：荻亦蒿也。

〔三〕任臣案：《水經注》：「太水出太山東平也。」

〔四〕郭曰：世謂之澧水。　任臣案：《水經注》引此作「注于役水」。

〔五〕郭曰：世謂之靖澗水。　任臣案：《水經注》：「白溝水有二源，北水出密之梅山，而東逕靖城南，與南水合，北水即承水也。」

又東二十里曰末山，上多赤金。末水出焉，北流注于役〔一〕。

〔一〕郭曰：《水經》作「沫」。　任臣案：《水經注》曰：「今是水出中牟城西南。」又永州亦有末水，見《一統志》，非此。

又東二十五里曰役山，上多白金，多鐵。役水出焉，北注于河〔一〕。

〔一〕任臣案：《水經注》：「役水出菀陵縣西隟侯亭東中平陂，世名之遲泉也。」

又東三十五里曰敏山。上有木焉，其狀如荊，白華而赤實，名曰葪〔一〕栢，服者不寒〔二〕。其陽多㻬琈之玉。

〔一〕郭曰：音計。

〔二〕郭曰：令人耐寒。　任臣案：《駢雅》曰：「沙棠不沈，思偏不腐，女貞不凋，葥栢耐寒。」《圖贊》曰：「葥栢白華，厥子如丹。實肥變氣，食之忘寒。物隨所染，墨子所嘆。」

又東三十里曰大騩之山〔一〕。其陰多鐵、美玉、青堊。有草焉，其狀如蓍而毛，青華而白實，其名曰蒗〔二〕，服之不夭〔三〕，可以爲腹病〔四〕。

〔一〕郭曰：今滎陽密縣有大騩山。騩，固溝水所出。音歸。　任臣案：即具茨山也，在新鄭縣西南四十里。《字彙》作「具㳄山」。《抱朴子》云：「黄帝上具茨，見大騩君黄蓋童子，受神芝圖。」今其山有軒轅避暑洞。《水經》：「潩水出大騩山。」《荒史·循蜚紀》「大騩氏出于河南密縣泰騩山」，《前編》云「新鄭有大騩之蹟」，皆指此。

〔二〕郭曰：音狼戾。

〔三〕郭曰：言盡壽也。或作「芺」。　任臣案：劉會孟曰：「柳州有不死草，如茅，食之令人多壽，即蒗類也。」《圖贊》曰：「大騩之山，爰有苹草。青華白實，食之無夭。雖不增齡，可以窮老。」

〔四〕郭曰：爲，治也。一作「已」。

凡苦山之首自休與之山至于大騩之山，凡十有九山，千一百八十四里。其十六神者皆豕身而人面，其祠毛牷，用一羊羞〔一〕，嬰用一藻玉，瘞〔二〕。苦山、少室、泰室皆冢也，其祠之太牢之具，嬰以吉玉。其神狀皆人面而三首，其餘屬皆豕身人面也。

〔一〕郭曰：言以羊爲羞。

〔二〕郭曰：藻玉，玉有五彩者也。或曰所以盛玉。藻，藉也。

《中次八經》荆山之首曰景山〔一〕。其上多金、玉，其木多杼、檀〔二〕。雎水出焉〔三〕，東南流注于江〔四〕，其中多丹粟，多文魚〔五〕。

〔一〕郭曰：今在南郡界中。　任臣案：盛弘之《荆州記》：「景山在上洛縣西南三百里，其上一名鴈浮山，鴈南翔北歸，編經其上，土人由兹改名焉。」《一統志》云：「在房縣西南二百里，又名馬塞山。」

〔二〕郭曰：杼音橡柱之柱。　任臣案：《爾雅》：「栩，杼。」疏云：「栩一名杼也。」《詩・唐風》「集于苞栩」，陸璣云：「今柞櫟也，其子爲皁，或言皁斗。」

〔三〕郭曰：雎音癰疽之疽。

〔四〕郭曰：今雎水出新城魏昌縣東南發阿山，東南至南郡枝江縣入江也。　任臣案：雎水①有二，一在陳留，一在夏邑，此非是。蓋即楚之沮水也，在襄陽府房縣，《傳》曰「江漢沮漳」是也。

---

① 按與讀疽之睢水不同。

〔五〕郭曰：有斑彩也。

東北百里曰荆山〔一〕。其陰多鐵，其陽多赤金〔二〕。其中多犛〔三〕，多豹、虎。其木多松、栢，其草多竹，多橘、櫾〔四〕。漳水出焉，而東南流注于睢〔五〕。其中多黄金，多鮫魚〔六〕，其獸多閭、麋〔七〕。

〔一〕郭曰：今在新城沐鄉縣南。　任臣案：荆山在荆門、南漳二縣青谿之北，卞璞所出，三面絶險，惟西南一隅通人行，非「雍州荆岐既旅」之荆也。《括地象》曰：「荆山爲地雌，上爲軒轅星。」

〔二〕任臣案：盧照鄰文云：「質謝南金，徒辨荆蓬之妙。」以荆、蓬二山皆出金也。

〔三〕郭曰：旄牛屬也，黑色，出西南徼外也。音狸，一音來。　任臣案：犛牛，《廣志》謂之「毛犀」，顔師古《漢書注》作「貓牛」，《爾雅》謂之「犘牛」，《經》又謂之「犞牛」，《昨夢録》謂之「竹牛」，《本草》謂之「犨牛」。《丹鉛録》曰：「毛犀，即象也，狀如犀而角小，善知吉凶，古人呼爲美豬，交廣稱之豬神。」

〔四〕郭曰：櫾，似橘而大也，皮厚味酸。　任臣案：《列子》：「吴越之間有木焉，其名爲櫾。」《桂海志》云：「廣西臭柚，大如瓜。」《爾雅》謂之「櫠」，《廣志》謂之「鐳柚」，皆櫾名也。《圖贊》曰：「厥苞橘櫾，奇者維甘。朱實金鮮，葉蒨翠藍。靈均是詠，以爲美談。」

〔五〕郭曰：出荆山，至南郡當陽縣入沮水。　任臣案：《一統志》：「漳江在當陽縣北，源出臨沮縣，南至當陽與沮水合，流入大江。」王粲賦「夾清漳之通浦，停曲沮之長洲」，指此水也。胡三省《釋文辨誤》曰：「荆山漳水，今在襄陽南漳縣界，《左傳》所謂『江漢沮漳，楚之望者』是也。」非上黨漳水。

〔六〕郭曰：鮫，鮒魚類也，皮有珠文而堅，尾長三四尺，末有毒螫人，皮可飾刀劍，口錯治材角。今臨海郡亦有之。音交。　任臣案：鮫皮有沙，古曰鮫，今曰沙，其實一也。或曰本名鮫，譌爲鮫。其類數種，有鹿沙、虎沙之别。《述異記》云：「魚虎老變爲鮫魚。虎沙者，魚虎所化也。」《南越志》曰：「環雷魚，長丈許，一腹容二子，子朝從口中出，暮還入腹。鱗皮有珠，可飾刀劍。一名鯌魚。」此即鮫魚也。又石決明亦名鮫，與此同名異物。楊孚《交州異物贊》：「鮫之爲魚，其子既育，驚必歸母，還入其腹。小則如之，大則不復。」楊慎《異魚贊》曰：「天淵魚虎，老化爲鮫。其皮朱文，可飾弓刀。」《圖贊》曰：「魚之别屬，厥號曰鮫。珠皮毒尾，匪鱗匪毛。可以錯角，兼飾劍刀。」

〔七〕郭曰：似鹿而大也。

又東北百五十里曰驕山。其上多玉，其下多青雘。其木多松、柏，多桃枝、鈎端。神蟲圍處之〔一〕，其狀如人面，羊角虎爪，恒遊于雎、漳之淵〔二〕，出入有光。

鼉圍　人面，羊角虎爪。處驕山，恒遊于雎、漳之淵。

〔一〕郭曰：鼉音鼉魚之鼉。　任臣案：盧柟《蠛蠓集》云「檻環狗而踐鼉圍」，即此也。

〔二〕郭曰：淵，水之府奧也。

又東北百二十里曰女几之山〔一〕。其上多玉，其下多黃金。其獸多豹、虎，多閭、麋、麖、麂〔二〕，其鳥多白鷮〔三〕，多翟，多鴆〔四〕。

〔一〕任臣案：《枕中書》曰：「左仙公治蓋竹山，又在女几山，常駕乘虎騎。」疑即此山也。今宜陽亦有女几山。《前涼録》張軌與皇甫謐初隱宜陽女几山。劉會孟云：「神女上升遺几處也。」又《元和郡縣志》「女几山在福昌縣西南」，非此。

〔二〕郭曰：麃似獐而大，偎毛豹脚。音几。　任臣案：《爾雅》：「麃，大麃，旄尾狗足。」《字説》曰：「山中有虎，麃必鳴以告，其聲几几然，故名。」

〔三〕郭曰：鷮似雉而長尾，走且鳴。音驕。　任臣案：鷮，鷮雞也。《説文》云：「長尾雉，乘轝以鷮尾爲防釳，著馬頭上。」《詩・小雅》「有集維鷮」，陸璣疏云：「鷮，微小於鸐，肉甚美。語曰：四足之美有麃，兩足之美有鷮。」

〔四〕郭曰：鴆大如鵰，紫緑色，長頸赤喙，食蝮蛇頭，雄名運日，雌名陰諧也。　任臣案：《爾雅翼》曰：「鴆似鷹而大，食蛇及橡實，知木石有蛇，即爲禹步以禁之，須臾，木倒石崩而蛇出也。」《圖贊》曰：「蝮維毒魁，鴆鳥是噉。拂翼鳴林，草瘁木慘。羽行隱戮，厥罰難犯。」其雄者運日，運日鳴則晴；雌者陰諧，陰諧鳴則雨。《楊維楨集》云：「鴆出蘄州黄梅山，狀類訓狐，聲如擊鼓。今交廣人謂之同力鳥。」又「運日」一作「䲰日」，陶貞白云「䲰日與鴆是兩種」，蓋陶之誤也。

又東北二百里曰宜諸之山。其上多金、玉，其下多青雘。洈水出焉〔一〕，而南流注于漳〔二〕，其中多白玉。

〔一〕郭曰：音詭。

〔二〕郭曰：今洈水出南郡東洈山，至華容縣入江也。　任臣案：《水經》：「漳水又南，洈水注之。」

又東北三百五十里曰綸山〔一〕。其木多梓、柟，多桃枝，多柤、栗〔二〕、橘、櫾〔三〕。

其獸多閭、麈〔四〕、麢、㚟〔五〕。

〔一〕郭曰：音倫。

〔二〕郭曰：柤似梨而酢濇。　任臣案：柤，榠樝也，《詩》謂之「木李」，《通志略》謂之「蠻樝」，《埤雅》謂之「木梨」。李時珍曰：「榠樝乃木瓜之大者，樝子乃木瓜之小者，榲桲則樝類之生于北方者也。三物與木瓜一類。」栗，古文作「㮚」，梵書名篤迦。今有奥栗、板栗、西栗、天師栗、莘栗諸名。蘇頌云：「倭、韓國諸島，栗大如雞子。」

〔三〕任臣案：《本草綱目》：「橘、柚、柑三者相類而不同。橘實小，其瓣味微酢；柑大于橘，其瓣味甘，皮稍厚；柚大小皆如橙，瓣味酢，皮最厚而黄。」韓氏《橘譜》云：「柑橘南出閩廣，西出荆州。」斯山與荆山、銅山所産，皆荆州種也。

〔四〕任臣案：《名苑》云：「鹿大者曰麈，小鹿隨之，視其尾爲準，其尾能辟塵，拂氈則不蠹。」《急就篇注》云：「似鹿，尾大而一角。談説者飾其尾，執之以爲儀。」《逸周書》：「武王狩禽，麈十有六。」《華陽國志》云：「郪縣宜君山出麈尾。」《恩平郡譜》曰：「麈謂之荒，鹿謂之擢。」

〔五〕郭曰：㚟似菟而鹿脚，青色。音綽。　任臣案：《六書正譌》「㚟」作「㲋」，注云：「青色，似兔而大，頭足似鹿。」《説文》曰：「㚟，獸，青色而大，頭與兔同，足與鹿同。」

又東北二百里曰陸鄗之山〔一〕。其上多㻬琈之玉，其下多堊。其木多杻、橿。

〔一〕郭曰：音如跪對之跪。

又東百三十里曰光山〔一〕。其上多碧，其下多木。神計蒙處之，其狀人身而龍首，恒遊于漳淵，出入必有飄風暴雨〔二〕。

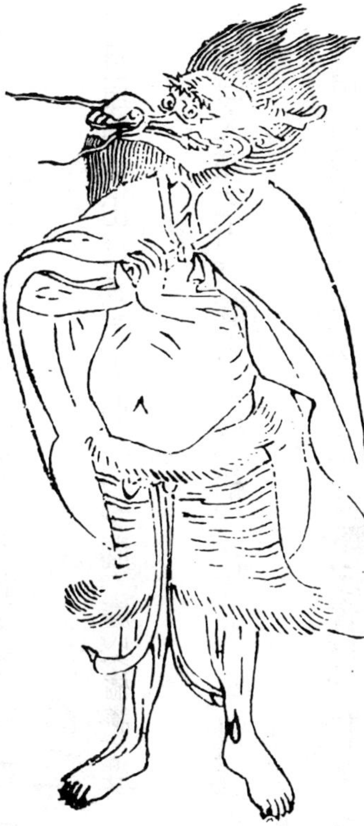

計蒙　人身龍首。居光山，恒遊于漳淵，出入必有風雨。

〔一〕任臣案：《續通考》引此作「日光山」，誤。

〔二〕任臣案：盧柟《泰宇賦》云「虔山皷而摺計蒙」，蓋此神也。《圖贊》云：「涉鼉三脚，鼉圍虎爪。計蒙龍首，獨禀異表。升降風雨，茫茫渺渺。」

又東百五十里曰岐山。其陽多赤金，其陰多白珉〔一〕。其上多金、玉，其下多青雘，其木多樗。神涉䖸處之〔二〕，其狀人身而方面三足。

〔一〕郭曰：石似玉者。音旻①。　任臣案：《玉書》云：「石似玉者，珷玞琨珉璁瓔也。」

〔二〕郭曰：徒何切。一作「鼉」，笑遊切。　任臣案：《宛委餘編》作「涉鼉」。「䖸」，古「鼉」字。《談薈》云：「驕山神名䖸圍，岐山神名涉䖸。」

又東百三十里曰銅山。其上多金、銀、鐵，其木多穀、柞、柤、栗、橘、櫾，其獸多豹。

又東北一百里曰美山。其獸多兕牛，多閭、麈，多豕、鹿。其上多金，其下多青雘。

又東北百里曰大堯之山。其木多松、栢，多梓、桑，多机，其草多竹。其獸多豹、虎、麢、㚟。

又東北三百里曰靈山。其上多金、玉，其下多青雘。其木多桃、李、梅、杏〔一〕。

〔一〕郭曰：梅似杏而酢也。　任臣案：陸璣云：「梅，杏類也，華葉皆略似杏。」其外有鴛鴦梅，一蒂

① 「旻」，原作「芠」，據宋本改。

雙實，見范成大《梅譜》。又有𣝛梅，乃𣝛樹而梅實者。邢氏《爾雅疏》：「荆州人呼柟木亦爲梅。」杏有數種，沙杏、梅杏、柰杏、金杏。《西京雜記》云：「蓬萊杏，花五色，亦種之絶異矣。」

又東北七十里曰龍山，上多寓木〔一〕。其上多碧，其下多赤錫〔二〕。其草多桃枝、鉤端。

〔一〕郭曰：寄生也。一名宛童，見《爾雅》。任臣案：陸璣《草木疏》：「葉似當盧①，子如覆盆。」一名蔦，《小雅》云「蔦與女蘿」是也。《東方朔傳》云：「在樹爲寄生，在地爲窶藪。」

〔二〕任臣案：赤錫，疑即鉛丹、炒錫之屬。

又東南五十里曰衡山。上多寓木、穀、柞，多黄堊、白堊。

又東南七十里曰石山。其上多金，其下多青雘，多寓木。

又南百二十里曰若山。其上多㻬琈之玉，多赭〔一〕，多邽石〔二〕，多寓木，多柘〔三〕。

〔一〕郭曰：赤土。

〔二〕郭曰：未詳。

〔三〕郭曰：「若」或作「前」。

---

①「盧」，原作「蘆」，據《毛詩正義·小雅·頍弁》改。

又東南一百二十里曰𪩘山。多美石，多柘。

又東南一百五十里曰玉山。其上多金、玉，其下多碧、鐵，其木多柏〔一〕。

〔一〕郭曰：一作「楢」。

又東南七十里曰讙山。其木多檀，多邽石，多白錫〔一〕。郁水出于其上，潛于其下，其中多砥礪。

〔一〕郭曰：今白鑞也。　任臣案：《本草》錫謂之「賀」，《爾雅》錫謂之「鈏」。

又東北百五十里曰仁舉之山。其木多穀、柞。其陽多赤金，其陰多赭。

又東五十里曰師每之山。其陽多砥礪，其陰多青雘。其木多柏，多檀，多柘，其草多竹。

又東南二百里曰琴鼓之山。其木多穀、柞、椒、柘〔一〕。其上多白珉，其下多洗石。其獸多豕、鹿〔二〕，多白犀〔三〕，其鳥多鴆。

〔一〕郭曰：椒爲樹小而叢生，下有草木則蘸死。

〔二〕任臣案：野豕，形似猪而大，牙出口外如象牙，能與虎鬬。

〔三〕任臣案：犀有山犀、水犀、兕犀三種，白者絶少，此與辟寒、觸忿、辟塵、辟暑諸犀皆異種也。

凡荆山之首自景山至琴鼓之山，凡二十三山，二千八百九十里。其神狀皆鳥身而人面，其祠用一雄雞祈、瘞〔一〕，用一藻圭，糈用稌。驕山冢也，其祠用羞酒、少牢祈、瘞，嬰毛一璧。

〔一〕郭曰：禱請已，埋之也。

《中次九經》岷山之首曰女几之山。其上多石涅，其木多杻、橿，其草多菊、荣〔一〕。洛水出焉，東注于江，其中多雄黄〔二〕。其獸多虎、豹〔三〕。

〔一〕任臣案：菊，苦薏也，莖如馬蘭花。荣，山蓟也，有赤白二種。

〔二〕郭曰：雄黄亦出水中。　任臣案：蘇頌曰：「階州出水窟雄黄，生于山岩中有水流處。」

〔三〕任臣案：豹有金錢、艾葉、金線文之異。又本《經》有「玄豹」，《詩經》有「赤豹」，《爾雅》有「白豹」，種類不同。沈括《筆談》云：「秦人謂豹爲程，東國謂之失刺孫。」

又東北三百里曰岷山。江水出焉〔一〕，東北流注于海〔二〕，其中多良龜〔三〕，多鼉〔四〕。其上多金、玉，其下多白珉。其木多梅、棠〔五〕。其獸多犀、象，多夔牛〔六〕。其鳥多翰、鷩〔七〕。

〔一〕郭曰：岷山，今在汶山郡廣陽縣西，大江所出。　任臣案：岷山即瀆山也，亦謂之汶阜山。緯書曰：「岷山之精，上爲井絡，帝以會昌，神以建福。」劉會孟云：「岷山，今四川茂州，即隴山之南。」《四川總志》曰：「岷山在茂州之列鵞村，一名鴻濛，爲隴山之南首，又名沃焦山，江水所出也。」《水利志》云：「蜀諸江咸出岷江，江源在羊膊嶺，分爲二派，一西南流爲大渡河，一正南流謂之南江。」《益州記》曰：「大江泉源始發羊膊嶺下，緣崖散漫小大百數，殆未濫觴。」《圖贊》曰：「岷山之精，上絡東井。始出一勺，終致淼溟。作紀南夏，天清地静。」又《全蜀藝文志》云：「蜀山在左皆名岷，在右皆名嶓，不獨茂州之汶山爲岷、金牛之嶓冢爲嶓也。」

〔二〕郭曰：至廣陽縣入海。

〔三〕郭曰：良，善。　任臣案：《禹貢》：「九江納錫大龜。」

〔四〕郭曰：似蜥蜴，大者長二丈，有鱗，彩皮可以冒鼓。　任臣案：《博物志》名「土龍」，《本草》謂之「鮀魚」。蘇頌曰：「形似守宫、鯪鯉，其聲夜鳴應更，號曰鼉更。」《埤雅》云：「鼉身十二生肖肉，惟蛇肉在尾，最毒。」

〔五〕任臣案：《爾雅》：「杜，赤棠，白者棠。」蓋棠梨也。亦名楟，《丹鉛録》云「尹伯奇采楟花以濟飢」，此也。

〔六〕郭曰：今蜀山中有大牛，重數千斤，名爲夔牛。晉大興元年，此牛出上庸，郡人弩射殺，得三十八擔物，即《爾雅》所謂「魏」。　任臣案：《本草綱目》云即犩牛也。《韻會》引《經》作「犪牛」。《圖贊》曰：「西南巨牛，出自江岷。體若垂雲，肉盈千鈞。雖有逸力，難以揮輪。」

〔七〕郭曰：白翰，赤鷩。　任臣案：雗雉，白鵫也，今謂之白鷴。鷩雉，華蟲也，今謂之錦雞。

又東北一百四十里曰崍山。江水出焉〔一〕，東流注大江。其陽多黃金，其陰多麋、麈。其木多檀、柘，其草多薤、韭，多葯〔二〕、空奪〔三〕。

〔一〕郭曰：邛來山，今在漢嘉嚴道縣，南江水所自出也。山有九折坂，出貊，貊似熊而黑白駁，亦食銅鐵也。　任臣案：《華陽國志》：「崍山，邛崍山也，一曰新道山。南有九折坂，夏則凝冰，冬則毒寒，王陽按轡處也。」《水經注》：「崍山，中江所出。」劉會孟云：「崍山，崌山，今屬四川眉州彭山縣。」《寰宇記》云：「崌崍山，在彭山縣東北十二里，導江從山南合流。」王鑑《禹貢注釋》云今榮經縣四十里即邛崍山地，非是。《圖贊》曰：「邛崍峻險，其坂九折。王陽逡巡，王尊逞節。殷有三仁，漢稱三哲。」○又案：貊即貘，亦作膜，獸之食銅鐵者。貊之外復有一角之豻，南方之齧鐵，吐①火羅之大獸，昆吾之狡兔，皆貊類也，附記之。

〔二〕郭曰：即藭。

〔三〕郭曰：即蛇皮脱也。

又東一百五十里曰崌山〔一〕。江水出焉〔二〕，東流注于大江，其中多怪蛇〔三〕，多

①「吐」，原本作「叶」，據《新唐書·西域傳下》改。此句似吳氏轉引自《本草綱目》者，故沿其誤。《新唐書》原文七尺者爲大鳥，時珍誤爲大獸。

鰲魚〔四〕。其木多楢、杻〔五〕，多梅、梓。其獸多夔牛、麢、㚟、犀、兕。有鳥焉，狀如鴞而赤身白首，其名曰竊脂〔六〕，可以禦火。

〔一〕郭曰：音居。

〔二〕郭曰：北江。　任臣案：《水經注》：「崌山，北江所出。」景純《江賦》云：「流二江于崌崍。」

〔三〕郭曰：今永昌郡有鈎蛇，長數丈，尾岐，在水中鈎取岸上人牛馬啖之，又呼馬絆蛇，謂此類也。　任臣案：張文仲云：「鈎蛇，尾如鈎，能鈎人獸入水食之。又南方有呴蛇，人若傷之不死，終身伺其主。」

〔四〕郭曰：音贄。　未聞。

〔五〕郭曰：楢，剛木也，中車材。音秋。

〔六〕郭曰：今呼小青雀曲觜肉食者爲竊脂，疑此非也。　任臣案：竊脂有三種，九鳸中竊玄、竊黄、竊脂，竊訓淺，言淺白色也。《小雅》「交交桑扈」，乃今青雀好竊脂肉者。若此之赤身白首，自與二種迥別，不得以名之偶同混爲一也。

又東三百里曰高梁之山。其上多堊，其下多砥礪。其木多桃枝鈎端。有草焉，狀如葵而赤華，莢實白柎，有可①走馬。

又東四百里曰蛇山。其上多黄金，其下多堊。其木多栒，多豫樟，其草多嘉榮、少辛。有獸焉，其狀如狐而白尾長耳，名㹱狼〔一〕，見則國内有兵〔二〕。

〔一〕郭曰：音郎。

〔二〕郭曰：一作「國有亂」。　任臣案：《駢雅》曰：「㹱狼、獥獥，狐屬也。」《圖贊》云：「㹱狼之出，兵不外擊。雍和作恐，猨乃流疫。同惡殊災，氣各有適。」

又東五百里曰鬲山。其陽多金，其陰多白珉。蒲鸛〔一〕之水出焉，而東流注于江，其中多白玉。其獸多犀、象、熊、羆，多猨、蜼〔二〕。

〔一〕郭曰：音薨。

〔二〕郭曰：蜼似獼猴，鼻露上向，尾四五尺，頭有岐，蒼黄色，雨則自縣樹，以尾塞鼻孔，或以兩指塞之。

任臣案：獼猴有數種，總名禺屬，小而尾短者猴也，似猴而多髯者豦也，小于猴、文彩蔚然者果下豹也，以猴而大者玃也，大而尾長赤目者禺也，小而尾長仰鼻者狖也，狖即蜼也，南人名仙猴，似狖而大者果然也，似狖而小者蒙頌也，似狖而善躍越者獑𧖲也，似猴而長臂者猨也，似猨而狗

①「有可」，宋本作「可以」，《箋疏》無「有」字。

首以猨爲雌者猵狚也，猵狚一名獦牂，似猿而金尾者狨也，似猨而大能食猨者獨也，食猴者㺜也。

《圖贊》曰：「禺屬之才，莫過于蜼。雨則自縣，塞鼻以尾。厥形雖隨，列象宗彝。」

又東北三百里曰隅陽之山。其上多金、玉，其下多青雘。其木多梓、桑，其草多茈。徐之水出焉，東流注于江，其中多丹粟。

又東二百五十里曰岐山〔一〕。其上多白金，其下多鐵。其木多梅、梓〔二〕，多杻、楢。減水出焉，東南流注于江。

〔一〕郭曰：今在扶風羙陽縣①西。

〔二〕郭曰：「梅」或作「䔧」。

又東三百里曰勾檷之山〔一〕。其上多玉，其下多黄金。其木多櫟、柘〔二〕，其草多芍藥。

〔一〕郭曰：音絡椐之椐。

〔二〕任臣案：嚴粲《詩緝》曰：「櫟，柞櫟也，橡斗也。」又栩亦謂之柞櫟，故陸璣云：「秦人謂柞櫟爲

---

①「羙陽縣」，宋本同，《箋疏》作「美陽縣」。

櫟，河内人謂木蓼爲櫟。」木蓼即橡斗。

又東一百五十里曰風雨之山。其上多白金，其下多白涅。其木多棷、樿〔一〕，多楊〔二〕。宣余之水出焉，東流注于江，其中多蛇。其獸多閭、麋，多麈、豹、虎，其鳥多白鷮。

〔一〕郭曰：棷木未詳也。樿木，白理中節。騶善二音。任臣案：《説文》：「棷，木薪也。」《博雅》：「校棷，柴也。」又初九切。樿，白木之有文理者。《禮器》「樿杓」，《玉藻》「櫛用樿櫛」，亦音展。

〔二〕任臣案：楊有蒲柳、白楊、移楊數種，與柳不同。陳藏器曰：「楊樹枝葉短，柳樹枝葉長。」

又東北二百里曰玉山。其陽多銅，其陰多赤金〔一〕。其木多豫樟、楢、杻。其獸多豕、鹿、麢、臭，其鳥多鴆。

〔一〕任臣案：郭以赤金爲銅，則一物何以疊見？即此足證前注之謬。

又東一百五十里曰熊山。有穴焉，熊之穴，恒出神人，夏啓而冬閉〔一〕。是穴也①，冬啓乃必有兵〔二〕。其上多白玉，其下多赤金。其木多樗、柳，其草多寇脱。

① 「是穴也」三字原脱，據宋本補。

〔二〕任臣案：《天問》云：「焉有非虬，負熊以遊？」周拱辰注：「虬龍與熊絶不相類，而相負以遊，蓋神熊也。《山海經》熊穴恒出神人，即此也。又熊穴一謂之熊館。」《説文》云：「熊似豕，山居冬蟄。」《圖贊》曰：「熊山有穴，神人是出。與彼石皷，象殊應一。祥雖先見，厥事非吉。」

〔三〕郭曰：今鄴西北有鼓山，下有石鼓象懸著山旁，鳴則有軍事，與此穴殊象而同應。

又東一百四十里曰騩山。其陽多美玉、赤金，其陰多鐵。其木多桃枝、荆、芑〔一〕。

〔一〕任臣案：荆，牡荆也，或謂之「楚」。「芑」，疑「芑」字之譌。卷中多以「荆芑」連文。

又東二百里曰葛山。其上多赤金，其下多瑊石〔一〕。其木多柤、栗、橘、櫾、楢、杻，其獸多麢、臭，其草多嘉榮〔二〕。

〔一〕郭曰：瑊石，勁石似玉也。音緘。

〔二〕任臣案：《騈雅》曰：「嘉榮之草不霆。」

又東一百七十里曰賈超之山。其陽多黄堊，其陰多美赭。其木多柤、栗、橘、櫾，其中多龍脩〔一〕。

〔一〕郭曰：龍須也，似莞而細，生山石穴中，莖倒垂，可以爲席。任臣案：鄭緝之《東陽記》「仙姥巖下盡出龍須」，即此草也。《廣志》云：「龍脩一名西王母簪。」《述異記》：「周穆王東海島中養八駿處，有草名龍芻。」龍芻亦龍脩也。古語云：「一束龍芻，化爲龍駒。」謂此耳。

凡岷山之首自女几山至于賈超之山，凡十六山，三千五百里。其神狀皆馬身而龍首〔一〕，其祠：毛用一雄雞，瘞，糈用稌。文山、勾檷、風雨、䰠之山〔二〕，是皆冢也，其祠之：羞酒〔三〕，少牢具，嬰毛一吉玉。熊山，席也〔四〕，其祠：羞酒，太牢具，嬰毛一璧。干儛，用兵以禳；〔五〕祈，璆冕舞〔六〕。

〔一〕任臣案：范榊《蜀都賦》：「馬首之神何其烈。」江邃注云：「《山海經》江有神生汶州，馬首龍身，禹導江，神實佐之。」與本文小異。

〔二〕任臣案：文山即岷山。《史記》汶、岷通。

〔三〕郭曰：先進酒以酹神。

〔四〕郭曰：席者，神之所憑止也。

〔五〕郭曰：禳，祓除之祭名。儛者，持盾武儛也。

〔六〕郭曰：祈，求福祥也。祭用玉，儛者冕服也。美玉曰璆。己求反。

《中次十經》之首曰首陽之山〔一〕。其上多金、玉，無草木。

〔一〕任臣案：劉會孟曰：「首陽山有二，一屬山西蒲州，一屬河南偃師。」

又西五十里曰虎尾之山。其木多椒、椐，多封石〔一〕。其陽多赤金，其陰多鐵。

〔一〕任臣案：《別録》曰：「封石，味甘無毒，主消渴，生常山及少室。」

又西南五十里曰繁繢之山〔一〕。其木多楢、杻，其草多枝勾〔二〕。

〔一〕郭曰：音潰。

〔二〕郭曰：今山中有此草。

又西南二十里曰勇石之山。無草木，多白金，多水。

又西二十里曰復州之山。其木多檀。其陽多黃金。有鳥焉，其狀如鴞而一足彘尾，其名曰跂踵〔一〕，見則其國大疫〔二〕。

跂踵　狀如鴞，一足，彘尾，見則火疫。出復州山。

〔一〕郭曰：音企。

〔二〕郭曰：銘曰：「跂踵之鳥，一足似夔。不爲樂興，反以來悲。」任臣案：《玄覽》曰：「一足之鳥，有槖𩏊焉，有跂踵焉，有畢方焉，有商羊焉。」《駢雅》曰：「絜鉤、跂踵，兆疫鳥也。」《圖贊》云：「青耕禦疫，跂踵降災。物之相反，各以氣來。見則民咨，實爲病媒。」

又西三十里曰楮山。多寓木，多椒、椐，多柘，多堊〔一〕。

〔一〕郭曰：一作「渚州之山」。

又西二十里曰又原之山。其陽多青雘，其陰多鐵。其鳥多鸜鵒〔一〕。

〔一〕郭曰：鴝鵒也。《傳》曰「鴝鵒來巢」。音臞。任臣案：《考工記》：「鴝鵒不踰濟，地氣使然也。」一名哵哵鳥，一名寒皋。《讀書考定》云：「乾睪，鴝鵒也。」又云：「鵁鶄睛交，鴝鵒足交。」師曠《禽經》曰：「鸜鵒摩背而瘖，鴝鵒剔舌而語。」張華注云：「《山海經》謂之鸛鵒。」以「鸜」作「鸛」，似誤。

又西五十里曰涿山。其木多穀、柞①、杻。其陽多㻬琈之玉。

又西七十里曰丙山。其木多梓、檀，多弞杻〔一〕。

〔一〕郭曰：弞義所未詳。任臣案：弞音哂。

① 「柞」，原作「作」，據《箋疏》改。

凡首陽山之首自首山至于丙山，凡九山，二百六十七里。其神狀皆龍身而人面〔一〕，其祠之毛用一雄雞瘞，糈用五種之糈。堵山，冢也〔二〕，其祠之少牢具，羞酒祠，嬰毛一璧瘞。騩山，帝也，其祠羞酒，太牢其，合巫祝二人儛，嬰一璧〔三〕。

〔一〕任臣案：《汲冢瑣語》曰：「晉平公至于澮，見人乘白驂八駟以來，狸身而狐尾，問師曠。師曠曰：『其名首陽之神，飲酒霍太山而歸，見之甚善。』」所言形狀與此不同。

〔二〕任臣案：即楮山。

〔三〕任臣案：此亦祠騩山者，明有統也。祭以太牢者，詘于所同而伸于所獨也。

《中次一十一山經》荆山之首曰翼望之山。湍水出焉〔一〕，東流注于濟〔二〕。貺水出焉〔三〕，東南流注于漢，其中多蛟〔四〕。其上多松、栢，其下多漆、梓。其陽多赤金，其陰多珉。

〔一〕郭曰：鹿摶反。　任臣案：《水經》：「湍水出酈縣北芬山。」注云：「湍水出弘農翼望山，水甚清澈①，東南流逕南酈縣故城東。」《一統志》云：「今湍水在鄧州城北三里，源出熊耳山鎗竿嶺。」

〔二〕郭曰：今湍水逕南陽穰縣而入清水。

---

① 「澈」，原作「徹」，據《水經注》卷二九改。

〔三〕郭曰：音況。

〔四〕郭曰：似蛇而四脚，小頭細頸，頸有白癭，大者十數圍，卵如一二石甕，能吞人。　任臣案：龍類無角曰螭龍，有角曰虬龍，有翼曰應龍，有鱗曰蛟龍。《圖贊》曰：「匪蛇匪龍，鱗彩炳焕。騰躍波濤，蜿蜒江漢。漢武飲羽，佽飛疊斷。」

又東北一百五十里曰朝歌之山〔一〕。潕水出焉〔二〕，東①流注于榮，其中多人魚。其上多梓、柟，其獸多麢、麋。有草焉，名曰莽草，可以毒魚〔三〕。

〔一〕任臣案：《淮南子》云：「墨子非樂，不飲朝歌。」鄒陽《獄中書》云：「邑號朝歌，墨子迴車。」《論語撰考讖》曰：「邑名朝歌，顔淵不舍。」即此地也。《路史》云：「今衛之黎陽衛鎮西二十里有朝歌城。」

〔二〕郭曰：潕水，今在南陽舞陽縣。音武。　任臣案：劉會孟云：「今之衛輝也。《水經》『潕水出潕陰縣西北扶予山，東過其縣南』，不云朝歌者，豈山之異名耶？」

〔三〕郭曰：今用之殺魚。　任臣案：《周禮·翦氏》「掌除蠹物，以莽草熏之」，鄭注：「莽草，藥物殺蟲者。」《玄覽》云：「莽草熏庶蟲，蜃炭攻貍蟲。」李氏謂：「即芒草也，一名菵草，山人以毒鼠，故

---

① 「東」下，諸本《山海經》俱有「南」字。

又謂之鼠莽。」《别録》云：「一名葞，一名春草。」沈括《筆談補》曰：「世人用莽草，多是謬誤。《本草》云『若石南而葉稀，無花實』，亦誤也。今莽草，蜀道、襄漢、浙江、湖間山中有，枝葉稠密，團欒可愛，葉光厚而香烈，花紅色，大小如杏花，六出，反卷向上，中心有新紅蕋倒垂下。漢間漁人競採以擣飯飴魚，皆翻上，乃撈取之。南人謂之石桂，唐人謂之紅桂。李德裕詩序：『龍門敬善寺有紅桂樹，故是蜀道莽草，徒得佳名耳。』古用此毒魚有驗。《本草·木部》所收，不審何緣謂之草？」

又東南二百里曰帝囷之山〔一〕。其陽多㻬琈之玉，其陰多鐵。帝囷之水出于其上，潛于其下，多鳴蛇。

〔一〕郭曰：去倫反。　任臣案：盧柟《泰宇賦》「頸帝囷而俘太逢」，指此山之神。

又東南五十里曰視山。其上多韭。有井焉，名曰天井〔一〕，夏有水，冬竭。其上多桑，多美堊、金、玉。

〔一〕任臣案：《爾雅》：「井一有水，一無水，爲瀱汋。」注云：「即天井類也。」邢昺疏曰：「非人爲之者曰天井。」《荆州記》云：「江陵縣有天井臺，東臨天井，井周二里許，中有潛室，人時見之，輒有兵疫。」魚豢《典略》曰：「浪井者，勿鑿而成。」皆斯類。又《孫子》地陷曰「天井」，此兵法家言也，非此。

又東南二百里曰前山。其木多櫧〔一〕，多柏。其陽多金，其陰多赭。

〔一〕郭曰：音諸。似柞，子可食，冬夏生，作屋柱難腐。或作「儲」。任臣案：櫧子有苦甜二種。甜櫧子粒小，木文細白，俗名麪櫧；苦櫧子粒大，木文粗赤，俗名血櫧。其色黑者名鐵櫧。

又東南三百里曰豐山〔一〕。有獸焉，其狀如蝯〔二〕，赤目赤喙黄身，名曰雍和，見則國有大恐〔三〕。神耕父處之〔四〕，常遊清泠之淵，出入有光〔五〕，見則其國爲敗。有九鐘焉，是知霜鳴〔六〕。其上多金，其下多穀、柞、杻、橿。

〔一〕任臣案：《名勝志》：「紫川又東北五里曰豐山。」《一統志》云：「豐山在南陽東北三十里。」元好問詩「豐山一何高，古屋蒼烟重」，謂此。

〔二〕任臣案：蝯即猿。《爾雅》：「猱蝯，善援。」揚雄賦：「蝯狖擬而不敢下。」

〔三〕任臣案：《麟書》云「天狗雷落，不恐雍和」，本此。

〔四〕任臣案：《駢雅》曰：「耕父、野仲、語忘、敬遺，皆鬼名也。」《麟書》云：「耕父淩波。」《歲華紀麗》云：「囚耕父，殲淤光。」《文選注》曰：「耕父，旱鬼。」

〔五〕郭曰：清泠水在西號郊縣山上，神來時水赤有光耀，今有屋祠之。任臣案：張衡《東京賦》：「囚耕父于清泠，溺女魃于神潢。」《南都賦》：「耕父揚光于清泠之淵。」黄省曾《讀山海經詩》：

「耕父爾何神，常遊清泠淵。」馮氏《雜録》曰：「耕父居清泠之淵，見則其國敗。」《事物紺珠》云：「南陽府東北豐山下有清泠泉，神耕父處之，神來則水赤。」《説苑》云：「白龍下清泠之淵。」《真誥》云：「務光入清泠之淵。」《淮南子》：「北人無擇非舜，自投清泠之淵。」夏竦賦：「湛清泠之素液。」即斯水。《圖贊》曰：「清泠之水，在乎山頂。耕父是游，流光灑景。黔首祀禜，以弭灾眚。」

〔六〕郭曰：霜降則鐘鳴，故言知也。物有自然感應而不可爲也。任臣案：《文苑英華》「南陽有豐山，山有鐘，霜降則鳴」，于是喬潭作《霜鐘賦》。《五行記》云：「豐山有鐘，霜降則鳴。黄河有鐘，陰雨則鳴。」李那《答徐陵書》：「繁霜應管，能響豐山之鐘。」王褒詩：「律改三秋節，氣應九鐘霜。」王勃《淨惠寺碑》：「九乳仙鐘，獨鳴霜雪。」楊炯《渾天賦》：「鐘何鳴兮動霜氣。」駱賓王啓：「雲浮礎潤，霜落鐘鳴。」昌黎子曰：「豐山有鐘，感而自鳴。」沈亞之《乞巧文》：「咽吟夢語之漣漣，感霜鐘之流越。」吴淑《霜賦》：「覆員嶠之寒鼊，振豐山之洪鐘。」黄省曾詩：「九鐘知霜鳴。」宋濂文：「霜鐘初動，巢鳥咸憂。」《釋義》曰：「霜降鳴，金氣應也。」《盧柟集》：「豐山有九鐘焉，不知夫霜降氣凝，轟闐雷觸，天然自鳴于火荒之野。」蓋自況也。《白帖》引《經》云：「豐山有鐘九耳，霜降則鳴。」與本文小異。《圖贊》曰：「嶢崩涇竭，麟鬬日薄。九鐘將鳴，淩霜乃落。氣之相應，觸感而作。」

又東北八百里曰兔牀之山。其陽多鐵。其木多藷藇〔一〕。其草多雞穀，其本如雞卵，其味酸甘①，食者利于人。

〔一〕任臣案：此木藷藇也。

又東六十里曰皮山。多堊，多赭。其木多松、栢。

又東六十里曰瑶碧之山。其木多梓、柟。其陰多青雘，其陽多白金。有鳥焉，其狀如雉，恒食蜚，名曰鴆〔一〕。

〔一〕郭曰：蜚，負盤也。音翡。此更一種鳥，非食蛇之鴆也。任臣案：蜚，一名蠦蜰，《本草》謂之「蜚廉」，《春秋經》云「有蜚」，似此也。音費。漢中人食之，名爲石薑。或以爲即蜚厲蟲，非是。

又東四十里曰支離之山。濟水出焉，南流注于漢〔一〕。有鳥焉，其名曰嬰勺，其狀如鵲〔二〕，赤目赤喙白身，其尾若勺〔三〕，其鳴自呼。多㸲牛，多羬羊。

〔一〕郭曰：今濟水出酈縣西北山中，南入漢。酈、離音字亦同。

〔二〕任臣案：鵲大如雅，長尾尖觜黑爪。《淮南子》云：「乾鵲知來。」《禽經》謂之「喜鵲」，《内典》謂之「芻尼」。

① 「甘」，原作「其」，據宋本改。

〔三〕郭曰：似酒勺形。　任臣案：《事物紺珠》云：「嬰勺如鵲，目喙赤，身白，尾若勺。」《駢雅》曰：「嬰勺，鵲屬也。」《圖贊》曰：「支離之山，有鳥似鵲。白身赤眼，厥尾如勺。維彼有斗，不可以酌。」

又東北五十里曰袟篙之山〔一〕。其上多松栢、机栢①〔二〕。

〔一〕郭曰：音彫。　任臣案：《五音集韻》作「袜篙」。

〔二〕郭曰：栢葉似柳，皮黄不措，子似楝，着酒中飲之，辟惡氣，浣衣去垢，核堅正黑，可以間香纓，一名括樓也。　任臣案：栢有數種，松葉栢身者樅，栢葉松身者檜，亦謂之栝，葉扁而側生者名曰側栢。

又西北一百里曰堇理之山。其上多松、栢，多美梓。其陰多丹雘，多金。其獸多豹、虎。有鳥焉，其狀如鵲，青身白喙，白目白尾，名曰青耕，可以禦疫〔一〕，其鳴自叫。

〔一〕任臣案：《事物紺珠》曰：「青耕如鵲，青身，喙首尾皆白。」《駢雅》曰：「青耕、肥遺，禦癘鳥也。」《讀書考定》云：「寓辟兵，青耕辟疫。」

① 「栢」，宋本作「栢」，避諱闕末筆一横，遂誤爲「栢」。

又東南三十里曰依軲之山〔一〕。其上多杻、橿，多苴〔二〕。有獸焉，其狀如犬，虎爪有甲，其名曰獜〔三〕，善駚坌〔四〕，食者不風〔五〕。

〔一〕郭曰：音枯。

〔二〕郭曰：未詳。音葅。　任臣案：雎麻謂之苴，又粵西不死草亦名苴，未審孰是。

〔三〕郭曰：言體有鱗甲。音吝。

〔四〕郭曰：跳躍自撲也。鞅、奮兩音。

〔五〕郭曰：不畏天風。　任臣案：《圖贊》曰：「有獸虎爪，厥號曰獜。好自跳撲，鼓甲振奮。若食其肉，不覺風迅。」

又東南三十五里曰即谷之山。多美玉，多玄豹〔一〕，多閭、麈，多䴥、㚟。其陽多珉，其陰多青雘。

〔一〕郭曰：黑豹也，即今荆州山中出黑虎也。

又東南四十里曰雞山。其上多美梓，多桑，其草多韭。

又東南五十里曰高前之山〔一〕。其上有水焉，甚寒而清〔二〕，帝臺之漿也〔三〕，飲之者不心痛〔四〕。其上有金，其下有赭。

〔一〕任臣案：高前山，今在南陽府内鄉縣東南五十里，亦名天池山。

〔二〕郭曰：或作「潛」。

〔三〕郭曰：今河東解縣檀首山，上有水潛出，停不流，俗名爲盎漿，即此類也。　任臣案：《名勝志》：「天池山有水，甚寒而冽，比于帝臺之漿。」又《鹽池録》曰：「檀道山，謂之百梯山。山東嶺出水，噴流如雪，澄渟爲池，呼曰天池，俗名止渴泉。故老傳有玉女得道于此，亦名玉女溪。」云即此處，疑非也。吴淑《事類賦》云：「天池之泉，帝臺之漿。」夏竦《河清賦》：「帝臺之漿映日。」盧柟《滄溟賦》：「飲帝臺之漿。」徐氏《謇修賦》云：「漱帝臺之鷰漿。」劉會孟云：「帝臺之漿，所謂神瀵也，亦泰山醴泉、虞淵、甜水之屬。」《釋義》曰：「前有帝臺之石，此有帝臺之漿，蓋氣清無如水，天一之所生也。」

〔四〕任臣案：《圖贊》曰：「帝臺之水，飲蠲心病。靈府是滌，和神養性。食可逍遥，濯髮浴泳。」

又東南三十里曰游戲之山。多杻、橿、穀，多玉，多封石。

又東南三十里曰從山。其上多松、栢，其下多竹。從水出于其上，潛于其下，其中多三足鼈，枝尾〔一〕，食之無蠱疫〔二〕。

〔一〕郭曰：三足鼈者①能，見《爾雅》。　任臣案：羅願《爾雅翼》云：「能，鼈之三足者。今陽羨縣君

① 「者」，諸本俱作「名」。

山有池，出三足鼈，蓋自是一種。故魁下六星，兩兩而比者，曰三能，取此象也。或以爲鯀化黃熊，即此。又《説文》稱蜮似鼈三足，以气射害人，豈亦能之類耶？」束晳《發蒙記》曰：「鼈三足，熊。」《論衡》曰：「鼈三足爲能。」《韻通》云：「能，乃來翻。」《左傳》「黃能入寢」，今本「熊」，誤也。《玄覽》云：「伊水有三足之龜，從水有三足之鼈。」《兩京賦》云：「王鮪岫居，能鼈三趾。」景純《江賦》云：「有鼈三足，有龜六眸。」又《白澤圖》載一足鼈，池精，名髮頊，更異也。

〔二〕任臣案：《庚巳編》：「太倉民得三足鼈，烹食畢，形化爲血水。」蘇頌云：「三足鼈，食之殺人。」《經》謂「食之無蠱疫」，而李時珍亦云「近有誤食無恙者」，説都不同，兩記之。

又東南三十里曰嬰硜之山〔一〕。其上多松、栢，其下多梓、櫄。

〔一〕郭曰：音真。

又東南三十里曰畢山。帝苑之水出焉，東北流注于視，其中多水玉，多蛟。其上多㻬琈之玉。

又東南二十里曰樂馬之山。有獸焉，其狀如彙〔一〕，赤如丹火，其名曰㹸〔二〕，見則其國大疫。

〔一〕任臣案：彙，蝟鼠也。

〔二〕郭曰：音戾。　任臣案：《十六國春秋》「南燕太上四年，燕主超祀南郊，有獸類鼠而色赤，集于圜丘之側」，疑即此獸，但其大如馬，未審是非。

又東南二十五里曰葴山。視水出焉〔一〕，東流注于汝水，其中多人魚，多蛟，多頡〔二〕。

〔一〕郭曰：或曰「視」宜爲「瀙」。瀙水，今在南陽也。　任臣案：《水經》作「瀙水」，出潕陰縣東上界山；許慎云「出中陽山」，皆山之殊目也。

〔二〕郭曰：如青狗。

又東四十里曰嬰山。其下多青雘，其上多金、玉。

又東三十里曰虎首之山，多苴、椆、椐〔一〕。

〔一〕郭曰：椆，未詳也。音彫。

又東二十里曰嬰侯之山。其上多封石，其下多赤錫。

又東五十里曰大孰之山。殺水出焉，東北流注于視水，其中多白堊。

又東四十里曰卑山。其上多桃、李、苴、梓，多纍〔一〕。

〔一〕郭曰：今虎豆、狸豆之屬。纍一名縢，音誄。　任臣案：《本草》謂之黎豆。

又東三十里曰倚帝之山〔一〕。其上多玉，其下多金。有獸焉，其狀如鼣鼠〔二〕，白耳白喙，名曰狙如〔三〕，見則其國大兵〔四〕。

〔一〕任臣案：《荒史・循蜚紀》：「倚帝氏都南陽倚帝山。」《前編》云「南陽有倚帝之山」。唐吴筠下第，遂居南陽倚帝山，即此。　竇子野云：「今内鄉東三十里踦立山也。」

〔二〕郭曰：《爾雅》説鼠有十三種，中有此鼠，形所未詳也。音狗吠之吠。　任臣案：《本草綱目》作「𪕌」，《廣博物志》作「𪕌」。

〔三〕郭曰：音即蛆。　任臣案：《事物紺珠》云：「狙如，鼠耳白喙。」

〔四〕任臣案：《圖贊》曰：「狙如微蟲，厥體無害。見則師興，兩陣交會。物之所感，焉有小大。」

又東三十里曰鯢山〔一〕。鯢水出于其上，潛于其下。其中多美堊。其上多金，其下多青雘。

〔一〕郭曰：音倪。

又東三十里曰雅山。澧水出焉〔一〕，東流注于視水，其中多大魚。其上多美桑，其下多苴，多赤金。

〔一〕郭曰：音禮。今澧水出南陽。　任臣案：南陽府今有澧水，其源與淮水同出于桐栢山，而别流西注，故亦謂是水爲派水。又蒼梧九疑間亦有澧水，《漢・地理志》「充縣歷山，澧水出焉」，王仲宣《贈孫文始》詩「悠悠澹澧」，非此水也。

又東五十里曰宣山〔一〕。淪水出焉，東南流注于視水，其中多蛟。其上有桑焉，大五十尺〔二〕，其枝四衢〔三〕，其葉大尺餘，赤理黄華青柎，名曰帝女之桑〔四〕。

〔一〕任臣案：顔延之賦：「要帝臺于宣嶽。」宣嶽即斯山也。

〔二〕郭曰：圍五丈也。

〔三〕郭曰：言枝交互四出。

〔四〕郭曰：婦女主蠶，故以名桑。　任臣案：張衡《南都賦》：「楓柙櫨櫪，帝女之桑。」昭明太子《錦帶書》：「依依聳蓋，俱臨帝女之桑。」《庾信集》云：「春則帝女採桑。」吴淑《桑賦》：「狀鳳闕之萬桷，擢帝女之四衢。」本此。《圖贊》曰：「爰有洪桑，生濱淪潭。厥圍五丈，枝相交參。園客是採，帝女所蠶。」

又東四十五里曰衡山〔一〕。其上多青雘，多桑。其鳥多鸜鵒。

〔一〕郭曰：今衡山在衡陽湘南縣，南嶽也，俗謂之岣嶁山。　任臣案：《寰宇記》云：「宿當翼軫，度應璣衡。衡者，北斗第二星玉衡也，故名衡。」盛弘之《荆州記》：「南嶽衡山，朱陵之靈臺，太虚之寶洞。」《五嶽真形圖》云：「灊廬、西麻、玉笥、洞陽、小潙、九疑、羅浮等十山爲之佐命，復有神山聖境曰朱陵洞天，盡指衡山也。」又云：「南嶽姓崇名嵔。」《河圖》云：「南嶽，衡山君神，姓丹名靈峙。」《雲笈七籤》云：「南嶽姓爛名洋光。」葛洪《枕中書》：「祝融氏爲赤帝，治衡霍山。」楊慎云：「衡山一名芝岡。」

又東四十里曰豐山。其上多封石。其木多桑，多羊桃，狀如桃而方莖〔一〕，可以爲皮張〔二〕。

〔一〕郭曰：一名鬼桃。任臣案：羊桃莖大如指，似樹而弱。《爾雅》：「長楚，銚芅。」《詩》曰「隰有萇楚」是也。《本草》：「一名羊腸，一名細子。」

〔二〕郭曰：治皮腫起。

又東七十里曰嫗山。其上多美玉，其下多金。其草多雞穀。

又東三十里曰鮮山。其木多楢、杻、苴，其草多亹冬。其陽多金，其陰多鐵。有獸焉，其狀如膜大，赤喙赤目白尾〔一〕，見則邑有火，名曰狢即〔二〕。

〔一〕任臣案：膜即貘。《南中志》云：「貘大如驢，狀似熊，蒼白色，多力，舐鐵消十斤，其皮温暖。」《五侯鯖》云：「食鐵之獸，貘也。食烟之鼠，鼯也。」又曰：「貘糞可以切玉，貘溺可以消鐵成水。」

〔二〕郭曰：音移。任臣案：《駢雅》曰：「狢即如膜。」《事物紺珠》云：「狢即如犬，目喙赤，尾白，見則大火。」《談薈》曰：「火獸兆火，狢即火獸，見則邑有火災也。」

又東三十里曰章山〔一〕。其陽多金，其陰多美石。皋水出焉，東流注于澧水，其中多脃石〔二〕。

〔一〕郭曰：或作「童山」。　任臣案：《尚書日記》云：「章山在江夏竟陵縣東北，《古文》以爲内方山。」疑即斯山。又《四川總志》：「成都西六十里亦有章山，一名洛通山。」非此也。

〔二〕郭曰：未聞。魚脆反。

又東二十五里曰大支之山。其陽多金。其木多穀、柞，無草木。

又東五十里曰區吴之山。其木多苴。

又東五十里曰聲匈之山。其木多穀。多玉，上多封石。

又東五十里曰大騩之山〔一〕。其陽多赤金，其陰多砥石。

〔一〕郭曰：上已有此山，疑同名。

又東十里曰踵臼之山，無草木。

又東北七十里曰歷〔一〕石之山。其木多荆、芑。其陽多黄金，其陰多砥石。有獸焉，其狀如貍而白首虎爪，名曰梁渠，見則其國有大兵〔二〕。

〔一〕郭曰：或作「磨」。

〔二〕任臣案：《駢雅》曰：「梁渠、朏朏、蒙頌，皆貍屬也。」《圖贊》曰：「梁渠致兵，猲即起災，䮗馀辟火，物各有能。聞豨之見，大風乃來。」

又東南一百里曰求山。求水出于其上，潛于其下。中有美赭。其木多苴，多䈽〔一〕。其陽多金，其陰多鐵。

〔一〕郭曰：篠屬。

又東二百里曰丑陽之山。其上多椆、椐。有鳥焉，其狀如烏而赤足，名曰䳅鵌〔一〕，可以禦火。

〔一〕郭曰：音如枳柑之枳。任臣案：《駢雅》曰：「䳅鵌，禦火鳥也。」

又東三百里曰奥山。其上多栢、杻、橿。其陽多㻬琈之玉。奥水出焉，東流注于視水〔一〕。

〔一〕任臣案：《水經注》作「澳水」：「比①水又西，澳水注之。」

又東三十五里曰服山。其木多苴。其上多封石，其下多赤錫。

又東三百里曰杳山〔一〕。其上多嘉榮草，多金、玉。

〔一〕任臣案：《釋義》本作「查山」。

① 「比」，原作「泚」，據《水經注》卷二九改。

又東三百五十里曰几山。其木多楢、檀、杻，其草多香。有獸焉，其狀如彘，黃身白頭白尾，名曰聞獜〔一〕，見則天下大風〔二〕。

〔一〕郭曰：音鄰。

〔二〕郭曰：「獜」一作「豨」，音瓴。　任臣案：《駢雅》曰：「聞獜，黃彘也。」《事物紺珠》云：「聞獜如豬，黃身，頭尾白。」又云「豨如彘，黃身，首尾白」，亦斯獸也。《談薈》云：「風獸兆風，聞獜之獸見則天下大風也。」《集韻》作「豨」，又作「豨」，音吝。

凡荆山之首自翼望之山至于几山，凡四十八山，三千七百三十二里。其神狀皆彘身人首，其祠：毛用一雄雞祈，瘞用一珪，糈用五種之精〔一〕。禾山，帝也〔二〕，其祠：太牢之具，羞瘞，倒毛〔三〕，用一璧，牛無常。堵山、玉山，冢也，皆倒祠，羞毛少牢，嬰毛吉玉。

〔一〕郭曰：備五穀之美者。

〔二〕任臣案：禾山疑即帝囷山。

〔三〕郭曰：薦羞反倒牲埋之也。

《中次十二經》洞庭山之首曰篇遇之山〔一〕。無草木，多黃金。

〔一〕郭曰：或作「肩」。

又東南五十里曰雲山。無草木，有桂竹甚毒，傷人必死〔一〕。其上多黄金，其下多瑶琈之玉。

〔一〕郭曰：今始興郡桂陽縣出筀竹，大者圍二尺，長四丈。又交趾有篥竹，實中勁强，有毒，鋭以刺虎，中之則死，亦此類也。任臣案：《竹譜》云：「棘竹一名芀竹，芒①棘森然，大者圍二尺，可禦盜賊。」亦桂竹之屬。

又東南一百三十里曰龜山。其木多穀、柞、椆、椐。其上多黄金，其下多青雄黄，多扶竹〔一〕。

〔一〕郭曰：邛竹也。高節實中，中杖也，名之扶老竹。任臣案：《竹譜》：「笻②竹，剡俗謂之扶老。」《廣志》云：「出南康邛都縣。」陶潛《歸去來辭》「策扶老以憩息」，謂此竹也。

又東七十里曰丙山。多筀竹〔一〕，多黄金、銅、鐵，無木。

〔一〕任臣案：筀竹出桂陽，見「雲山」注。

①「芒」，原作「扶」，據《四庫》本改。

②「笻」，原作「節」，《四庫》本作「邛」，此據《竹譜》卷六改。

又東南五十里曰風伯之山〔一〕。其上多金、玉，其下多痠石、文石〔二〕，多鐵。其木多柳、杻、檀、楮。其東有林焉，名曰莽浮之林〔三〕，多美木鳥獸。

〔一〕任臣案：《事類賦》注引《經》作「鳳伯之山」。

〔二〕郭曰：未詳痠石之義。　任臣案：痠，蘇官反，音酸。

〔三〕任臣案：王崇慶曰：「今廬山有東林寺，疑即此。」

又東一百五十里曰夫夫之山〔一〕。其上多黃金，其下多雄黃。其木多桑、楮，其草多竹、雞鼓〔二〕。神于兒居之，其狀人身而身操兩蛇，常遊于江淵，出入有光〔三〕。

〔一〕任臣案：《釋義》本作「大夫之山」，《續通考》引此亦作「大夫山」。又案秦《繹山碑》及漢印篆文，「大夫」都作「夫夫」，則二字古相通也。

〔二〕任臣案：草類有雞涅、雞腸、雞蕵、雞脚、雞冠莧之名，無所爲「雞鼓」者，疑即「雞穀」之譌。

〔三〕任臣案：《圖贊》曰：「于兒如人，蛇頭有兩。常游江淵，見于洞廣。乍潛乍出，神光惚恍。」

又東南一百二十里曰洞庭之山〔一〕。其上多黃金，其下多銀、鐵。其木多柤、梨、橘、櫾〔二〕，其草多葌、蘪蕪、芍藥、芎藭〔三〕。帝之二女居之〔四〕，是常遊于江淵。澧沅之風，交瀟湘之淵〔五〕，是在九江之間〔六〕，出入必以飄風暴雨〔七〕。是多怪神，狀如人而載蛇，左右手操蛇，多怪鳥。

〔一〕郭曰：今長沙巴陵縣西又有洞庭陂，潛伏通江。《離騷》曰「邅吾道兮洞庭」，「洞庭波兮木葉下」，皆謂此也。字或作「銅」。宜從水。　任臣案：劉會孟曰：「今屬湖廣德安府應山縣，中有一穴，深不可測，或云洞庭山浮于水上也。」《事物紺珠》曰：「君山在洞庭湖中，亦名洞庭山，狀如十二螺髻。」

〔二〕任臣案：《圖贊》曰：「厥色橘櫾，奇者維甘。朱實金鮮，葉蒨翠藍。靈均是詠，以爲美談。」

〔三〕郭曰：蘪蕪，似蛇牀而香也。

〔四〕郭曰：天帝之二女，而處江爲神，即《列仙傳》江妃二女也，《離騷》、《九歌》所謂「湘夫人」稱「帝子」者是也。而《河圖玉版》曰：「湘夫人者，帝堯女也。秦始皇浮江，至湘山，逢大風，而問博士：『湘君何神？』博士曰：『聞之，堯二女，舜妃也，死而葬此。』」《列女傳》曰：「二女死于江湘之間，俗謂爲湘君。」鄭司農亦以舜妃爲湘君。說者皆以舜陟方而死，二妃從之，俱溺死于湘江，遂號爲湘夫人。按《九歌》湘君、湘夫人自是二神。江湘之有夫人，猶河洛之有處妃也。此之爲靈，與天地並矣，安得謂之堯女？且既謂之堯女，安得復總云湘君哉？何以考之？《禮記》曰「舜葬蒼梧，二妃不從」，明二妃生不從征，死不從葬，義可知矣。即令從之，二女靈達，鑒通無方，尚能以鳥工龍裳救井廩之難，豈當不能自免于風波，而有雙淪之患乎？假復如此，《傳》曰「生爲上公，死爲貴神」，《禮》「五嶽比三公，四瀆比諸侯」，今湘川不及四瀆，無秩於命祀，而二女帝者之后，配靈神祇，無緣當復下降小水而爲夫人也。參互其義，義既混錯，錯綜其理，理無可據，斯不然矣。原其致謬之由，由乎俱以「帝女」爲名。名實相亂，莫矯其失，習非勝是，終古不悟，可悲矣。

任臣案：高似孫《緯略》曰：「劉向《列女傳》：『帝堯之二女，長曰娥皇，次曰女英，堯以妻舜于嬀汭。舜既爲天子，娥皇爲后，女英爲妃。舜死于蒼梧，二妃死于江湘之間，俗謂之湘君。』羅含《湘中記》：『舜二妃死爲湘水神，故曰湘妃。』韓愈《黄陵碑》：『秦博士對始皇帝云：湘君者，堯之二女，舜妃者也。劉向、康成皆以二妃爲湘君，而《離騷》、《九歌》既有湘君，又有湘夫人，王逸注以湘君爲正妃之稱，則次妃自宜降曰夫人也。』故《九歌》謂娥皇爲君，女英爲帝子。而《山海經》亦言『帝之二女』者，其稱謂審矣。」陳氏《江漢叢譚》曰：「沈存中云舜陟方時，二妃皆百餘歲，豈得俱存，猶稱二女？其説誠是，但未考黄陵舜妃墓及瀟湘二女之故。惟《路史・發揮》則以黄陵爲癸比之墓，瀟湘二女乃帝舜女也。癸比氏，帝舜第三妃，而二女皆癸比氏所生，一曰宵明，一曰燭光。《帝王世紀》云：舜三妃，娥皇無子，女英生商均。今女英墓在商州，蓋舜崩之後，女英隨子均徙于封所，故其卒葬在焉。而癸比氏則亦從二女徙于瀟湘之間，故其卒葬在此，《山海經》所謂洞庭之山，帝之二女居之是也。若《九歌》之湘君、湘夫人，則又洞庭山神，豈謂帝女哉？」然案《博物志》云「洞庭君山，帝一女居之，曰湘夫人」，《荆州圖經》又曰「洞庭湘君所游，故曰君山」，則更合爲一矣。

〔五〕郭曰：此言二女遊戲江之淵府，則能鼓三江，令風波之氣共相交通，言其靈響之意也。江、湘、沅水皆共會巴陵頭，故號爲三江之口。澧又去之七八十里而入江焉。《淮南子》曰：「弋釣瀟湘。」今所在未詳也。瀟音肖。　任臣案：《圖贊》曰：「神之二女，爰宅洞庭。游化五江，惚恍窈冥。號曰夫人，是維湘靈。」又王子年《拾遺記》曰：「洞庭之山，其下金堂數百間，帝女居之，四時匏管之清音，金石之淒唳，徹于山杪。」張騖《龍筋鳳髓判》云：「瀟湘帝子，乘洞浦而揚波。」本此。

〔六〕郭曰：《地理志》「九江」今在潯陽南。江自潯陽而分爲九，皆東會于大江，《書》曰「九江孔殷」是也。　任臣案：《書傳》云：「九江即今之洞庭也。」今沅水、漸水、元水、辰水、叙水、酉水、澧水、資水、湘水皆合于洞庭，意以是名九江也。

〔七〕任臣案：北齊李騊駼聘陳，問陸士秀：「江南有孟婆，是何神？」士秀曰：「《山海經》帝之女遊于江中，出入必以風雨自隨，以帝女故曰孟婆，猶《郊祀志》以地神爲泰媼。」陸言似謬也。

又東南一百八十里曰暴山。其木多椶、柟、荆、芑、竹箭、䉋、箘〔一〕。其上多黄金、玉，其下多文石、鐵。其獸多麋、鹿、麢、就〔二〕。

〔一〕郭曰：箘亦篠類，中箭，見《禹貢》。

〔二〕郭曰：就，雕也，見《廣雅》。　任臣案：麢即麂也，就即鷲也。《本草》：「麢，古麂字。麂味甘旨，故字以旨。」鷲一名鷻。《禽經》云：「鶡以周之，鷲以就之，鷻以搏之。」梵書謂之「揭羅闍」。

又東南二百里曰即公之山。其上多黄金，其下多㻬琈之玉。其木多柳、杻、檀、桑。有獸焉，其狀如龜而白身赤首，名曰蛫〔一〕，是可以禦火〔二〕。

〔一〕郭曰：音詭。

〔二〕任臣案：《事物紺珠》云：「蛫狀如龜，白身赤首。」又相如《上林賦》：「獑胡豰蛫棲息乎其間。」意即此獸。

又東南一百五十九里曰堯山〔一〕。其陰多黄堊，其陽多黄金。其木多荆、芑、柳、檀，其草多藷藇、茉。

〔一〕任臣案：今真定府唐山縣亦有堯山，以堯始封名。南陽府魯山縣亦有堯山，非此。

又東南一百里曰江浮之山。其上多銀、砥礪。無草木。其獸多豕、鹿。

又東二百里曰真陵之山〔一〕。其上多黄金，其下多玉。其木多榖、柞、柳、杻，其草多榮草。

〔一〕任臣案：吴淑《事類賦》注作「直陵之山」，其《柳賦》云「復有直陵鳳伯」，謂此。

又東南一百二十里曰陽帝之山。多美銅。其木多檀、杻、檿、楮〔一〕。其獸多麢、麝。

〔一〕郭曰：檿，山桑也。任臣案：《禹貢》：「厥篚檿絲。」《詩經》：「其檿其柘。」《國語》：「檿弧箕箙。」《考工記》：「凡爲幹之道，橜桑次之。」橜，於檢反，音掩。

又南九十里曰柴桑之山〔一〕。其上多銀，其下多碧，多冷①石、赭〔二〕。其木多柳、芑、楮、桑。其獸多麋、鹿，多白蛇、飛蛇〔三〕。

〔一〕郭曰：今在潯陽柴桑縣南，共廬山相連也。

〔二〕任臣案：冷石，滑石類，見《别録》。

〔三〕郭曰：即②螣蛇，乘霧而飛者。　任臣案：《爾雅疏》：「螣蛇能興雲霧而遊其中。」或以爲奔蛇，許慎云：「奔蛇，馳蛇也。或呼爲莽蛇。」《荀子》云：「螣蛇無足而飛。」《慎子》云：「螣蛇游霧，飛雲乘龍。」《淮南子》云：「螣蛇雄鳴于上風，雌鳴于下風。」《圖贊》曰：「螣蛇配龍，因霧而躍。雖欲登天，雲罷陸莫。材非所任，難以久託。」

又東二百三十里曰滎余之山。其上多銅，其下多銀。其木多柳、芑。其蟲多怪蛇、怪蟲。

---

①「冷」，宋本同，《箋疏》作「泠」，並云當爲「汵」字。

②「即」，原作「音」，據宋本改。

凡洞庭山之首自篇遇之山至于榮余之山，凡十五山，二千八百里。其神狀皆鳥身而龍首，其祠毛用一雄雞，一牝豚釖〔一〕，糈用稌。凡夫夫之山、即公之山、堯山、陽帝之山，皆冢也，其祠皆肆瘞〔二〕，祈用酒，毛用少牢，嬰毛一吉玉。洞庭、榮余山，神也，其祠①皆肆瘞〔三〕，祈酒太牢祠，嬰用圭璧十五，五彩惠之〔四〕。

〔一〕郭曰：釖亦割刺之名。

〔二〕郭曰：肆，陳之也。陳牲玉而後埋藏之。

〔三〕郭曰：肆竟，然後依前埋之也。

〔四〕郭曰：惠猶飾也，方言也。

右《中經》之大②志，大凡百九十七山，二萬一千三百七十一里。大凡天下名山五千三百七十，居地大凡六萬四千五十六里。

禹曰：天下名山，經五千三百七十山，六萬四千五十六里，居地也。言其五

① 「祠」，原作「神」，據《四庫》本改。

② 「大」，宋本同，《箋疏》作「山」。

臧〔一〕，蓋其餘小山甚衆，不足記云。天地之東西二萬八千里，南北二萬六千里。出水之山者八千里，受水者八千里。出銅之山四百六十七，出鐵之山三千六百九十。此天地之所分壤樹穀①也，戈矛之所發也，刀鎩之所起也。能者有餘，拙者不足。封於太山、禪於梁父七十二家，得失之數皆在此内，是謂國用〔二〕。

〔一〕任臣案：「臧」與「藏」同，才浪切。《漢志》曰：「山海天地之藏。」

〔二〕郭曰：《管子・地數》云「封禪之王七十二家」也。

右《五臧山經》五篇，大凡一萬五千五百三字。

---

①「穀」，原作「穀」，宋本同，據《箋疏》改。

山海經廣注卷之六

仁和吴任臣注

海外南經

地之所載，六合之間〔一〕，四海之内，照之以日月，經之以星辰，紀之以四時，要之以太歲，神靈所生，其物異形，或夭或壽，唯聖人能通其道〔二〕。

〔一〕郭曰：四方上下爲六合也。

〔二〕郭曰：言自非窮理盡性者，則不能原極其情變。

海外自西南陬至東南陬者〔一〕。

〔一〕郭曰：陬猶隅也，音騶。

結匈國在其西南，其爲人結匈〔一〕。南山在其東南。自此山來，蟲爲蛇，蛇號爲魚〔二〕。一曰南山在結匈東南。比翼鳥在其東。其爲鳥青、赤〔三〕，兩鳥比翼〔四〕。一曰在南山東。

〔一〕郭曰：臆前胅出，如人結喉也。　任臣案：《淮南子》海外三十六國，自西南至東南方，有結胸民、羽民。《博物志》云：「結胸國有滅蒙鳥。」江淹《遂古篇》：「結匈反舌。」

〔二〕郭曰：以蟲爲蛇，以蛇爲魚。　任臣案：楊氏《補注》：「今嶺南呼蛇爲訛，或爲茅鱓。」《圖贊》曰：「賤無定貢，貴無常珍。物不自物，自物由人。萬事皆然，豈伊蛇鱗？」

〔三〕郭曰：似鳧。

〔四〕任臣案：即蠻蠻也。

羽民國在其東南。其爲人長頭，身生羽〔一〕。一曰在比翼鳥東南，其爲人長頰〔二〕。有神人二八，連臂，爲帝司夜於此野〔三〕。在羽民東。其爲人小頰赤眉〔四〕，盡十六人〔五〕。

〔一〕郭曰：能飛，不能遠，卵生，畫似仙人也。　任臣案：《博物志》：「羽民國民有翼，飛不遠，多鸞鳥，民食其卵。去九疑四萬三千里。」《異林》云：「羽民長頰鳥喙，赤目白首，身有羽毛，不能遠飛。」《事物紺珠》云：「羽民國在海東南崖巘間，長頰鳥喙，身生羽毛，似人而卵生。」《淮南・原道訓》曰：「理三苗，朝羽民。」注云：「南方羽國之民。」《金樓子》云：「舜時羽民獻火浣布。」顧氏《説略》曰：「舜時瑞事尤多，羽民等獻黄布、火浣之類。」《楚辭》「仍羽人于丹丘兮」，王逸注：「即羽人國也。」高叔嗣詩：「宅並羽人丘。」孫綽賦：「仍羽人于丹丘，尋不死之福庭。」江淹《遂古篇》：「跋踵交脛與羽人兮。」《圖贊》曰：「鳥喙長頰，羽生則卵。矯翼而翔，龍飛不遠。人維倮屬，何狀之反？」

〔二〕郭曰：《啓筮》曰：「羽民之狀，鳥喙赤目而白首。」

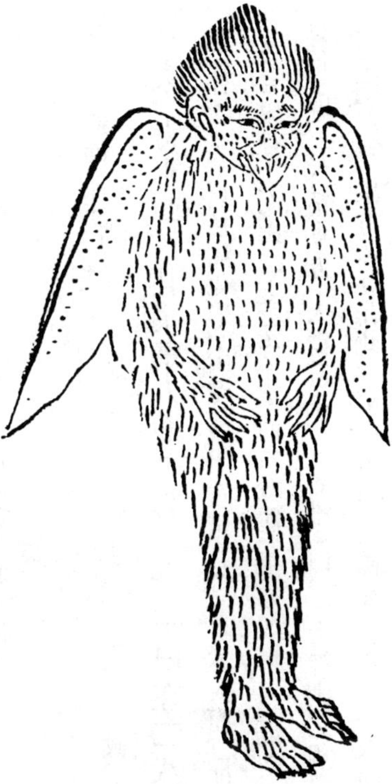

羽民國　爲人長頭，身生羽毛。在結胷國東南。

〔三〕郭曰：晝隱夜見。　任臣案：《淮南子》：「有神人連臂，爲帝候夜。」注云：「連臂大呼夜行。」

《圖贊》曰：「羽民之東，有神司夜。二八連臂，自相羈駕。晝隱宵出，詭時淪化。」楊慎《補注》云：「南中蠻方或有之，夜行逢之，土人謂之夜遊神，亦不怪也。」

〔四〕郭曰：當脾上正赤色。

〔五〕郭曰：疑此後人所增益語耳。

畢方鳥在其東，青水西。其爲鳥人面一脚〔一〕。一曰在二八神東。

〔一〕任臣案：《抱朴子》云：「枯灌化形，山夔前跟，石脩九首，畢方人面。」即斯鳥也。又《韓子》載師曠曰：「黄帝合鬼神于泰山之上，駕象車而六蛟龍，畢方並轄。」《淮南子》云：「水出罔象，木生畢方。」《意林》曰：「木精畢方，火精遊光。」《廣雅》曰：「土神謂之羵羊，木神謂之畢方。」揚雄《蜀都賦》「獸則猶㲉、畢方」，疑非此。劉會孟曰：「佛國鳥頻伽亦人面，羽山之北有善鳴之禽，亦人面鳥喙一足，名曰青鸐，其聲似鐘磬笙竽。又鵬鳥、鴛鳥、橐𩇯、𪀦徯皆人面禽也，與此類。」

讙頭國在其南。其爲人人面有翼，鳥喙，方捕魚〔一〕。一曰在畢方東，或曰讙朱國。

〔一〕郭曰：讙兜，堯臣，有罪自投南海而死，帝憐之，使其子居南海而祠之，畫亦似仙人也。任臣案：《神異經》曰：「驩兜民，鳥足，仗翼而行，食魚，不畏風雨，有所觸，死乃已。」《博物志》曰：

「驩兜國，其民盡是仙人。帝堯司徒。驩兜民常捕海島中，人面鳥口，去南國萬六千里。」《吕氏春秋》云：「縳婁①、陽禺、驩兜之國，多無君。」《圖贊》曰：「讙國鳥喙，行則仗羽。潛于海濱，維食杞柜。實維嘉穀，所謂濡黍。」

讙頭國　人面有翼鳥喙，方捕魚。在畢方東。

厭火國在其國南。獸身黑色，生火，出其口中〔一〕。一曰在讙朱東。

① 「婁」下原有「之」字，據《吕氏春秋・恃君覽》删。

厭火國　獸身黑色，生火出其口中。在讙頭東。

〔一〕郭曰：言能吐火。畫似獼猴而黑色也。　任臣案：《博物志》曰：「厭光國民，光出口中。」《事物紺珠》云：「厭光民形如猿猴，光出口中。」又云：「厭虎獸似獼猴，黑身，口出火。」即此也。《本草集解》曰：「南方有厭火之民，食火之獸。」注云：「國近黑崑崙，人能食火炭。　食火獸，名禍斗也。」《圖贊》曰：「有人獸體，厥狀怪譎。　吐納炎精，火隨氣烈。　推之無奇，理有不熱。」又大秦國俗多奇幻，口中出火。　漢安帝永寧元年，復有撣國來朝，獻樂及幻人，能變化吐火。　此魚龍曼衍之術，非自然者也。

三株樹在厭火北，生赤水上，其爲樹如柏，葉皆爲珠〔一〕。一曰其爲樹若彗〔二〕。

〔一〕任臣案：「三株」通作「三珠」。《淮南子》云：「三珠樹在其東北方。」《博物志》云：「三珠樹生赤水之上。」吴淑《事類賦》：「見三珠于赤水，植五柞於漢宫。」《圖贊》曰：「三珠所生，赤水之際。翹葉栢竦，美壯若彗。翟彩丹波，自相霞映。」陶潛《讀山海經》詩：「粲粲三珠樹，寄生赤水陰。亭亭淩風桂，八榦共成林。」吴筠詩：「安得崑崙山，偃蹇三珠樹。」褚禋詩：「誰謂重三珠，終焉競八桂。」張九齡詩：「側見雙翠鳥，巢在三珠樹。」李白詩：「蒼蒼三珠樹。」王世貞詩：「赤水三珠樹。」《高士廉集》序：「獲十城之珍，搴三珠之樹。」又唐人號王勔兄弟爲「三珠樹」。皆本此。《留青日札》云：「嶺南珠子樹，其珠生蚌中，蚌生于樹上，綴着不解。而樹乃生海中石。蜑户、鮫人往往泅水中，鑿石得樹。」蓋亦珊瑚、琅玕樹之類，比三珠樹較奇也。王崇慶《釋義》曰：「『皆爲珠』，謂其葉生如珠，非真有所謂珠也。」

〔二〕郭曰：如彗星狀。

三苗國在赤水東〔一〕。**其爲人相隨**〔二〕。**一曰三毛國。**

〔一〕任臣案：《淮南子》海外三十六國有「三苗民」。《路史》作「三鱙」。

〔二〕郭曰：昔堯以天下讓舜，三苗之君非之，帝殺之。有苗之民叛入南海，爲三苗國。任臣案：劉會孟云：「猶陸渾之族遷于伊州，尚曰陸渾。」

㦸國在其東〔一〕。**其爲人黄，能操弓射蛇**〔二〕。**一曰㦸國在三毛東**〔三〕。

〔一〕郭曰：音秩，亦音替。　任臣案：《國名記》云：「《經》有巫人、臷民。臷民，朌姓，帝俊後。」《廣韻》有「臷國」，即此也。

〔二〕郭曰：《大荒經》云：「此國自然有五穀衣服。」

〔三〕任臣案：《圖贊》曰：「不蠶不絲，不稼不穡。百獸率儛，羣鳥拊①翼。是號臷民，自然衣食。」

貫匈國在其東。其爲人匈有竅〔一〕。一曰在臷國東。

貫胸國　爲人胸有竅。在臷國東。

①「拊」，原作「推」，據《四庫》本改。

〔一〕郭曰：《尸子》曰：「四夷之民有貫匈者，有深目者，有長肱者，黄帝之德嘗致之。」《異物志》曰：「穿匈之國，去其衣則無自然者，蓋似效此貫匈人也。」　任臣案：《河圖玉版》曰：「防風之二臣，以刃自貫其心而死，禹哀之，乃拔其刃，療以不死之草，是爲穿匈民。」然《金樓子》云「帝舜九載，貫匈民獻珠鰕」，《竹書》「黄帝五十九年，貫匈氏來賓」，前此已有其國矣。《墨子》蠻之類八，穿匈在其中。《贏蟲録》云：「穿胷國在盛海東。」駱賓王露布：「反衝穿匈之域，襲官帶以來王；奇肱儋耳之民，奉正朔而請吏。」

交脛國在其東。其爲人交脛〔一〕**。一曰在穿匈東**〔二〕**。**

交脛國　爲人交脛。在穿胷東。

〔一〕郭曰：言脚脛曲戾相交，所謂「雕題交趾」者也。或作「頸」，其爲人交頸而行也。　任臣案：《淮南子》作「交股」，今名「交趾」。《東漢書》：「男女同川而浴，故曰交趾。」《禮三朝記》云：「北發渠搜，南撫交趾。」范氏《桂海虞衡志》：「安南有播流山，環數百里皆如鐵圍，不可攀躋。中有土國，惟一竅可入，而常自窒之，人物詭怪，不與外人通。」疑此即古交趾地。若今之交趾，其人百骸與華無異。又李氏《筆記》云：「交趾人足趾皆重起。」又張鏡心《馭交記》引《經》曰「交趾①，其人交脛」，與本文略異。

〔三〕任臣案：《博物志》云：「交趾民在穿胸東。」沈佺期《渡海》詩：「嘗聞交趾郡，南與貫匈連。」

不死民在其東〔一〕。其爲人黑色，壽，不死〔二〕。一曰在穿匈國東。

〔一〕任臣案：《楚辭》：「何所不死？長人何守？」《淮南子》海外三十六國有「不死民」，又云「飲氣之民，不死之野」，即此也。江淹《遂古篇》云：「不死之國，皆何因兮。」

〔二〕郭曰：有員丘山，上有不死樹，食之乃壽，亦有赤泉，飲之不老。　任臣案：《括地圖》曰：「員丘之山，上有赤泉，飲之不死。」《博物志》云：「員丘山有不死樹，食之乃壽。」景純《遊仙詩》：「圓丘有奇草，鍾山出靈液。」《洛陽宫殿簿》云：「明光殿前長生樹二株，晉華林園長生樹二株，即不死樹也。」又廣西柳州産苴草，亦名不死草。《周髀算經》曰：「中衡左右，冬有不死之草。」李石《續博物志》曰：「支國有活人草，人死者，將草覆面即活。」皆不死樹類。《圖贊》曰：「有人爰處，員丘之

① 「趾」，原作「阯」，據《四庫》本改。

上。赤泉駐年，神木養命。禀此遐齡，悠悠無竟。」陶潛《讀山海經》詩：「自古皆有没，何人得靈長？不死復不老，萬歲如平常。赤泉給我飲，員丘是我糧。方與三辰遊，壽考豈渠央？」

岐舌國在其東〔一〕。**一曰在不死民東。**

〔一〕郭曰：其人舌皆岐，或云支舌也。　任臣案：《淮南子》：「東南方有反舌民。」注云：「語不可知而自相曉。」《吕覽》云：「反舌殊鄉之國。」《東京賦》：「重舌之人九譯，僉稽首而來王。」王氏《彙苑》云：「反舌之國，其人反舌。」即此也。《拾遺記》曰：「因霄之國，人舌尖處倒向喉内。亦曰兩舌重沓。」《玄覽》云：「軒渠之西，其民四舌而三瞳。」《通考》謂之「三童國」，亦此類。又案《物理論》：「舌主心苗，火旺于巳，巳爲蛇，故蛇岐舌。」南方岐舌之民，其亦火旺之象與？《路史》「天皇頎嬴而三舌」，是中國亦有岐舌者。《圖贊》曰：「鑠金洪鑪，灑成萬品。造物無私，各任所禀。歸於曲成，是見兆朕。」

崑崙墟在其東。墟四方〔一〕。**一曰在岐舌東，爲墟四方。羿與鑿齒戰於壽華之野，羿射殺之**〔二〕，**在崑崙墟東。羿持弓矢，鑿齒持盾**〔三〕。**一曰戈**〔四〕。

〔一〕郭曰：墟，山下基也。　任臣案：劉會孟云：「在烏思藏山。」

〔二〕任臣案：《鴻烈解》有「鑿齒民」，即此。高誘云：「鑿齒，獸名，齒長三尺，其狀如鑿，下徹頷下，羿射殺之。」《博物志》曰：「羿與鑿齒戰於疇華之野，羿持弓，鑿齒持矛，羿殺之。」《路史》云：

「堯殊鑿齒于疇華之野，戮九嬰於凶水之上。」疇華即壽華也。《青丘記》：「東方澤疇華，南方澤凶水。」《圖贊》曰：「鑿齒人類，實有傑牙。猛越九嬰，害過長蛇。堯乃命羿，斃之壽華。」《金薤琳瑯》載《昭仁寺碑》云：「殄暴壽華之澤，戮凶絶轡之野。」本此也。

〔三〕郭曰：鑿齒亦人也，齒如鑿，長五六尺，因以名云。任臣案：《宛委餘編》引《經》云「鑿齒作楯」，誤。

〔四〕郭曰：未詳。任臣案：一云鑿齒持戈也。

三首國在其東。其爲人一身三首〔一〕。一曰在鑿齒東。

三首國　一身三首。在鑿齒東。

〔一〕任臣案：《抱朴子》曰：「巢居野處，獨目三首。」《南華經》云：「有人三頭，伺琅玕與玕琪子。」同此類。李時珍《人傀論》：「人具四肢七竅，常理也，而荒裔有三首、比肩、飛頭、垂尾之民。」《淮南子》云：「自西南至東南方，爲三頭民。」《圖贊》曰：「雖云一氣，呼吸異道。觀則俱見，食則皆飽。物形自周，造化非巧。」又《博物志》載「蒙雙民，二頭四手」，亦三首之屬也。

周饒國在其東。其爲人短小，冠帶〔一〕。一曰焦僥國在三首東〔二〕。

〔一〕郭曰：其人長三尺，穴居，能爲機巧，有五穀也。

〔二〕郭曰：《外傳》云：「焦僥民長三尺，短之至也。」《詩含神霧》曰：「從中州以東西四十萬里，得焦僥國人，長一尺五寸也。」　任臣案：《通考》云：「焦僥人長三尺，穴居，善游，鳥獸懼焉。其地草木冬落夏生。」《竹書紀年》：「堯二十九載，焦僥氏貢没羽。」《帝王世紀》：「舜時焦僥氏來貢没羽。」馬融《廣成頌》云：「納焦僥之珍羽。」謂此也。漢明帝時，西南國焦僥來貢獻。安帝永初中，焦僥種類陸賴等舉種内附。《淮南子》云：「焦僥曰炎土。」林希逸《列子注》：「焦僥之尺五，諍人之九寸。」《圖贊》曰：「羣籟舛吹，氣有萬殊。大人三丈，焦僥尺餘。混之一歸，此亦僑如。」又人之短者：廣延國人長二尺；張仲師長一尺二寸；鵠國男女長七寸，陳章與齊桓公所言是也；鶴民國人長三寸，日行千里，見《窮神秘苑》；未多國長四寸；李子敖長三寸三分；黄帝時務光長七寸；《西京雜記》云「東都獻短人五寸」，或云「東郡送人長七寸，名曰巨靈」；《神異經》曰「西北荒中有小人長一寸，朱衣玄冠」，較焦僥更異也。又案：《拾遺記》「遺池國、陀移國人皆長三尺，壽萬歲」，《後漢書》「朱儒國人長三四尺」，《洞冥記》云「勒畢國人長三尺，有翼」，或云「三寸」，《朝野僉載》云「留仇國人長三足二三寸」，《職方外紀》曰「歐羅巴西海有小人國，高不二尺，跨鹿而行，鸛鳥嘗欲食之」，馬端臨云「大秦有小人國，軀纔三尺，耕稼之時，懼鸛所食，大秦每衛助之」，《突厥本末記》曰「突厥窟北馬行一月，爲短人國，長者不踰三尺，北方呼爲羊胞頭國」，然則人長三尺，不獨焦僥也。又「焦僥」或作「僬僥」，《酉陽雜俎》云：「李章武有人腊，長三寸餘，頭項中骨筋成就，是僬僥國人。」

長臂國在其東。捕魚水中，兩手各操一魚〔一〕。一曰在焦僥東，捕魚海中。

長臂國　其人手垂下。地在焦僥東。

〔一〕郭曰：舊説云：其人手下垂至地。魏黄初中，玄菟太守王頎討高句麗王宮，窮追之，過沃沮國，其東界臨大海，近日之所出。問其耆老：「海東復有人否？」曰：「常在海中得一布褶，身如中人衣，兩袖長三丈①。」即此長臂人衣也。　任臣案：《淮南子》海外三十六國有「脩臂民」。《抱朴子》云：「脩臂、交股。」江淹《遂古篇》云：「長臂兩面。」即此也。牛衷《埤雅廣要》曰：「長臂國在海之東，其人垂手至地。又有長脚人，常負之入海捕魚。」又《博物志》載一布衣，從海浮出，其身如中國人衣，兩袖長二丈。朱謀㙔《異林》云：「長臂之國，臂長丈餘，身如中人。」《圖贊》曰：「雙肱三尺，體如中人。彼曷爲者？長臂之民。脩脚是負，捕魚海濱。」梁簡文《菩提樹頌》：「穿胸鏤臆之首，短身長臂之師。」

狄山，帝堯葬于陽〔一〕，帝嚳葬于陰〔二〕。爰有熊、羆、文虎〔三〕、蜼、豹〔四〕、離朱〔五〕、視肉〔六〕。吁咽〔七〕、文王皆葬其所〔八〕。一曰湯山。一曰爰有熊、羆、文虎、蜼、豹、離朱、鴟久〔九〕、視肉、虖交〔一〇〕。其范林方三百里〔一一〕。

〔一〕郭曰：《吕氏春秋》曰：「堯葬穀林。」今陽城縣西、東阿縣城次鄉中、赭陽縣湘亭南，皆有堯冢。　任臣案：《帝王世紀》：「堯葬濟陰成陽西北四十里，是爲穀林。」《墨子》云：「堯葬蛩山之陰。」《山陵考》云：「堯陵在東平州。」王充乃云葬崇山。《郡國志》言「濟陰郡成陽縣有堯冢」。《皇覽·冢墓記》云：「堯冢在濟陰成陽。」《續述征記》云：「小成陽在陽城西南半里許，俗

---

①「丈」，原作「尺」，宋本同，據《箋疏》改。

云囚堯城。」合諸説觀之，要以爲小成陽者近是，餘皆儀墓爾。

〔二〕郭曰：嚳，堯父，號高辛，今冢在頓丘縣城南臺陰野中也。音酷。　任臣案：《山陵雜紀》云：「嚳葬頓丘宜陽。」《山陵考》云：「帝嚳陵在滑縣東北七十里。」《廣輿記》：「大名府清豐縣有秋山，帝嚳葬此山之陰。」《圖贊》曰：「聖德廣被，物無不懷。爰乃殂落，封墓表哀。異類猶然，況乃華黎。」

〔三〕郭曰：雕虎也。《尸子》曰「中黄伯：余左執太行之獶，而右搏雕虎」也。

〔四〕郭曰：蜼，獮猴類。　任臣案：《爾雅》：「蜼卬鼻而長尾。」

〔五〕郭曰：木名也，見《莊子》。今圖作赤鳥。

〔六〕郭曰：聚肉，形如牛肝，有兩目也，食之無盡，尋復更生如故。　任臣案：謝肇淛《五雜俎》曰：「《太平廣記》載蕭静之掘地得物，如人手，脽而食之，甚美。遇一道士，曰：此肉芝也。」江鄰幾《雜志》云：「徐積于廬州河次得一小兒手，無指，懼而棄之，亦肉芝也。」狄山視肉蓋此類。又案《白澤圖》：「物如小兒手無指者，名封，食之多力。」《本草綱目》云：「海中一種土肉，正黑，長五寸，大如小兒臂，有腹無口目，有三十足，可炙食。」《文獻通考》云：「公孫淵時，襄平北市生肉各數尺，有頭目口喙①，無手足而動摇。」《西湖志》：「董表儀撤屋掘土，得一肉塊。術士云：

①「喙」，原作「緣」，據《四庫》本改。

太歲也。棄之。」又飛廉、地囊，形皆視肉類也。附記之以廣聞見。劉會孟曰：「視肉，猶南方無損獸。」《南華・逸篇》云：「人而不學，謂之視肉。學而不行，謂之撮囊。」李斯云：「禽鹿視肉，人面而能强行。」《圖贊》曰：「聚肉有眼，而無腸胃。與彼馬勃，頗相髣髴。奇在不盡，食人薄味。」

〔七〕郭曰：所未詳也。

〔八〕郭曰：今文王墓在長安鄗聚社中。按帝王冢墓皆有定處，而《山海經》往往復見之者，蓋以聖人久於其位，仁化廣及，恩洽鳥獸，至于殂亡，四海若喪考妣，無思不哀，故絶域殊俗之人，聞天子崩，各有立坐而祭醊哭泣①，起土爲冢，是以所在有焉。亦猶漢氏諸遠郡國皆有天子廟，此其遺象也。　任臣案：今咸陽縣有周文王陵。

〔九〕郭曰：鴟久，鵂鶹之屬。　任臣案：鴟久，即鵂鶹，古字通，見《字義總略》。

〔一〇〕郭曰：所未詳也。

〔一一〕郭曰：言林②氾濫布衍也。　任臣案：范、氾通。

---

①「泣」，原作「位」，據上下文改。

②「林」下，宋本有「木」字。

南方祝融，獸身人面，乘兩龍〔一〕。

〔一〕郭曰：火神也。　任臣案：《太公金匱》：「南海神名祝融。」《越絶》云：「祝融治南方，僕程佐之。」《楚辭·九歎》云：「絶廣都以直指兮，歷祝融於朱冥。」相如《大人賦》：「祝融驚而蹕御兮，清雰氣而後行。」揚雄《河東賦》：「服玄冥及祝融。」《史記正義》云：「南方炎帝之佐，獸身人面，乘兩龍，應火正也。」《圖贊》曰：「祝融火神，雲駕龍驂。氣御朱明，正陽是含。作配炎帝，列位于南。」

山海經廣注卷之七

仁和吴任臣注

海外西經

海外自西南陬至西北陬者。

滅蒙鳥在結匈國北。爲鳥青，赤尾〔一〕。

〔一〕任臣案：張華《博物志》：「結匈有滅蒙鳥。」

大運山高三百仞，在滅蒙鳥北〔一〕。

〔一〕任臣案：《路史》注作「大連山」。

大樂之野，夏后啓於此儛九代〔一〕，乘兩龍〔二〕，雲蓋三層〔三〕，左手操翳〔四〕，右手操環〔五〕，佩玉璜〔六〕。在大運山北〔七〕。一曰大遺之野〔八〕。

〔一〕郭曰：九代，馬名。儛，謂盤作之令儛也。　任臣案：楊氏《補注》云：「盤作之，謂舉盤起之，令馬舞其上。杜詩『舞馬更登牀』，唐世猶有此戲。」又案：蕭子範《求昭明集表》：「夏后之風，載傳樂野。」梁簡文頌：「張樂大野，夏有慙德。」盧柟《滄溟賦》：「玩弄乎夏后氏之儛。」本此。

〔二〕任臣案：王融《曲水詩序》：「夏后兩龍，載驅璿臺之上。」江淹《赤虹賦》：「稟傅說之一星，乘夏后之兩龍。」又《遂古篇》：「夏開乘龍，何因緣兮。」又《效阮體》詩：「夏后乘兩龍，高會在帝臺。」李商隱《九成宫》詩：「雲隨夏后雙龍尾。」謂此也。

〔三〕郭曰：層猶重也。

〔四〕郭曰：羽葆幢也。

〔五〕郭曰：玉空邊等爲環。

〔六〕郭曰：半璧曰璜。

〔七〕郭曰：《歸藏·鄭母經》曰：「夏后啓筮，御飛龍，登于天，吉。」明啓亦仙也。　任臣案：《路史·夏啓紀》：「登擯抃馬，秉翳執環而聲九辨。」《圖贊》曰：「筮御飛龍，果儛九代。雲融是揮，玉璜是佩。對揚帝德，禀天靈誨。」

〔八〕郭曰：《大荒經①》云「大穆之野」。

---

①「經」字原脱，據宋本補。

三身國在夏后啓北。一首而三身〔一〕。

三身國　一首而三身。在海外西南。

〔一〕任臣案：《淮南子》：「自西北至西南方，有三身民。」注云：「三身民，一頭三身。」江淹《遂古篇》：「丈夫女子至三身兮。」《玄覽》云：「鑿齒之東，其民一首而三身。」《荒史・因提紀》曰：「庸成氏實有季子，其性喜淫，帝放之於西南。季子儀馬而産子，身人而尾蹄馬，是爲三身之國。」

一臂國在其北。一臂一目一鼻孔。有黄馬，虎文，一目而一手〔一〕。

〔一〕任臣案：《淮南子》海外三十六國，西南方有「一臂民」。《呂氏春秋》云：「共肱一臂之鄉。」《爾雅》：「北方有比肩民焉，迭食而迭望。」注云：「此即半體之人，各有一目、一鼻孔、一臂、一脚。」《異域志》云：「半體國，其人一目、一手、一足。」《交州記》曰：「儋耳國東有一臂國，人皆一臂也。」江淹《遂古篇》：「一臂人兮。」本此。《三才圖會》曰：「一臂國在西海之北，半體比肩，猶魚鳥相合。」王融《曲水詩序》：「離身反踵之君，髽首貫胸之長。」離身亦斯類也。《圖贊》曰：「品物流行，以散混沌。增不爲多，減不爲損。厥變難原，請尋其本。」

奇肱之國〔一〕在其北。其人一臂三目，有陰有陽，乘文馬〔二〕。有鳥焉，兩頭，赤黃色，在其旁〔三〕。形天與帝至此爭神，帝斷其首，葬之常羊之山。乃以乳爲目，以臍爲口，操干戚以舞〔四〕。

奇肱國　其人一臂三目，有陰有陽，能作飛車，從風遠行。在一臂國北。

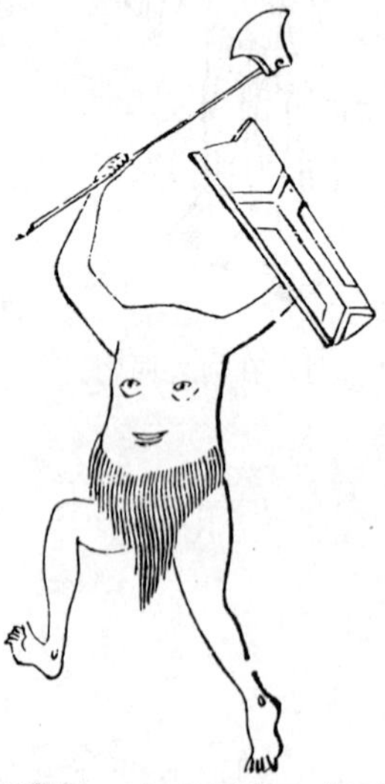

形天　無首，操干戚而舞，以乳爲目，以臍爲口。

〔一〕郭曰：或作「弘」。奇音羈。

〔二〕郭曰：陰在上，陽在下。文馬，即吉良也。

〔三〕郭曰：其人善爲機巧，以取百禽，能作飛車，從風遠行。湯時，得之於豫州界中，即壞之，不以示人。後十年，西風至，復作遣之。任臣案：《河圖括地象》曰：「奇肱氏能爲飛車，從風遠行。」《博物志》云：「奇肱國去玉門西四萬里，善爲拭扛、飛車。」《述異記》曰：「湯時，西風吹奇肱人垂車，東至豫州界，俟十年而風後至，使遣歸國。」《冠編》亦云：「成湯十祀，遣奇肱氏歸其國。」沈思永《文苑豹班》云：「奇肱氏能爲飛車，乘風而飛，禹時曾至。」《黄帝祠額解》云：「儋耳、奇肱、長股、貫胸，莫不來賓。」吴淑《風賦》云：「飛車初駭于奇肱，曲蓋始因于周武。」又《車賦》云：「然丘則剛金爲輞，奇肱則從風以飛。」《玄覽》曰：「奇肱有兩頭之鳥，互人有六首之鸓。」《圖贊》曰：「妙哉工巧，奇肱之人。因風構思，制爲飛輪。淩頹遂軌，帝湯是賓。」

〔四〕郭曰：干，盾；戚，斧也。是爲無首之民。任臣案：《抱朴子》謂「無首之體」，即此也。《圖贊》曰：「争神不勝，爲帝所戮。遂厥形天，臍口乳目。仍揮干戚，雖化不服。」「形天」或作「刑天」，陶詩云：「精衛銜微木，將以填滄海。刑天舞干戚，猛志故常在。」亦作「形夭」，段成式《諸皋記》云：「形夭與帝争神，帝斷其首，葬之常羊山，乃以乳爲目，臍爲口，操干戚而舞焉。」劉會孟曰：「律陀有天眼，形天有天口。」洪容齋曰：「舊本淵明《讀山海經》詩『刑天無千歲』，疑上下文義不貫，遂取經文參校。形夭，獸名也，好啣干戚而舞，乃知是『形夭舞干戚』，五字皆譌。」此與臨漢曾紘之説同也。而《二老堂詩話》復云：「靖節兹題十三篇，大槩篇指一事，此恐專説精衛填海，無千歲之壽，而猛志常在，化去不悔，若并指形夭，似不相續。」其辭甚辨，而要以曾、洪之解爲得之。邢凱《坦齋通編》云：「天山有神名刑夭，操干戚而舞不止。」張氏《代醉編》曰：「《山海經》形夭與帝争神，形刑、天夭四字，當再考善本。」又吴淑《事類賦》：「駭操干之刑大。」以「形天」爲「刑大」，更誤矣。來斯行策云：「晉史莫窺，空詑渡河之三豕；山經未諳，終迷舞戚之刑天。」謂此。又青藤山人《路史》曰：「刑天即渾潡。」

女祭、女戚在其北，居兩水間。戚操魚觛〔一〕，祭操俎〔二〕。鶩鳥、鶬鳥〔三〕，其色青黄，所經國亡〔四〕。在女祭北。鶩鳥人面，居山上〔五〕。一曰維鳥，青鳥、黄鳥所集。

〔一〕郭曰：鱓，魚屬。　任臣案：《王會篇》「甌人蟬蛇」，即觛也。《物性志》云：「觛似蛇，亦善緣樹食藤花。」語曰：「觛則似蛇，鰼聞有翼。」

〔二〕郭曰：肉几。　任臣案：《圖贊》曰：「彼姝者子，誰氏二女。曷爲水間，操魚持俎？厥儷安在，離羣逸處。」

〔三〕郭曰：次瞻兩音。

〔四〕郭曰：此應禍之鳥，即今梟、鵂鶹之類。　任臣案：《圖贊》曰：「有鳥青黄，號曰鶬鶩。與妖會合，所集會至。類則梟鶹，厥狀難媚。」

〔五〕任臣案：《篇海》云：「鵹鳥，鶬鸖别名。」今云「人面」，似不類。

丈夫國在維鳥北。其爲人衣冠帶劍〔一〕。

〔一〕郭曰：殷帝太戊使王孟採藥，從西王母至此，絶糧不能進，食木實，衣木皮，終身無妻而生二子，從形中出，其父即死，是爲丈夫民。　任臣案：《玄中記》云：「子從背脇中出。」「王孟」一作「王英」。江淹《遂古篇》：「丈夫、女子。」徐陵《陳公九錫文》：「北洎丈夫之鄉，南踰女子之國。」陳氏《吴問》云：「丈夫北極，女子南方。」謂此也。《淮南子》：「自西北至西南方，有丈夫民。」《事物紺珠》云：「丈夫民去玉門關二萬里。」《圖贊》曰：「陰有偏化，陽無産理。丈夫之國，王孟是始。感靈所通，桑石無子。」

女丑之尸，生而十日炙殺之〔一〕。在丈夫北。以右手鄣其面〔二〕。十日居上，女丑居山之上。

〔一〕任臣案：《冠編》云：「羲和爲黄帝日官，錫土扶桑。扶桑後君生十子，皆以日名號。十日而九日爲凶，號九嬰。分扶桑之國爲十，用兵不止，求實無已，炙殺女丑，同惡相濟，故曰叢枝胥敖。」

〔二〕郭曰：蔽面。　任臣案：王世貞《沈慅》云：「鑿齒齸齸擬琰余兮，女丑蒙顱以相蠱。」盧柟《放招賦》：「魂兮無西，女丑之尸蒙面奇怪。」指此也。《圖贊》曰：「十日並熯，女丑以斃。暴于山阿，揮袖自翳。彼美誰子，逢天之厲。」

巫咸國在女丑北。右手操青蛇，左手操赤蛇。在登葆山，羣巫所從上下也〔一〕。

〔一〕郭曰：採藥往來。任臣案：《國名記》：「巫咸國，故巫縣，今夔之巫山。」又陝之夏縣有巫咸山，計其道里，非此也。《淮南子》云：「巫咸在其北方。」董逌《廣川書跋》曰：「巫咸河在女丑北，其神威靈震耀，得在祀典。世圖其象，右手摻青蛇，左手摻赤蛇。在保登山，羣巫所以上下。故安邑有巫咸祠祀之。」江淹《赤虹賦序》：「自非巫咸採藥，羣帝上下者皆歛意焉。」用此。《圖贊》曰：「羣有十巫，巫咸所統。經枝是搜，術藝是綜。採藥靈山，隨時登降。」

并封在巫咸東。其狀如彘，前後皆有首，黑〔一〕。

并封　狀如彘，前後皆有首，黑色。出巫咸國之東。

〔一〕郭曰：今弩弦蛇亦此類也。　任臣案：游氏《臆見》云：「西區陽有鼈封，謂之兩頭鹿。」朱氏《駢雅》曰：「鼈封，兩首彘也。鼈封、并封、屏蓬，似是一物。」胡應麟《三墳補逸》曰：「《王會》稱區陽以鼈封，鼈封者若彘，前後有首。」王伯厚《補注》云：「盛弘之記武陵郡西有獸如鹿，前後有頭，常以一頭食，一頭行，然不言名鼈封。　考以《山海經》所載，并封在巫咸東，其狀如彘，前後皆有首，蓋斯物也。」任臣又案：《後漢書》：「雲陽有神鹿，兩頭，能食毒草。」《華陽國志》云此鹿出雲陽南郡熊舍山，即余義也。《酉陽雜俎》云雙頭鹿矢，名耶希，耶，鹿名也。　張華《博物志》云荼苜機出永昌郡，音蔡茂机，是兩頭鹿名。　弘之所記，即此耳。《圖贊》曰：「龍過無頭，并封連載。　物狀相乖，如驥分背。　數得自通，尋之愈閡。」又《史訇》云：「神功元年，安國獻兩首犬。」亦并封類，附記之。

女子國在巫咸北。兩女子居，水周之〔一〕。　一曰居一門中。

〔一〕郭曰：有黃池，婦人入浴，出即懷妊矣。　若生男子，三歲輒死。　周猶繞也，《離騷》曰「水周於堂下」也。　任臣案：《金樓子》云：「女國有潢池，浴之而孕。」《抱朴子》云：「黃池無男，穿胸勞口。」《隋書》云：「女國在葱嶺南。」《職方外紀》曰：「直北方之西有女國，曰亞瑪作搦。」疑即此也。《梁四公記》：杰公曰：「今女國有六：北海之東，方外之國有女國，天女下降爲其君。　西南域板楯之西有女國，女爲人君，以貴男爲夫，置男爲妾媵。　昆明東南絕徼之外有女國，以猿爲夫，生男類父，而入山谷，晝伏夜遊，生女則巢居穴處。　南海東南有女國，舉國惟以鬼爲夫，夫致飲食禽獸以養之。勃律山之西有女國，山出台虒之水，女子浴之而有孕，其女舉國無夫。西海西北有女國，以虵爲夫，男則爲虵，不噬人而穴處，女則臣妾官長而居宫室。」《唐書・西域傳》云：「東女國，一曰蘇伐剌拏瞿咀羅國，皆别種也。西海有女國，故稱東别之。女主號賓就。」是西方亦不止一女國也。又《通考》曰：「扶桑東千里有女國，其人容貌端正，身體有毛。至二三月，競入水，則妊娠，六七月産子。」《埤雅廣要》曰：「女人國與奚部小如者部抵界，其國無男，每視井即生。」蓋東女國也，非此。《圖贊》曰：「簡狄有吞，姜嫄有履。女子之國，浴於黄水。乃娠乃字，生男則死。」

軒轅之國在此窮山之際。其不壽者八百歲〔一〕。在女子國北。人面蛇身，尾交首上。窮山在其北。不敢西射，畏軒轅之丘〔二〕。在軒轅國北。其丘方，四蛇相繞〔三〕。此諸夭之野〔四〕，鸞鳥自歌，鳳鳥自舞。鳳凰卵，民食之，甘露，民飲之，所欲自從也〔五〕。百獸相與羣居。在四蛇北。其人兩手操卵食之，兩鳥居前導之。

〔一〕郭曰：其國在山南邊也。《大荒經》曰岷山之南。任臣案：《博物志》：「西北有軒轅國，在窮山之際，其不壽者八百歲。」張衡《思玄賦》云：「超軒轅于西海兮。」謂此。《圖贊》曰：「軒轅之人，承天之祐，冬不襲衣，夏不扇暑，猶氣之和，家爲彭祖。」潘之恒《黄海》云：「天帝賜算聖人有加焉，軒轅之國不壽者八百歲。」是即以軒轅爲黄帝也，未詳是非。

〔二〕郭曰：言敬畏黄帝威靈，故不敢向西而射也。任臣案：《禪通紀》有「軒轅氏」，或曰「居軒轅之丘以爲名」，疑非是。羅泌曰：「軒轅所迹，後人因以名丘，非因丘而爲號。且其丘在崑崙之下，世以爲黄帝之所避風雨者，非所居也。」

〔三〕郭曰：繚繞樛纏。

〔四〕郭曰：夭音妖。　任臣案：《博物志》作「渚沃」，《事類賦》作「諸沃」，又《篇海》引此，夭音沃。

〔五〕郭曰：言滋味無所不有，所願得自在，此謂夭野也。　任臣案：《博物志》：「軒轅國，鸞自舞，民食鳳卵，飲甘露。」《述異記》云：「海中有軒轅丘，鸞自歌，鳳自舞，古云天帝樂也。」昭明太子《七召》云：「拾卵鳳巢，剖胎豹約。」李氏《演連珠》云：「渚沃之野，食鳳卵而棄餘。」崔融《賀甘露表》：「嘗之則甘，似降軒轅之國。」俱本此。又吴淑《露賦》：「享遐壽于摇山。」注引《經》云：「諸沃之山，摇山之民，甘露是飲，不壽者八百歲。」與今本略異。

龍魚陵居在其北，狀如狸〔一〕。一曰鰕〔二〕。即有神聖乘此以行九野〔三〕。一曰鼈魚在夭野北。其爲魚也如鯉。

〔一〕郭曰：或曰龍魚似狸一角。　任臣案：《淮南子》「硥魚在其南」，即此。張衡《思玄賦》云：「跨汪氏之龍魚。」景純《江賦》云：「龍鯉一角，奇鶬九頭。」又云：「或虎狀龍顔。」吴淑《魚賦》云：「陵處亦驚于龍鯉。」劉賡《稽瑞録》云：「具區文蜃，陵居角鯉。」《駢志》云：「龍魚陵居。」皆指此也。又《成陽靈臺碑》有「龍魚」，疑亦斯魚也，見洪适《漢隸釋》。又《文選》注、《事類賦》注引《經》通作「龍鯉」。

〔二〕郭曰：音遐。 任臣案：虞荔《鼎録》曰：「宋文帝得鰕魚，遂作鼎，曰鰕魚，四足。」又《爾雅》：「鯢大者亦謂之鰕。」皆同名異物。

〔三〕郭曰：九域之野。 任臣案：《括地圖》曰：「龍魚一名鰕魚，狀如龍，而有神聖乘此而行九野。」高誘《淮南注》：「硥魚如鯉魚，有神靈者乘行九野。」《圖贊》曰：「龍魚一角，似狸處陵。俟時而出，神聖攸乘。飛鶩九域，乘雲上昇。」楊慎《異魚贊》曰：「龍魚之川，在汧之瑌。 河圖授羲，實此出焉。 神行九野，如馬行天。」

白民之國在龍魚北〔一〕。 白身被髮〔二〕。 有乘黃，其狀如狐，其背上有角，乘之壽二千歲〔三〕。

乘黃 狀如狐，其背上有角。乘之壽二千歲。出白民國。

〔一〕任臣案：《吕氏春秋》注：「白民之國，在海外極南。」《淮南子》：「自西北至西南方，有白民。」注云：「白民白身。」《天寶實録》云：「日南廐山連接不知幾千里，裸人所居，白民之後也，刺其胸前作花，以爲美飾。」《路史》：「白民進藥獸。」《黄帝祠額解》云：「師白民藥獸而知醫。」劉鳳《雜俎》曰：「赤頸白民。」謂此也。又《大荒東經》亦有「白民國」，計其道里，疑爲二國。又《雲南通志》云：「白飯王之後仁果，居白崖，爲白人之國。」亦非此也。

〔二〕郭曰：言其人體洞白。　任臣案：《湘烟録》云：「白民國，人白如玉，國中無五穀，惟種玉食之。」疑即白民。

〔三〕郭曰：《周書》曰「白民乘黄，似狐，背上有兩角」，即飛黄也。《淮南子》曰：「天下有道，飛黄伏皂。」　任臣案：《博物志》：「白民國有乘黄，乘之壽三千歲。」《稽瑞録》云：「成王時，白民獻乘黄。」游氏《臆見》曰：「乘黄一名訾黄，龍翼馬身，黄帝乘之而仙，漢武欲得之，《郊祀歌》曰：『訾黄何不徠下。』」《文選・赭白馬賦》：「黄帝陟位，飛黄伏皂。」《輟耕録》云：「軒轅獲飛黄而獨角。」高誘《淮南注》云：「飛黄出西方，狀如狐①，背上有角，乘之壽三千歲。」《宋・符瑞志》：「舜時地出乘黄之馬。」李長吉詩：「暫繫騰黄馬。」吴正子注云：「騰黄，神黄也，一曰乘②黄、飛

① 「狐」，原作「乘」，據六臣注《文選・赭白馬賦》引《淮南子》高誘注改。

② 「乘」，原作「狐」，係前「狀如狐」之「狐」字相錯而誤。

黄，或作古黄、翠黄，狀如狐，背有兩角，乘之壽千歲。」《抱朴子》云：「騰黄之馬，吉光之獸，皆壽三千歲。」即斯獸也。《圖贊》曰：「飛黄奇駿，乘之難老。揣角輕騰，忽若龍矯。實鑒有德，乃集厥阜。」

肅慎之國在白民北〔一〕。有樹名曰雄〔二〕常，先入代帝，於此取之〔三〕。

〔一〕任臣案：《淮南子》海外三十六國有「肅慎民」。

〔二〕郭曰：或作「雒」。

〔三〕郭曰：其俗無衣服。中國有聖帝代立者，則此木生皮可衣也。　任臣案：《異物彙苑》云：「雒常木無皮，出肅慎之國，聖人在位則木生皮，可爲衣。其國東朝中國，成王時一生。」《晉書》列傳云：「肅慎有樹，名曰雒常。若中國有聖帝代立，則其木生皮可衣。周武王及成王時，遣使入貢。」《事物紺珠》云：「雒常出肅慎。」《談薈》云：「挹婁國雒常樹，其皮可衣。」顧野王《進玉篇啓》：「取衣雒樹，則肅慎識受命之興；平波海水，則越裳知聖人之德。」《駢雅》曰：「雒常之皮可衣，吉貝之花可績。」《稽瑞録》云：「房户闊達，肅慎雒常。」《圖贊》曰：「青質赤尾，號曰滅蒙。大運之山，百仞三重。雄常之樹，應德而通。」又朱謀㙔《異林》作「雒裳樹」。

長股之國在雄常北。被髮〔一〕。一曰長脚〔二〕。

長股國　一云長脚，脚過三丈。在雄常樹之北。

〔一〕郭曰：國在赤水東也。長臂人身如中人而臂長二丈，以類推之，則此人脚過三丈矣。黄帝時至。或曰：長脚人常負長臂人入海中捕魚也。任臣案：《竹書紀年》：「黄帝五十九年，長股氏來賓。」《穆天子傳》「天子乃封長肱於黑水之西河，是曰留骨之邦」，即長股也。《淮南子》海外三十六國有「修股民」。又《氾論訓》曰：「奇肱、修股之民，是非各異，習俗相反。」江淹《遂古篇》云：「長股深目，豈君臣兮？」《埤雅廣要》云：「長脚人與長臂國相連。」

〔二〕郭曰：或曰「有喬國」，今伎家喬人蓋象此身。任臣案：喬人，雙木續足之戲，今曰「躧蹻」。

西方蓐收，左耳有蛇，乘兩龍〔二〕。

蓐收 左耳有青蛇，乘兩龍，面目有毛，虎爪執鉞，西方金神也。

〔一〕郭曰：金神也，人面虎爪白毛，執鉞，見《外傳》。　任臣案：《月令》：「秋月，其神蓐收。」《明義》云：「少皞金天氏，其子該，爲蓐收也。」《左傳》：「金正曰蓐收。」《楚辭·遠遊》云：「鳳凰翼其承旂兮，遇蓐收乎西皇。」柳子《晉問》云：「出太白，徵蓐收。」《亶爰子》云：「召蓐收以奔屬兮，馴威虓，迴踆烏。」《國語》虢公所夢，史嚚所對，均此神也。《圖贊》曰：「蓐收金神，白毛虎爪。珥蛇執鉞，專司無道。立號西阿，恭行天討。」

山海經廣注卷之八

仁和吴任臣注

海外北經

海外自東北陬至西北陬者。

無䏿之國〔一〕在長股東。爲人無䏿〔二〕。

〔一〕郭曰：音啓，或作「綮」。　任臣案：一名「無啓」，又名「無繼」。《淮南・墬形訓》海外三十六國，西北方有「無繼民」。

〔二〕郭曰：䏿，肥腸也。其人穴居食土，無男女，死即埋之，其心不朽，死百廿歲乃復更生。　任臣案：《博物志》：「無啓民居穴食土，死埋之，其心不朽，百年還化爲人。」《酉陽雜俎》曰：「無啓人食土，其人死，其心不朽，埋之百年，化爲人。録民膝不朽，埋之百二十年，化爲人。細民肝不朽，埋之八年，化爲人。」《抱朴子》云：「乘雲壐產之國，肝心不朽之民。」盧柟《蠛蠓集》云：「登巫咸，歷無𦞠。」劉鳳《雜俎》云：「無𦞠無骨。」皆此也。《圖贊》曰：「萬物相傳，非子則根。無𦞠因心，構肉生魂。所以能然，尊形者存。」又《三才圖會》云：「三蠻國民食土，死者埋之，心肺肝皆不朽，百年復化爲人。」與無𦞠國相類。

無𦞠國 爲人無肥腸。在長股東。

鍾山之神〔一〕，名曰燭陰〔二〕，視爲晝，瞑爲夜，吹爲冬，呼爲夏，不飲不食不息，息爲風〔三〕，身長千里。在無𦞠之東。其爲物人面蛇身赤色，居鍾山下〔四〕。

〔一〕任臣案：《十洲記》曰：「北海外有鍾山，自生千芝及神草。」又云：「鍾山在北海子地，仙家數十萬，耕田種芝草，課計頃畝。」《酉陽雜俎》云：「仙藥有鍾山白膠。」《魯女生列傳》曰：「鍾山之東，其大如餅。」景純《遊仙詩》：「鍾山出靈液。」注云：「北海外山。」即此山也。

〔二〕郭曰：燭龍也。是燭九陰，因名云。　任臣案：盧柟《泰宇賦》：「前引壽華，後蟠燭陰。」

〔三〕郭曰：息，氣息也。

〔四〕郭曰：《淮南子》曰：「龍身一足。」　任臣案：《括地圖》曰：「鍾山之神，名曰燭龍，視爲晝，眠爲夜，吹爲冬，吁爲夏，息爲風。」《楚辭》：「日安不到，燭龍何照？」王逸注云：「天之西北有幽冥無日之國，有龍銜燭而照之。」柳宗元《天對》曰：「脩龍旦燎，爰北其首。九陰極冥，厥朔以炳。」楊萬里解云：「旦燎，謂銜燭也。」盧柟《放招賦》：「軼鍾山之幽黷兮，今照之以燭龍。」《龍池賦》：「蔚兮啣燭，照鍾山之野。」《圖贊》曰：「天缺西北，龍啣火精。氣爲寒暑，眼作昏明。身長千里，可謂至神。」張憲《燭龍行》云：「蛇身人面髮如赭，啣珠光吐照天下。」指此也。

燭陰　人面蛇身，赤色，身長千里。鍾山之神也。

一目國在其東。一目中其面而居。一曰有手足〔一〕。

一目國　一目中其面而居。在燭龍之東。

〔一〕任臣案：《淮南子》海外三十六國有「一目民」。《抱朴子》所謂獨目也。《事物紺珠》云：「西北一目少廣，爲八紘之地，在八埏外。」《三才圖會》曰：「一目國在北海外，其人一目當其面，而手足皆具。」《圖贊》曰：「蒼四不多，此一不少。于野冥瞽，洞見無表。形遊逆旅，所貴維眇。」今亞細亞之西北，歐羅巴之東，有一目國，見《兩儀玄覽圖》。

柔利國在一目東。爲人一手一足，反膝，曲足居上〔二〕。一云留利之國，人足反折。

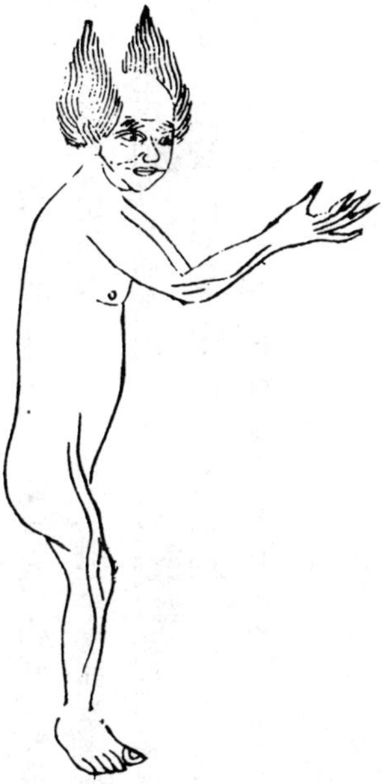

柔利國　爲人一手一足，反膝曲足居上。在一目國東。

〔一〕郭曰：一脚一手反卷曲也。　任臣案：《博物志》：「子利國人一手二足，拳反曲。」與此國類，第云「二足」，疑非此也。《淮南子》海外三十六國有「柔利民」。《異林》云：「柔利國，其人曲膝向前，一手一足。」《三才圖會》云：「柔利國國人曲膝，一手一足。」《圖贊》曰：「柔利之人，曲脚反肘。干求之容，方此無醜。所貴者神，形于何有。」

共工之臣曰相柳氏〔一〕，九首，以食于九山〔二〕。相柳之所抵，厥爲澤谿〔三〕。禹殺相柳，其血腥，不可以樹五穀種。禹厥之，三仞三沮〔四〕，乃以爲衆帝之臺〔五〕。在崑崙之北〔六〕，柔利之東。相柳者九首，人面蛇身而青，不敢北射，畏共工之臺。臺在其東。臺四方，隅有一蛇，虎色，首衝南方〔七〕。

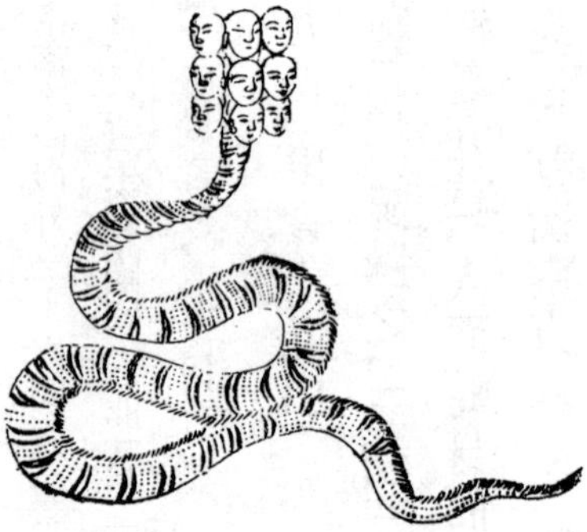

相柳　九首人面蛇身。

〔一〕郭曰：共工，霸九州者。

〔二〕郭曰：頭各自食一山之物，言貪暴難饜。　任臣案：相柳，《蛙螢子》、《三才圖會》俱作「相抑」。先是，共工姜之異爲太昊黑龍氏，主水，職共工，薨，子康回襲黑龍氏，亦曰共工。太昊崩，女媧立，以上相不下女主，伯九有而朝同列，僭黑帝，輔以相抑，竊保冀方。亦作相繇，見張揖《廣雅》及《大荒經》。《圖贊》曰：「共工之臣，號曰相柳。禀此奇表，虵身九首。恃力舛暴，終禽夏后。」又案：神九首者，相柳之外，九鳳九首，木夫九首。駱賓王露布云：「雄虺九頭。」蓋謂此也。

〔三〕郭曰：抵，觸。厥，掘也，音撅。

〔四〕郭曰：掘塞之而土三沮滔，言其血膏浸潤壞地①。　任臣案：陳一中曰：「共工夾輔太昊，太昊在位，則相抑爲陪臣，太昊既陟，則相抑於共工君臣之分既定，義不可絶，嗣主縱無道，死所事以報先君，人臣之義也。　彼各爲其主，精英未泯，死化九首之虺，所抵爲淵澤，水孽憒戾之氣，理不盡無，故禹不得不殺。　一曰禹戮之虺，非真相抑氏，杜宇、蟛蜞是也。」王世貞詩：「相柳食九州，膏血瀰川坻。」本此。

〔五〕郭曰：言地潤濕，唯可積土以爲臺觀。

〔六〕郭曰：此崑崙山在海外者。

〔七〕郭曰：衝猶向。　任臣案：楊慎《補注》云：「首衝南方者，紀鼎上所鑄之象。　虎色者，蛇斑如虎，蓋鼎上之象，又以彩色點染別之。」

深目國在其東。　爲人舉一手一目〔一〕。　在共工臺東〔二〕。

〔一〕郭曰：一作「曰」。

〔二〕任臣案：《淮南子》：「自東北至西北方，有深目民。」《路史》曰：「北海深目之國，盼姓，近南地。」《冠編》云：「黄帝五十九歷，貫胸、長股、深目、儋耳莫不來賓。」《圖贊》曰：「深目類胡，但

---

①「地」，宋本同，《箋疏》作「也」。

覺絶縮。軒轅道降，欵塞歸服。穿胸長脚，同會異族。」

無腸之國在深目東〔一〕。其爲人長而無腸〔二〕。

〔一〕郭曰：一作「南」。

〔二〕郭曰：爲人長大，腹内無腸，所食之物直通過。　任臣案：《淮南子》：「自東北至西北方，有無腸民。」《路史》云：「無腸、蜚頭、厭火、流鬼。」《圖贊》曰：「無腸之人，厥體維洞。心實靈府，餘則外用。得一自全，理無不共。」《埤雅廣要》作「無腹國」。

聶耳之國在無腸國東。使兩文虎，爲人兩手聶其耳〔一〕。縣居海水中〔二〕，及水所出入奇物〔三〕。兩虎在其東。

聶耳國　爲人耳長，行則以手攝持之。在無腸國東。

〔一〕郭曰：言耳長，行則以手攝持之也。聶，諸夾反。　任臣案：牛衷《埤雅廣要》云：「聶耳在無腹東。其人虎文，兩手聶耳而行，耳長及頰，行則手捧之。」朱謀㙔《異林》云：「聶耳之國，耳垂至腰，兩手捧耳而行。」《圖贊》曰：「聶耳之國，海渚是縣。雕虎斯使，奇物畢見。形有相須，手不離面。」長源羅氏曰：「四海之下，半體聶耳。」即此。又大耳國以一耳爲席，一耳爲衾，較此更奇也。

〔二〕郭曰：縣猶邑也。

〔三〕郭曰：言盡規有之。

夸父與日逐走，入日〔一〕。渴，欲得飲，飲於河渭〔二〕。河渭不足，北飲大澤〔三〕。未至，道渴而死。棄其杖，化爲鄧林〔四〕。

〔一〕郭曰：言及日於將入也。逐音胄。　任臣案：《列子》：「夸父不量力，欲追日影，逐之於隅谷之際。」林注云：「夸父，龍伯之類。」《鴻烈解》：「夸父在其北方。」又曰：「臣雷公役夸父。」注云：「夸父，神獸也。」《廣輿記》云：「今涇州有振履堆，相傳夸父逐日，振履于此。」《歲華紀麗·日類》云：「逐有夸父，送有秦皇。」《吴國倫集》：「北山愚公，東海夸父。」《續騷經》云：「攙飛輿以夸父兮，徐吾起而爲助。」《冠編》云：「句龍生垂及信，信生夸父。」又《蜀觀井碑》：「成湯自上而臨下，夸父處中而見受。」疑謂此人。

〔二〕任臣案：何諷《夢渴賦》云：「辨夸父于渭上。」

〔三〕任臣案：王勃《九成宮頌》：「前旌逐日，夸父斷洪河之流。」盧柟《蠛蠓集》：「飲夸父於後澨。」本此。

〔四〕郭曰：夸父者，蓋神人之名也。其能及日景而傾河渭，豈以走飲哉？寄用於走飲耳。幾乎不疾而速、不行而至者矣。此以一體爲萬殊，存亡代謝，寄鄧林而遯形，惡得尋其靈化哉？任臣案：《淮南子》：「夸父棄其策，是爲鄧林。」《博物志》云：「海水西，夸父與日相逐，棄其策杖，化爲鄧林。」阮籍《詠懷詩》：「夏后乘靈輿，夸父爲鄧林。」江淹《遂古篇》：「夸父鄧林，義亦艱兮。」庾信《竹林賦》：「一傳大夏，空成鄧林。」又《羽調曲》：「羣材既聚，故能成鄧林。」《詩品》云：「篇章之珠澤，文彩之鄧林。」李邕《日賦》：「夸父棄策，崩走何益？」《初學記》云：「夸父棄杖，魯陽揮戈。」《隋書》云：「鄧林之一枝，崑山之片玉。」《後周書》云：「挺棟幹于鄧林。」駱賓王《露布》：「鄧林萬里，交影甘泉之樹。」楊炯《渾天賦》：「夸父棄策，無以方其駿奔。」李白《大獵賦》：「大章按步以往來，夸父振策而奔走。」《文苑英華》云：「卑沃焦於尺土，微鄧林以秋毫。」吴淑《日賦》：「棄杖復聞於夸父。」又《杖賦》：「棄鄧林而自茂。」盧柟賦：「慨夸父之鄧林，吊燭龍於崑崙。」皆指此也。又襄州南鳳林山亦名鄧林，是古鄧祁侯國，《荀子》云「鄧地之山林」是也，非此。《圖贊》曰：「神哉夸父，難以理尋。傾沙逐日，遯形鄧林。觸類而化，應無常心。」陶潛《讀山海經》詩：「夸父誕宏志，乃與日競走。俱至虞淵下，似若無勝負。神力既殊妙，傾河焉足有。餘迹寄鄧林，功竟在身後。」

博父國在聶耳東。其爲人大，右手操青蛇，左手操黄蛇。鄧林在其東，二樹木。一曰博父，禹所積石之山在其東，河水所入〔一〕。

〔一〕郭曰：河出崑崙而潛行地下，至葱嶺復出，注鹽澤，從鹽澤復行，南出於此山，而爲中國河，遂注海也。《書》曰「導河積石」，言時有壅塞，故導利以通之。

拘纓之國在其東。一手把纓〔一〕。一曰利纓之國。尋木長千里，在拘纓南，生河上西北〔二〕。

〔一〕郭曰：言其人常以一手持冠纓也。或曰「纓」宜作「癭」。任臣案：《淮南子》作「句嬰民」，注云讀爲九嬰。劉氏《類山》云：「跋踵、句癭，是爲海外三十六國。」句癭即拘纓也。

〔二〕任臣案：尋木，即《穆天子傳》「姑繇之木」之類也。郭璞《游仙詩》：「縱酒濛汜濱，結駕尋木末。」成公綏詩：「扶桑高萬仞，尋木長千里。」《圖贊》曰：「渺渺尋木，生于河邊。竦枝千里，上于雲天。垂陰四極，下蓋虞淵。」又李善《文選注》引此作「樳木」。

跂踵國在拘纓東〔一〕。其爲人大，兩足亦大〔二〕。一曰大踵。

〔一〕郭曰：跂音企。

〔二〕郭曰：其人行，脚跟不着地也。《孝經鉤命訣》曰「焦僥、跂踵，重譯欵塞」也。任臣案：《淮南子》：「自東北至西北方，有跂踵民。」注云：「跂踵，踵不至地，以五指行。」《竹書紀年》：「夏帝癸二年，跂踵民來賓。」《吕氏春秋》云「桀染于羊辛、跂踵戎」，即此國人也。李巡《爾雅注》曰：「蠻類有八：天竺、咳首、焦僥、跂踵、穿胸、儋耳、狗軹、旁脊①。」《論衡》曰：「周時若穿胸、儋耳、焦僥、跂踵之輩，不能三千。」江淹《遂古篇》：「跂踵交脛與羽民兮。」又《墨子》、《禮記疏》、《古音餘》俱作「跛踵」。《圖贊》曰：「厥形雖大，斯脚則企。跳步雀踴，踵不閡地。應德而臻，欵塞歸義。」

歐絲之野在大踵東。一女子跪，據樹歐絲〔一〕。三桑無枝在歐絲東，其木長百仞，無枝〔二〕。

〔一〕郭曰：言噉桑而吐絲，蓋蠶類也。　任臣案：《博物志》曰：「嘔絲之野，有女子方跪，據樹而嘔絲。北海外也。」《太平廣記》曰：「歐絲之野，女子據樹歐絲。」楊慎《補注》云：「世傳絲神爲女子，謂之馬頭娘，《後漢志》曰宛窳，蓋此類也。」《圖贊》云：「女子鮫人，體近蠶蚌。出珠匪甲，吐絲匪蛹。化出無方，物豈有種？」梁蕭恪《進世祖牋》：「野蠶自績，何謝歐絲？」《白氏六帖》云：「跪樹歐絲，生桑得繭。」吴淑《絲賦》云：「或吐之而成錦，或歐之而跪樹。」《談薈》云：「織綃之鮫人泣珠，據樹之女子歐絲。」本此。又因祇園女子内五色絲口中，則成文錦，沈約見女子

①「脊」，原作「春」，據《爾雅注疏》卷六「七曰狗軹，八曰旁脊」改。

亦吐絲織成冰紈，與斯類。

〔二〕郭曰：言皆長百仞也。　任臣案：《淮南子》云：「和丘在其東北陬，三桑無枝在其西。」吴淑《桑賦》「圓丘傳北海之名」，謂三桑也。

范林方三百里，在三桑東，洲環其下〔一〕。

〔一〕郭曰：洲，水中可居者。環，繞也。

務隅之山，帝顓頊葬于陽〔一〕，九嬪葬于陰〔二〕。一曰爰有熊、羆、文虎、離朱、鴟久、視肉〔三〕。

〔一〕郭曰：顓頊號爲高陽，冢今在濮陽，故帝丘也。一曰頓丘縣城門外廣陽里中。　任臣案：《冠編》云：「顓頊葬廣陽里務鯛之陽。」劉會孟曰：「此招魂葬衣冠之所，非濮陽帝丘也。」

〔二〕郭曰：嬪，婦。

〔三〕任臣案：王氏《釋義》曰：「離朱而下皆異物，或以爲殉葬之具。」

平丘在三桑東。爰有遺玉〔一〕、青鳥、視肉、楊柳、甘柤〔二〕、甘華〔三〕，百果所生〔四〕。有兩山夾上谷，二大丘居中，名曰平丘〔五〕。

〔一〕郭曰：遺玉，玉石。　任臣案：遺玉即瑿玉。松枝千年爲伏苓，又千年爲琥珀，又千年爲瑿。

《字書》云：「璧，遺玉也。」是其解也。高昌人名爲木璧，謂玄玉爲石璧。《梁四公記》云：「交河之間平磧中，掘地深一丈，下有璧珀。」此璧玉耳。徐氏《賽修賦》云：「按予轡于平丘兮，弄遺玉于三桑。」謂此也。

〔二〕郭曰：其樹枝幹皆赤，黄花白葉黑實。《吕氏春秋》曰：「其山之東有甘柤焉。」音如柤梨之柤。

〔三〕郭曰：亦赤枝幹黄華。　任臣案：楊慎《補注》云：「甘華即積枸，一云木蜜，俗云蜜瓜。」

〔四〕任臣案：《淮南子》「平丘」作「華丘」，「青鳥」作「青馬」，「楊柳」作「楊桃」，「甘柤」作「甘樝」，與《經》文大同小異。

〔五〕任臣案：《圖贊》曰：「兩山之間，丘號曰平。爰有遺玉，駿馬維青。視肉甘華，奇果所生。」

北海内有獸，其狀如馬，名曰騊駼〔一〕。有獸焉，其名曰駮，狀如白馬，鋸牙，食虎豹〔二〕。有素獸焉，狀如馬，名曰蛩蛩〔三〕。有青獸焉，狀如虎，名曰羅羅〔四〕。

〔一〕郭曰：陶塗兩音，見《爾雅》。　任臣案：《字林》云：「北方良馬也，一名野馬。」《王會解》：「成王時禺氏來獻騊駼。」又《伊尹四方令》：「正北以野馬騊駼爲獻。」《史記》：「北蠻奇畜則騊駼。」邢昺《爾雅疏》：「騊駼，幽隱之獸，有明王在位則至。」熊氏《瑞應圖》云：「王者德感則騊駼至。」孫氏《瑞應圖》曰：「有賢王則騊駼來，爲時辟除灾害。」劉賡《稽瑞録》云：「觸邪獬豸，除害騊駼。」張説《監牧頌》：「舉其神異，則騊駼、騕褭、乘黄、兹白。」顔氏《漢書注》云：「陶塗國出此馬，因以爲名。」《圖贊》曰：「騊駼野駿，産自北域。交頸相摩，分背翹陸。雖有孫陽，終不能服。」「駼」，《宋書》作「騟」。張萱《彙雅》曰：「駼，又獸名，狀如黄牛，虎文。」非此。

〔二〕郭曰：《周書》曰：「義渠兹白，兹白若白馬，鋸牙，食虎豹。」按此二説與《爾雅》同。　任臣案：《説苑》：師曠云：「駿驤食豹，豹食駮，駮食虎。」又獸之食虎豹者，復有渠搜、鼩鼠、㲉、青腰、狻猊、闕耳、虎鷹。渠搜即鼩犬，一名露犬。㲉一名黄腰。

〔三〕郭曰：即蛩蛩鉅虚也，一走百里，見《穆天子傳》。音邛。　任臣案：《爾雅翼》云：「蟨，鼠前而兔後，趨則頓，走則顛，故常與邛邛距虚比，爲邛邛距虚齧甘草，即有難，邛邛距虚負之，號比肩獸。」《宛委餘編》云：「東有魚比目，曰鰈；南有鳥比翼，曰鶼；西有獸比肩，曰邛邛距虚。」《玄覽》曰：「東海之鰈，比目而後達；北方之貜，更食更視而後飽；西方之蟨，得蛩蛩距虚而後行；南方之鶼，比翼而後舉。」《王會篇》：「獨鹿國獻蛩蛩距虚。」《瑞應圖》云：「比肩獸，王者德及幽隱則至。」劉孝標啓：「蛩蛩之謀，止于善草；周周之計，利在銜翼。」《圖贊》曰：「蟨與岠虚，乍兔乍鼠。長短相濟，彼我俱舉。有若自然，同心共膂。」相如《子虚賦》：「蹵蛩蛩，轔距虚。」張揖注云：「蛩蛩青獸，狀如馬，距虚似贏而小。」李善章句云：「蛩蛩即距虚，變文互言耳。」是邛邛距虚爲一獸也。

〔四〕任臣案：《駢雅》曰：「青虎謂之羅羅。」今雲南蠻人呼虎亦爲羅羅，見《天中記》。

北方禺彊，人面鳥身，珥兩青蛇，踐兩青蛇〔一〕。

〔一〕郭曰：字玄冥，水神也。莊周曰：「禺彊立于北極。」一曰禺京。一本云：「北方禺彊，黑身手足，乘兩龍。」　任臣案：《太公金匱》：「北海神名玄冥。」《越絶》云：「玄冥治北方，白辯佐之。」《五嶽真形圖》云：「北海神名帳餘里，又名禺彊。」江淹《遂古篇》：「北極禺强爲常存兮。」《圖贊》曰：「禺彊水神，面色黧黑。乘龍踐蛇，凌雲附翼。靈一玄冥，立于北極。」

山海經廣注卷之九

仁和吴任臣注

海外東經

海外自東南陬至東北陬者。

𨁈丘[一]，爰有遺玉、青馬、視肉、楊柳、甘柤、甘華[二]，甘果所生。在東海，兩山夾丘，上有樹木。一曰嗟丘。一曰百果所在，在堯葬東。

〔一〕郭曰：音嗟。或作「髮」。任臣案：《續文獻通考》引此作「差丘」。盧柟《滄溟賦》云：「偃轡𨁈丘，弭節甘淵。」

〔二〕任臣案：《亶爰集》云：「鵗甘華于髪丘。」

大人國在其北。爲人大，坐而削船〔一〕。一曰在䰈丘北〔二〕。

〔一〕任臣案：《淮南子》云：「自碣石山過朝鮮，貫大人之國。」注曰：「朝鮮樂浪縣，大人國在其東。」《博物志》曰：「大人國，其人孕三十六年生，白頭，其兒則長大，能乘雲而不能走，蓋龍類。去會稽四萬六千里。」劉會孟云：「穆滿升巨人之臺，古有此國。」《太平廣記》曰：「新羅國東與長人國接，身三丈，鋸牙鉤爪，不火食。」或謂即此也。

〔二〕任臣案：一本作「䰈丘北」。

奢比〔一〕之尸在其北〔二〕。獸身人面，大耳，珥兩青蛇〔三〕。一曰肝榆之尸在大人北〔四〕。

奢比　獸身人面大耳，珥兩青蛇。

〔一〕任臣案①：《三才圖會》作「奢北」。

〔二〕郭曰：亦神名也。　任臣案：奢比，黄帝七輔之一。《冠編》云：「黄帝友奢比，友地典。」《路史》「奢比辯乎東，以爲土師」是也。《國名記》有「奢比國」。盧柟《滄溟賦》云：「戲②奢比，游無垠。」

〔三〕郭曰：珥，以蛇貫耳也。音釣餌之餌。　任臣案：《釋義》曰：「青蛇以象木也，類也。」

〔四〕任臣案：《釋義》曰：「既曰奢比，又曰肝榆。肝亦木屬。」盧柟《放招賦》云：「左蔭肝榆，右儼鄧林。」謂此也。

君子國在其北。衣冠帶劍，食獸，使二大③虎在旁，其人好讓不争〔一〕。有薰〔二〕華草，朝生夕死〔三〕。一曰在肝榆之尸北。

〔一〕任臣案：《淮南子》云「東方有君子之國」，注曰：「東方木德，仁，故有君子之國。其人衣冠帶劍，食獸，使二文虎也。」天老曰：「鳳五色備舉，出于君子之國。」京房亦云：「鳳皇高丈二，出于東方君子之國。」《博物志》云：「君子國好禮讓不争，土千里，民多疾，故人不蕃息，好讓，故爲

---

① 「案」字原脱，據上下文補。

② 「戲」，原作「獻」，蓋形近而誤。

③ 郝懿行謂「大」乃「文」之形訛。

君子國。」《後漢書》列傳：「東方曰夷，天性柔順，易①以道御，至有君子不死之國焉。」盧陵羅氏曰：「北方有不釋之冰，南方有不死之草，東方有君子之域，西方有殘刑之尸。」《圖贊》曰：「東方氣仁，國有君子。薰華是食，雕虎是使。雅好禮讓，委蛇論理。」

〔二〕郭曰：或作「堇」。　任臣案：一本作「董」，誤。

〔三〕任臣案：《爾雅》：椵，木槿。櫬，木槿。《逸書》云：「仲夏之月，木槿榮。」《詩》云「顏如蕣華」，即堇也。《本草》謂之「朝開暮落花」。「薰」爲「堇」之譌無疑。《博物志》亦云「多薰華之草」，似猶緣此誤也。

䖸䖸在其北〔一〕。各有兩首〔二〕。一曰在君子國北。

〔一〕郭曰：音虹。　任臣案：《古音略》云：「䖸音臬，義與霓、蜺、蛪同。」又案：《漢·天文志》「抱珥䖸蜺」，則䖸、虹古字通也。

〔二〕郭曰：虹，螮蝀也。　任臣案：《春秋運斗樞》：「樞星散爲虹蜺。」《河圖》曰：「鎮星散爲虹蜺，又吐金化玉，所見不一。」是䖸䖸亦豐霳、列缺類也。

朝陽之谷〔一〕，神曰天吴〔二〕，是爲水伯。在䖸䖸北兩水間。其爲獸也，八首人面，八足八尾，皆青黄〔三〕。

〔一〕任臣案：江淹賦：朝陽之谷，崦嵫之泉。

---

① 「易」，原作「日」，據《後漢書·東夷傳》改。

〔二〕任臣案：天吴，水伯名。嵇康《琴賦》：「天吴踊躍於重淵。」木華《海賦》：「天吴乍見而髣髴。」庾闡詩：「天吴踊靈壑，將駕奔霄冥。」謝靈運詩：「川石時安流，天吴静不發。」王勃《乾元殿頌序》：「控風伯于詞林，詔天吴于筆海。」沈雲卿詩：「颸颵桀海若，霹靂耿天吴。」李賀《浩歌》云：「帝遣天吴移海水。」《亶爰子》云：「天吴吸重霾，鼉鰐來侁侁。」王世貞《沈慅》云：「天吴紛隮其來下。」《談藪》曰：「李天異常誦杜『天吴紫鳳』之句，顧坐客云：『吴音華，見《山海經》，未知復見何書。』王仲行對云：『《後漢書》戴就被收，獄吏燒鋘斧，使就挾之，注引何承天纂文，鋘音華。又《詩》「不吴不敖，不吴不揚」，亦皆音華。』」據此，則天吴从華音矣。

天吴　虎身人面，八首八足八尾。朝陽谷之神。一云十尾。

〔三〕郭曰：《大荒東經》云「十尾」。　任臣案：《圖贊》云：「耽耽水伯，號曰谷神。八頭十尾，人面虎身。龍據兩川，威無不震。」《郁離子》曰：「天吳八首八足，而相抑九頭，實佐之。」蓋指此也。

青丘國在其北〔一〕。**其狐四足九尾。一曰在朝陽北**〔二〕。

〔一〕郭曰：其人食五穀，衣絲帛。　任臣案：《抱朴子》云：「黄帝東至青丘，過風山，見紫府先生，授以三皇内文。」《吕覽》云：「禹至鳥谷青丘之鄉。」《王會》注：「青丘，海東地名。」服虔曰：「青丘國在海東三百里。」相如賦云：「秋田乎青丘，彷徨乎海外。」梁元帝《職貢圖序》：「度青丘而跨丹穴。」庾信《羽調曲》：「青丘還擾圃，丹穴更巢梧。」王勃《爲趙長史表》：「西窮赤水之源，東究青丘之境。」又《乾元殿頌》：「青丘畫野，不踰征賦之鄉。」顧起元《壯遊歌》：「左望青丘渚，右眄白雲鄉。」《宋史·天文志》：「青丘七星，在軫東南，海東之國號也。」

〔二〕郭曰：《汲郡竹書》曰：「柏杼子征于東海，及王壽，得一狐九尾。」即此類也。　任臣案：《瑞應圖》：「九尾狐，六合一同則見，文王時東方歸之。」《吳越春秋》①云：「禹行塗山，乃有白狐九尾造於禹。塗山人歌曰：綏綏白狐，九尾痝痝。」成王時青丘貢九尾狐，見《逸周書》。《圖贊》曰：「青丘奇獸，九尾之狐。有道翔見，出則銜書。作瑞周文，以標靈符。」

帝命豎亥〔一〕，**步自東極，至于西極，五億十選**〔二〕**九千八百步**〔三〕。**豎亥右手把**

---

①「吳越春秋」，原本誤作「吕氏春秋」，據引文出處改。

算，左手指青丘北〔四〕。一曰禹令豎亥。一曰五億十萬九千八百步〔五〕。

〔一〕郭曰：豎亥，健行人。　任臣案：羅泌作「豎䇈」。《吴越春秋》作「孺亥」，曰：「禹使大章步東西，孺亥度南北。」《玉海》云：「章亥所步，禹契所書。」顧起元《帝京賦》：「測霄之圭，步以豎亥。」王氏《釋義》曰：「此所謂帝，或當爲禹。天豈有命豎亥步地之理？」又黄帝臣亦名豎亥，《路史》「黄帝使豎亥通道路」，非此。

〔二〕郭曰：選，萬也。　任臣案：楊氏《補注》云：「選與萬古音相通，遂借其字。」

〔三〕任臣案：《淮南子》云：「禹乃使大章步自東極至於西極，二億三萬三千五百里七十五步；使豎亥①步自北極至於南極，二億三萬三千五百里七十五步。」

〔四〕任臣案：楊慎云：「右手把算，左手指青丘，亦言鑄象也。」盧柟《滄溟賦》云「使旋豎亥之浦」，謂此。《圖贊》曰：「禹命豎亥，青丘之北。東盡泰遠，西窮邠國。步履宇宙，以明靈德。」

〔五〕郭曰：《詩含神霧》曰：「天地東西二億三萬三千里，南北二億一千五百里，天地相去一億五萬里。」　任臣案：《春秋命歷序》曰：「有神人始立地形，甄度四海，遠近所至，東西九十萬里，南北八十一萬里。」《天文録》曰：「天地廣，南北二億三萬三千五百里七十五步，東西短減四步。」《吕氏春秋》云：「四極之内，東西五億有九萬七千里，南北亦五億九萬七千里。」《括地象》曰：

①「亥」字原脱，據《淮南子·墬形訓》補。

「八極之廣，東西二億三萬三千里，南北二億三萬一千五百里。」張衡《靈憲經》云：「八極之維，徑二億三萬二千三百里，南北則短減千里，東西則廣增千里。」言人人殊，由鳥迹人迹之曲直不同，古今之里法步法不一也。

黑齒①國在其北〔一〕。爲人黑，食稻啖蛇，一赤一青〔二〕在其旁。一曰在豎亥北，爲人黑首②，食稻，使蛇，其一蛇赤。下有湯谷〔三〕，湯谷上有扶桑〔四〕，十日所浴〔五〕。在黑齒北，居水中，有大木，九日居下枝〔六〕，一日居上枝〔七〕。雨師妾在其北〔八〕，其爲人黑，兩手各操一蛇，左耳有青蛇，右耳有赤蛇。一曰在十日北，爲人黑身人面，各操一龜。

〔一〕郭曰：《東夷傳》曰：「倭國東四千③餘里有裸國，裸國東南有黑齒國，船行一年可至也。」《異物

---

① 畢沅《山海經新校正》曰：「舊本脱『齒』字。按高誘注《淮南子》云『其人黑齒，食稻啖蛇，在湯谷上』，則當有『齒』字。」

② 「首」，宋淳熙本等均作「手」。

③ 「千」，原作「十」，郝懿行《箋疏》：「《魏志·東夷傳》云：『女王國東，渡海千餘里復有國，皆倭種。又有侏儒國在其南，人長三四尺。去女王四千餘里，又有裸國。黑齒國復在其東南，船行一年可至。』此即郭所引也。『四千餘里』，郭引作『四十餘里』，字形之訛也。」據改。

志》云：「西屠染齒，亦以放此人。」　任臣案：《吕氏春秋》：「禹東至黑齒之國。」《淮南子》自東南至東北，有「黑齒民」。又云：「堯立，西教沃民，東至黑齒。」木華《海賦》云：「或汎汎悠悠於黑齒之邦。」江淹《遂古篇》：「其外黑齒次裸民兮。」《後漢書》云：「自侏儒東南至黑齒國。」《三國志》云：「去女王四千餘里，黑齒國復在其東南。」柳子《招海賈文》：「黑齒⿰齒戔⿰齒彡鱗文肌。」木史言漢東道黑齒。皆此也。又屠移在海外，以草染齒，亦號黑齒。《王會篇》：「黑齒、白鹿、白馬。」《伊尹四方令》云：「正西漆齒。」左思《吳都賦》：「儋耳黑齒之長。」《管子》：「雕題黑齒。」《南土志》：「黑齒蠻在永昌關南，以漆漆其齒，見人，以此爲飾，寢食則去之。」百濟西部有黑齒氏，唐黑齒常之，其種族也，非此國。

雨師妾　黑身人面，兩手各操一蛇，左耳有青蛇，右耳有赤蛇。

〔二〕郭曰：一作「一青蛇」。

〔三〕郭曰：谷中水熱也。

〔四〕郭曰：扶桑，木也。　任臣案：兩幹同根，相爲依倚，故名扶桑，猶之扶荔、扶竹、扶筍，皆取斯義。《神異經》云：「東方有樹焉，高八十丈，敷張自輔，葉長一丈，廣六尺，名曰扶桑，椹長三尺五寸。」《十洲記》曰：「扶桑在東海之東岸一萬里碧海之中，樹長數千丈，大二千圍。」今南中有佛桑，亦名扶桑，非此也。　又案：戴埴《鼠璞》曰：「《離騷》云『飲馬咸池，總轡扶桑』，《東京賦》『登天光於扶桑』，謝莊《月賦》『擅扶桑於東沼』，張衡《思玄賦》『憑雲遐逝，夕宿扶桑』，楊炯《渾天賦》『扶桑臨於大海』，《淮南子》曰『日出暘谷，拂於扶桑』，注云『東方之野』，《山海經》曰『暘谷有扶桑，十日所浴』，如此則扶桑在泬寥之表。　及觀南齊《扶桑傳》，沙門慧深來説云：『扶桑在大漢東二萬里，土多扶桑木，葉似桐，初生如筍，國人食之，實如梨，績其皮爲布錦及紙。』其地乃在中國東。　或謂日出扶桑，以日自東方出耳，猶倭自謂日出處天子也。《山海經》多誕，不足爲據也。」其言甚辨，附記之。

〔五〕任臣案：《楚辭》：「十日代出，流金爍石。」唐董思恭詩：「滄海十枝暉，玄圃重輪慶。」謂此。《路史餘論》云：「天有十日，居於暘谷，次以甲乙，迭運中土。　君有失道，則兩日並鬬，三日出爭，以至十日並出，大亂之道。」

〔六〕任臣案：《仲長統傳》云「九陽代燭」，即此。

〔七〕郭曰：莊周云：「昔者十日並出，草木焦枯。」《淮南子》亦云：「堯乃令羿射十日，中其九日，日中烏盡死。」《離騷》所謂「羿焉彃日，烏焉落羽」者也。《歸藏·鄭母經》云：「昔者羿善射彃，十日果彃之。」《汲郡竹書》曰：「胤甲即位，居西河，有妖孽，十日並出。」明此自然之異，有自來矣。《傳》曰「天有十日」。日之數十，此云「九日居下枝，一日居上枝」，《大荒經》又曰「一日方至，一日方出」，明天地雖有十日，自使以次第迭出運照，而今俱見，爲天下妖災，故羿禀堯之命，洞其精誠，仰天控弦，而九日潛退也。假令器用可以激水烈火，精感可以降霜回景，然則羿之鑠明離而斃陽烏，未足爲難也。若搜①之常情則無理矣，然推之以數則無往不通。達觀之客，宜領其玄致，歸之冥會，則逸義無滯，言奇不廢矣。任臣案：羅長源、陳一中諸子以十日爲扶桑君十子，九日爲凶，號曰九嬰，羿所射者，謂此十日也。今觀《經》文所載，景純所注，似《南華》、《鴻寶》之言，果不誣者，理有或然，存而不論。《圖贊》曰：「十日並出，草木焦枯。羿乃控弦，仰落陽烏。可謂洞感，天人懸符。」王充《論衡》曰：「日者，大火也。察火在地，一氣也。地無十火，天安得十日？然則所謂十日者，殆更自有他物，光質如日之狀，居湯谷中水，時緣據扶桑。禹、益見之，則紀十日。天地之間，物氣相類，其實非者多。海外西南有珠樹焉，察之是珠，然非魚中之珠也。夫十日之日，猶珠樹之珠也。珠樹似珠非真珠，十日似日非實日

① 郝懿行《箋疏》曰：「『搜』，疑當爲『揆』字之訛也。」

也。淮南見《山海經》，則虛言真人燭十日，妄紀堯時十日並出。且日，火也，湯谷，水也，水火相賊，則十日浴於湯谷，當滅敗焉。火燃木，扶桑，木也，十日處其上，宜焦枯焉。今浴湯谷而光不滅，登扶桑而枝不焦不枯，與今日出同，不驗於五行，故知十日非真日也。」

〔八〕郭曰：雨師謂屏翳也。任臣案：雨師，《遁甲開山圖》作「宓芾」，又云：「雲師似蠶，雨師似蛹。」《雲笈七籤》云：「雨師名馮修，號曰樹德。」《搜神記》曰：「雨師，畢星也，一曰號屏，一曰玄冥。」《事物別名》云：「雨師名陳華夫。」《列仙傳》曰：「赤松子，神農時雨師。」《金樓子》云：「虞吏，虎也。雨師，龍也。雨師蓋龍伯、癡龍之類。」楊慎《補注》曰：「雨師有妾，如姮娥、織女、宓妃等耳。」焦贛《易林》亦云「雨師娶婦」，要皆寓言也。

玄股之國在其北〔一〕。其爲人衣魚〔二〕，食鷗〔三〕，使兩鳥夾之。一曰在雨師妾北。

〔一〕郭曰：髀以下盡黑，故云。任臣案：《楚辭》「黑水玄趾」，周氏注云：「玄股之國是也。」《淮南子》海外三十六國有「玄股民」，高誘注曰：「玄股，其股黑，兩鳥夾之。」盧柟《滄溟賦》：「略玄股，兼離耳，延雕題，覽黑齒。」

〔二〕郭曰：以魚皮爲衣。

〔三〕郭曰：水鳥也。音憂。任臣案：楊慎《補注》曰：「鷗即鷗。衣魚食鷗，蓋水中國也。」《均藻》云：「玄股之國，衣魚食鷗。」

毛民之國在其北。爲人身生毛〔一〕。一曰在玄股北。

毛民國　爲人身生毛。在海外東北。

〔一〕郭曰：今去臨海郡東南二千里有毛人，在大海洲島上，爲人短小，面體盡有毛如豬能，穴居，無衣服。晉永嘉四年，吴郡司鹽都尉戴逢在海邊得一船，上有男女四人，狀皆如此，言語不通。送詣丞相府，未至道死。惟有一人在，上賜之婦，生子，出入市井，漸曉人語。自説其所在，是毛民也。《大荒經》云「毛民食黍」者是矣。　任臣案：《職方外紀》：「南亞墨利加之南，爲智加人，遍體生毛。」《洞冥記》云：「泥離國人長四尺，自乳以下有靈毛自蔽。又烏菸國，其人三爪，號三爪蠻，身生長毛。」皆毛民類也。《神異經》：「八荒之中有毛人，曰髯麗。」《異苑》云：「吴孫皓時，臨海得毛人。」《淮南子》「東北方有毛民」，注云：「體半生毛，若矢鏃。」羅泌《國名記》作

「髦民」。《圖贊》曰：「牢悲海鳥，西子駭麋。或貴穴倮，或尊裳衣。物我相傾，孰了是非。」王充《論衡》曰：「海外三十五國，有毛民、羽民。毛羽之民，土形所出，非言爲道，身生毛羽也。」

勞民國在其北。其爲人黑〔一〕。或曰教民。一曰在毛民北，爲人面目手足盡黑。

〔一〕郭曰：食果草實也，有一鳥兩頭。　任臣案：《淮南子》海外三十六國，自東南至東北方，有「勞民」。注云：「勞民躁擾不定。」《圖贊》曰：「陽谷之山，國號黑齒。雨師之妾，以蛇掛耳。玄人食驅，勞民黑趾。」

東方勾芒，鳥身人面，乘兩龍〔一〕。

〔一〕郭曰：木神也。方面素服。《墨子》曰：「昔秦穆公有明德，上帝使勾芒賜之壽十九年。」　任臣案：《月令》：「春月，其神勾芒。」注云：「少皞之子重也。」《左傳》：「木正曰勾芒。」劉安云：「東方之帝太皞，其佐勾芒。」《白虎通》曰：「芒之爲言，萌物始生也。東方義取此。」司馬《大人賦》：「使勾芒其將行兮，吾欲往乎南嬉。」《史記正義》云：「勾芒，東方青帝之佐也。」劉會孟云：「東方青龍也，故人乘兩龍。然西南之神皆乘兩龍，不獨東方也。」唐閻朝隱詩：「勾芒人面乘兩龍。」指此。《圖贊》曰：「有神人面，身鳥素服。銜帝之命，錫齡秦穆。皇天無親，行善有福。」

建平元年四月丙戌〔一〕，待詔太常屬臣望〔二〕校治，侍中光禄勳臣龔〔三〕、侍中奉車都尉光禄大夫臣秀〔四〕領主省。

〔一〕任臣案：哀帝乙卯歲也。

〔二〕任臣案：太常初名奉常，景帝六年改，其屬有六太、六令等官。望，疑是丁望。

〔三〕任臣案：侍中，加官也。光禄勳初爲郎中令，武帝太初元年更名。龔，王龔也。

〔四〕任臣案：奉車都尉，武帝時置，秩比二千石。光禄大夫初爲中大夫，亦太初元年改。秀，劉歆也。

山海經廣注卷之十

仁和吴任臣注

海内南經

海内東南陬以西者〔一〕。

〔一〕郭曰：從南頭起之也。

甌居海中〔一〕。

〔一〕郭曰：今臨海永寧縣即東甌，在岐海中也。音嘔。　任臣案：劉會孟云：「甌，今温州府城北，東至磐石村，會于海洋，是曰甌海。」王應麟《王會注》曰：「漢以東甌地立回浦縣，後漢以章安縣之東甌鄉置永寧縣，章安即回浦。」又楊慎云：「郭注岐海，海之岐流也，猶云裨海。」

閩在海中〔一〕。其西北有山。一曰閩中山在海中〔二〕。

〔一〕郭曰：閩越即西甌，今建安郡是也，亦在岐海中。　任臣案：羅泌曰：「郭璞以建安爲西甌，非是。」《寰宇記》「鬱林廢黨州經善勞縣①，乃古西甌居」，非閩也。今建寧有東甌城，相傳吴王濞發兵圍東甌在此，然閩中實不得謂之甌也。

〔二〕任臣案：《周禮》：「職方氏掌八蠻七閩之人民。」《史記索隱》曰：「閩東越，蛇種也，故字从虫。」何喬遠《閩書》曰：「按謂之海中者，今閩中地，有穿井闢地，多得螺蚌殼敗槎，知洪荒之世其山盡在海中，後人乃先後填築之也。」

三天子鄣山〔一〕在閩西海北〔二〕。一曰在海中。

〔一〕郭曰：音章。

〔二〕郭曰：今在新安歙縣東，今謂之三王山，浙江出其邊也。張氏《土地記》曰「東陽永康縣南四里，有石城山，上有小石城，云黄帝曾遊此」，即三天子都也。　任臣案：今屬徽州績溪。黄省曾《廬山吟》：「少讀神禹經，昔爲天子都。」以匡廬爲天子都，黄氏之誤也。

---

① 按《太平寰宇記》卷一六五原文爲「廢黨州本寧仁郡理善勞縣，即古西甌所居」，「寧仁郡理」即「寧仁郡治」，吴氏删改有誤。

桂林八樹在番隅東〔一〕。

〔一〕郭曰：八樹而成林，言其大也。番隅，今番隅縣。　任臣案：《百粵風土記》云：「桂林八樹，《山海經》在番隅東，番隅即桂州。　今粵西地最宜桂，大者十圍，終年蔥蒨，秋風時起，四遠聞香，至冬，枝端結子纍纍，如小蓮子，中空有漿。」魏禹卿《西事珥》曰：「《海内南經》載桂林八樹在番隅東，番隅即今桂州，則『番隅東』在何處？予讀《路史》桂國，引《伊尹四方令》，蓋桂陽也。然則八桂乃桂陽，以桂林爲八桂者誤。」茲以二書證之，《地理》則番禺古屬南海，今在粵東，而二書皆以爲桂州地，誠所不解也。　又臨桂今有桂山，三峰鼎峙，山多桂樹。《丹鉛録》云「桂林之山，玉笋瑶篸，森列無際」，《經》之所指必此。　然當云在番隅西，而云在其東者，豈亦有誤文耶？高氏《緯略》：「台州亦有八桂。」《廣志》云：「臨海白石山，八桂所植，金鵞所集。」似非此。○番隅，《水經注》、《後漢書注》引此皆作「賁禺」，又《海録碎事》引《經》「八樹」作「八桂」。

伯慮國〔一〕、離耳國〔二〕、彫題國〔三〕、北朐國〔四〕，皆在鬱水南。鬱水出湘陵南山。一曰相慮。

〔一〕郭曰：未詳。

〔二〕郭曰：鎪離其耳，分令下垂，以爲飾，即儋耳也。在朱崖海渚中。不食五穀，但噉蚌及藷藇也。　任臣案：《林邑記》云：「漢置九郡，儋耳與焉。」《交廣春秋》云：「儋耳與交州俱開南裔。」《異物志》曰：「儋耳俱在朱崖，分爲東蕃。」應劭曰：「儋耳者，種大耳，渠率自謂王者耳尤綏，下肩三寸。」張晏曰：「儋耳，鏤其頰皮，上連耳，分爲數支，狀似雞腸，累耳下垂。」臣瓚曰：「《茂陵①書》儋耳去長安七千三百六十八里。」又《廣東志》：「周武王十有八年，儋耳入貢。」是儋耳之名，至周始見，其先固爲離耳也。《伊尹四方令》云：「離耳、漆齒。」劉鳳《雜俎》曰：「離耳雕題之俗。」盧柟賦云：「兼離耳。」皆指此也。又其國以黑爲美，故《離騷》亦謂之「玄國」。

〔三〕郭曰：點涅其面，畫體爲鱗采，即鮫人也。任臣案：《伊尹四方令》曰：「貫匈、雕題。」《王制》曰：「南方曰蠻，雕題、交趾，有不火食者矣。」《楚辭·大招》：「彫題、黑齒，得人肉以祀些。」梁簡文《大法頌》：「題雕膽鏤，舌紫支黄。」庾子山文：「雕題鑿齒，識海水以來王。」許敬宗《賀慶雲表》：「雕題鏤齒②之類，氈裘板屋之朋。」皆謂此。或作「雕踶」，見《白虎通》。馬端臨曰：「自嶺而南，當唐虞三代，是百越之地，亦謂之南越，古謂之雕題。」《王會補注》云：「題，額也。刻其肌，以丹青涅之。」

〔四〕郭曰：未詳。音劬。

梟陽國在北朐之西〔一〕。其爲人人面長脣，黑身有毛，反踵，見人笑亦笑，左手

---

① 「陵」，原作「林」，據《漢書·武帝紀》注引臣瓚文改。

② 「齒」，原作「畠」，據《文苑英華》卷五六二《賀洪州慶雲見表》改。

操管〔二〕。

梟陽國　人面長脣，黑身有毛。見人笑亦笑，笑則脣掩其目。

〔一〕任臣案：「梟」，或作「嘄」，又作「獔」。《羽獵賦》云：「蹈飛豹，羂嘄陽。」《續騷經》云：「魖魠羣逐而索賴兮，過獔陽以反脣。」「陽」亦作「羊」，《吴都賦》：「其上則猨子長嘯，其下則梟羊麢狼。」《淮南子》云：「山出梟羊，水出罔象。」今交廣謂之狒狒，北方謂之吐螻。李賀詩：「鸓鸓題深竹。」吴正子注：「即梟羊也。」又作「楊」，王氏《彙苑》云：「狒狒仗梟楊先導。」「北朐西」，《爾雅疏》引《經》作「北煦西」。

〔二〕郭曰：《周書》曰：「州靡髣髴①者，人身，反踵，自笑，笑則上脣掩其面。」《爾雅》云「髴髴」。《大

① 「髣髴」，宋本同，《逸周書·王會解》作「費費」，《箋疏》作「髴髴」。

傳》曰：「《周書》成王時州靡國獻之。」《海内經》謂之「贛巨人」，今交州南康郡深山中皆有此物也。長丈許，脚跟反向，健走，被髮，好笑，雌者能作汁，灑人即病，土俗呼爲山都。南康今有贛水，以有此人，因以名水，猶《大荒》説地有蜮人，人因號其山爲蜮山，亦此類也。任臣案：《酉陽雜俎》：「狒狒力負千斤，作人言，如鳥聲，能知生死，笑輒上吻插額，血可染緋，髮可爲髲，飲其血可見鬼。宋建武時，高郡城進雌雄二頭。」《圖贊》曰：「狒狒怪獸，被髮操竹。獲人則笑，脣蔽其目。終亦號咷，反爲我戮。」

兕在舜葬東，湘水南〔一〕，其狀如牛，蒼黑，一角〔二〕。

〔一〕任臣案：《釋義》曰：「今廣西。」

〔二〕任臣案：《爾雅》：「兕似牛。」注云：「一角，青色，重千斤。」《説文》：「兕如野牛，皮堅厚，可制鎧。」《交州記》曰：「兕出九德，有角，角長三尺餘，形如馬鞭柄。」

蒼梧之山〔一〕。帝舜葬于陽〔二〕，帝丹朱葬于陰〔三〕。

〔一〕任臣案：劉會孟曰：「蒼梧，今屬湖廣永州府寧遠縣，其山九磎相似。」

〔二〕郭曰：即九疑山也。《禮記》亦曰「舜葬蒼梧之野」也。　任臣案：《傳》曰：「舜葬蒼梧九疑之山。」《拾遺記》曰：「舜葬蒼梧，有鳥如雀，來蒼梧之野，銜青砂珠，積成壟阜，名曰珠丘。」《寶櫝記》云：「舜葬蒼梧，有鳥名馮霄，能啣土成墳丘，兼能返形變色，登木則成禽，行地則爲獸。」

《吕覽》云：「舜葬紀市，不變其肆。」蓋九疑山下亦有紀邑也。或云紀在河中府皮氏。又王應麟《困學紀聞》曰：「舜葬蒼梧之野。薛氏云：《孟子》以爲卒于鳴條，《吕氏春秋》云舜葬于紀。蒼梧山在海州界，近莒之紀城，鳴條亭在陳留之平丘。今考《九域志》，海州東海縣有蒼梧山。」始①存其説以傳疑云。

〔三〕郭曰：今丹陽復有丹朱冢也。《竹書》亦曰：「后稷放帝朱于丹水。」與此義符。丹朱稱帝者，猶漢山陽公死，加「獻帝」之謚也。任臣案：《九域志》「鄧今有丹朱冢」，《郡縣釋名》云「丹朱陵乃在相之永和鎮」，王在晉《山陵考》曰「丹朱冢在南陽府内鄉縣西北七里」，《一統志》亦云「在内鄉縣廢淅川縣西北」，未知孰是。又丹朱稱帝，猶象封有鼻而稱鼻天子也，上世朴略，不以此稱爲嫌，故不帝而帝者，如魁臺、青陽、乾荒、儒帝、玄囂、商均皆帝稱，不獨一朱也。郭以漢獻事例之，非其倫矣。

氾林方三百里，在狌狌東〔一〕。狌狌知人名〔二〕，其爲獸，如豕而人面〔三〕。在舜葬西。

〔一〕郭曰：或作「猩猩」，字同耳。

①「始」，疑是「殆」字之誤。

〔二〕任臣案：《淮南子》：「猩猩知往而不知來，乾鵲知來而不知往。」

〔三〕郭曰：《周書》曰：鄭郭狌狌者，狀如黄狗而人面，頭如雄雞，食之不眯。今交趾封溪出狌狌，土俗人説云：「狀如豚而腹似狗，聲如小兒啼也。」　任臣案：《獸經》云：「狒狒人面而善笑，猩猩人面而善啼。」《水經注》云：「葉榆有猩猩獸，形若黄狗，又狀貆豘，人面，頭顔端正，善與人言，音聲麗妙如婦人好女。」《圖贊》曰：「狌狌之狀，形乍如犬。厥性識往，爲物警辨。以酒招灾，自治纓羂。」

狌狌西北有犀牛，其狀如牛而黑〔一〕。

〔一〕郭曰：犀牛似水牛，猪頭，在狌狌知人名之西北，庳脚，三角。　任臣案：犀牛三角，一在頂上，一在額上，一在鼻上，所謂食角也。　劉欣期《交州記》云：「犀出九德，毛如豖，蹄有甲，頭似馬。」《吴録·地理志》云：「武陵沅陵縣以南皆有犀。」

夏后啓之臣曰孟涂，是司神于巴人〔一〕，請訟于孟涂之所〔二〕，其衣有血者乃執之〔三〕，是請生〔四〕。居山上，在丹山西。丹山在丹陽南，丹陽居屬也〔五〕。

〔一〕郭曰：聽其獄訟，爲之神主。　任臣案：《冠編》：「夏禹二歲，命孟涂爲理。」《竹書紀年》：「帝啓八歲，使孟涂爲巴蒞訟。」《路史》云：「孟涂敬職而能理神，爰封于丹。」《水經注》引此作「血涂」。

〔二〕郭曰：令斷之也。

〔三〕郭曰：不直者則血見于衣。

〔四〕郭曰：言好生也。　任臣案：《圖贊》曰：「孟涂司巴，聽訟是非。厥理有此，血乃見衣。所請靈斷，嗚呼神微。」

〔五〕郭曰：今建平郡丹陽城秭歸縣東七里，即孟涂所居也。　任臣案：羅苹云：「丹山之西即孟涂之所理也。」丹山乃今巫山。

窫窳龍首，居弱水中，在狌狌知人名之西。其狀如龍首，食人〔一〕。有木，其狀如牛〔二〕，引之有皮，若纓、黃蛇〔三〕，其葉如羅〔四〕，其實如欒〔五〕，其木若蓲〔六〕，其名曰建木〔七〕。在窫窳西弱水上〔八〕。

〔一〕郭曰：窫窳本蛇身人面，爲貳負臣所殺，復化而成此物也。

〔二〕郭曰：《河圖玉版》説「芝草樹生，或如車馬，或如龍蛇之狀」，亦此類也。

〔三〕郭曰：言牽之皮剥，如人冠纓及黃蛇狀也。

〔四〕郭曰：如綾羅也。　任臣案：羅，木名也。楊檖一名羅，見《爾雅》。

〔五〕郭曰：欒，木名。黃木赤枝青葉，生雲雨山。或作「卵」，或作「麻」。音鑾。　任臣案：《藻林》云：「欒即木蘭，凡冢皆樹之。」又《本草》：「木欒子形如豌豆，堪爲數珠。」則木之名欒者不一也。楊慎《補注》云：「欒借作丸，謂圓如鳥彈也。」《抱朴子》曰：「建木芝生於都廣，其皮如纓，其實如鸞。」是以建木爲木芝，且謂其實如飛鳥狀。數説未知孰是。

〔六〕郭曰：蓲，亦木名，未詳。　任臣案：《字彙》：「音謳，刺榆也。」

〔七〕任臣案：《淮南子》云：「建木在廣都①。」張衡《思玄賦》：「躔建木于廣都兮，摭若華而躊躇。」馬融《廣成頌》：「珍林嘉樹，建木叢生。」孫綽《天台山賦》：「建木滅景於千尋，琪樹璀璨而垂珠。」江淹《遂古篇》：「建木千里，烏易論兮。」庾信《趙將軍墓銘》：「波分建木，派流玄滬。」敬括《建木賦》：「廣都有建木焉，大五千圍，生不知始，高八千尺，仰不見巔。」

〔八〕郭曰：建木，青葉紫莖，黑花黄實，其下聲無響、立無影也。　任臣案：《圖贊》曰：「爰有建木，黄實紫柯。皮如蛇纓，葉有素羅。絶蔭弱水，異人則過。」

氐人國〔一〕在建木西。其爲人人面而魚身，無足〔二〕。

氐人國　人面魚身無足。在建木西。

① 「廣都」，《淮南子·墬形訓》作「都廣」。

〔一〕郭曰：氐音觸抵之抵。

〔二〕郭曰：盡胸以上人，胸以下魚也。　任臣案：即大荒互人國也。羅泌云：「『互人』宜作『氐人』。」徐鉉《稽神録》云：「謝仲玉者，見婦人出没水中，腰以下皆魚。」《徂異記》曰：「查道奉使高麗，見海沙中一婦人，肘後有紅鬣，問之，曰人魚也。」《職方外紀》云：「海中有海女，上體爲女人，下體則魚形。」又禹治洪水，觀于河，見白面長人，魚身，出曰：「吾河精也。」形狀與此同。

巴蛇食象，三歲而出其骨。君子服之，無心腹之疾〔一〕。其爲蛇，青黄赤黑。一曰黑蛇青首，在犀牛西。

〔一〕郭曰：今南方蚺蛇吞鹿，鹿已爛，自絞于樹，腹中骨皆穿鱗甲間出。此其類也。《楚辭》曰：「有蛇吞象，厥大何如。」説者云：「蛇長千尋。」　任臣案：《函史·物性志》：「巴蛇長十尋，備青黄赤黑色，食象三歲而出其骨。」庚仲雍《江記》曰：「羿屠巴蛇于洞庭，其骨若陵。」《文心雕龍》注：「巴丘山，一名巴蛇冢。」是其地也。《一統志》：「巴蛇冢在岳州府城南。」《長沙風土記》云：「巴蛇吞象，空見于圖書；鵬鳥似鴞，但聞于詞賦。」左思《三都賦》：「屠巴蛇，出象骼。」虞世南《師子賦》：「碎隨兕于斷齶，握巴蛇于指掌。」李白詩：「脩蛇横洞庭，吞象臨江島。」柳宗元《天對》云：「巴蛇腹象，足覿厥大。三歲遺骨，其脩已號。」吴淑《蛇賦》云：「或乘彼龍星，或出夫象骼。」謂此也。《圖贊》曰：「象實巨獸，有蛇吞之。越出其骨，三年爲期。厥大何如，屈生是疑。」羅願曰：「説巴陵者，以爲巴蛇之死，其骨若陵。又有象骨山，以爲象暴骨之所。今倭國有獸如牛，名山鼠，彼有大蛇，亦吞此獸，皮堅不可斫，蓋巴蛇類也。」《聞奇録》曰：「番陽有書生，經山中，見氣高丈餘如煙。鄉人言此罔子蛇吞象也。遂集衆振譟，已而蛇退入谷中。經宿，鄉人各持缶甕往，見一象尚立，而肌骨已化爲水，咸鍼破取水，云過海置此舟中，能辟去蛟龍。」又曰《南裔志·蚺蛇贊》：「蚺維大蛇，既洪且長。采色駮映，其文錦章。食灰貪鹿，腴成養瘡。賓饗嘉食，是豆是觴。」審此，則吞獸者不獨巴蛇也。

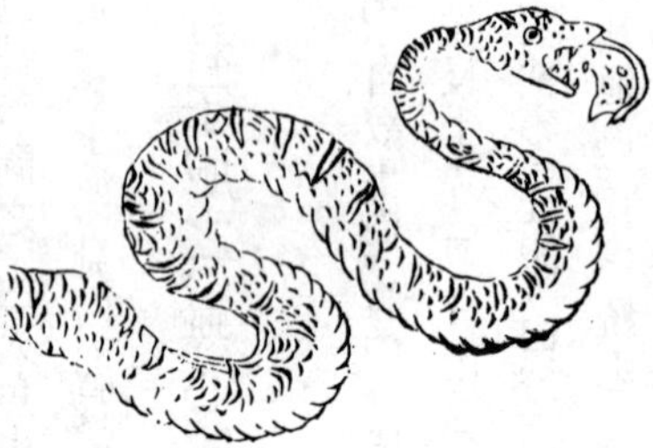

巴蛇　長千尋，食象，三歲而出其骨。出巴山。

旄馬，其狀如馬，四節有毛〔一〕。在巴蛇西北，高山南。

〔一〕郭曰：《穆天子傳》所謂「毫馬」者，亦有旄牛。任臣案：《穆天子傳》注引《經》作「髦馬」。《事物紺珠》云：「旄馬足可四節垂毛，出南海外。」

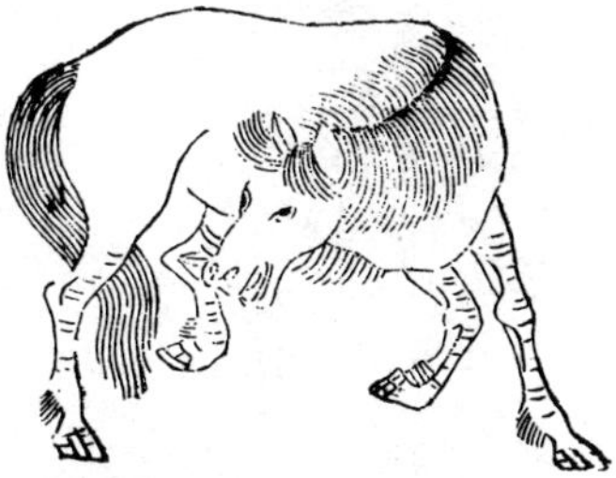

旄馬　狀如馬，而足有四節垂毛。出南海外。

匈奴〔一〕、開題之國〔二〕、列人之國，並在西北〔三〕。

〔一〕郭曰：一曰「獫狁」。

〔二〕郭曰：音提。

〔三〕郭曰：三國並在旄馬西北。

山海經廣注卷之十一

仁和吴任臣注

海内西經

海内西南陬以北者。

貳負之臣曰危。危與貳負殺窫窳，帝乃梏之疏屬之山〔一〕，桎其右足〔二〕，反縛兩手與髮〔三〕，繫之山上木。在開題西北〔四〕。

〔一〕郭曰：梏猶繫縛也。古沃切。　任臣案：《文中子》云：「疏屬之南，汾水之曲。」即斯山也。劉會孟曰：「疏屬山，今陝西延安府綏德縣。」左思賦：「亦猶帝之解懸，而與夫桎梏疏屬也。」張協《七命》云：「解疏屬之拘。」王世貞《寓言》詩：「貳負殺窫窳，帝討羈石室。栱拲錮其形，千載鬱如腊。」謂此。

貳負之臣　反縛兩手與髮，桎其右足。在疏屬之山。

〔二〕郭曰：桎，械也。

〔三〕郭曰：并髮合縛之也。

〔四〕郭曰：漢宣帝使人上郡發盤石石室，中得一人，跣裸被髮，反縛，械一足。以問羣臣，莫能知。劉子政按此言對之，宣帝大驚。於是時人争學《山海經》矣。論者多以謂是其尸象，非真體也。意者以靈怪變化論，難以理測，物禀異氣，出于不然，不可以常運推，不可以近數揆矣。魏時有人發故周王冢者，得殉女子，不死不生，數日時有氣，數月而能語，狀如廿許人。送詣京師，郭太后愛養之，恒在左右。十餘年，太后崩，此女哀思哭泣，一年餘而死。即此類也。任臣案：《圖贊》曰：「漢擊盤石，其中則危。劉生是識，羣臣莫知。可謂博物，山海乃奇。」王充《論衡》云：「董仲舒覩重常之鳥，劉子政曉貳負之尸。」李商隱啓：「共工、蚩尤之輩，與貳負同袍。」王世貞《類雋序》：「貳負見表于中山，三鶬流蹟于洛水。」盧柟《放招賦》：「貳負反縛石室圜且。」又《酬德賦》：「緩貳負之虐械，啓華表之靈思。」又詩：「貳負縛瞑間，石室梏兩足。」指此也。又《獨異志》載：「劉歆司疏屬之尸，須七歲女子以乳之，即變爲人。帝如其言，遂能應對。」故《博物策》云「取女乳而疏屬之尸可語」，辭亦誕矣。《宛委餘編》云：「劉向識貳負桎梏之尸，蓋僵尸數千年不朽者也。今鄠溪水側有重人穴，穴中有僵尸，不知年載。」又記云人以五月五日生者尸不腐。皆此之類。

大澤方百里，羣鳥所生及所解〔一〕。在鴈門北。鴈門山，鴈出其間。在高柳北〔二〕。

〔一〕郭曰：百鳥於此生乳，解之毛羽。　任臣案：《竹書紀年》：「王北征流沙，積羽千里。」即此。《圖贊》曰：「地號積羽，厥方百里。羣鳥雲集，鼓翅雷起。穆王旋軫，爰策騄耳。」

〔二〕任臣案：江淹《別賦》：「遼水無極，鴈山參雲。」吳淑《鴈賦》：「入梁州而逾塞，過高柳而知門。」《一統志》：「鴈門山在代州北三十五里，鴈出其門，故名，一名鴈門塞。」今有鴈門關，隋有鴈門縣。

高柳在代北〔一〕。

〔一〕任臣案：《水經注》：「高柳在代中。其山重巒疊巘，霞舉雲高，連山隱隱，東出遼塞。」徐陵《勸進元帝表》「高柳生風，扶桑銜日」，庾信《宿國公碑》「名雄高柳」，又《趙廣碑》「南臨高柳」，楊炯《孔子碑》「映高柳而對扶桑」，即斯地也。

后稷之葬，山水環之〔一〕。在氐國西。

〔一〕郭曰：在廣都之野。

流黃酆氏之國〔一〕，中方三百里〔二〕，有塗四方〔三〕，中有山。在后稷葬西〔四〕。

〔一〕任臣案：一本作「豐」。

〔二〕郭曰：言國城內。　任臣案：《淮南子》：「流黃沃民，在其北方三百里。」羅泌《國名記》云：「流黃辛姓，在三巴之東。」

〔三〕郭曰：塗，道。　任臣案：《圖贊》曰：「城圍三百，連河比棟。動是塵昏，蒸氣霧重。焉得遊之，以遨以縱。」

〔四〕任臣案：劉會孟云：「太昊初國于此。」

流沙出鍾山〔一〕，西行，又南行崑崙之墟，西南入海，黑水之山〔二〕。

〔一〕任臣案：流沙即鳴沙界，其地人馬踐之有聲。《括地象》曰：「水有懸泉之神，山有鳴沙之異。」《王制》：「西不盡流沙。」《禹貢》：「西被于流沙。」宋玉《招魂篇》：「西方之害，流沙千里。」《晉書》曰：「弱水出流沙。流沙與水同行也，在西海郡北。」《雍大記》曰：「鳴沙山在河州衛城南七里，一名沙角山。沙如乾糠，天氣清朗時，沙鳴，聞于城内。」《水經》：「流沙地在張掖居延縣東北。」《五代史》云：「瓜州南十里有鳴沙山，冬夏殷殷有聲如雷。」蔡沈《書傳》曰：「河州西八十里，其沙隨風而行，故曰流沙。」方勻云：「西安州即唐鹽州，西至流沙六日，沙深細，没馬脛，無水源，即乾沙耳。二日至西海。」沈括記鄜延西北有范河，即渟沙也，北人謂之活沙，人馬履之，外皆動，如人行幙上，其下足處甚堅，若遇其一陷，則人馬駝車應時皆没，或謂此即流沙也。《路史》亦謂之「神沙」。《圖贊》曰：「天限内外，分以流沙。經帶西極，頽塘委蛇。注於黑水，永溺餘波。」又《嶺海異聞》云：「萬里長沙在萬里石塘東南，即流沙河也。」疑此爲流沙之下流。

〔三〕郭曰：今西海居延澤，《尚書》所謂「流沙」者，形如月生五日也。　任臣案：楊慎云：「謂形如半月也。唐詩：『江畔洲如月。』」

東胡在大澤東。

夷人在東胡東。

貊國在漢水東北〔一〕。地近於燕，滅之。

〔一〕郭曰：今扶餘國即濊貊故地，在長城北，去玄菟千里，出名馬、赤玉、貂皮，大珠如酸棗也①。

① 此郭注原本無，據宋本補。

孟鳥〔一〕在貊國東北。其鳥文赤、黄、青，東鄉〔二〕。

〔一〕郭曰：亦鳥名也。

〔二〕任臣案：《釋義》云：「孟鳥上無所因，而獨當紀事之一，意其羣聚若犬國與？」

海内崑崙之墟，在西北〔一〕，帝之下都。崑崙之墟方八百里，高萬仞〔二〕。上有木禾，長五尋，大五圍〔三〕。面有九井，以玉爲檻〔四〕。面有九門，門有開明獸守之，百神之所在。在八隅之巖〔五〕，赤水之際，非仁羿莫能上岡之巖〔六〕。

〔一〕郭曰：言「海内」者，明海外復有崑崙山。　任臣案：王崇慶云：「疑其重出，恐非有二崑崙。」

〔二〕郭曰：皆謂其墟基廣輪之高庳耳，自此以上二千五百餘里，上有醴泉、華池。去嵩高五萬里，蓋天地之中也。見《禹本紀》。　任臣案：《十洲記》云：「崑崙有三角，正北曰閬風巔，正西曰玄圃臺，正東曰崑崙宫。」《神異經》曰：「崑崙有銅柱焉，其高入天，所謂天柱也，圍三千里，圓如削。」江淹《遂古篇》云：「崑崙之墟海此間兮，去彼宗周萬二千兮。」

〔三〕郭曰：木禾，穀類也，生黑水之阿，可食。見《穆天子傳》。　任臣案：《淮南子》：「崑崙其高萬一千里百一十四步三尺六寸，上有木禾，其修五尋。」李善云：「禾木生而王，木衰而死，故曰木禾。」《抱朴子》云：「崑崙上有木禾，高四丈九尺。」《事物紺珠》云：「木禾二月生，八月熟。」張衡《思玄賦》：「發昔夢於木禾兮，穀崑崙之高岡。」張景陽《七命》云：「大梁之黍，瓊山之禾。」注云：「瓊山禾，即崑崙木禾也。」《亶爰子・齊山賦》云：「澹容與以邅迴兮，仰木禾焉是襄。」柳宗元詩：「披山窮木禾，駕海踰蟠桃。」《圖贊》曰：「崑崙之陽，鴻鷺之阿。爰有嘉穀，號曰木禾。匪植匪藝，自然靈播。」王圻《續通考》云：「明始興令楊應隆言：其遠祖掘地得石甕，發之，有物數百枚，長三寸餘，上下膚如穀形，去膚熟之，直是大米，後食者皆百二三十歲。嘗讀《圖經》，稱崑崙有木禾，食者得上壽，豈其餘粒耶？」又飛廉草亦名木禾，食之身輕延壽，與此同名異實。

〔四〕郭曰：檻，欄。　任臣案：《淮南子》：「崑崙旁有九井，玉橫維其西北之隅。」《呂氏春秋》云：「崑崙之井。」

〔五〕郭曰：在巖間也。　任臣案：《靈寶經》曰：「五山安鎮，玄嶽高峙。崑崙閬風，黃老爲治。」葛洪《枕中書》云：「崑崙玄圃，金爲墉城，四方千里，城上安金臺五所，玉樓十二，瓊華之屋，紫翠丹房，七寶金玉，積之連天，巨獸萬尋，靈香億千，西王母九光所治，羣仙無量也。」

〔六〕郭曰：言非仁人及有才藝如羿者不能得登此山之岡嶺巉巖也。羿嘗請藥西王母，亦言其得道也。「羿」，一或作「聖」。　任臣案：《路史》：「堯命羿去下地之難，號仁羿。」楊慎《補注》云：「古謂有才藝者爲羿，非必指有窮之君也。」

赤水出東南隅，以行其東北，西南流注南海厭火東〔一〕。

〔一〕任臣案：《郡縣釋名》曰：「赤水，衛城南有赤水河，一名赤虺河，源出芒郭。」

河水出東北隅，以行其北，西南又入渤海，又出海外，即西而北，入禹所導積石山〔一〕。

〔一〕郭曰：禹治水，復決疏出之，故云「導河積石」。　任臣案：《漢書·西域傳》：「河有兩源，一出葱嶺，一出于闐。于闐在南山下，其河北流，與葱嶺河合，東注蒲昌海。蒲昌海一名鹽澤，即泑澤也。又復潛行地下，南出積石，爲中國河。」蔡沈云：「積石在金城郡河關縣。」又古之言河源者不一，元都實以河出火敦腦兒，明宗泐親至其地，復云出赤拔必列山，要皆崑崙之異名也。《爾雅注》引《經》云「河出崑崙西北隅」。

洋水〔一〕、黑水出西北隅，以東，東行又東北，南入海，羽民南。

〔一〕郭曰：音翔。　任臣案：《穆天子傳》「庚辰濟于洋水」，即斯水。高誘《淮南注》云：「洋水經隴西氐道東，至武都爲漢陽。」

弱水、青水出西南隅，以東，又北，又西南過畢方鳥東〔一〕。

〔一〕郭曰：《西域傳》：「烏弋國去長安萬五千餘里，西行可百餘日，至條枝國，臨西海。長老傳聞有弱水、西王母云。」《東夷傳》亦曰長城外數千里亦有弱水，皆所未見也。《淮南子》云：「弱水出窮石。」窮石，今之西郡那冉，蓋其派別之源耳。　任臣案：今溜山四面濱海，小溜無慮三千，舟行遇風，入溜即溺，土人曰：此弱水三千也。

崑崙南淵深三百仞〔一〕。開明獸身大類虎而九首，皆人面，東嚮立崑崙上〔二〕。

〔一〕郭曰：靈淵。

〔二〕郭曰：天獸也。銘曰：「開明爲獸，禀資乾精。瞪視崑崙，威振百靈。」任臣案：《駢雅》云：「虎大而長尾曰酋耳，長尾而五采曰騶吾，九首而人面曰開明。」《圖贊》云：「開明天獸，禀茲乾精。虎身人面，表此傑形。瞪視崑山，威懾百靈。」劉基《樂府》曰：「指揮開明闢帝關。」又《抱朴子》稱「崑崙有神獸，獅子、辟邪、天鹿、焦羊之屬，五城十二樓下有青龍、白虎、蜲蛇」，明不獨開明也。

開明西有鳳凰、鸞鳥，皆戴蛇踐蛇，膺有赤蛇。

開明北有視肉、珠樹〔一〕、文玉樹〔二〕、玗琪樹〔三〕、不死樹〔四〕。鳳凰、鸞鳥皆戴瞂〔五〕。又有離朱〔六〕、木禾、栢樹、甘水〔七〕、聖木〔八〕、曼兑〔九〕，一曰挺木牙交〔一〇〕。

〔一〕任臣案：《淮南子》：「增城九重，珠樹在其西。」《列子》：「蓬萊之山，珠玕之樹叢生。」李時珍以爲珠樹即琅玕樹也。蓋古人謂石之美者多謂之珠，《廣雅》稱琉璃、珊瑚皆爲珠是已。然下文復有琅玕樹，不應前後異稱，且更疊見，所未敢信也。又案：熊大古《冀越集》云：「嘗見蜑人得珠子樹數擔。」田藝衡《日札》亦以嶺南有珠子樹。又《海外經》有「三珠樹」，則珠樹當自是一種，豈即王子年所謂「珍林」者歟？吴淑《珠賦》云：「曾城列樹，開明廣植。」梁簡文《南郊頌序》：「珠樹素禽，越火枝之地。」王勃《九成宫頌》：「沼分瑶水，花跨珠林。」顧起元《壯遊歌》：「金芝何翩翩，珠樹何扶踈。」張仲素《晏瑶池賦》：「翩翩三鳥，拂珠樹以相隨。」楊維禎《小游仙》詩：「錦駝鳥鳴珠樹林。」黄道周詩：「珊瑚生海中，珠樹出危嶺。」許景樊《望仙謡》：「三花珠樹春雲香。」本此。又王充《論衡》云「珠樹似珠非真珠」也。

〔二〕郭曰：五采玉樹。　任臣案：王嘉《拾遺記》曰：「崑崙山第六層有五色玉樹，蔭翳五百里，夜至水上，其光如燭。」《括地象》曰：「崑崙墟北有玉樹。」《淮南子》云：「有玉樹在赤水之上。」《抱朴子》云：「崑崙有珠玉樹、沙棠、琅玕、碧瑰之樹、玉李、玉瓜、玉桃，每風起，珠玉之樹枝條花葉互相扣擊，自成五音。」又揚雄《甘泉賦》：「翠玉樹之青葱。」師古注云：「玉樹集衆寶爲之。」《漢武故事》云：「上起甲帳乙帳，前庭種玉樹。」《三輔黄圖》云：「甘泉宫北有槐樹，今謂玉樹。」紀少瑜詩：「玉樹起千層。」曹植詩：「緑蘿緣玉樹。」庾闡詩：「玉樹標雲翠蔚。」梁劉七舉亦曰：「玉樹青葱。」所説不同，未知所指也。又《黄氣陽精經》曰：「諸天人悉採珠玉之華，以拂日月之光。」《雲笈七籤》云「真人星圍七百七十里，玄冥星圍八百里，中有玉樹赤實，金翅之所棲」，復云「流汨之池廣千里，中有玉樹」。其説似近誕也。

〔三〕郭曰：玗琪，赤玉屬也。吴天璽元年，臨海郡吏伍曜在海水際得石樹，高二尺餘，莖葉紫色，詰曲傾靡，有光彩，即玉樹之類也。于其兩音。　任臣案：《爾雅》：「東方之美者，有醫無閭之珣玗琪焉。」《説文》：「玗琪，石之似玉者。」《穆天子傳》云：「重䲨氏之所守曰玗琪㣲尾。」《駢雅》曰：「長瓚玗琪，美玉也。」《神異經》曰：「瀛洲之山，有琪樹瑶草。」武伯奮詩：「琪樹年年玉葉新。」黄姬水《職貢圖箴》：「苕華玗琪。」王氏《太和山賦》：「虎瓚玗琪。」盧枘賦：「瑶碧之草，玗琪之樹。」《圖贊》曰：「文玉玗琪，方以類叢。翠葉猗萎，丹柯玲瓏。玉光争焕，彩艷火龍。」楊慎《補注》云：「玗琪即珊瑚樹。」未審是非也。又孫綽賦：「琪樹璀璨而垂珠。」明皇歌云：「庭前琪樹已堪攀。」此蓋泛指雜樹也。又《六朝事迹》言寶林寺前有琪樹，疑亦同名而異物者。

〔四〕郭曰：言長生也。　任臣案：《鴻烈解》：「玉樹、璇樹、不死樹，在崑崙西。」《洛陽記》云：「明光殿前長生木樹二枝。」《林中記》云：「金華殿後有長生樹，世謂之西王母長生樹。」皆不死樹也。張衡《思玄賦》：「登閬風之層城兮，搆不死而爲牀。」徐陵《天台碑》：「不死之草，猶稱南裔；長生之樹，尚挺西崑。」謂此。《圖贊》曰：「萬物暫見，人生如寄。不死之樹，壽蔽天地。請藥西姥，烏得如羿。」

〔五〕郭曰：音戈，盾也。

〔六〕任臣案：一名「離俞」。

〔七〕郭曰：即醴泉也。

〔八〕郭曰：食之令人智聖也。　任臣案：《圖贊》曰：「醴泉睿木，養靈盡性。增氣之和，祛神之冥。何必生知，然後爲聖？」

〔九〕郭曰：未詳。

〔一〇〕郭曰：《淮南》作「旋①樹」。旋，玉類也。

開明東有巫彭、巫抵、巫陽、巫履、巫凡、巫相〔一〕，夾窫窳之尸，皆操不死之藥以距之〔二〕。窫窳者，蛇身人面，貳負臣所殺也〔三〕。

〔一〕郭曰：皆神醫也。《世本》曰：「巫彭作醫。」《楚辭》曰：「帝告巫陽。」　任臣案：《中天佚典》：「巫彭問沈淵格天之道。」又云：「帝偕巫彭造濟之陽。」《吕氏春秋》、許慎《説文》、張季明《醫説》皆云巫彭初作醫。盧柟《放招賦》云：「太卜巫彭。」《路史》云：「黄帝命巫陽主筮。」蘇軾《文公碑》：「謳吟下遣招巫陽。」王世貞《挽歌》：「仰問巫陽師，安能爲我權？」又《離閔》云：「招徐吾使獄余兮，巫陽據而見逮。」顧起元賦：「帝閽狺狺在鬱蕭兮，孰召歲崇與巫陽？」《蟣蠓集》云：「緘悲歸來兮卜巫陽。」又《彙苑》：「巫陽，天帝之女也，主巫。」余寅《同姓名録》曰：「《海内西經》開明東有六巫，皆神醫也，《大荒西經》豐沮玉門有十巫，升降靈山，中有兩巫彭，兩巫抵，疑非一人，是以叠見而各處一山。」

〔二〕郭曰：爲距却死氣，求更生。

① 「旋」，宋本作「璇」，下「旋」字同。

〔三〕任臣案：《圖贊》曰：「窫窳無罪，見害貳負。帝命羣巫，操藥夾守。遂淪溺淵，變爲龍首。」

服常樹〔一〕，其上有三頭人，伺琅玕樹〔二〕。

〔一〕郭曰：服常木，未詳。　任臣案：《淮南子》：「沙棠、琅玕在崑崙東。」服常疑是沙棠。

〔二〕郭曰：琅玕子似珠。《爾雅》曰：「西北之美者，有崑崙之琅玕焉。」莊周曰：「有人三頭，遞卧遞起，以伺琅玕與玗琪子。」謂此人也。　任臣案：《淮南子》云：「南方有鳥名爲鳳，天爲生食，其樹名瓊枝，以璆琳、琅玕爲實。天又爲生離珠，一人三頭，遞卧遞起，以伺琅玕也。」①黄道周表：「大臣近而小臣親，即伺鳳凰琅玕之實。」《稽瑞録》云：「人伺琅玕，龜送《洪範》。」本此。《圖贊》曰：「服常琅玕，昆山奇樹。丹實珠離，緑葉碧布。三頭是伺，遞望遞顧。」《拾遺記》云：「崑崙有璆琳、琅玕之玉。」《荀子》注：「崑崙山有琅玕樹。琅玕，蓋石似珠者，可爲冠冕之飾。」《禹貢》：「雍州厥貢惟璆琳、琅玕。」張衡《四愁詩》：「美人贈我金琅玕。」傅玄《西長安》詩：「羽爵翠琅玕。」李白詩：「鳳凰不啄粟，所食在琅玕。」《本草》謂之「青珠」，《別録》謂之「石珠」，或謂之「石闌干」。

開明南有樹〔一〕，鳥六首，蛟〔二〕、蝮蛇〔三〕、蜼、豹、鳥秩樹〔四〕，于表池樹木〔五〕，誦

① 引文爲《莊子》佚文，見《藝文類聚》卷九〇，此作《淮南子》，誤。

鳥〔六〕、鶽〔七〕、視肉。

〔一〕任臣案：《淮南子》：「絳樹在崑崙南。」

〔二〕郭曰：蛟似蛇四脚，龍類也。

〔三〕任臣案：《爾雅》：「蝮蛇博三丈，首大如擘。」疏云：「江淮以南曰蝮，江淮以北曰虺。」《本草序》云：「鱗屬卵生，而蝮蛇胎產。」

〔四〕郭曰：木名，未詳。

〔五〕郭曰：言列樹以表，池即華池也。

〔六〕郭曰：鳥名，形未詳也。

〔七〕郭曰：雕也。《穆天子傳》曰：「爰有白鶽青雕。」音竹筍之筍。　任臣案：字或去「鳥」。《易》：「射隼于高墉。」

山海經廣注卷之十二

仁和吴任臣注

海内北經

海内西北陬以東者。

蛇巫之山，上有人操杯而東向立。一曰龜山〔一〕。

〔一〕郭曰：「杯」或作「棓」，字同。　任臣案：楊氏《古韻》曰：「杯、棓古字通，大杖也。音棒打之棒，作杯音者非。」又林茂槐《字考》云：「璞注杯或作棓，乃木杖，上聲也。用修以杯作去聲，何耶？」朱晦翁曰：「《山海經》諸篇記異物飛走之類，多云東向，或作東首，皆爲一定不易之形，疑本依圖畫而爲之，非實紀此處有此物也。」

西王母梯几而戴勝杖〔一〕。其南有三青鳥，爲西王母取食〔二〕。在崑崙墟北。有人曰大行伯，把戈。其東有犬封國〔三〕。貳負之尸在大行伯東。

〔一〕郭曰：梯謂憑也。

〔二〕郭曰：又有三足鳥主給使。

〔三〕郭曰：昔盤瓠殺戎王，高辛以美女妻之，不可以訓，乃浮之會稽東南海中，得三百里地封之。生男爲狗，女爲美人，是爲狗封之民也。　任臣案：劉會孟云：「今長沙武陵蠻是瓠犬之後。」游朴《諸苗考》曰：「麻陽民土著者，皆槃瓠種，與苗同祖，一村有石名槃瓠石，民共祀焉。有犵狫，其先亦同姓。」

犬封國曰犬戎國〔一〕，狀如犬〔二〕。有一女子，方跪進杯食〔三〕。有文馬，縞身朱鬣〔四〕，目若黃金，名曰吉量〔五〕，乘之壽千歲〔六〕。

〔一〕郭曰：黃帝之後卞明，生白犬二頭，自相牝牡，遂爲此國。

〔二〕郭曰：言狗國也。　任臣案：《淮南子》：「狗國在其東。」《事物紺珠》云：「狗國人身狗首，長毛不衣，語若嘷。其妻皆人，能漢語。穴居，食生。」

〔三〕郭曰：與狗食也。

〔四〕郭曰：色白如縞。　任臣案：李賀《馬》詩：「鬣焦朱色落。」謂此。

〔五〕郭曰：一作「良」。

〔六〕郭曰：《周書》曰：「犬戎文馬，赤鬣白身，目若黃金，名曰吉黃之乘。成王時獻之。」《六韜》曰：

「文身朱鬣，眼若黄金，項若鷄尾，名曰雞斯之乘。」《大傳》曰：「駮身朱鬣雞目。」《山海經》亦有「吉黄之乘，壽千歲」者，惟名有不同，説有小錯，其實一物耳。今博舉之，以廣異聞也。任臣案：《公羊注疏》：「文王得白馬朱鬣、大貝元龜。」《禮斗威儀》云：「白馬朱鬣，瑞於文王。」王應麟《王會注》云：「吉黄之乘，周文王時西土獻之。」《書大傳》：「散宜生之犬戎氏，取美馬駮身、朱鬣、雞目者，取九六焉。」《瑞應圖》云：「騰黄，神馬，一名吉光。」《説文》：「馬赤鬣縞身，目若黄金，名曰媽。」《字彙》作「駁」。《淮南子》云：「澤馬曰吉良。」《博物志》曰：「文馬赤鬣身白，名古黄之乘。」又《五音集韻》引《經》云：「犬封國有文馬，縞身朱鬣，名曰古駺。」《藝文類聚》引《經》云：「犬封之國有文馬，縞身朱鬣①，名曰吉彊。」稱名各别，是古本之殊也。《圖贊》曰：「金精朱鬣，龍行駿跱。拾節鴻鶩，塵不及起。是謂吉皇，釋聖牖里。」

鬼國在貳負之尸北，爲物人面而一目。一曰貳負神在其東，爲物人面蛇身〔一〕。

〔一〕任臣案：《論衡》：「北方有鬼國。」《玄覽》云：「毗舍那有鳥語鬼形之民。」楊氏《裔乘》云：「鬼國在駮馬國西，或曰《易》稱伐鬼方，即此也。」利瑪竇《輿圖志》云：「鬼國之人噉鹿與蛇，耳目鼻

---

①「鬣」，原作「鬛」，據《藝文類聚》卷九三改。

與人同，惟口在頂上。」此與《經》説全異，當别爲一種耳。又劉會孟曰：「羅施鬼國，今貴州。」然貴竹地屬西南，其説未是。《談薈》云：「鬼國人面蛇身而一目。」蓋謂此。

蜪犬〔一〕如犬，青，食人從首始〔二〕。

〔一〕郭曰：音陶。或作「蚼」，音鉤。

〔二〕任臣案：《談薈》云：「蜪犬如犬，崮狗如菟。」盧柟《崑崙山人賦》：「誇畢方使先驅兮，走蜪犬之狺狺。」又《放招賦》：「蜪犬狺狺，從首是食且。」本此也。王氏《釋義》曰：「凡獸相食，視朔望爲準。朔以後食首，望以後食下體。此食人從首，其尤異者與？」

窮奇狀如虎，有翼〔一〕，食人從首始，所食被髮。在蜪犬北。一曰從足。

〔一〕郭曰：毛如蝟。　任臣案：《吕氏春秋》：「鴈門北，饕餮、窮奇之地。」《太平御覽》：「北方有獸，狀如虎，有翼，名窮奇。」即此。又窮奇、渾敦、檮杌、饕餮，是爲四凶，取此義也。盧柟《滄溟賦》：「邀余於泰皇之坂，以觀乎窮奇之民。」

帝堯臺，帝嚳臺，帝丹朱臺，帝舜臺，各二臺，臺四方，在崑崙東北〔一〕。

〔一〕郭曰：此蓋天子巡狩所經過，夷狄慕聖人恩德，輒共爲築立臺觀，以標顯其遺跡也。一本云：「所殺相柳地，腥臊不可種五穀，以爲衆帝之臺。」　任臣案：《九域志》：「冀之唐陽有堯臺。」《郡國志》云：「信都堂陽古臺二，並號堯臺。」《城塚記》云：「堯臺二所。」羅泌《餘論》曰：「《海内北經》有帝堯臺、帝嚳臺、帝舜臺之類非一。夫帝王之冢曰陵，亦謂之臺。傳言禹殺相柳，其血腥不可以植，乃以爲衆帝之臺，故帝嚳曰頓丘臺，堯母冢曰靈臺。鄴有魏文、武、甄后三陵臺，張賓進所謂三臺險固者也。」顧起元《説略》曰：「古聖久於其位，赴格之日，殊方異域無不爲位而墳土，以致其哀敬。顓、嚳、堯、湯之陵臺，皆傳數出，漢遠郡國皆起國廟，亦若是也。」

大蠭，其狀如螽。朱蛾，其狀如蛾〔一〕。

〔一〕郭曰：蛾，蚍蜉也。《楚辭》曰：「玄蜂如壺，赤蛾如象。」謂此也。　任臣案：《爾雅》：「土蜂，即馬蜂也，荆楚間呼爲蟺。」《方言》曰：「蜂大有蜜，謂之壺蜂。」《嶺表録異》曰：「唐劉恂見大蜂結房山林間，大如巨鐘。」彭儼《五侯鯖》云：「大蜂出崑崙，長一丈，其毒殺象。」《杜陽雜編》曰：「唐德宗時，吴明國貢碧蜜蜂，聲如鸞鳳，大者重十餘斤，蜜色翠碧。」亦斯類也。蛾、蟻通。《五行記》：「後魏時，兖州有赤蟻與黑蟻鬭，長六七步，廣四寸。」《玄覽》云：「潮州有盈尺之蟻。」則《離騷》所謂如象，非寓言矣。吴淑《蟻賦》云：「處欄錡之石，出崑崙之墟。」本此。《圖贊》曰：「蛇巫之山，有人操杯。鬼神蜪犬，主爲妖灾。大蜂朱蛾，羣帝之臺。」

蟜，其爲人虎文，脛有䏿〔一〕，在窮奇東。一曰：狀如人。崑崙虛北所有〔二〕。

〔一〕郭曰：言脚有膞腸也。音橋。

〔二〕郭曰：此同上物事也。

闒非，人面而獸身，青色〔一〕。

〔一〕郭曰：音榻。任臣案：《伊尹四方令》云：「正西鬼親，枳已闒耳。」「闒非」疑即「闒耳」。

據比〔一〕之尸，其爲人折頸被髮，無一手〔二〕。

〔一〕郭曰：一云「掾比」。

〔二〕任臣案：盧柟賦：「劈巷溏而撍據比。」又云：「問據比之尸。」指此也。《談薈》云：「據比之尸，其人無一手。」

環狗，其爲人獸首人身。一曰蝟狀如狗，黄色〔一〕。

〔一〕任臣案：《五代史》：「牛蹄突厥之北有狗國，人身狗首，長毛不衣，手搏猛獸，語爲犬嘷。」意即此也。盧柟《泰宇賦》云：「檻黄狗而踐躉圍。」又《伊尹四方令》曰：「正西①：崑侖狗國。」《易林》云：「穿胸狗邦，僵離旁春。」計其道里，似别爲一種。

袜，其爲物人身，黑首從目〔一〕。

〔一〕郭曰：「袜」即「魅」也。任臣案：從、縱通，言其目縱生也。古人亦有縱目者。蜀侯蠶叢，其

① 「正西」，原作「南有」，據《逸周書·王會篇》改。

目縱，死作石棺石椁，俗以爲縱目人冢。見《華陽國志》。

戎，其爲人人首三角〔一〕。

〔一〕任臣案：《圖贊》曰：「人面獸身，是謂闒非。被髮折頸，據比之尸。戎三其角，袜豎其眉。」

林氏國〔一〕有珍獸，大若虎，五彩畢具，尾長于身，名曰騶吾〔二〕，乘之日行千里〔三〕。崑崙虛南所，有氾林，方三百里〔四〕。

騶虞　狀如虎而五彩畢具，尾長於身，乘之日行千里。出林氏國。

〔一〕任臣案：《雜録》：「碧芬出林氏國，乃騶虞與豹交而生，大如犬，毛可爲裘。」即此國也。又《汲家書》：「林氏、上衡氏争權，林氏再戰勿勝，上衡氏僞義勿克，俱身死國亡。」亦斯國也。《國名記》云：「林氏國出騶虞，與葛鼠近。」

〔二〕任臣案：《字學指南》引《經》作「騶吾」。賈氏《周禮疏》引《經》作「鄒吾」。

〔三〕郭曰：紂囚文王，閎夭之徒詣林氏國，求得此獸，獻之，紂大悦，乃釋之。《周書》曰：「英林酋耳。」酋耳①若虎，尾參於身，食虎豹。《大傳》謂之侄獸。「吾」亦作「虞」也。任臣案：陸佃《埤雅》云：「騶虞尾參于身，白虎黑文，西方之獸也。王者有至信之德則應。不踐生草，食自然之肉。」《中興徵祥説》曰：「天下太平則騶虞見。」毛萇《詩傳》云：「騶虞白虎黑文，不食生物。」孫柔之《瑞應圖》云：「王者不暴及行葦則見。」《括地象》曰：「令訾野中有玉虎，晨鳴雷聲，聖人感應之期。」司馬相如賦：「囿騶虞之珍羣。」又曰：「般般之獸，樂我君囿。白質黑章，其儀可喜。」曹丕《典引》②云：「擾緇文皓質于郊。」《獸經》云：「騶虞義獸。」《説文繫傳》曰：「騶虞，林氏國之珍獸也。」張衡《東京賦》：「圉林氏之騶虞。」徐氏《賽修賦》云：「駕林氏之騶吾。」謂此也。《圖贊》曰：「怪獸五彩，尾參于身。矯足千里，儵忽若神。是謂騶虞，《詩》嘆其仁。」劉會孟曰：「五色爛然爲婆羅花，五色畢具爲騶虞獸，皆禀五行之精者。」唐太和元年，有白虎入重

---

① 「酋耳」二字原脱，據宋本補。

② 曹丕《典引》誤，應作班固《典引》。見《後漢書》。

峰觀，即騶虞也。又永樂二年，周王畋鈞①州，獲騶虞。宣德四年，滁州來安石固山獲二騶虞，獻之朝，羣臣皆賦咏之。夏原吉賦序云：「猊目虎身，白質黑章，修尾逾目，不食生，不踐草。」與《埤雅》所載同。

〔四〕任臣案：《事物紺珠》曰：「西北海氾林浮生，廣三百里，隨波上下。」盧柟賦云：「蹇將遊乎氾林。」指此。

從極之淵〔一〕，深三百仞，維冰夷恒都焉〔二〕。冰夷人面，乘兩龍〔三〕。一曰忠極之淵。陽汙之山，河出其中〔四〕。凌門之山，河出其中〔五〕②。

〔一〕任臣案：《路史》注作「縱極」，《水經注》作「中極」。

〔二〕郭曰：冰夷，馮夷也。《淮南》云：「馮夷得道，以潛大川。」即河伯也。《穆天子傳》所謂「河伯無夷」者。《竹書》作「馮夷」，字或作「冰」也。　任臣案：《太公金匱》：「河伯名馮循。」《太公伏陰謀》云名「馮修」，又《河圖》曰「姓吕名夷」，《鴻烈解》云「一名馮遲」。名號不同，彼此各異。《聖賢記》曰：「馮夷服八石，得水仙。」江淹賦云：「冰夷倚浪以傲睨。」即此也。

〔三〕郭曰：畫四面，各乘靈車，駕二龍。　任臣案：《括地圖》曰：「馮夷恒乘雲車，駕二龍。」《鴻烈

---

①「鈞」，原作「鈎」，蓋形近而誤。

②「凌門之山，河出其中」八字及郭注原脱，據《四庫》本補。

解》云：「馮夷，大丙之御也，乘雲車，入雲蜺。」《酉陽雜俎》云：「冰夷人面魚身。」《圖贊》曰：「禀華之精，練食八石。乘龍隱淪，往來海若。是謂水仙，號曰河伯。」又曰：「水土①冰鱗，潛映洞川。赤松是服，靈蛻乘煙。吐納六極，升降九天。」

〔四〕郭曰：皆河之枝源所出之處也。　任臣案：「陽汙」即「陽紆」。《水經注》：「河水又出于陽紆淩門之山，而注于馮逸之山。」《穆天子傳》：「天子西征至陽紆之山，河伯馮夷之所都，居是惟河宗氏。」《淮南》曰：「禹治洪水，具禱陽紆。」蓋于此也。《括地象》云：「河又出于陽紆陵門之山。」《路史》：「禹紀身解陭之河。」注云：「陽紆也。」

〔五〕郭曰：皆河之枝源所出之處也。

王子夜之尸，兩手②、兩股，胸、首、齒皆斷，異處〔一〕。

〔一〕郭曰：此蓋形解而神連，貌乖而氣合，合不爲密，離不爲疎。　任臣案：《西京雜記》：「因墀國有解形之民，頭飛南海，左手飛東海，右手飛西澤。至暮，頭還肩。」又占城國有飛頭婦，韓翕國有飛骸獸，亦然。《圖贊》曰：「子夜之尸，體分成七。離不爲疎，合不爲密。苟以神御，形歸

①「土」，原作「上」，據《四庫》本改。
②「手」，原作「首」，據宋本改。

於一。」

舜妻登比氏，生宵明、燭光〔一〕，處河大澤〔二〕。二女之靈能照此所方百里〔三〕。一名登北氏〔四〕。

〔一〕郭曰：即二女字也。以能光照，因名云。　任臣案：《漂粟手牘》曰：「娥皇夜寢，夢昇于天，無日而明，光芒射目，覺乃燭也，于是變生二女，名曰宵明、燭光。」以二女爲娥皇所出，疑非是。《初學記》云：「舜妹有敤手，舜女有宵明、燭光，並未有封邑之號。」

〔二〕郭曰：澤，河邊溢漫處。

〔三〕郭曰：言二女神光所燭，及者方百里。　任臣案：《淮南子》：「宵明、燭光在河洲，所照方千里。」《路史》云：「舜次妃癸比氏，生二女，曰宵明，曰燭光，處河大澤，靈照百里，是爲湘之神。」顧起元《説略》曰：「大澤者，洞庭之謂，而光照者，威靈之所暨也。迄今湘神所實靈正百里。然則湘祠爲虞帝之二女，復何疑耶？」《圖贊》曰：「水有佳人，宵明燭光。流燿河湄，禀此奇祥。維舜二女，别處一方。」江淹《遂古篇》：「帝之二女游湘沅兮，宵明燭光何焜煌兮。」又《清思詩》：「帝女在河洲，晦映西海側。」又《效阮體詩》：「宵明輝西極，女圭映東海。」謝靈運《緩歌》：「娥皇發湘浦，宵明出河洲。」温子昇《常山公主碑》：「令淑之至，比光明於宵燭。」蘇頲《涼國公主碑》：「我則有祥，宵明燭光。」張説《鄎國公主碑》：「舜有宵燭，動百里之光耀。」本此也。

〔四〕任臣案：登北，書多作「癸北」，《姓纂》又作「癸比」，舜之第三妃也。《冠編》云：「禹封癸比氏之出于巴陵。」《蛙螢子》又云：「癸比氏從子封巴陵，生二女，是謂湘神，《楚辭》所稱湘夫人者，指宵明燭光也。」《説略》曰：「湘陰黄陵，爲癸比之墓，而臨桂縣城北十餘里有雙女冢，特舜女也。」程良孺云：「舜三妃亦名少匽。」

蓋國在鉅燕南，倭北。倭屬燕〔一〕。

〔一〕郭曰：倭國在帶方東，大海内，以女爲主，其俗露紒，衣服無針功，以丹朱塗身，不妒忌，一男子數十婦也。　任臣案：鄭樵《都邑略》：「東沃沮在蓋馬大山之東。」注云：「蓋馬，縣名。」疑即蓋國。又《路史》云：「登北國在鉅燕之南，倭之北，屬燕。」似二國同一地也。

朝鮮在列陽東，海北山南。列陽屬燕〔一〕。

〔一〕郭曰：朝鮮，今樂浪縣，箕子所封也。列亦水名也，今在帶方。帶方有列口縣。　任臣案：《名山藏》曰：「朝鮮近日本，日之所出，朝景鮮明也。」《世法録》云：「朝鮮直遼東南，以日東出鮮潤，故名。」陳士元《譯語音義》曰：「國有汕水。汕、鮮同音，因名朝鮮。」黄洪憲《輶軒録》云：「堯戊辰歲，有神降太伯山檀木下，朝鮮人君之，謂之檀君，此朝鮮立國之始。」鄭樵《通志略》曰：「朝鮮都王險，漢樂浪郡。」茅氏《象胥録》曰：「檀君、箕子，並都王壤，史稱衛滿都王險，王險亦平壤也。」劉會孟云：「朝鮮地分八道，又名三韓。」楊一葵《裔乘》云：「朝鮮至今凡三四易姓。」《圖贊》曰：「箕子避商，自竄朝鮮。善者所在，豈有隱顯？」

列姑射在海河洲中〔一〕。

〔一〕郭曰：山名也。山有神人。河洲在海中，河水所經者。《莊子》所謂「藐姑射之山」也。任臣案：《東山經》有北姑射、南姑射二山，皆在中國。此則藐姑射，蓋遠在海中者。

姑射國在海中，屬列姑射。西南山環之。大蟹在海中〔一〕。

〔一〕郭曰：蓋千里之蟹也。任臣案：《王會篇》「海陽大蟹」注：「海水之陽，一蟹盈車。」此云千里，則更異已。《嶺南異志》云：「昔有海商海中行，遇沙渚，林木茂甚，乃維舟登岸，爨于水傍。半炊而林没，詳視之，大蟹也。」《玄中記》云：「北海之蟹，舉一螯能加於山，身故在水中。」亦此類也。

陵魚，人面、手、足，魚身，在海中〔一〕。

陵魚 人面、手、足，魚身。在海中。

〔一〕任臣案：屈子《天問》云：「鯪魚何所？」柳宗元《天對》云：「鯪魚人面，邇列姑射。」《嶺海異聞》曰：「人魚長四尺許，體髮牝牡人也，惟背有短鬣微紅。」注云：「西海陵魚。」即此。又《呂氏春秋》「大解陵魚，大人之居，多無君」，亦謂斯也。《圖贊》曰：「姑射之山，實栖神人。大蟹千里，亦有陵鱗。曠哉溟海，含怪藏珍。」鄧元錫《物性志》：「近列姑射山有鯪魚，人面人手魚身，見則風濤起。」柳子《招海賈文》注曰：「《山海經》鯪魚有刺如三角。」皆與經文異，似誤。

大鯾居海中〔一〕。

〔一〕郭曰：鯾即魴也。音鞭。　任臣案：《爾雅》「魴，魾」，注云：「江東①呼魴爲鯿，一名魾，音毗。」

明組邑居海中〔一〕。

〔一〕郭曰：音祖。　任臣案：楊氏《補注》云：「《爾雅》綸似綸，組似組，東海有之。注：海苔之類。即此也。」邑，猶言聚也。蓋綸爲青苔、紫菜之屬，組乃海中昆布。陳藏器云：「昆布葉如手，大似薄葦，紫赤色。」李時珍曰：「昆布生登萊者，搓如繩索之狀，出閩浙者大葉似菜。」又吴普《本草》云：「綸布一名昆布。」是更以昆布爲綸也，所説不同如此。孫綽《望海賦》：「華組依波而錦披，翠綸扇風而繡舉。」

① 「江東」，原作「東江」，據《爾雅注疏》卷九乙。

蓬萊山在海中〔一〕。

〔一〕郭曰：上有仙人宫室，皆以金玉爲之，鳥獸盡白，望之如雲，在渤海中也。　任臣案：《列子》：「渤海之東，其中有山，一曰岱輿，二曰員嶠，三曰方壺，四曰瀛洲，五曰蓬萊。」《玄中記》云：「東南之大者有巨鼇，以背負蓬萊山。」《十洲記》云：「蓬萊山週迴五千里，外别負海之溟海，無風而洪波百丈，有九氣丈人、九天真君宫。」則蓬萊固在海之中也。　又云：「蓬丘即蓬萊山。」《拾遺記》曰：「亦名防丘，亦名雲來，高二萬里，廣七萬里。」王氏《釋義》曰：「今登州海中有大小竹山及田横諸島，且其屬邑曰蓬萊，即此也。」《圖贊》曰：「蓬萊之山，玉碧構林。金臺雲館，皓哉獸禽。　實維靈府，玉主甘心。」

大人之市在海中〔一〕。

〔一〕任臣案：楊慎《補注》云：「今登州海市也。」登州四面皆海，春夏時遥見水面有城郭市肆，人馬往來若交易狀，土人謂之「海市」。

山海經廣注卷之十三

仁和吴任臣注

海内東經

海内東北陬以南者。

鉅燕在東北陬。

國在流沙中者，埻端〔一〕、璽㬇〔二〕，在崑崙墟東南。一曰海内之郡，不爲郡縣，在流沙中〔三〕。

〔一〕郭曰：音敦。

〔二〕郭曰：音唤。或作「繭㬇」。　任臣案：《抱朴子》有「璽産之國」，疑即此也。又《字義總略》作「璽㬇」。

〔三〕任臣案：王氏《釋義》曰：「不爲郡縣，猶今所謂無爲州。」

國在流沙外者，大夏〔一〕、竪沙、居繇〔二〕、月支之國〔三〕。

〔一〕郭曰：大夏國城方二三百里，分爲數十國，地和温，宜五穀。　任臣案：《伊尹四方令》曰：「正北：大夏。」《淮南子》云：「空同、大夏。」《管子》云：「桓公西伐大夏，涉流沙。」《王會篇》：「大夏兹白牛。」注：「西北國也。」《史記》：「大夏在大宛西南二千餘里。」

〔二〕郭曰：音遥。　任臣案：《魏略》云：「流沙西有大夏國、竪沙國、屬繇國。」

〔三〕郭曰：月支國多好馬美果，有大尾羊，如驢尾，即羬羊也。小月支、天竺國皆附庸云。　任臣案：「支」亦作「氏」。闞駰《十三州志》：「西平張掖之間，大月氏之别小月氏之國。」内典云薄佉羅，即月支也。鄭曉《吾學編》云：「赤斤蒙古，古月氏地。」《圖贊》曰：「竪沙居繇，埻端璽喚。沙漠之鄉，絶地之館。或羈于秦，或賓于漢。」劉會孟云：「此博望所通所謂城郭諸國。」

西胡白玉山在大夏東〔一〕，蒼梧在白玉山西南，皆在流沙西，崑崙墟東南。崑崙山在西胡西，皆在西北〔二〕。

〔一〕任臣案：赤水西亦有白玉山，非此。

〔二〕郭曰：《地理志》：「崑崙山在臨羌西，又有西王母祠也。」　任臣案：王崇慶曰：「崑崙墟，以其餘地而言；崑崙山，方指本山而言。」

雷澤中有雷神，龍身而人頭，鼓其腹。在吴西〔一〕。

雷神　龍身人頭而鼓其腹。在吴西。

〔一〕郭曰：今城陽有堯冢、靈臺，雷澤在北也。《河圖》曰：「大迹在雷澤，華胥履之而生伏羲。」任臣案：雷澤在濟陰城陽縣西北，《禹貢》作「雷夏」，《周禮》作「盧維」，鄭玄作「雷雍」。昔舜漁于雷澤，即此地。金氏曰：「今濮州雷澤縣西北雷夏陂，東西二十里，南北十五里，蓋古雷澤也。」《淮南子》云：「雷澤有神，龍身人頭，鼓其腹而熙。」《奚囊橘柚》云：「軒轅遊于陰浦，有物焉，龍身而人頭，鼓腹而遨遊。問于常伯，常伯曰：此雷神也，有道則見。」又李肇《國史補》云：「雷，秋日伏蟄，狀如彘。」《月令廣義》云：「雷公形猪首，手足各兩指，執一赤蛇，嚙之且雷。」書載雷磓、雷環、雷楔諸物甚詳。據此，則雷神果有形之物矣。

都州在海中。一曰郁州〔一〕。

〔一〕郭曰：今在東海朐縣界。世傳此山自蒼梧從南徙來，上皆有南方物也。郁音鬱。　任臣案：《郡縣釋名》曰：「郁州，即臨朐之朐山也，一名覆釜山。」《後漢志》東海郡有朐縣。注：「實齊之駢邑，隨之逢山。」又案《一統志》云：「朐山東北海中有大洲，謂之鬱洲，又名郁州，一名郁鬱山，一名蒼梧山，或言昔從蒼梧飛來。」然則郁州近朐山東北，非即朐山也。《圖贊》曰：「南極之山，越處東海。不行而至，不動而改。維神所運，物無常在。」

琅琊臺〔一〕在渤海間，瑯琊之東〔二〕。其北有山。一曰在海間。

〔一〕任臣案：一本作「瑘」。

〔二〕郭曰：今瑯琊在海邊，有山嶕嶢特起，狀如高臺，此即瑯琊臺也。瑯琊者，越王勾踐入霸中國之所都。　任臣案：《括地志》：「密州諸城縣東南有瑯邪臺，越王勾踐觀臺也。」《越絶》曰：「勾踐徙琅邪，起觀臺，臺周七里，以望東海。」《水經注》：「琅邪臺在城東南十里。」《郡國十道記》云：「瑯琊臺上有始皇碑，碑上有六百字可識。」又云：「臺上有神泉，人或汙之，立竭。」《齊乘》曰：「秦始皇廿八年，南登琅邪，大樂之，留三月，徙黔首三萬户于臺下。漢于此置琅琊縣。武帝亦嘗登焉。今山下井邑遺迹猶存，登山石道如故，土人名曰御路。」謝脁詩：「東限瑯琊臺，西距孟諸陸。」

韓鴈在海中，都州南〔一〕。

〔一〕任臣案：《釋義》曰：「疑即今之遼東。」

始鳩在海中，轅厲南〔一〕。

〔一〕郭曰：國名，或曰鳥名也。　任臣案：《釋義》曰：「據文會理，上通書列國，豈至此獨以一鳥參乎？以國爲近是。」《圖贊》曰：「韓鴈始鳩，在海之州。雷澤之神，鼓腹優游。瑯琊嶕嶢，邈若雲樓。」

會稽山在大楚南。　岷三江首。

大江出汶山〔一〕，北江出曼山，南江出高山。高山在城都西。入海在長州南。

〔一〕郭曰：今江出汶山郡升遷縣岷山，東南經蜀郡、犍爲至江陽，東北經巴東、建平、宜都、南郡、江夏、弋陽、安豐至廬江南界，東北經淮南、下邳至廣陵郡入海。　任臣案：明末時，江陰人徐弘祖出關，至崑崙山，歸作《溯江紀源》一書，言：「《禹貢》岷山導江，特汎濫中國之始，按其發源，河自崑崙之北，江亦自崑崙之南，其龍脈與金沙江相並南下，環滇池以達五嶺，江之所以大於河也。」其説亦足補前人之未及矣。

浙江出三天子都，在其東〔一〕。在閩西北，入海餘暨南〔二〕。

〔一〕郭曰：按《地理志》，浙江出新安黟縣南蠻中，東入海，今錢塘浙江是。黟即歙也。浙音折。任臣案：浙江之名，前此未有，實始于《山海經》「浙江出三天子都」。《水經》「漸江出三天子都」，漸江即浙江也。《吴越春秋》：「越王至浙江之上，望見大越山川重秀，天地再清。」《史記》云：「水至會稽山陰爲浙江。」又云：「秦始皇至錢①唐，臨浙江。」盧肇曰：「浙者折也，蓋取其潮出海屈折而倒流也。一名羅刹江。」亦名浙河，《莊子》所謂「浙河之水有吞天沃日之勢」，謝康樂云「浙河之外棲遲山澤」是也。郭子章《郡縣釋名》云：「又名曲江，《七發》曰『將以八月之望，觀濤于廣陵之曲江』，曲迺折之謂也。」然《南齊書》言，南兖州刺史每以秋月出海陵觀濤，則曲江自在廣陵，非浙江明矣。又《一統志》引《經》云「三天子山在率東」，率山今在休寧縣，俗名張公山。何喬遠《輿地記》云：「休寧縣山曰率山，水曰率水。《山海經》『浙江出三都山，在率東』，蓋此山也。」今本無此文。

〔二〕郭曰：餘暨縣屬會稽，今爲永興縣。 任臣案：今之蕭山。

廬江出三天子都，入江彭澤西〔一〕。一曰天子鄣〔二〕。

---

①「錢唐」，原作「越唐」，據《史記·秦始皇本紀》改。

〔一〕郭曰：彭澤，今彭蠡也，在尋陽彭澤縣。　任臣案：《水經》：「廬江水出三①天子都，北過彭澤縣，西北入于江②。」

〔二〕任臣案：汪循《率山記》曰：「或以績之大鄣山爲《山海經》所稱三天子都，非也。《水經》漸江出三天子都，在率東；廬江出三天子都，入彭蠡。今維率山之水，山陰山陽，一東一西而流入于江者，與古脗合。嘗遊率山，見巨石上鐫『三天子都』字，筆畫摹索可驗。其處有仙人跨澗石、清風嶺、獨枕山。近三天子石有圓土岡，東西有擂鼓尖、振衣岡，中擁小石岡。竊謂兩巨中小，以小爲尊，此即三天子都也。」又錢氏《黄山記》載新安吴時憲曰：「黄山有最高峰曰三天子都，東西南北皆有鄣。婺有三天子鄣，南都也。匡廬亦稱天子鄣，西鄣也。績溪有大鄣，東北鄣也。天都爲天子都，率山、匡廬、大鄣爲天子都之鄣。」其説似爲允云。

淮水出餘山。餘山在朝陽東，義鄉西，入海淮浦北〔一〕。

〔一〕郭曰：今淮水出義陽平氏縣桐栢山山東，北經汝南、汝陰、淮南、譙國、下邳，至廣陵縣入海。朝陽縣今屬新野。　任臣案：《水經》：「淮水出南陽平氏縣胎簪山，東北過桐栢山。」禹獲水怪無支祈在此地，見《古岳瀆經》。

---

①「三」，原作「五」，據《四庫》本改。

②「江」，原作「海」，據《四庫》本改。

湘水出舜葬東南陬，西環之〔一〕。入洞庭下〔二〕。一曰東南西澤。

〔一〕郭曰：環，繞也。今湘水出零陵營道縣陽湖山，入江。　任臣案：《水經》「湘水出零陵始安縣陽海山」，注云：「即陽朔山也。」《尚書日記》云：「湘江出静江府興安縣陽山東北名鏵觜，東北至潭州入洞庭。」

〔二〕郭曰：洞庭，地穴也，在長沙巴陵。今吴縣南太湖中有包山，下有洞庭穴道，潛行水底，云無所不通，號爲地脈。　任臣案：劉會孟曰：「南潯之國有洞穴陰源，其下通地脈。」同此。唐張説《洞庭》詩：「地穴穿東武，江流下西蜀。」《梁四公記》曰：「洞庭穴有四支，一通洞庭湖西岸，一通蜀道青衣浦北岸，一通羅浮兩山間大谿，一通枯桑島東岙。」《述異記》云：「洞庭山有穴五門，東通林屋，西達峨眉，南接羅浮，北連岱嶽。」楊慎《補注》曰：「《河圖絳象》注云：太湖洞庭山林屋洞天，即禹藏真文之所。一名包山，吴王闔閭命龍威丈人入包山，得書一卷，凡一百七十四字。」湘水所入，蓋楚洞庭也，或云與包山通。

漢水出鮒魚之山〔一〕，帝顓頊葬于陽，九嬪葬于陰〔二〕，四蛇衛之〔三〕。

〔一〕郭曰：《書》曰「嶓冢導漾，東流爲漢」。按《水經》「漢水出武都沮縣東狼谷，經漢中、魏興至南鄉，東經襄陽至江夏安陸縣入江。別爲沔水，又爲滄浪之水。」　任臣案：劉會孟云：「今嘉定州犍爲縣，漢成帝得石磬十六枚于水濱，乃此也。」

〔二〕任臣案：《一統志》：「鮒鰅山，在開州舊頓丘縣西北二十里，顓頊葬其陽。一名廣陽山。今滑縣有顓頊陵，是其地也。」《郡國志》云：「顓頊所葬，俗名青冢山。」《皇覽冢墓記》云：「在濮陽縣頓丘門外廣陽里中。」崔鴻《前趙録》曰：「顓頊葬廣陽，下不及泉。」《十道志》云：「鮒鰅即廣陽山之別名也。」計其道里，與漢水絶不相蒙，當在傳疑。又《寰宇記》：「顓頊廟臨河東九里。」《九域志》：「順安高陽縣有顓頊陵。」顏真卿《吴地記》云「烏程有顓頊陵」，是顏之誤也。「鮒魚」或作「鮒隅」，謝朓《宋后哀册文》：「陋蒼梧之不從兮，遵鮒隅以同壤。」又《路史》作「務隅之陽」。

〔三〕郭曰：言有四蛇衛守山下。　任臣案：羅苹曰：「上郡石穿，貳負乃見。漢陽索出，支祈始聞。四蛇衛之，何足深怪。」昔漢下姬與臨江王之葬，皆有燕數千銜土投壙中，亦此類也。

濛水出漢陽西，入江聶陽西〔一〕。

〔一〕郭曰：漢陽縣屬朱提。　任臣案：峨眉山有濛水，即大渡水也，水發濛漢，東南流與涐水合。「聶陽」，《水經注》引此作「灄陽」。

温水出崆峒山〔一〕**，在臨汾南，入河華陽北。**

〔一〕郭曰：今温水在京兆陰盤縣，水常温也。臨汾縣屬平陽。　任臣案：《一統志》：「温水谷在寶雞縣東南四十里渭水之南。」郭氏所指者此也，與《經》似不相應。又牂柯亦有温水，岷山亦有温水，非此。

潁水出少室，少室山在雍氏南，入淮，西鄢北〔一〕。一曰緱氏〔二〕。

〔一〕郭曰：今潁水出河南陽城縣乾山，東南經潁川、汝陰，至淮南下蔡入淮。鄢，今鄢陵縣，屬潁川。　任臣案：《一統志》：「潁水源出河南府登封縣潁谷。」《地里志》云：「出陽乾山，東經鄭州至襄城縣，爲渚河，又東經臨潁縣，西合沙河入淮。」《臨潁志》云：「潁水俗名褚河，《宋史·河梁志》亦隨俗目爲褚河，而潁水之名遂湮。」

〔二〕郭曰：縣屬河南。音鉤。　任臣案：劉會孟云：「今河南登封縣，禹避陽城即此也。」

汝水出天息山，在梁勉鄉西南，入淮極西北〔一〕。一曰淮在期思北〔二〕。

〔一〕郭曰：今汝水出南陽魯陽縣大盂①山，東北至河南梁縣，東南經襄城、潁川、汝南，至汝陰褒信縣入淮。淮極，地名。　任臣案：劉會孟云：「今出河南汝寧府，由上蔡、西平、汝陽入淮。」《玄覽》云：「汝出燕泉，是謂八流之一。」《水經注》云：「《地理志》言出高陵山，即猛山也，亦言出南陽魯陽縣之大盂②山，又言出弘農盧氏縣還歸山，《博物志》曰汝出燕泉山，皆異名也。」

〔二〕郭曰：期思縣，屬弋陽。

①「盂」，原作「盂」，據《四庫》本改。
②「盂」，原作「盂」，據《四庫》本改。

涇水出長城北山，山在郁郅長垣北〔一〕，北入渭，戲北〔二〕。

〔一〕郭曰：皆縣名也。郅音桎。

〔二〕郭曰：今涇水出安定朝那縣西笄頭山，東南經新平、扶風，至京兆高陵縣入渭。戲，地名，今新豐縣也。　任臣案：劉會孟云：「涇水，今陝西西安府涇陽縣。」

渭水出鳥鼠同穴山，東注河，入華陰北〔一〕。

〔一〕郭曰：鳥鼠同穴山，今在隴西首陽縣，渭水出其東，經南安、天水、略陽、扶風、始平、京兆、弘農華陰縣入河。

白水出蜀，而東南注江〔一〕，入江州城下〔二〕。

〔一〕郭曰：色微白濁。今在梓橦白水縣，源從臨洮之西西傾山來，經沓中東流通陰平，至漢壽縣入潛。　任臣案：段國《沙州記》：「洮水與墊江水俱出嵹臺山，墊江水即白水，嵹臺則西傾之異名也。」楊慎云：「即《水經》所謂天池白水者是。」

〔二〕郭曰：江州縣屬巴郡。

沅水出象郡鐔城西〔一〕，入東注江，入下雋西〔二〕，合洞庭中〔三〕。

〔一〕郭曰：象郡，今日南也。鐔城縣今屬武陵。音尋①。　任臣案：《尚書日記》：「楚中九江，五曰沅江。出沅州西蠻界中，至辰州與酉江合。」又初出爲旁溝水，至鐔城爲沅水。《楚辭》云「沅有芷兮澧有蘭」，指此水也。又秦置郡縣，始有日南、象郡之名，此故後人增益無疑。

〔二〕郭曰：下雋縣今屬長沙。音昨兖反。

〔三〕郭曰：《水經》曰：「沅水出牂牁且蘭縣，又東北至鐔城縣爲沅水，又東過臨沅縣南，又東至長沙下雋縣。」

贛水出聶都東山〔一〕，東北注江，入彭澤西。泗水出吴②東北而南，西南過湖陵西，而東南注東海，入淮陰北〔二〕。

〔一〕郭曰：今贛水出南康南野縣西北。音感。　任臣案：郭紹孔《正誤》曰：「灨轉音感，水名，出豫章，以章水、貢水合而名贛水也。」《説文》：「从貝，竷省聲。」豫章人稱紺，蓋一字二音耳。《一統志》曰：「贛水在吉安府東，章、貢二水至贛縣北，合爲贛江，下流一百里，凡二十四灘。」《廣輿記》：「聶都山在南安府崇義縣。」

①「尋」，原作「蕁」，據《四庫》本改。
②「吴」，宋本同，《箋疏》作「魯」。

〔三〕郭曰：今泗水出魯國卞縣，西南至高平胡陸縣，東南經沛國、彭城、下邳，至臨淮下相縣入淮。　任臣案：《水經注》云：「水出卞縣故城東南，桃墟西北。」金氏曰：「泗水縣桃墟西北陪尾山，泗水所出。」又贛水、泗水絶不相蒙，古本連文，疑有錯簡。

鬱水出象郡，而西南注南海，入須陵東南〔一〕。

〔一〕任臣案：《一統志》：「鬱江在潯州城南，源出交阯界，經邕州至此合黔江。」又應劭云：「鬱水出廣信，東入海。」酈氏云：「言始則可，終則非矣，不足據也。」

肄水出臨晉西南〔一〕，**而東南注海，入番禺西**〔二〕。

〔一〕郭曰：音如肄習之肄。

〔二〕郭曰：番禺屬南海，越之城下也。　任臣案：即溱水也。《水經》：「溱水出桂陽臨武縣南，繞城西北，屈東流。」或作「肆水」，酈氏引《經》曰：「肆水出臨武西南，注于海，入番禺西。」

潢水出桂陽西北山，東南注肄水，入敦浦西〔一〕。

〔一〕任臣案：《水經注》引《經》作「湟水」：「徐廣曰：『湟水一名洭水，出桂陽，通四會。』亦曰灌水也。漢元鼎元年，路博德爲伏波將軍，征南越，出桂陽下湟水，即此水矣。」《水經》又謂之「桂水」。

洛水出洛西①山，東北注河，入成皋之西〔一〕。

〔一〕郭曰：《書》云「道洛自熊耳」。按《水經》，洛水今出上洛冢嶺山，東北經弘農，至河南鞏縣入河。成皋縣亦屬河南也。

汾水出上窳北〔一〕，而西南注河，入皮氏南〔二〕。

〔一〕郭曰：音愈。

〔二〕郭曰：今汾水出太原晉陽故汾陽②縣，東南經晉陽，西南經西河、平陽至河東汾陰入河。皮氏縣屬平陽。任臣案：《禹貢》「既修太原，至于岳陽」，蔡注云：「修太原者，所以導汾水之源。修岳陽者，所以導汾水之流。」則汾水在禹時故出太原也。

沁水出井陘山東，東南注河，入懷東南〔一〕。

〔一〕郭曰：懷縣屬河内，河内北有井陘山。任臣案：劉鳳《雜俎》云：「沁水，春秋之少水也。」《郡縣釋名》曰：「沁河源出沁源縣，有二，一自縣西北綿山東谷南流，一自縣東北馬圈溝南流，俱至交口村合流，入黄河。」王氏《通漕類編》曰：「沁水出山西沁源縣綿山東谷，今由太行山麓至

①「西」，原作「水」，據宋本改。
②「陽」字原脱，據宋本補。

河南原武縣黑陽山，與河、汴合。」

濟水出共山南東丘〔一〕，絶鉅鹿澤〔二〕，注渤海，入齊琅槐東北〔三〕。

〔一〕郭曰：「共」與「恭」同。

〔二〕郭曰：絶猶截渡也。鉅鹿，今在高平。

〔三〕郭曰：今濟水自滎陽卷縣東，經陳留至濟陰北，東北至高平，東北經濟南，至樂安博昌縣入海，今碣石也。諸水所出，又與《水經》違錯，以爲凡山川或有同名而異實，或同實而異名，或一實而數名，似是而非，似非而是。且歷代久遠，古今變易，語有楚夏，名號不同，未得詳也。任臣案：濟水出王屋山，至河南濟源縣，二源合流，其水或伏或見，東出於陶丘北，又東北會於汶。今濟河在汶上縣北，一名大清河。

遼水〔一〕出衛臯東〔二〕，東南注渤海，入潦陽〔三〕。

〔一〕任臣案：即遼水。

〔二〕郭曰：出塞外衛臯山。玄菟高句驪縣有潦山，小潦水所出，西河注大潦。音遼。

〔三〕郭曰：潦陽縣屬潦東。任臣案：《水經注·遼水》亦言「出砥石山，自塞外東流。又東北入廣成縣，東注白狼水。」魏氏《土地記》曰：「白狼水下入遼也。」王鑑《禹貢考》云：「遼水源塞外白平山。」

虖沱水出晉陽城南，而西至陽曲北，而東注渤海〔一〕，入越章武北〔二〕。

〔一〕郭曰：經河間樂城，東北注渤海也。晉陽、陽曲縣皆屬太原。

〔二〕郭曰：章武，郡名。　任臣案：劉會孟云：「水自真定府城南，來自鴈門，經靈壽、平山、晉州、衛水、武邑。」

漳水出山陽東，東注渤海，入章武南〔一〕。

〔一〕郭曰：新城汴陰縣亦有漳水。　任臣案：蔡氏《書傳》：「漳水有二，一出上黨沾縣大黽谷，名清漳，一出上黨長子縣鹿谷山，名濁漳。二漳異源，而下流相合。」《圖贊》曰：「川瀆交錯，渙瀾流帶。通潛潤①下，經營華外。殊出同歸，混之東會。」

建平元年四月丙戌，待詔太常屬臣望校治，侍中光祿勳臣龔、侍中奉車都尉光祿大夫臣秀領主省。

---

①「潤」，原作「瀾」，據《四庫》本改。

山海經廣注卷之十四

仁和吴任臣注

大荒東經〔一〕

〔一〕李商隱《寄盧司空》詩：「盡入大荒經。」即謂此也。

東海之外大壑〔一〕，少昊之國〔二〕。少昊孺帝顓頊於此〔三〕，棄其琴瑟〔四〕。有甘山者，甘水出焉，生甘淵〔五〕。

〔一〕郭曰：《詩含神霧》曰：「東注無底之谷。」謂此壑也。《離騷》曰：「降望大壑。」任臣案：《列子》：「渤海之東，不知幾億萬里，有大壑，實惟無底之谷。」《莊子》：「諄芒東之大壑，遇苑風于東海。」景純《江賦》：「淙大壑與沃焦。」指此也。《圖贊》曰：「寫溢洞穴，嘆昏龍燭。爰有大壑，號爲無底。」梁簡文《大壑賦》云：「渤海之東，不知幾億。大壑在焉，其深無極。」

〔二〕郭曰：少昊金天氏，帝摯之號也。　任臣案：少昊青陽氏，巳姓，名質，其父曰清，黄帝第五子方傫氏之生也。　又曰金天氏，亦名摯，郯子曰「我祖少昊摯之立」是已。

〔三〕郭曰：孺義未詳。　任臣案：楊慎《補注》曰：「孺，謂長育之也。」

〔四〕郭曰：言其壑中有琴瑟也。　任臣案：《路史》：「顓頊取鄒屠氏，入夢而生八子，一曰蒼野，即孺帝也。顓頊崩而元子立，襲高陽氏，是爲孺帝。」陳一中曰：「孺帝高陽氏元子駱明，其出爲帝後。秉其琴瑟者，用其禮樂也。『秉』訛爲『棄』，是豕亥之誤。」吴淑《琴賦》云：「孺帝棄之大壑。」謂此也。　又《冠編》：「顓頊三十載，帝元子孺産駱明，居天穆之陽。」《續文獻通考》云：「顓頊長子孺帝之後有孺氏。」是孺帝爲人名斷已。

〔五〕郭曰：水積則成淵也。　任臣案：即羲和浴日之所。

大荒東南隅有山，名皮母地丘。

東海之外，大荒之中，有山名曰大言，日月所出〔一〕。有波谷山者，有大人之國〔二〕。

〔一〕任臣案：楊氏《補注》云：「《山海經》紀日月之出者七，日月所入五，日月所出入一。其紀日月之出也，曰大言山，曰合虚山，曰明星山，曰鞠陵山，曰湯谷扶木，曰猗天蘇門山，曰壑明俊疾山，皆在《大荒東經》。其紀日月之入，曰豐沮玉門山，曰日月山，天樞也，曰鏖鏊鉅山，曰常陽山，曰大荒山，皆在《大荒西經》。曰浴日一，在《大荒南經》之甘淵。曰浴月一，在《大荒西經》

之玄丹山。其紀日月所出入一，在《大荒西經》之方山柜格之松焉。考之《淮南子》，日所出入又多不同，存而不論。」

〔二〕郭曰：「晉永嘉二年，有鶖鳥集于始安縣南廿里之鶖陂中，民周虎張得之，木矢貫之鐵鏃，其長六尺有半，以箭計之，其射者人身應長一丈五六尺也。又平州别駕高會語云：『倭國人嘗行，遭風吹度大海外，見一國人，皆長丈餘，形狀似胡，蓋是長翟别種，箭殆將從此國來也。』《外傳》曰：『焦僥人長三尺，短之至也。長者不過十丈，數之極也。』按《河圖玉版》曰：『從崑崙以北九萬里，得龍伯國，人長三十丈，生萬八千歲而死。從崑崙以東得大秦，人長十丈，皆衣帛。從此以東十萬里，得佻人國，長三十丈五尺。從此以東十萬里，得中秦國，人長一丈。』《穀梁傳》曰：『長翟身横九畝，載其頭，眉見於軾。』即長數丈人也。秦時大人見臨洮，身長五丈，脚跡六尺。準斯以言，則此大人之長短未可得限度也。」　任臣案：《職方外紀》曰：「智加國人長一丈許，遍體皆毛。」《洞冥記》云：「支提國人長三丈二尺。」《嶺海異聞》云：「河池州近山地，有人長二丈，面横三尺，背有雙肉翅。」《駢雅》曰：「西南荒有人長丈，名曰先通。天竺車鄰之國，男女皆長丈八尺。」《雲笈七籤》云：「東方銘呵羅提之國，人長二丈。南方銘伊沙陁之國，人長二丈四尺。」《依立世經》云：「鬱單越人長三十二肘。」《通考》云：「長人國在新羅之東，其人長三丈，鋸牙鉤①爪，黑毛

①「鉤」，原作「駒」，據《文獻通考》卷三二七改。

覆身。」《混元真録》：「長引國人長四十尺。」劉杳云：「毗鶱國王，其長數丈。」《博物志》：「日東北極人長九尺。」《華陽國志》：「始皇時，有長人二十五丈見宕渠。」《東方類語》云：「東方有人長七丈，名黄父，又名尺郭。」《事物紺珠》云：「金犀長五丈，在西方日官外金山。」《拾遺記》曰：「宛渠之民，其國人長十丈。」又《楚辭①·大招》曰：「長人千仞，維魂是索些。」《凉州異物志》：「有大人在丁零北，偃臥于野，其高如山，頓脚成谷，横身塞川，長萬餘里。」《神異經》云：「西北海有人焉，長二千里，名曰無路。腹圍二千六百里，日飲天酒五斗。東南隅大荒中有林父焉，其高千里，腹圍百輔。一曰朴父。」皆大人類也，語亦誕矣。

有大人之市，名曰大人之堂〔一〕。有一大人踆其上，張其兩耳〔二〕。

〔一〕郭曰：亦山名，形狀如堂室耳。大人時集會其上作市肆也。

〔二〕郭曰：「踆」或作「俊」，古「蹲」字。《莊子》曰「踆於會稽」也。

有小人國，名靖人〔一〕。有神，人面獸身，名曰犂䰠之尸〔二〕。

〔一〕郭曰：《詩含神霧》曰「東北極有人長九寸」，殆謂此小人也。或作「竫」，音同。　任臣案：《列子》云：「東北極有人，名曰諍人，長九寸。」《淮南子》云：「南人有竫人，長九寸，即靖人也。」王

① 「辭」字原脱，據上下文補。

鳌《短解》云：「有國于海之西者曰龍伯，東曰竫人。」《駢雅》曰：「竫人、巨靈，短小人也。」《博物志》云：「東方有螗螂沃焦，防風氏長三丈，短人處九寸。」柳宗元詩：「竫人長九寸。」皆此也。《輟耕録》：「正田時①，見人腊長六寸許。」意即靖人也。《留青日札》曰：「嘉靖三十四年，衢商胡秀攜一小人至，長可一尺，眉目鬚髪畢具，乃男子也，云至海東洋泊岸時，忽得此。」此即竫人國人。又「靖人」或作「淨身」。《圖贊》曰：「焦僥極麼，靖人唯小。四體具足，鬚眉才了。」

小人國　人長九寸。在大荒東。

---

①「正田時」三字疑有誤，《輟耕録》作「至正乙巳春」云云。

〔二〕郭曰：䰡音靈。　任臣案：古「靈」字，或从巫，或从玉，或从鬼，或从弱。《通鑑・循蜚紀》云：「黎靈氏，其没也，尸在東荒，久而不壞。」《路史》云：「《東荒經》有犁靈之尸，犁靈氏之尸也。」《冠編》曰：「犁靈氏精凝魄定，尸以不壞。　犁靈，古帝名。」盧柟《滄溟賦》：「筏枉矢而轊犁䰡」謂此。又《篇海》作「䨩」，注云「人面獸身」。

有潏山，楊水出焉〔一〕。

〔一〕郭曰：音如譎詐之譎。

有蒍國，黍食〔一〕，使四鳥：虎、豹、熊、羆。

〔一〕郭曰：言此國中惟有黍穀也。蒍音口僞反。　任臣案：《國名記》有「蒍國」，注云「東周大夫子國食邑」。非此。

大荒之中有山，名曰合虛，日月所出〔一〕。有中容之國。帝俊生中容〔二〕，中容人食獸、木實〔三〕，使四鳥：豹、虎、熊、羆。

〔一〕任臣案：王崇慶曰：「山名合虛，正類後世所謂『子虛烏有』耳，不然日月有幾，既於大言，乃又於合虛出乎？」王言誠辯，非《經》指也。

〔二〕郭曰：「俊」亦「舜」字，假借音也。　任臣案：《路史》云：「中容之國，舜之所生。」或云即諸馮。《穆天子傳》有「容氏國」，或是。《吕覽》云：「指姑之東，中容之國。」即此。崔希裕《略古》

云：「古文俊、舜同音，故帝舜作帝俊。」《説文先訓》云：「古文舜上从庶，下从土，即英俊字，故《山海經》舜作俊也。」

〔三〕郭曰：此國中有赤木、玄木，其華實美，見《吕氏春秋》。

有東口之山。有君子之國，其人衣冠帶劍〔一〕。

〔一〕郭曰：亦使虎豹，好謙讓也。

有司幽之國。帝俊生晏龍〔一〕，晏龍生司幽，司幽生思士，不妻，思女，不夫〔二〕。食黍食獸，是使四鳥〔三〕。有大阿之山者。大荒中有山，名曰明星，日月所出。有白民之國。帝俊生帝鴻〔四〕，帝鴻生白民。白民銷姓〔五〕，黍食，使四鳥：虎、豹、熊、羆〔六〕。

〔一〕任臣案：晏龍事虞爲納言，是主琴瑟，封于龍。王符曰：「優姓。」盧柟《滄溟賦》：「清洌晏龍之川。」

〔二〕郭曰：言其人直思感而氣通，無配合而生子。此莊生所謂「白鵠相視，眸子不運而感風化」之類也。　任臣案：《路史》：「晏龍生司幽，是爲司幽之國有龍氏。」一曰「思幽」，《列子》云「思幽之國，思士不妻而感，思女不夫而孕」是也。《翰墨書》云：「思男之國不夫，思女之國不婦，而亦自能生生。」《博物志》曰：「思士不妻而感，思女不夫而孕。后稷生乎巨跡，伊尹生乎空桑。」李時珍《人傀論》曰：「孤陽不生，獨陰不長，常理也，而有思士不妻、思女不夫之異。」王氏《釋義》云：「不妻不夫，亦恐言其失配合云爾。」

〔三〕任臣案：凡言使者，言鳥獸聽其馴擾。

〔四〕任臣案：《經》稱帝俊，或爲帝嚳，或爲黄帝，或爲帝舜，疑有錯簡。《路史後紀》引《經》云：「帝律生帝鴻。」律，黄帝之字也。與本文異。

〔五〕任臣案：《冠編》：「帝初爲南岳時，娶州山氏女，曰女虔，生季格及白民，降居于東，是爲白民之祖。銷姓，賜姓也。」《國名記》云：「白民，銷姓國。」《博物志》云：「今之白州。」又《談薈》云：「飲一升醉三年始醒者，白民國之玉屑酒也。」疑即此國。

〔六〕郭曰：又有乘黄獸，乘之以致壽考也。

有青丘之國，有狐九尾〔一〕。有柔僕民，是維嬴土之國〔二〕。有黑齒之國〔三〕。帝俊生黑齒〔四〕，姜姓，黍食，使四鳥。有夏州之國。有蓋余之國。有神人，八首人面，虎身十尾，名曰天吴〔五〕。

〔一〕郭曰：太平則出而爲瑞也。

〔二〕郭曰：嬴猶沃衍也。音盈。任臣案：「嬴」一作「羸」。土音杜。《路史·高辛紀》云：「柔僕嬴土，亦帝之裔末也。」又《國名記》：「高辛氏後有柔僕國。一曰嬴土之國。」

〔三〕郭曰：齒如漆也。

〔四〕郭曰：聖人神化無方，故其後世所降育，多有殊類異狀之人。諸言「生」者，多謂其苗裔，未必是親所産。　任臣案：《國名記》曰：「黑齒姜姓，帝俊生其中。」楊慎曰：「凡言生者，未必爲其親産。《尚書》舜『别生分類』，生之爲言姓也，蓋賜之姓而别其種類。相傳既久，後世自謂舜帝之苗裔，如今雲南木邦孟養之人，云『天皇我兄』，元魏誇天嗣，自謂天女所生之類。」

〔五〕郭曰：水伯。　任臣案：《駢雅》曰：「天吴、馬銜，海中神也。」《初學記》：「水神曰天吴，大波之神曰陽侯，濤之神曰靈胥。」柳宗元《招海賈文》：「天吴八首兮更笑迭怒。」盧柟《滄溟賦》云：「天吴咀歙，馮遲颮鼉。」《放招賦》云：「天吴八首，壺鬣血斷且。」

大荒之中有山，名曰鞠陵于天〔一〕、東極、離瞀〔二〕，日月所出，名曰折丹〔三〕。東方曰折〔四〕，來風曰俊〔五〕，處東極以出入風〔六〕。

〔一〕郭曰：音菊。　任臣案：盧柟《滄溟賦》云：「帶以鞠陵之阻，浸以禺虢之洲。」

〔二〕郭曰：三山名也。音穀瞀。

〔三〕郭曰：神人。

〔四〕郭曰：單吁之。

〔五〕郭曰：未詳來風所在也。　任臣案：《夏小正》云：「時有俊風。」俊風，春月之風也，春令主東方，意或取此。

〔六〕郭曰：言此人能節宣風氣，時其出入。

東海之渚中〔一〕有神，人面鳥身，珥兩黄蛇〔二〕，踐兩黄蛇，名曰禺䝞。黄帝生禺䝞〔三〕，禺䝞生禺京〔四〕。禺京處北海，禺䝞處東海，是惟海神〔五〕。

〔一〕郭曰：渚，島。

〔二〕郭曰：以蛇貫耳。

〔三〕任臣案：《黄帝紀》：「嫫母生蒼林禺陽，即禺䝞也。」此又作「禺䝞」。

〔四〕郭曰：即禺彊也。任臣案：《宛委餘編》作「䝞子偶京」，《續通考》亦作「偶京」。

〔五〕郭曰：言分治一海而爲神也。䝞，一本作「號」。任臣案：楊慎《補注》曰：「䝞即魖。《説文》云：『夔，神魖也。』黄帝以夔皮鞔鼓，聲聞五百里，因刻夔形爲鼓簴，故《穆天子傳》有『黄蛇翼鼓』之文。」

有招摇山，融水出焉。有國曰玄股〔一〕，食黍，使四鳥。

〔一〕郭曰：自髀以下如漆。

有困民國，勾姓而食。有人曰王亥，兩手操鳥，方食其頭。王亥託于有易、河伯、僕牛〔一〕，有易殺王亥，取僕牛〔二〕。河念有易，有易潛出，爲國於獸，方食之，名曰摇民〔三〕。帝舜生戲，戲生摇民〔四〕。海内有兩人〔五〕，名曰女丑〔六〕。女丑有大蟹〔七〕。

〔一〕郭曰：河伯、僕牛，皆人姓名。託，寄也。見《汲郡竹書》。任臣案：有易、河伯皆夏諸侯，河伯至殷猶存，或以爲治河之官。《龜藏》云：「昔者河伯筮與洛戰而枚卜昆吾，占之不吉。」

〔二〕郭曰：《竹書》曰：「殷王子亥賓于有易而淫焉，有易之君綿臣殺而放之，是故殷上①甲微假師于河伯，以伐有易，滅之，遂殺其君綿臣也。」　任臣案：殷侯子亥事在夏帝泄十二歲。

〔三〕郭曰：言有易本與河伯友善，上甲微，殷之賢王，假師以義伐罪，故河伯不得不助滅之，暨而哀念有易，使得潛化而出，化爲摇民國。　任臣案：《筆叢》云：「《經》文附會王亥有易事，非《竹書》有此文，後世莫能覺其僞。」然胡氏之言亦非實録。

〔四〕任臣案：舜當爲嚳。《國名記》云：「摇民，帝嚳子國，即摇民也。」又《路史》「叔戲生摇民，摇民居越，生女且爲摇氏。漢海陽侯摇無餘，世以爲越後，未悉爾。」楊慎《補注》曰：「今廣西有摇民，豈此類耶？」○叔戲即叔獻，八元之一，高辛氏嗣也。

〔五〕郭曰：此乃有易所化者也。

〔六〕郭曰：即女丑之尸，言其變化無常也。然則一以涉化津而遯神域者，亦無往而不之，觸感而寄迹矣。范蠡之倫，亦聞其風者也。　任臣案：《抱朴子·釋滯篇》：「女仞倚枯，貳負抱柱。」女仞即女丑也。

〔七〕郭曰：廣千里也。　任臣案：《玄覽》云：「海陽有專車之蟹，女丑有千里之蟹。」《異魚圖贊》

---

①「上」，原作「主」，據宋本改。

曰：「女丑大蟹，其廣千里。海陽專車，曷云其比？」楊慎《補注》云：「天文有巨蟹宫，蓋應此也。」又海中有飛蟹，善苑國有百足蟹，長九尺，四螯，皆異種也，附記之。

大荒之中有山，名曰孽摇頵羝，上有扶木，柱三百里，其葉如芥〔一〕。有谷曰温源谷〔二〕。湯谷上有扶木〔三〕。一日方至，一日方出〔四〕，皆載于烏〔五〕。有神，人面犬耳獸身，珥兩青蛇，名曰奢比尸。有五彩之鳥，相鄉棄沙〔六〕。惟帝俊下友〔七〕。帝下兩壇，彩鳥是司〔八〕。

〔一〕郭曰：柱猶起高也，葉如芥菜。　任臣案：《合璧事類》曰：扶桑一名浮桑，生碧海，高數千丈，大一千餘圍，兩幹同根，更相依倚。《謝華啓秀》曰：「扶桑若薺，鬱島若萍。」又《南史·外國傳》言：「扶桑葉似桐，初生如筍，其實如梨而赤，績其皮爲布，亦爲錦。」與此異。

〔二〕郭曰：温源即湯谷也。　任臣案：温泉詩、《華清宫記》、《湯泉志》諸所稱驪山、尉氏、駱谷、汝水、黄山、佛迹、匡廬、閩中温泉數十餘處，未能悉載，此則扶桑之湯谷也。

〔三〕郭曰：扶桑在上。　任臣案：《天問》云：「出自湯谷，次于濛汜。」《淮南》云：「日出于暘谷。」即湯谷也。《吴都賦》：「經扶桑之中林，包湯谷之滂沛。」注云：「湯音陽。」陶潛《讀山海經》詩：「逍遥蕪皋上，杳然望扶木。洪柯百萬尋，森散覆暘谷。靈人侍丹池，朝朝爲日浴。神景一登天，何幽不見燭？」

〔四〕郭曰：言交會相代也。　任臣案：《淮南子》曰：「日登于扶桑。」《括地象》曰：「扶桑日所陳，吴泉月所登。」《楚辭》曰：「照吾檻兮扶桑。」注言其光自扶桑來也。

〔五〕郭曰：中有三足烏。　任臣案：《春秋元命苞》曰：「陽數起于一，成于三，故日中有三足烏。」《靈憲論》曰：「日者陽精之宗，積而成烏，象烏而有三趾。」《黄帝占書》：「日中三足烏，見者有白衣會。」《物類相感志》：「凡日無光則日烏不見，日烏不見則飛烏隱竄。」《易林》曰：「三足孤烏，靈明爲御。」梁簡文《大法頌序》云：「陰兔兩重，陽烏三足。」

〔六〕郭曰：未聞沙義。

〔七〕郭曰：亦未聞也。

〔八〕郭曰：言山下有舜二壇，五彩鳥主之。　任臣案：沙、莎通，鳥羽婆莎也。「相鄉棄沙」，言五彩之鳥相對斂羽，猶云仰伏而秣羽也。「惟帝俊下友」，言五彩鳥實司帝壇，如帝下馴撫之也。此古文倒貫語也。

大荒之中有山，名曰猗天蘇門〔一〕，日月所生。有壎民之國〔二〕。有綦山〔三〕。又有摇山。有䰝山〔四〕。又有門户山。又有盛山。又有待山。有五彩之鳥。

〔一〕任臣案：盧柟《滄溟賦》：「觀乎猗天之闕。」謂此山也。

〔二〕郭曰：音如諠譁之諠。

〔三〕郭曰：音忌。

〔四〕郭曰：音如釜甑之甑。

東荒之中有山，名曰壑明俊疾，日月所出。有中容之國。東北海外，又有三青馬、三騅〔一〕、甘華。爰有遺玉、三青鳥、三騅、視肉〔二〕、甘華、甘柤。百穀所在〔三〕。

〔一〕郭曰：馬蒼白雜毛爲騅。

〔二〕郭曰：聚肉有眼。

〔三〕郭曰：言自生也。

有女和月母之國。有人名曰鵷〔一〕。北方曰鵷，來之風曰狻〔二〕，是處東極隅以止日月，使無相間出沒，司其短長〔三〕。

〔一〕郭曰：音婉。任臣案：《篇海》引《經》作「鵷」。

〔二〕郭曰：言亦有兩名也。音剡。

〔三〕郭曰：言鵷主察日月出入，不令得相間錯，知景之長短。任臣案：《詞林海錯》曰：「有人名曰鵷，亦曰狻，處東極隅，以止日月。」馮氏《山齋雜録》曰：「蘇利邪，日神也。蘇摩，月神也。曰鵷，曰狻二人處東極隅，以止日月，使無相間。」

大荒東北隅中有山，名曰凶犁土丘。應龍處南極〔一〕，殺蚩尤與夸父〔二〕，不得復上〔三〕。故下數旱〔四〕，旱而爲應龍之狀，乃得大雨〔五〕。

應龍　龍身有翼。處南極。

〔一〕郭曰：應龍，龍有翼者也。　任臣案：《玉堂叢語》：「景陵常閱畫，見飛龍有翼者，遣問三楊輩，不能具對。陳繼時在下列，出應曰：龍有翅而飛曰應龍。又虬龍千年謂之應龍。」《述異記》亦云「龍千年爲應龍」。《酉陽雜俎》曰：「應龍生建鳥，建鳥生麒麟，麒麟生庶獸。」《淮南》云：「女媧乘雷車，服應龍。」又《黄海》曰：「黄帝工師名蒼龍，將名應龍。」《嶽瀆經》曰：「堯九年，巫支祈爲孽，應龍驅之淮陽龜山足下，其後水平，禹乃放應龍于東海之區。」《楚辭》云：「應龍何畫？河海何歷？」漢《周憬碑》：「應龍之畫。」謂此。班固《賓戲》云：「泥蟠而天飛者，應龍之神也。」晉華譚書：「枯澤非應龍之淵，棘林非鸞鳳之窟。」吴粲《赤幘》云：「應龍以屈伸爲神，鳳皇以嘉鳴爲貴。」《十六國春秋》：「應龍以屈伸爲靈，聖人以知機爲貴。」唐上官儀《勸封禪表》：「銷伏鼇而綴上玄，剪應龍而清下瀆。」常衮表云：「莫測應龍之外，潛復踆烏之次。」應，从平聲讀，見《文選注》。又《古樂苑》有《應龍篇》，又徐陵《上庸路碑》「河出應龍，乃私《周易》」，此特「龍馬」假用之詞，非此。

〔二〕郭曰：蚩尤，作兵者。　任臣案：史注云：「黄帝使應龍殺蚩尤於凶梨之谷。」

〔三〕郭曰：應龍遂住地下。

〔四〕郭曰：上無復下雨者故也。

〔五〕郭曰：今之土龍本此。氣應自然冥感，非人所能爲也。　任臣案：張衡《應間》云：「女魃北而應龍翔。」李密《移郡縣檄》：「雕虎嘯而谷風生，應龍驤而景雲起。」朱子《楚辭注》引《經》云：「禹治水，而有應龍以尾畫地，即水泉通流。」與本文異。

東海中有流波山，入海七千里。其上有獸，狀如牛，蒼身而無角，一足，出入水則必風雨，其光如日月，其聲如雷，其名曰夔〔一〕。黄帝得之，以其皮爲鼓，橛以雷獸之骨〔二〕，聲聞五百里，以威天下〔三〕。

〔一〕任臣案：薛綜《東京賦》注：「夔如龍，有角，鱗甲光如日月。」《博物志》云：「夔形如鼓而知禮。」《玄覽》云：「山之精名曰夔，狀如鼓，一足而行。以名呼之，可使取虎豹。」《説文先訓》曰：「夔如龍，一足，象有角手人面之形。」諸所稱説，名同實異，非此也。《六帖》曰：「夔一足，跉踔而行。」孟康曰：「夔似牛，一足無角，其音如雷。」《事物紺珠》曰：「靈夔生東海，似牛，蒼身一足，無角，出入必有風雨。」即斯獸耳。

夔　狀如牛，蒼身而無角，一足，出入必有風雨。出流波山。

〔二〕郭曰：雷獸即雷神也，人面龍身，鼓其腹者。橛猶擊也。　任臣案：陳暘①《樂書》有「夔鼓」，唐擱鼓有《靈夔吼》之曲，皆本此而作。《黃帝祠額解》云：「雷獸之骨，以橛夔鼓。」《麟書》云：

①「陳暘」，原作「陳賜」，據《四庫》本改。

「徒楖雷骨夔鼓張勢。」盧柟賦：「突以淩雲之臺，建以靈夔之鼓。」謂此也。干寶《搜神記》云：「楊道和田中，值霹靂下擊，道和以鉏格其肱，墜地不得去，色如丹，目如鏡，毛角長三尺餘，狀如六畜，頭如獼猴。」李肇《國史補》曰：「雷州春夏多雷，秋日則伏地中，其狀如彘，人多取食之。」此爲雷獸也。

〔三〕任臣案：黄省曾《讀山海經》詩：「茀鬱流波山，流波浮東海。黄帝得蒼夔，爲鼓幾千載。振楖威四方，焕然生風采。」蓋指此云。

山海經廣注卷之十五

仁和吴任臣注

大荒南經

南海之外，赤水之西，流沙之東〔一〕，有獸，左右有首，名曰跊踢〔二〕。有三青獸相并，名曰雙雙〔三〕。

〔一〕郭曰：赤水出崑崙山，流沙出鍾山也。

〔二〕郭曰：出狄名國。黜惕兩音。　任臣案：《駢雅》曰：「跊惕、屏蓬，兩首獸也。」《事物紺珠》云：「跊踢左右有首。」又《佩觿》作「跡踢」，《續騷經》作「痳踢」，皆此。

〔三〕郭曰：言體合爲一也。《公羊傳》所云「雙雙而俱至」者，蓋謂此也。　任臣案：《獸經》曰：「文文善呼，雙雙善行。」《駢志》云：「雙雙合體，蛩蛩假足。」《麟書》曰：「雙雙俱來，孟極是覆。」《五侯鯖》云：「雙雙在南海外，三青獸合爲一體。」《駢雅》曰：「流沙之東，三獸相并，曰雙雙。」徐氏《賓遠賦》：「獸則摩伽招賢，獨步雙雙。」又雙雙亦鳥名，見《讀書考定》。

跊踢　獸形，左右有首。出流沙河。

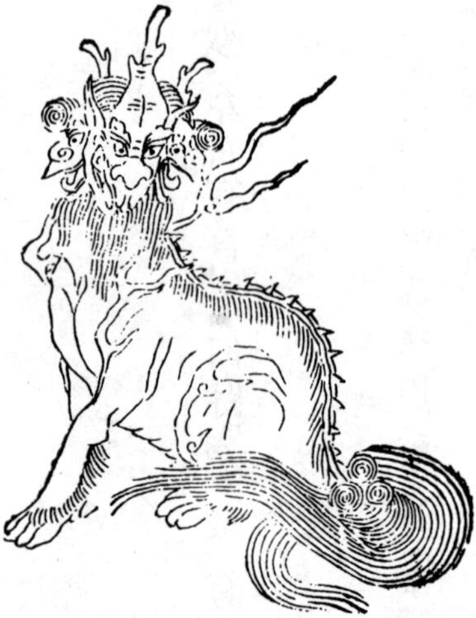

雙雙　三青獸合體爲一。亦出流沙之東。

有阿山者。南海之中，有汜天之山，赤水窮焉〔一〕。赤水之東，有蒼梧之野，舜與叔均之所葬也〔二〕。爰有文貝〔三〕、離俞〔四〕、鴟久〔五〕、鷹、賈〔六〕、委維〔七〕、熊、羆、象、虎、豹、狼〔八〕、視肉。

〔一〕郭曰：流極於此山也。　任臣案：《離騷》曰：「遵赤水而容與。」又黃帝失玄珠于赤水，皆此水也。

〔二〕郭曰：叔均，商均也。舜巡狩死於蒼梧而葬之，商均因留，死亦葬焉，基今在九疑之中。　任臣案：顧起元《説略》曰：「《孟子》：『舜生于諸馮，遷於負夏，卒於鳴條。』諸馮、負夏、鳴條皆在河南北，故葬于紀，所謂紀市也。今帝墓在安邑，而安邑有鳴條陌，去紀才兩舍。《竹書》、《郡國志》等皆言『帝葬蒼梧』，則自漢失之。《禮記》是也①。至鄭康成，遂以鳴條爲南蠻之地。《大荒南經》云：『蒼梧之野，舜子叔均之所葬。』《九疑山記》亦謂『商均窆其陰』，豈非商均徙此，因葬之，後世遂以爲虞帝墳耶？若《海内經》云『舜之所葬在長沙零陵界中』，後人所增，長沙、零陵名出秦漢，非古明也。」又《困學紀聞》其説與顧類，見《海内南經》注。　此云舜與叔均所葬，而顧云舜子叔均所葬，豈別有古本？

〔三〕郭曰：即紫貝也。

〔四〕郭曰：即離朱。

〔五〕郭曰：即鵂鶹也。　任臣案：《博物志》：「鵂鶹、鸛鵲，其抱以聒。」李時珍曰：「鴞、鵩、鵂鶹、梟，皆惡鳥也。」

〔六〕郭曰：賈亦鷹屬。　任臣案：《莊子》有「雅，賈」，馬融亦曰「賈，烏」，烏類也。

〔七〕郭曰：即委蛇也。

---

①「《禮記》是也」，在《説略》原書爲小注，無「也」字。

〔八〕任臣案：《爾雅》：狼：牡，貛；牝，狼①；其子，獥。

有滎山，滎水出焉。黑水之南有玄蛇，食麈〔一〕。

〔一〕郭曰：今南方蚦蛇吞鹿，亦此類。　任臣案：《方輿勝覽》云：「鱗蛇出安南、雲南、鎮康州、臨安、沅江、孟養諸處，長丈餘，有四足，黄黑鱗二色，能食麋鹿。」即斯類也。

有巫山者，西有黄鳥。帝藥，八齋〔一〕。黄鳥于巫山，司此玄蛇〔二〕。

〔一〕郭曰：天帝神仙藥在此也。　任臣案：《真行子》云：「禹駐巫山之下，大風卒至，遇雲華夫人，拜而求助。」《淮南》云：「巫山之上，順風縱火，膏夏紫芝與蕭艾俱死。」即此山也。郭子章曰：「巫咸以鴻術爲帝堯醫師，生爲上公，死爲貴神，封于斯山，因名巫山。」

〔二〕郭曰：言主之也。

大荒之中有不庭之山，滎水窮焉。有人三身。帝俊妻娥皇，生此三身之國〔一〕。姚姓，黍食，使四鳥〔二〕。有淵四方，四隅皆達〔三〕。北屬黑水，南屬大荒〔四〕，北旁名曰少和之淵，南旁名曰從淵〔五〕，舜之所浴也〔六〕。

①「狼」，原本闕，據《爾雅·釋獸》補。

〔一〕郭曰：蓋後裔所出也。　任臣案：《海内經》「帝俊生三身」是也，與《海外西經》者殊。

〔二〕郭曰：姚，舜姓也。　任臣案：楊慎云：「黍食，言猶火食也。他如盈民之國，於姓，黍食；不死之國，阿姓，甘木是食；蜮民之國，桑姓，食黍；焦僥之國，幾姓，嘉穀是食；又有䖝姓之國，食黍。《大荒北經》則有毛民之國，依姓，食黍；儋耳之國，任姓，食穀；明不與之國，烈姓，食黍；深目之國，盼姓，食魚；魚山，威姓，食黍；苗民，釐姓，食肉。殊方豈有姓哉？蓋禹錫土姓而覃及四表也，《書》所謂『聲教訖四海』，此亦可證。今南蠻人有合國同一姓者，其遺俗乎？其曰食木葉、食魚、食木實，《王制》所云不火食者也。」

〔三〕郭曰：言淵四角皆旁通也。

〔四〕郭曰：屬猶連也。

〔五〕郭曰：音騩馬之騩。　任臣案：《古音略》引此作「蹤淵」。

〔六〕郭曰：言舜嘗在此中澡浴也。

又有成山，甘水窮焉〔一〕。有季禺之國，顓頊之子，食黍〔二〕。有羽民之國，其民皆生毛羽〔三〕。有卵民之國，其民皆生卵〔四〕。

〔一〕郭曰：甘水出甘山，極此中也。　任臣案：郭義恭《廣志》曰：「甘水在西域之東，名曰新陶水，水甘，故曰甘水，又名新頭河。」

〔二〕郭曰：言此國人顓頊之裔子也。

〔三〕任臣案：《羸蟲録》：「羽民國在海東南崖巘間，有人長頰鳥喙，赤目白首，生毛羽，似人而卵生。」是與卵民本一國也。《括地圖》曰：「羽民有羽，飛不遠，去九疑四萬二千里。」《歸藏・啓筮》曰：「金水之子，其名曰羽蒙，乃羽民，是生百鳥。」《金樓子》云：「舜時貫胸、羽民皆至。」《路史・餘論》云：「舜九載，羽民獻火浣布。」《冠編》：「舜時羽民庭，裸國、大人、反踵咸被其澤。」劉鳳《雜俎》曰：「毛人、羽民之黨。」

〔四〕郭曰：即卵生也。　任臣案：中國徐偃亦卵生。又《搜神記》：「高麗之先夫餘王，嘗得河伯女，感日光而孕，生一卵，一男子破殼而出，名曰朱蒙。」《平攘録》云：「五鳳元年，朝鮮有蘇伐公者，得大卵于蘿林，有嬰兒剖卵而出，長有聖德。六村異之，立爲西於。方言君也。」《廣志繹》云：「黎人之先雷，拜一蛇卵，中爲女子，是生黎人，故云黎姥之山。」《賢愚經》云：「毘舍離懷祗生三十二卵，卵中各出一兒，勇健非凡。」《玄應録》曰：「世羅、優波世羅二比丘，從鶴卵生。又彌伽羅母生三十二子，般遮羅生五百子，皆卵生。」

大荒之中有不姜之山，黑水窮焉〔一〕。又有賈山，汔水出焉。又有言山，又有登備之山〔二〕，有恝恝之山〔三〕。又有蒲山，澧〔四〕水出焉。又有隗山〔五〕，其西有丹，其東有玉。又南有山，漂水出焉〔六〕。有尾山，有翠山〔七〕。

〔一〕郭曰：黑水出崑崙山。　任臣案：萬水皆清，斯水獨黑。今雲南闌滄江，是古黑水也。柳宗元《天對》曰：「黑水盈盈，窮于不姜。」

〔二〕郭曰：即登葆山，羣巫所從上下者也。

〔三〕郭曰：音如券契之契。

〔四〕郭曰：音禮。

〔五〕郭曰：音如隗囂之隗。

〔六〕郭曰：音票。

〔七〕郭曰：言此山有翠鳥也。　任臣案：劉會孟云：「周時有國獻青鳳，疑是此鳥。」

有盈民之國，於姓，黍食。又有人方食木葉。

有不死之國，阿姓，甘木是食〔一〕。

〔一〕郭曰：甘木即不死樹，食之不老。　任臣案：劉會孟云：「祖州海島産不死草，一株可活一人。」盧柟《蠛蠓集》云：「瓊琬不死之芝，玿岩返魂之樹。」

大荒之中有山，名曰去痓。南極果，北不成，去痓果〔一〕。

〔一〕郭曰：音如風痓之痓。未詳。　任臣案：皆山名，二合三合①語也。王崇慶《釋義》謂「去痓

①「二合三合」，應是諱語之替代。本書卷十七「有胡不與之國」條，郭注原文爲「一國復名耳，今胡夷語皆通然」，刻本改爲「一國復名耳，今三合語皆通然」。

者，去志也。去志不果，知進而不知退也」，以爲寓言，謬矣。

南海渚中有神，人面，珥兩青蛇，踐兩赤蛇，曰不廷胡余〔一〕。有神名曰因因乎，南方曰因乎，夸風曰乎民〔二〕，處南極以出入風。

〔一〕郭曰：神名耳。任臣案：《宛委餘編》作「不返胡余」，《續通考》「廷」亦作「返」。

〔二〕郭曰：亦有二名。

有襄山，又有重陰之山。有人食獸，曰季釐。帝俊生季釐〔一〕，故曰季釐之國。有緡淵〔二〕。少昊生倍伐，倍伐降處緡淵〔三〕。有水四方，名曰俊壇〔四〕。

〔一〕任臣案：舜生商均、季釐，又庶子七人。

〔二〕郭曰：音昬。任臣案：《路史》：「季釐封于緡，後爲夏桀所克。」《國名記》云「今濟之金鄉」，未審是非。

〔三〕任臣案：《路史》：「少昊元妃生倍伐，降處緡淵，既封蔑，爲蔑氏。」又《國名記》：「少昊後有倍國。」注云：「倍伐，倍宜國也，蔑姓，夏滅之。」

〔四〕郭曰：水狀似土壇，因名舜壇也。

有臷民之國〔一〕。帝舜生無淫〔二〕，降臷處，是謂巫臷民〔三〕。巫臷民朌姓，食穀，不績不經，服也〔四〕，不稼不穡，食也〔五〕。爰有歌舞之鳥，鸞鳥自歌，鳳鳥自舞。爰有百獸，相羣爰處，百穀所聚。

〔一〕郭曰：爲人黄色。

〔二〕任臣案：無淫疑即胡公，世不淫也。然胡公曾未處南荒，意其苗裔别有分支云。

〔三〕任臣案：陳一中曰：「帝俈之後有龍氏，巫人封巫，爲巫氏，生戴民。」

〔四〕郭曰：言自然有布帛也。

〔五〕郭曰：言五穀自生也。種之爲稼，收之爲穡。

大荒之中有山，名曰融天，海水南入焉。有人曰鑿齒，羿殺之〔一〕。

〔一〕郭曰：射殺之也。任臣案：服虔云：「鑿齒齒長五尺，以鑿食人。」《釋義》曰「羿殺鑿齒」，重出。

有蜮山者，有蜮民之國〔一〕，桑姓，食黍，射蜮是食〔二〕。有人方扜弓射黄蛇〔三〕，名曰蜮人。

〔一〕郭曰：音惑。

〔二〕郭曰：蜮，短狐也，似鼈，含沙射人，中之則病死。此山出之，亦以名云。任臣案：陸璣云：「蜮一名射影。」孫思邈云：「一名射工。」《玄中記》謂之「水狐蟲」，《酉陽雜俎》謂之「抱搶」。

《五行傳》曰：「南方淫惑之氣所生，故謂之蜮。」《詩》云「如鬼如蜮」，《楚辭》曰「魂兮無南，蜮傷躬只」。又南中有鬼彈、沙蝨二種，毒亦等于含沙。

〔三〕郭曰：扞，挽也。音汗。

有宋山者。有赤蛇，名曰育蛇。有木生山上，名曰楓木。楓木，蚩尤所棄其桎梏〔一〕，是謂楓木〔二〕。有人方齒虎尾，名曰祖狀之尸〔三〕。

〔一〕郭曰：蚩尤爲黄帝所得，械而殺之，已摘棄其械，化而爲樹也。任臣案：王瓘《軒轅本紀》云：「黄帝殺蚩尤于黎山之丘，擲其械于大荒之中，化爲楓木之林。」又齊丘《化書》：「老楓化爲羽人。」任昉《述異記》：「南中有楓子鬼，木之老者爲人形，即嶺南所謂楓人也。」然則楓亦善變之物哉。《梁元帝集》云：「斬長翟于駒門，挫蚩尤于楓木。」本此。

〔二〕郭曰：即今楓香樹。

〔三〕郭曰：音如柤黎之柤。

有小人，名曰焦僥之國〔一〕，幾姓，嘉穀是食。

〔一〕郭曰：皆長三尺。任臣案：《説文》云：「西南僰人、焦僥从人，蓋在坤地，頗有順理之性。」

大荒之中有山，名死塗之山〔一〕，青水窮焉〔二〕。有雲雨之山，有木名曰欒。禹攻雲雨〔三〕，有赤石焉，生欒〔四〕，黄木，赤枝，青葉，羣帝焉取藥〔五〕。

〔一〕郭曰：音朽。　任臣案：《升庵外集》作「㱙塗」。

〔二〕郭曰：青水出崑崙。　任臣案：楊慎曰：《山海經》汜天之山，赤水窮焉；不姜之山，黑水窮焉；㱙塗之山，青水窮焉；白水之山，白水窮焉；不庭之山，滎水窮焉；伐山，甘水窮焉，則衆流各有窮處，至此即化氣而升也。

〔三〕郭曰：攻謂槎伐其林木。　任臣案：劉鳳《雜俎》云：「禹攻雲雨，伐其樹木。」

〔四〕郭曰：言山有精靈，復變生此木於赤石之上。

〔五〕郭曰：言樹花實皆爲神藥。

有國曰顓頊，生伯服〔一〕，食黍。有鼬姓之國〔二〕。有苕山，又有宗山，又有姓山，又有壑山，又有陳州山，又有東州山。又有白水山，白水出焉，而生白淵，昆吾之師所浴也〔三〕。有人名曰張弘，在海上捕魚。海中有張弘之國〔四〕，食魚，使四鳥。有人焉，鳥喙有翼，方捕魚于海。

〔一〕任臣案：《世本》云：「顓頊生偁，偁字伯服。」

〔二〕郭曰：音如橘柚之橘。

〔三〕郭曰：昆吾，古王者號。《音義》曰：「昆吾，山名，谿水内出善金。」二文有異，莫知所辨測。

〔四〕郭曰：或曰即奇肱人，疑非。

大荒之中有人，名曰驩頭〔一〕。鯀妻士敬〔二〕，士敬子曰炎融，生驩頭〔三〕。驩頭人面鳥喙，有翼，食海中魚，杖翼而行〔四〕。維宜芑苣，穋楊是食〔五〕。有驩頭之國〔六〕。

〔一〕任臣案：驩頭，一作「鴅兜」，《古文尚書》又作「鴅吺」。

〔二〕任臣案：《國名記》、《學海》俱作「鯀妻士敬氏」。

〔三〕任臣案：《路史》：「縉雲氏，帝鴻之胄也，妻士敬氏，曰炎融，遺腹而生驩頭。」《蛙螢子》曰：「《山海經》『鯀妻士敬，士敬子曰炎融，生驩頭』，又曰『顓頊生驩兜，驩兜生三苗』，其文甚明。《路史》考信于《經》，取兜生苗而不取鯀生兜，故推兜而納諸縉雲，合士敬、炎融爲一婦人，而爲縉雲之妻，不可通。《左傳》驩兜爲帝鴻之子，又推縉雲而納諸帝鴻。凡以泥經文而左其解，故至此夫？驩兜，帝鴻之胄，士敬之孫，炎融之子，而顓頊之出也。鯀以其子妻士敬而生融，以至兜。鯀祖顓頊，是兜亦顓頊之出，故曰顓頊生驩兜，驩兜生三苗。不然，《經》顧自爲枘鑿哉？」

〔四〕郭曰：翅不可以飛，倚杖之周行而已。　任臣案：《神異經》曰：「南方有人，人面鳥喙而有翼，手足扶翼而行，爲人狠惡，不畏風雨。」即此也。　又《五音集韻》云：「鴅䳍人面鳥喙，有翼不能飛。」似語此也。䳍音兜。

〔五〕郭曰：《管子》説地所宜，云「其種穋、杞、黑黍」，皆禾類也。苣，黑黍，今字作禾旁。起秬虬三音。　任臣案：《爾雅》：「芑，白苗。」穋，《正韻》音六，前種後熟曰穋。楊，白楊也，嫩葉可食，老葉可作麴料。

〔六〕任臣案：羅泌曰：「縉雲氏妻士敬氏，曰炎融，生驩頭。驩頭者，驩兜也。弘農有地名兜，志爲驩兜之都。然意驩爲國當如魯，驩未必兜地，其後竄之崇山，則灃之慈利也，有驩兜墓。又嶺外驩州，《圖經記》以爲其竄所，樂史亦記驩州爲所放處，則去崇山遠矣。」

帝堯、帝嚳、帝舜葬於岳山〔一〕。爰有文貝、離俞、鴟久、鷹賈、延維、視肉、熊、羆、虎、豹。朱木，赤枝、青華、玄實。有申山者。

〔一〕郭曰：即狄山也。

大荒之中有山，名曰天臺高山，海水入焉。

東南海之外，甘水之間，有羲和之國。有女子名曰羲和，方日浴於甘淵〔一〕。羲和者，帝俊之妻〔二〕，生十日〔三〕。

〔一〕郭曰：羲和，蓋天地始生，主日月者也。故《啓筮》曰：「空桑之蒼蒼，八極之既張，乃有夫羲和，是主日月，職出入以爲晦明。」又曰：「瞻彼上天，一明一晦，有夫羲和之子，出于陽谷。」故堯因此而立羲和之官，以主四時。其後世遂爲此國，作日月之象而掌之，沐浴運轉之於甘水中，以效其出入湯谷虞淵也，所謂世不失職耳。

〔二〕任臣案：羲和，常羲有陬氏。

〔三〕郭曰：言生十子，各以日名名之，故言生十日，數十也①。　任臣案：盧柟《放招賦》：「俊妻甘淵，十日堯凝。」謂此也。　宗籙子云：「遠裔逴逴附神明之後，生日生月，蓋云生子各名以日月之數也。」

有蓋猶之山者，其上有甘柤，枝幹皆赤，黄葉，白華，黑實。東又有甘華，枝幹皆赤，黄葉。有青馬，有赤馬〔一〕，名曰三騅〔二〕。有視肉。有小人，名曰菌人〔三〕。有南類之山，爰有遺玉、青馬、三騅、視肉、甘華，百穀所在。

〔一〕任臣案：青馬驪，赤馬騮。

〔二〕任臣案：《爾雅》：「蒼白雜毛，騅。」《詩》「有騅有駓」，此則良馬之異名也。疑非。

〔三〕郭曰：音如朝菌之菌。　任臣案：《抱朴子》云：「芝有石芝、木芝、肉芝、菌芝，凡數百種。千歲蝙蝠，萬歲蟾蜍，山中見小人，皆肉芝類也。」《南越志》曰：「銀山有女樹，天明時皆生嬰兒，日出能行，日没死，日出復然。」《事物紺珠》云：「孩兒樹出大食國，赤葉，枝生小兒，長六七寸，見人則笑。」菌人疑即此。又《嶺海異聞》注：「香山有物，如嬰孩而裸，魚貫同行，見人輒笑，至地而滅。泰泉黄佐目擊之。」又商人高氏見清遠縣山中有小兒奔走，儼如人形，惟脇下多兩翅耳。所説略同，豈亦斯類耶？

① 郭注，原本漏刻，今據宋本補。

山海經廣注卷之十六

仁和吴任臣注

大荒西經

西北海之外，大荒之隅，有山而不合，名曰不周負子〔一〕，有兩黄獸守之。有水曰寒暑之水。水西有濕山，水東有幕山〔二〕。有禹攻共工國山〔三〕。

〔一〕郭曰：《淮南子》曰：「昔者共工與顓頊争帝，怒而觸不周之山，天維絶，地柱折。」故今此山缺壞不周匝也。　任臣案：《爾雅》：「八極，西北曰不周。」①《中天佚典》曰：「不周复亘，爲乾坤

① 引文見《駢雅》卷五，不見《爾雅》。

翰。」《楚辭》：「右袛拂於不周。」司馬《大人賦》：「迴車朅來兮絶道不周。」張衡《思玄賦》：「縱余緤乎不周。」揚雄《甘泉賦》：「躡不周之逶蛇。」阮籍詩：「日没不周西。」盧柟賦：「跨乾樞兮幹不周。」又云：「跨不周兮騎轟雷。」江暉賦：「羌又畢乎貘狐，鍛不周以彌昊。」皆謂此山。《通鑑前編》云：「不周之巔，有宣城焉，日月之所不届，而無四時昏晝之辨。燧人氏于是視乾象而察辰心，自不周之山遊於日月之都。」亦斯山也。又案：《天問》云：「康回憑怒，墜何故以東南傾？」《尹子·盤古篇》云：「共工觸不周山，折天柱，絶地維。女媧補天，射十日。」江淹《遂古篇》：「共工所觸，不周山兮。」劉子《兵術》曰：「顓頊争于不周。」楊炯《李少君碑》：「共工則折柱傾維，崩騰于海縣。」《文心雕龍》云：「康回傾地，仁羿蹕日。」柳子《晉問》云：「又似共工觸不周而天柱折。」即此山事也。

〔二〕郭曰：音莫。

〔三〕郭曰：言攻其國，殺其臣相柳于此山。《啓筮》曰：「共工人面蛇身朱髮也。」任臣案：《荀子》云：「禹伐共工。」又《神異經》：「西北荒有人焉，人面朱鬒，蛇身人手足，而食五穀禽獸，頑愚，名共工。」即此。

有國名曰淑士，顓頊之子〔一〕。有神十人，名曰女媧之腸〔二〕。化爲神，處栗廣之野〔三〕，横道而處〔四〕。

〔一〕郭曰：言亦出自高陽氏也。

〔二〕郭曰：或作「女媧之腹」。

〔三〕郭曰：女媧，古神女而帝者，人面蛇身，一日中七十變，其腹化爲此神。栗廣，野名。媧音瓜。　任臣案：《冠編》：「女媧百三十歷陟，化神于栗廣之野。」《真源賦》云：「女媧治百有三十載而落，其腸爰化而神。」《路史》云：「女媧道標萬物，神化七十。」《鴻烈解》云：「上駢生耳目，桑林生臂手，女媧所以七十化也。」《仙人紫檀歌》云：「三十六變世應知，七十二化處其位。」王逸《楚辭注》：「女媧七十化其體。」此《淮南》等有摶土爲人、爲七十化之術。曹植《女媧贊》曰：「或云二君，人首蛇①形。神化七十，何德之靈？」柳宗元《天對》曰：「媧軀虺號，占以類之。何日化七十，工或詭之。」《河圖挺佐輔》云：「女媧牛首蛇身宣髮。」《玄中記》曰：「伏羲龍身，女媧蛇身。」《開山圖》曰：「坤神字揚翟，王號曰女媧。」《世紀》云：「女媧一曰女希。」《均藻》云：「子午谷有女媧堡，符雄屯師處。」

〔四〕郭曰：言斷道也。

有人名曰石夷，來風曰韋〔一〕，處西北隅，以司日月之長短〔二〕。有五彩之鳥，有冠，名曰狂鳥〔三〕。有大澤之長山。有白民之國。

①「蛇」，原作「蜮」，據《曹子建集》改。又，「二君」，《集》作「二皇」。

〔一〕郭曰：「來」，或作「本」也。

〔二〕郭曰：言察日月晷度之節。

〔三〕郭曰：《爾雅》云：「狂，夢鳥。」即此也。　任臣案：孔融《周歲論》曰：「羽儀屯集，狂鳥穢之。」《宛委餘編》云：「五采芝鳥，有冠似鳳，名狂鳥。」張萱《彙雅》曰：「狂亦作鵟，或云鵖鳳。」

西北海之外，赤水之東，有長脛之國〔一〕。有西周之國，姬姓〔二〕，食穀。有人方耕，名曰叔均。帝俊生后稷〔三〕，稷降以百穀。稷之弟曰台璽〔四〕，生叔均〔五〕。叔均是代其父及稷播百穀，始作耕。有赤國妻氏。有雙山。

〔一〕郭曰：脚長三丈。　任臣案：《玄覽》曰：「盛海之東，其民穿胸。赤水之東，其民長脛。」

〔二〕任臣案：《國名記》高辛氏後有西周國，蓋叔均國也。

〔三〕郭曰：「俊」宜爲「嚳」。嚳第二妃生后稷也。　任臣案：陳一中曰：帝告生而神靈，自言其名曰夋。夋，俊也，古字通。帝嚳之爲帝俊，此事之辨者。乃郭璞注《山海經》，謂爲舜。至「帝俊生后稷」，則曰「宜爲嚳」。不知俊即嚳，而反疑《經》文爲謁。《經》又曰帝俊有子八人，蓋八元，爲益信。任臣又案：《華陽志》：「高辛氏名夋。」《冠編》云：「帝康一名夋。」是帝夋已有二人，而俊生季釐，則俊又似舜也，是所未解。

〔四〕郭曰：音胎。

〔五〕任臣案：羅泌《同姓名辨》「覞叔均而思稷子」，是以叔均爲稷之子也。據《海内經》稷之孫曰叔均，則叔均非稷之子，并非從子明矣。《經》疑有誤。又商均亦曰叔均，非此。

西海之外，大荒之中，有方山者，上有青樹，名曰柜格之松〔一〕，日月所出入也〔二〕。

〔一〕郭曰：木名。音矩。

〔二〕任臣案：游氏《臆見》曰：「柜格之松在西海外，爲日月所出入。」

西北海之外，赤水之西，有先民之國，食穀，使四鳥。有北狄之國。黄帝之孫曰始均，始均生北狄。有芒山。有桂山。有榣山〔一〕，其上有人，號曰太子長琴〔二〕。顓頊生老童〔三〕，老童生祝融〔四〕，祝融生太子長琴，是處榣山，始作樂風〔五〕。有五彩鳥三名：一曰皇鳥，一曰鸞鳥，一曰鳳鳥。有蟲，狀如菟，胸以後者裸不見〔六〕，青如猨狀〔七〕。

〔一〕郭曰：此山多桂及榣木，因名云耳。任臣案：《初學記》引此作「瑶山」。

〔二〕任臣案：虞汝明《古琴疏》曰：「祝融取榣山之櫬作琴，彈之能致五色鳥，一曰皇來，二曰鸞來，三曰鳳來，故生長子即曰琴。」

〔三〕郭曰：《世本》云：「顓頊娶于滕墳氏，謂之女禄，産老童也。」任臣案：《國名記》「騰墳」作「勝濆」，注云：「勝奔也，高陽妃勝奔氏國。」或作「騰隍」，誤。

〔四〕郭曰：即重黎也。高辛氏火正，號曰祝融也。任臣案：《氏族源流》云：「顓頊次妃勝奔氏，生子三人，伯偁、卷章、季禺。卷章或作老童。季禺生叔歜。卷章娶根水氏，生二子，曰黎，曰回。黎爲祝融。」

〔五〕郭曰：創制樂風曲也。　任臣案：陳士元《荒史》：「祝融生二子，曰長琴，曰噎。噎處西極，長琴居榣山，實始①樂風。」隋《元德太子哀册文》：「遽瑶山之頹壤，忽桂宮之毁構。」唐睿宗《受禪制》：「方流樂風之緒，宜申游靈之澤。」陳子龍《賀太子生表》：「樂風誕聖，長琴著山海之經。」又《唐書》，許敬宗等勒書五百卷，名《榣山玉彩》；又裴光庭獻《榣山往則》，明皇詔太子諸王謝之，義皆取此也。

〔六〕郭曰：言皮色青，故不見其裸露處。

〔七〕郭曰：狀又似猨。

大荒之中有山，名曰豐沮〔一〕玉門，日月所入。有靈山，巫咸、巫即、巫朌、巫彭、巫姑、巫真、巫禮、巫抵、巫謝、巫羅十巫從此升降，百藥爰在〔二〕。

〔一〕任臣案：《冠編》作「豐阻」。

〔二〕郭曰：羣巫上下此山采之也。　任臣案：《酉陽雜俎》云：「大荒靈山有十巫，曰咸、即、盻、彭、

---

①「實始」二字原脱，據《路史》卷一七補。

姑、具、禮、抵、謝、羅，從此升降。」「肦」作「盼」，「真」作「具」，未審孰是。又《水經注》引此，「巫真」作「巫貞」，「巫禮」作「巫孔」。楊慎《均藻》亦云「巫孔」爲十巫之一。又《同姓名録》云：「開明有巫履，豐沮有巫禮。履、禮恐是一人。」《南華逸篇》云：「黔首多疾，黄帝氏立巫咸，以通九竅。」《論衡》曰：「巫咸能以祝延人之疾。」郭氏《巫咸山賦序》：「巫咸以鴻術爲帝堯之醫。」高似孫《緯略》云：「巫咸，堯之醫者。」今平陽亦有巫咸頂，云是巫咸修真處。更有巫咸山、巫咸墓、巫咸谷，在夏縣東。又《世本》：「巫咸作筮，後有神巫曰季咸者，祖其名耳。」揚雄《甘泉賦》：「選巫咸兮叫帝閽。」李賀《浩歌》云：「彭祖、巫咸幾回死。」曾益注云：「巫咸能采藥長生。」《古文苑・秦詛楚文》曰：「久湫，巫咸，亞馳。」《歸藏》云：「昔黄帝將戰，筮于巫咸。」《路史》：「黄帝命巫咸、巫陽主筮。」又星家有甘、石、巫咸三家。又商臣亦名巫咸，見《尚書》，非此也。巫咸或作龔咸，《亶爰集》云：「召龔咸而聘之。」龔音龍。《廣雅》云：「巫也。」

西有王母之山、壑山、海山〔一〕。有沃之國〔二〕，沃民是處〔三〕。沃之野，鳳鳥之卵是食〔四〕，甘露是飲。凡其所欲，其味盡存〔五〕。爰有甘華、甘柤、白柳〔六〕、視肉、三騅、璇瑰、瑶碧〔七〕、白木、琅玕〔八〕、白丹、青丹〔九〕，多銀、鐵。鸞鳥自歌，鳳鳥自舞。爰有百獸，相羣是處，是謂沃之野〔一〇〕。有三青鳥，赤首黑目，一名曰大鵹，一名少鵹〔一一〕，一名曰青鳥〔一二〕。有軒轅臺，射者不敢西嚮射，畏軒轅之臺〔一三〕。

〔一〕郭曰：皆羣大靈之山。

〔二〕郭曰：言其土沃饒也。

〔三〕任臣案：《淮南子》海外三十六國，「西北方有沃民」。

〔四〕任臣案：《吕氏春秋》：「流沙之西，丹山之南，有鳳之丸，沃民所食。」

〔五〕郭曰：言其所願滋味，此無所不備。

〔六〕任臣案：吴淑《柳賦》云：「沃民之國，汶水之傍。」謂此。

〔七〕郭曰：琁瑰，亦玉名。《穆天子傳》曰：「枝斯璿瑰。」枚回二音。

〔八〕郭曰：樹色正白。今南方有文木，亦黑木也。　任臣案：文木即烏木，《逸周書》謂之「闟木」。張勃《吴録》云：「南朱銅縣有文木。」嵇含《草木狀》曰：「文木樹高七八丈，其色正黑，如水牛角。」

〔九〕郭曰：又有黑丹也。《孝經援神契》曰：「王者德至山陵，而黑丹出。」然則「丹」者，别是彩名，亦猶黑、白、黄皆云丹也。　任臣案：《尚書大傳》：「丹丘出丹雘，青丘出青雘。」是丹與青皆名雘也，則丹爲彩色之名益信。

〔一〇〕任臣案：《鴻烈解》西金丘沃野，爲八紘之一。

〔一一〕郭曰：音黎。

〔一二〕郭曰：皆西王母使也。　任臣案：曹植《辨道論》：「三鳥備設，不如百官之美也。」陶弘景詩：

「銜書必青鳥，嘉客信龍鑣。」江淹《陰長生贊》：「若渡西海時，致意三青鳥。」梁元帝《與劉智藏書》：「弱水難浮，猶致書于青鳥。」李長吉詩：「符因青鳥送。」皆指此也。《拾遺記》曰：「軒渠國多九色鳥，青口緑脛，紫翼紅膺，紺頂丹足，碧身緗背玄尾，其青多紅少，謂之繡鸞，或云是西王母之禽。」疑即三青鳥類。

〔一三〕郭曰：敬難黄帝之神。　任臣案：《鴻烈解》：「軒轅丘在西方。」《黄帝祠額解》云：「西至崑崙，有軒轅宫與臺若丘，射者不敢西向。」湘東王詩：「寂寥千載後，誰上軒轅臺？」庾信《爾綿柱國碑》：「軒臺受氏，若水降居。」崔融表：「攀龍不及，顧慕軒轅之臺。」湯顯祖表：「郯鄏之鼎方圖，軒轅之臺已闕。」朱應登《北風行》：「軒轅臺前燭龍晦。」劉鳳《九頌》云：「吾登軒轅之臺而四顧。」本此也。《名勝志》云：「今直隸保安州西南界之喬山，上亦有軒轅臺。」《廣輿記》：「岳州府君山亦有軒轅臺。」

大荒之中有龍山，日月所入。有三澤水，名曰三淖，昆吾之所食也〔一〕。有人衣青，以袂蔽面〔二〕，名曰女丑之尸。有女子之國〔三〕。

〔一〕郭曰：《穆天子傳》曰：「滔水，濁繇氏之所食。」亦此類也。

〔二〕郭曰：袂，袖。

〔三〕郭曰：王頎至沃沮國，盡東界，問其耆老，云：「國人常乘船捕魚，遭風，見吹數十日。東一國，在大海中，純女無男。」即此國也。　任臣案：《玄覽》曰：「葱嶺之西，西女之國，産男輒不舉也。拂菻歲遺男子配焉。茂州之西，東女之國，其貴人死，糅金屑而瘞之。」

有桃山，有宦山，有桂山，有于土山。有丈夫之國〔一〕。

〔一〕郭曰：其國無婦人也。

有弇州之山〔一〕。五彩之鳥仰天〔二〕，名曰鳴鳥。爰有百樂歌儛之風〔三〕。有軒轅之國〔四〕。江山之南棲爲吉〔五〕。不壽者乃八百歲〔六〕。

〔一〕任臣案：《括地象》：「正西弇州，曰并土。」《隋書》作「十州并土」，爲崑崙九州之一。《南華經》云：「大荒之中，弇州之北。」《穆天子傳》：「天子登于弇山之上。」王世貞以爲即此地也。江淹《赤虹賦》云：「帝臺北荒之際，弇山西海之濱。」

〔二〕郭曰：張口噓天。

〔三〕郭曰：爰有百種伎樂歌儛風曲。任臣案：《荒史》曰：「祝融氏一曰祝誦，又曰祝和。聽弇州之鳴鳥，作屬續之樂，以通倫類。」廖道南《楚紀》贊曰：「弇州之聲，庸制樂歌。」王融《曲水詩序》：「召鳴鳥于弇州，追伶倫于嶰谷。」本此。黄氏《事物紺珠》云：「鳴鳥身五色，聲有曲度。」

〔四〕郭曰：其人人面蛇身。任臣案：《談薈》云：「尾處首上。」

〔五〕郭曰：即窮山之際也。山居爲棲，吉者言無凶夭。

〔六〕郭曰：壽者數千歲。

西海渚中有神，人面鳥身，珥兩青蛇，踐兩赤蛇，名曰弇茲〔一〕。

〔一〕任臣案：《冠編・六上紀》有弇茲氏，人面鳥身。劉會孟云：「海外國神多以蛇爲珥、踐，又有蛇洲。」

大荒之中有山，名曰日月山，天樞也。吳姖天門，日月所入〔一〕。有神，人面無臂，兩足反屬于頭上，名曰噓〔二〕。顓頊生老童〔三〕，老童生重及黎〔四〕。帝令重獻上天，令黎邛下地〔五〕，下地是生噎，處于西極，以行日月星辰之行次〔六〕。

〔一〕任臣案：《蓋天論》：「須彌山爲天樞，日月行于其腰。」與此説類。盧柟《放招賦》云：「吳姖晻昧，日月所翳。」即此也。

〔二〕郭曰：言噓啼也。　任臣案：《圖贊》曰：「脚屬于頭，人面無手。厥號曰噓，重黎所處。」

〔三〕任臣案：譙周《古史》曰：「老童即卷章。」羅苹云：「卷章，史或作老章。」

〔四〕郭曰：《世本》云：「老童娶于根水氏，謂之驕福，産重及黎。」　任臣案：《冠編》云：「老童音如鐘磬，死爲騩山之神，娶女驕，生黎、回。」

〔五〕郭曰：古者人神雜擾無別，顓頊乃命南正重司天以屬神，命火正黎司地以屬民。重實上天，黎實下地。獻、邛義未詳也。　任臣案：《路史》作「重載上天」。

〔六〕郭曰：主察日月星辰之度數次舍也。

有人反臂，名曰天虞〔一〕。有女子方浴月。帝俊妻常羲，生月十有二，此始浴之〔二〕。有玄丹之山〔三〕。有五色之鳥，人面有髮。爰有青鴍〔四〕、黄鷔〔五〕、青鳥、黄鳥。其所集者其國亡。有池名孟翼之攻顓頊之池〔六〕。

〔一〕郭曰：即尸虞也。

〔二〕郭曰：羲與羲和浴日同。任臣案：常羲有娵氏也，或作「常儀」，一作「尚儀」，士安作「常耳」，又作「常宜」。《路史》云：「高辛氏次妃常羲，生而能言，髮迨其踵。是歸高辛，生太子庢及月十二。」楊慎云：「帝俊之妻生十日，自甲至癸也；生月十又二，自子至亥也。」

〔三〕郭曰：出黑丹也。任臣案：《篇海》引《經》作「玄舟之山」，誤。

〔四〕郭曰：音文。

〔五〕郭曰：音敖。

〔六〕郭曰：孟翼，人姓名。任臣案：孟翼，顓頊臣。《冠編》：《顓頊紀》有載命孟翼攻池，天下人號之曰顓頊之池，言厚養于民也。

大荒之中有山，名曰鏖鏊鉅〔一〕，日月所入者。有獸，左右有首，名曰屏蓬〔二〕。有巫山者〔三〕，有壑山者，有金門之山。有人名曰黄姫之尸。有比翼之鳥〔四〕。有白鳥，青翼黄尾玄喙〔五〕。有赤犬，名曰天犬，其所下者有兵〔六〕。

〔一〕郭曰：鼇音如敖。

〔二〕郭曰：即并封也，語有輕重耳。　任臣案：《稽瑞録》云：「鹿蟄山獸，左右有首，名并蓬。」

〔三〕任臣案：《冠編》：「望帝時，巫山壅江，蜀洪水，望帝令鼈令鑿之。」

〔四〕任臣案：即鶬鶬。

〔五〕郭曰：奇鳥。

〔六〕郭曰：《周書》云：「天狗所止，地盡傾，餘光燭天爲流星，長十數丈，其疾如風，其聲如雷，其光如電。」吴楚七國反時，吠過梁國者是也。　任臣案：《辛氏三秦記》：「秦襄公時，白鹿原有天狗來下，其上有賊，天狗吠而護之。」《河圖稽燿鈎》曰：「太白散爲天狗，主候兵。」《元史》：「至正中，雲南玉案山下有赤犬羣吠，未幾兵亂。」又唐天寶中，華清宫有天狗院，列在諸獸之上。杜甫作賦云：「色似狻猊，小如猿狖。」非此也。○又案：李白《大獵賦》「殪天狗」，注云：「《山海經》天門山有赤犬，名曰天犬。」蓋謂此也。

西海之南，流沙之濱，赤水之後，黑水之前，有大山，名曰崑崙之丘〔一〕。有神，人面虎身，有文有尾，皆白處之〔二〕。其下有弱水之淵環之〔三〕。其外有炎火之山，投物輒然〔四〕。有人，戴勝虎齒，有豹尾〔五〕，穴處，名曰西王母〔六〕。此山萬物盡有。

〔一〕任臣案：《化胡經》曰：「崑崙山九重，重相去九千里，山有四面。」竺乾書曰：「阿耨山，即崑崙也，一名須彌，謁呼蘇彌，在于闐國西一千三百餘里。其水分流四面去，入中國者爲黃河，入東海，其三面各入南西北海，如弱水、黑水之類。」

〔二〕郭曰：言其尾以白爲點駮。

〔三〕郭曰：其水不勝鴻毛。　任臣案：《十洲記》云：「崑崙山，弱水周迴繞匝，東南接積石圃，西北接北户之室，東北臨大活之井，西南至承淵之谷。」《玄中記》云：「神丘有火穴，光景照千里。崑崙有弱水，鴻毛不能起。」《括地圖》曰：「崑崙之弱水，非乘龍不得至。」《圖贊》曰：「弱出崑山，鴻毛是沉。北淪流沙，南暎火林。惟水之奇，莫測其深。」

〔四〕郭曰：今去扶南東萬里，有耆薄國。東復五千里許，有火山國。其山雖霖雨，火常然。火中有白鼠，時出山邊求食，人捕得之，以毛作布，今之火澣布是也。即此山之類。　任臣案：干寶《搜神記》：「崑崙之山，是惟下都，環以炎火之山。」酈氏《水經注》：「流沙西行，極崦嵫之山。北山有石，以兩石相打則水潤，潤盡則火出，山石皆然，炎起數丈。」司馬相如《大人賦》：「經營炎火而浮弱水兮，抗絶浮渚而涉流沙。」張衡《思玄賦》：「躋日中于昆吾兮，憩炎火之所陶。」江淹《空青賦》：「西海之草，炎洲之煙。」即此也。景純《炎火山贊》曰：「水含陽精，氣結則焚，理其微乎，其妙不傳。」他與此類者：《神異經》言「荒外有火山，生不燼之木」；《十洲記》言「炎洲有火林山，山中有火光」；《金液神丹經》「扈犁國有火山」；《裔乘》云「西北有火州，其國有火焰山」；張匡鄴《行程記》「高昌北庭山，至夕，光燄若炬火」；《玄覽》曰「毗騫有然火之洲」；《博物志》「西域且彌山，晝則孔中狀如煙，夜則如燈光」；《魏書》「盤盤國有火山，山旁皆焦」；《東西洋考》云「蛟罩山山頭火光日夜不斷」；《一統志》「梧州有火山，山上有火，每三五夜一見，如野燒之狀」；又蜀有火井、熒臺；蕭丘有自然之火，春生秋滅；羽山有文石生火，煙色隨四時而改，名爲淨火；自然洲有樹生火，以其皮織爲火浣布。火浣布有二種，此其一也。陸游云：「火山軍，其地耘耡深入，則有烈焰。」《風俗記》云：圁陰縣有鴻門亭，火從地出。又海中有沃焦山，遇水則燄。復有然海，木華所稱陰火潛然是也。

〔五〕任臣案：《穆天子傳》注云：「虎齒蓬髮。」《困學紀聞》作「狗尾蓬髮」。

〔六〕郭曰：《河圖玉版》亦曰「西王母居崑崙之山」。《西山經》曰：「西王母居玉山。」《穆天子傳》曰：「乃紀名迹于弇山之石，曰西王母之山也。」然則西王母雖以崑崙之宫，亦自有離宫別窟，游息之處不專住一山也，故記事者各舉所見而言之。任臣案：胡應麟《筆叢》曰：「《經》稱西王母豹尾虎齒，當是人類殊別。考《穆天子傳》云天子賓于西王母，觴于瑶池之上，西王母爲天子謡，天子執白圭玄璧，及獻錦組百，純組三百，西王母再拜受之，則西王母服食語言絶與常人無異，並無所謂豹尾虎齒之象。惟司馬《大人賦》有豹尾虎齒之説，蓋據《山海經》耳。乃《山海經》則何所據哉？」任臣竊謂：西王母，黄帝時乘白鹿授地圖，舜時獻白玉琯，穆王時西王母來賓，特不過西方一國，如八百媳婦名爾。若豹尾虎齒，則亦貫胸、儋耳之類，又何足怪？後世好事家以西王母等于麻姑、上元夫人之列，甚至謂漢武帝降西王母于七夕，若果有其事者，則文人附會之過也。《爾雅》：「觚竹、北户、西王母、日下，謂之四荒。」《漢書·西域傳》云：「安息長老傳聞，條支有弱水，西王母亦未嘗見也。」

大荒之中有山，名曰常陽之山，日月所入。

有寒荒之國，有二人，女祭、女薎〔一〕。

〔一〕郭曰：或持觶，或持俎。

有壽麻之國〔一〕。

〔一〕郭曰：《吕氏春秋》曰：「南服壽麻，北懷闒耳。」　任臣案：《爾雅》「八極，西曰邠國，曰壽靡」①，即壽麻也。劉子威《雜俎》曰：「焦僥、壽麻之國。」

南岳娶州山女，名曰女虔，女虔生季格〔一〕。季格生壽麻〔二〕。壽麻正立無景，疾呼無響〔三〕。爰有大暑，不可以往〔四〕。有人無首，操戈盾立，名曰夏耕之尸〔五〕。故成湯伐夏桀于章山，克之〔六〕，斬耕厥前〔七〕。耕既立，無首，走厥咎〔八〕，乃降于巫山〔九〕。

〔一〕任臣案：《冠編》：「黄帝鴻初爲南岳之官，故名南岳。」「女虔」，《學海》作「女庈」。又《路史》曰：「帝鴻生白民及嘻，嘻生季格，季格生帝魁。」注云：「嘻，其南岳也。」未審孰是。

① 《爾雅·釋地》有四極，無八極；有邠國，無壽靡。《爾雅》應是《駢雅》之誤。

〔二〕任臣案：季格妻任己，感神而生魁及壽麻。見《冠編》。

〔三〕郭曰：言其稟形氣有異于人也。《列仙傳》曰：「玄俗無景。」　任臣案：無景者，中國時有其人。《侍兒小名録》：「周昭王時，東甌獻二女，曰延娟、延娛，步塵無迹，日中無景。」《風俗通》云：「真人無景。」《白帖》云：「仙人與虚合體，日中無景，故韓終久服丹無景。」又丙吉驗老人之子無景。張元始九十七始生子，遂無景。《南史》稱梁武帝映日無景。又勃鞮之國無翼而飛，日中無景，見《拾遺記》。王英明《曆體略》云：「赤道下春秋分，日中無景。」《淮南》曰：「建木在都廣，日中無景。」又曰：「馮夷，大丙之御也，照日光而無景。」此言其疾，非真無景也。

〔四〕郭曰：言熱炙殺人也。　任臣案：西儒云：「地在黄道線下者大熱，不可居，其人常晝伏水中。」宋濂《演連珠》云：「壽麻之國，大暑倍常。」本此。

〔五〕郭曰：亦形天尸之類。　任臣案：《經》載奢比、據比、女姖、貳負、王子夜、肝榆、犁䰠、夏耕、戎宣王之尸，不一而足，詳其名義，大都如今人尸解不化者，土人傳以爲神。

〔六〕郭曰：于章，山名。　任臣案：章山名大沙，或云沙丘。郭作「于章山」，疑非。

〔七〕郭曰：頭亦在前者。

〔八〕郭曰：逃避罪也。

〔九〕郭曰：自竄于巫山。巫山，今在建平巫縣。

有人名曰吴回，奇左，是無右臂〔一〕。

〔一〕郭曰：即奇肱也。吳回，祝融弟，亦爲火正也。　任臣案：《姓氏源流》：「黎卒，帝嚳以回代之，封于吳，是爲吳回。吳回生陸終，其支庶爲陸終氏。」《蛙螢子》言祝融有七，吳回亦祝融之一也。

有蓋山之國。有樹，赤皮支幹，青葉，名曰朱木〔一〕。

〔一〕郭曰：或作朱威木也。

有一臂民〔一〕。

〔一〕郭曰：北極下亦有一脚人，見《河圖玉版》。　任臣案：《事物紺珠》云：「一臂人，一手一目鼻一孔。」

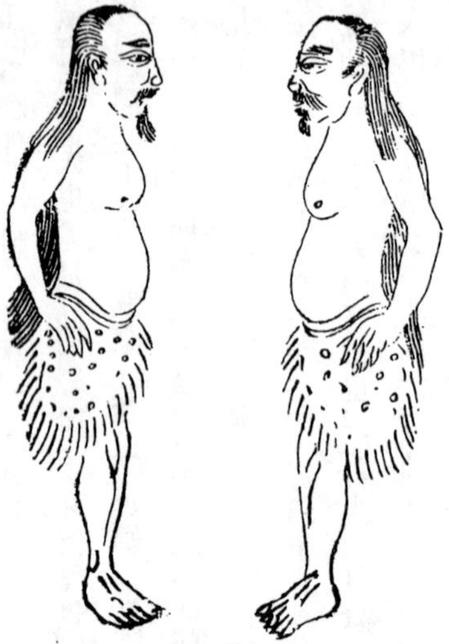

一臂民　一手一足，一目一鼻孔。在大荒之西。

大荒之中有山，名曰大荒之山，日月所入。有人焉三面，是顓頊之子①，三面一臂〔一〕。三面之人不死〔二〕。是謂大荒之野〔三〕。西南海之外，赤水之南，流沙之西，有人，珥兩青蛇，乘兩龍，名曰夏后開。開上三嬪于天〔四〕，得《九辯》與《九歌》以下〔五〕。此天穆之野，高二千仞〔六〕，開焉得始歌《九招》〔七〕。

三面人　人頭三邊各有面，無左臂。居大荒山。

〔一〕郭曰：無左臂也。任臣案：《路史·禹紀》云：「西過奇肱、三面。」《黄帝祠額解》曰：「三面一臂，莫非子孫。」謂此。

① 以上七字原脱，據《箋疏》補。

〔二〕郭曰：言人頭三邊各有面也。玄菟太守王頎至沃沮國，問其耆老，云復有一破船，隨波出在海岸邊上，有一人，項中復有面，與語，不解了，不食而死。此是兩面人也。《呂氏春秋》曰：「一臂三面之鄉也。」任臣案：《博物志》云：「兩面人在沃沮東大海中。」又《後漢・東夷傳》及《魏志》皆云北沃沮有兩面人，江淹《遂古篇》「長臂兩面，乘赤船兮」是也。

〔三〕任臣案：張揖《上林賦注》：「過乎泱莽之壄，《山海經》所謂大荒之野也。」

〔四〕郭曰：嬪，婦也。言獻美人于天帝。　任臣案：吴淑《事類賦》：「夏后三嬪之獻，太康五子之須。」本此。

〔五〕郭曰：皆天帝樂名也。開登天而竊以下用之也。《開筮》曰：「昔彼《九冥》，是與帝《辯》同宫之序，是爲《九歌》。」又曰：「不得竊《辯》與《九歌》以國于下。」義具見于《歸藏》。

〔六〕郭曰：《竹書》曰：「顓頊産伯鯀，是維若陽，居天穆之陽也。」

〔七〕郭曰：《竹書》曰：「夏后開舞《九招》也。」　任臣案：《楚辭・天問》云：「啓棘賓商，《九辯》《九歌》。」洪興祖引此爲注，朱子斥之審矣，以爲「啓棘賓天」，當是啓夢賓天。然則《經》云「開上三嬪于天」者，要是夏啓三夢上賓于天，得傳天帝之樂以下，如秦穆聽鈞天之奏，唐皇效霓裳之舞也。「嬪」宜作「賓」，《楚辭》足證其誤。謂獻三美女于天帝者，謬矣。又《九歌》與《虞書》合，考亭斷爲舜禹之樂。《九招》亦古樂名。《文心雕龍》云：「帝嚳之世，咸墨爲頌，以歌《九招》。」未審是非。又《路史注》曰：「《山海經》上三嬪于天，得《九辯》與《九歌》以下。天指舜禹，尊其賜爾。謂天帝之樂，啓登天竊之以下，安也。」劉基《樂府》曰：「天穆之野二千仞，天帝所以觴百靈。三嬪不下兩龍去，《九歌》《九辯》歸杳冥。」

有互人之國〔一〕。炎帝之孫〔二〕，名曰靈恝〔三〕。靈恝生互人，是能上下于天〔四〕。

有魚偏枯，名曰魚婦。顓頊死即復蘇〔五〕。風道北來，天乃大水泉〔六〕，蛇乃化爲魚，是謂魚婦。顓頊死即復蘇〔七〕。有青鳥，身黄，赤足，六首，名曰鸀鳥〔八〕。有大巫山。有金之山。西南大荒之中隅，有偏勾、常羊之山。

鸀鳥　青鳥，身黄，赤足，六首。出互人國。

〔一〕郭曰：人面魚身。　任臣案：《路史》：「伯靈生鼓，鼓生靈恝。」

〔二〕郭曰：炎帝神農。

〔三〕郭曰：音如券契之契。

〔四〕郭曰：言能乘雲雨也。　任臣案：《國名記》曰：「炎帝孫靈恝生氐人，爲氐國，俗作互，非。」又歐陽玄《睽車志》：「互人國有白玉城。」豈即此耶？

〔五〕郭曰：言其人能變化也。　任臣案：《星槎勝覽》：「占城有飛頭婦，號屍致魚，夜飛頭入人家，食小兒，頭返合體如故。」亦此類也。　又《冠編》云：「虞幕取顓頊氏女，曰魚婦，生窮蟬。」名與此同，然語不相蒙，疑非是。

〔六〕郭曰：言泉水得風暴溢出。　道猶從也。《韓非》曰：「玄鶴二八，道南方而來。」

〔七〕郭曰：《淮南子》曰：「后稷龍在建木西，其人死復蘇，其中爲魚。」蓋謂此也。　任臣案：高誘《淮南注》云：「人死復生，或化爲魚。」楊慎《補注》曰：「今南中諸苗能以術呪尸爲魚而食之。」《西南國風土記》云：「邪術有卜思鬼者，婦人習之，夜化爲猫犬，遇病者，攝其肉，唾水中化爲水蝦，取而貨之。」即斯術也。《圖贊》曰：「炎帝之苗，實生氐人。死則復蘇，厥身爲鱗。雲南是託，浮游天津。」

〔八〕郭曰：音觸。　任臣案：《玄覽》云：「互人有六首之鸀。」《五音集韻》曰：「氐人國有青鳥，赤足六首，曰鸀。」又鳿鳥亦名鸀，《爾雅》「鸀，山烏」是也。　又《南康記》：「石室山有鳥，形色鮮潔，自愛毛羽，若隻者則照水悲鳴，亦名鸀。」此名同而實異者，且音蜀不音觸，似更爲一種。

按：夏后開即啓，避漢景帝諱云〔一〕。

〔一〕任臣案：胡氏《四部正譌》曰：「亦有古書本不諱，後人避本朝之諱而改者，如《山海經》『啓』皆爲『開』之類。」

山海經廣注卷之十七

仁和吴任臣注

大荒北經

東北海之外，大荒之中，河水之間，附禺之山，帝顓頊與九嬪葬焉〔一〕。爰有鴟久、文貝、離俞、鸞鳥、鳳鳥、大物、小物〔二〕。有青鳥、琅鳥、玄鳥、黄鳥、虎、豹、熊、羆、黄蛇、視肉、璿瑰、瑶碧，皆出衛於山〔三〕。丘方圓三百里，丘南帝俊竹林在焉，大可爲舟〔四〕。竹南有赤澤水〔五〕，名曰封淵〔六〕。有三桑無枝〔七〕。丘西有沉淵，顓頊所浴。

〔一〕郭曰：此皆殊俗，義所作冢。

〔二〕郭曰：言備有也。　任臣案：王氏《釋義》曰：「大物、小物皆殉葬之具也。」

〔三〕郭曰：在其山邊也。

〔四〕郭曰：言舜林中竹一節則可以爲船也。　任臣案：劉須溪説南方荒中有涕竹，長數百丈，圍三丈五六尺，厚八九寸，可以爲船。　又《南越志》：「羅浮山巨竹皆七八圍，長一二丈，謂之龍鐘竹。」《通考》云：「哀牢有竹，其節相去二丈，名曰濮竹。」《玄覽》云：「高潘有疎節之竹，六尺而一節。　黎母山有丈節之竹。　溱州有通節之竹。　臨賀有十抱之竹。　員丘有船竹。」《王會解》云：「路人大竹。」《神異經》云：「南方以節竹爲船。　亦作芾竹，其長百丈，圍二丈五六尺。」《湧幢小品》云：「南荒有沛竹，其長百丈。」皆竹之大者，與此類。

〔五〕郭曰：水色赤也。

〔六〕郭曰：封亦大也。

〔七〕郭曰：皆高百仞。

有胡不與之國〔一〕，烈姓，黍食。

〔一〕郭曰：一國復名耳，今胡夷語皆通然。

大荒之中有山，名曰不咸〔一〕。　有肅慎氏之國〔二〕。　有蜚蛭，四翼〔三〕。　有蟲，獸首蛇身，名曰琴蟲〔四〕。　有人名曰大人。　有大人之國，釐姓〔五〕，黍食。　有大青蛇，黄頭，食麈〔六〕。　有榆山。　有鯀攻程州之山〔七〕。

〔一〕任臣案：杜佑《通典》：「挹婁在不咸山北。」鄭樵《都邑略》云：「古肅慎國都不咸山，在夫餘東北千餘里。」

〔二〕郭曰：今肅慎國去襄平三千餘里，穴居無衣，衣猪皮，冬以膏塗體，厚數分，用却風寒。其人皆工射，弓長四尺，勁彊，箭以楛爲之，長尺五寸，青石爲鏑。此春秋時隼①集陳侯之庭所得矢也。晉大興三年，平州刺史崔毖遣别駕高會，使來獻肅慎氏之弓矢，箭鏃有似銅骨作者。問云，轉與海内國，通得用此。今名之爲挹婁國，出好貂、赤玉。豈從海外轉而至此乎？《後漢書》所謂「挹婁」者是也。　任臣案：《史記》作「息慎」。《竹書》：「舜二十五載，息慎氏來賓。」《汲冢周書》云：「成王之時，息慎來賀，作《賄息慎之命》。」《王會解》謂之「稷慎」。或作「肅眘」，漢武帝詔海外肅眘，徐陵文「肅眘茫茫，風牛南偃」。劉會孟云：「肅慎在漢曰挹婁，魏曰勿吉，唐曰靺鞨。」《鬼谷子》云：「肅慎氏饋白雉于文王。」《魏志》云：「自唐暨周，肅慎之物皆曠世而至。」青龍四年，肅慎氏致楛矢。《晉紀》，景元三年、咸寧五年、大興二年，肅慎皆來饋楛矢石砮。即此國也。《左傳》：「肅慎、燕、亳，吾北土也。」杜注云：「肅慎在玄菟北三千餘里。」江淹《遂古篇》：「沃沮、肅慎，東北邊兮。」

〔三〕郭曰：翡窒兩音。　任臣案：司馬《遊獵賦》「蛭蜩蠼蝚」，謂此也。

---

①「隼」，原作「集」，據《箋疏》改。

〔四〕郭曰：亦蛇類也。　任臣案：《本草綱目》引此作「琴蛇」。
〔五〕任臣案：《國名記》：「帝鴻之後也。」
〔六〕郭曰：今南方蚺蛇食鹿，鹿亦麈屬也。
〔七〕郭曰：皆因其事而名物也。

大荒之中有山，名曰衡天。有先民之山。有槃木千里〔一〕。有叔歜國〔二〕。顓頊之子〔三〕，黍食，使四鳥：虎、豹、熊、羆。有黑蟲，如熊狀，名曰猎猎〔四〕。有北齊之國，姜姓，使虎、豹、熊、羆〔五〕。

〔一〕郭曰：音盤。　任臣案：後漢永平中，白狼、槃木、唐菆舉種稱臣。楊慎《閎覽集》云：「白狼、槃木，今麗江姚嶲地也。」度其道里，疑非此。「槃」或作「盤」，《唐昭仁寺碑》「苑葱山而池鹽澤，踰盤木而跨熱阪」。
〔二〕郭曰：音作感反。一音觸。
〔三〕任臣案：顓頊之妻娽生伯偁、卷章、季禺。季禺是生叔歜。古謂其所出者皆爲子。
〔四〕郭曰：或作獡，音夕，同。　任臣案：《篇海》引《經》云：「牛氏山有黑獸，狀如熊，名曰猎猎。」與本文小異。《事物紺珠》云：「猎猎如熊，黑色。」盧柟賦云：「窮怪異獸，猎猎、獓獓、猰猰、狪狪。」又《彙雅》：「宋良犬一名猎猎。」然宋猎之猎音鵲，與此同字異音也，非此獸。
〔五〕任臣案：《路史》：「太姜之祖逢公，伯陵之後，爲商侯伯，自逢改封于北齊。」《氏族考》云：「炎帝子伯陵，爲黄帝臣，始封逢，改封齊。」二説不同。

大荒之中有山，名曰先檻大逢之山，河、濟所入，海北注焉〔一〕。其西有山，名曰禹所積石。有陽山者。有順山者，順水出焉。

〔一〕郭曰：河濟注海，已復出海外，入此山中也。

有始州之國。有丹山〔一〕。

〔一〕郭曰：此山純出丹朱也。《竹書》曰：「和甲西征，得一丹山。」今所在亦有丹山，丹出土穴中。

有大澤方千里，羣鳥所解〔一〕。有毛民之國〔二〕，依姓，食黍，使四鳥。禹生均國，均國生役采〔三〕，役采生修鞈〔四〕，修鞈殺綽人〔五〕。帝念之，潛爲之國〔六〕，是此毛民。

〔一〕郭曰：《穆天子傳》曰：「此至廣原之野，飛鳥所解其羽。乃于此獵，鳥獸絶羣，載羽百車。」《竹書》亦曰：「穆王北征，行流沙千里，積羽千里。」皆謂此澤也。任臣案：瀚海地皆沙磧，羣鳥解羽。江淹《遂古篇》：「青鳥所解，路誠亶兮。」柳宗元《天對》：「大澤千里，羣鳥是解。」

〔二〕郭曰：其人面體皆生毛。任臣案：《路史》注：「東毛人等五十五國。」韓昌黎文：「海外雜國，若躭浮羅、流求、毛人。」即斯國也。

〔三〕郭曰：「采」一作「來」。

〔四〕郭曰：音如單鞈之鞈。

〔五〕郭曰：人名。

〔六〕郭曰：潛密用之爲①國。　任臣案：《路史》：「塗山氏后趫生啓及均，均生固，固生伎來，伎來生循軨，是殺綽。天帝念之，其裔居兜牟山，北人號突厥寳。」

有儋耳之國，任姓〔一〕。禺號子，食穀。北海之渚中〔二〕，有神，人面鳥身，珥兩青蛇，踐兩赤蛇，名曰禺彊〔三〕。

〔一〕郭曰：其人耳大下儋，垂在肩上。朱崖儋耳，鏤畫其耳，亦以放之也。　任臣案：《爾雅》：「八極，北曰祝栗，曰儋耳。」②《吕氏春秋》云：「叔逆之所，儋耳之居，多無君。」即斯國也。《淮南子》作「耽耳」，《博物志》作「檐耳」。

〔二〕郭曰：言在海島中種粟給食，謂禺彊也。

〔三〕任臣案：禺彊，《莊子注》作「禺京」。《養生雜書》曰：「東海神名阿明，南海祝融，西海臣乘，北海禺彊。」《龍魚河圖》云：「北海神姓名禹帳里，又名禺强。」《天問》云：「伯强何處？惠氣安在？」注：「伯强即隅强，天神也。」黄道周《續騷經》：「屬强禺爲先容兮，乃告余以未啓。」《龜

---

①「之爲」，原作「爲之」，據《箋疏》乙。

②引文見《駢雅》卷五，不見於《爾雅》。

藏》曰：「昔穆王子筮卦于禺强。」疑非此。又《續通考》引《經》作「禺强櫝」，誤。

大荒之中有山，名曰北極天櫃〔一〕，海水①北注焉。有神，九首，人面，鳥身，名曰九鳳。又有神，銜蛇操蛇，其狀虎首人身，四蹄長肘，名曰彊良〔二〕。

九鳳　九首人面鳥身。居北極天櫃之山。

彊良　虎首人身，四蹄長肘，銜蛇操蛇。與九鳳同山。

〔一〕郭曰：音匱。

①「水」，原作「外」，據宋本改。

〔二〕郭曰：亦在畏獸畫中。

大荒之中有山，名曰成都載天。有人珥兩黄蛇，把兩黄蛇，名曰夸父。后土生信，信生夸父〔一〕。夸父不量力，欲追日景〔二〕，逮之於禺谷〔三〕，捋①飲河而不足也，將走大澤，未至，死于此〔四〕。應龍已殺蚩尤〔五〕，又殺夸父〔六〕，乃去南方處之，故南方多雨〔七〕。又有無腸之國，是任姓〔八〕，無繼子，食魚〔九〕。共工臣名曰相繇〔一〇〕，九首，蛇身，自環〔一一〕，食于九土〔一二〕。其所歍所尼〔一三〕，即爲源澤〔一四〕，不辛乃苦〔一五〕，百獸莫能處〔一六〕。禹湮洪水，殺相繇〔一七〕，其血腥臭，不可生穀，其地多水，不可居也〔一八〕。禹湮之，三仞三沮〔一九〕，乃以爲池，羣帝是因以爲臺〔二〇〕。在崑崙之北。有岳之山，尋竹生焉〔二一〕。

〔一〕任臣案：《續通考》：「勾龍爲后土。生子二人，曰垂，曰信。信生夸父，善走，爲丹朱臣，後有夸氏。」

〔二〕任臣案：《冠編》曰：「夸父足追日，臂虎豹而善投以訣，臣丹朱。」

① 「捋」，宋本作「將」。

〔三〕郭曰：禺淵，日所入也。今作「虞」。　任臣案：禺谷即虞淵，古人音義相通，字多假借。「虞淵」又作「吴泉」。

〔四〕郭曰：渴死。

〔五〕任臣案：《十三州志》：「壽張有蚩尤祠。」《皇覽》云：「蚩尤冢在東郡壽張縣，常以十月祠之，有赤氣出如絳帛，民名爲蚩尤旗。」沈括《筆談》曰：「解州鹽澤滷色正赤，在坂泉之下，俗謂之蚩尤血。」

〔六〕郭曰：上云夸父不量力，與日競而死，今此復云爲應龍所殺，死無定名，觸事而寄，明其變化無方，不可揆測。

〔七〕郭曰：言龍水物，以類相感故也。

〔八〕郭曰：爲人長也。

〔九〕郭曰：「繼」亦當作「脊」，謂膞腸也。　任臣案：《淮南子》作「無繼民」，即無脊也。注云：「其人無嗣。」

〔一〇〕郭曰：相柳也，語聲轉耳。

〔一一〕郭曰：言轉旋也。　任臣案：《廣雅》曰：「北方有民焉，九首虵身，其名曰相繇。」

〔一二〕郭曰：言貪殘也。

〔一三〕郭曰：歍，嘔，猶噴吒。尼，止也。

〔一四〕郭曰：言多氣力。

〔一五〕郭曰：言氣酷烈。

〔一六〕郭曰：言畏之也。

〔一七〕郭曰：禹塞洪水，由以溺殺之也。

〔一八〕郭曰：言其膏血滂流成淵水也。任臣案：盧柟《滄溟賦》：「觀乎猗天之闕，踐乎相繇之區。」即斯也。

〔一九〕郭曰：言禹以土塞之，地陷壞也。任臣案：王世貞《續九辨》云：「虞遺腥之被原兮，厥之三仞而三沮。」本此。

〔二〇〕郭曰：地下宜積土，故衆帝因來，在此共作臺。

〔二一〕郭曰：尋，大竹名。

大荒之中有山，名曰不句，海水入焉。有係昆之山者，有共工之臺，射者不敢北嚮〔一〕。有人衣青衣，名曰黄帝女魃〔二〕。蚩尤作兵伐黄帝〔三〕，黄帝乃令應龍攻之冀州之野〔四〕。應龍畜水，蚩尤請風伯、雨師縱大風雨。黄帝乃下天女曰魃，雨止，遂殺蚩尤。魃不得復上，所居不雨〔五〕。叔均言之帝，後置之赤水之北〔六〕。叔均乃爲田祖〔七〕。魃時亡之〔八〕。所欲逐之者，令曰：神北行〔九〕。先除水道，決通溝瀆〔一〇〕。

〔一〕郭曰：言畏之也。　任臣案：阮籍《詠懷詩》：「共工宅玄冥，高臺造青天。」

〔二〕郭曰：音如旱魃之魃。

〔三〕任臣案：應劭曰：「蚩尤，古天子。」臣瓚曰：「《孔子三朝記》：蚩尤，庶人之貪者。」《史記索隱》曰：「《黄帝紀》諸侯相侵伐，蚩尤最爲暴。」則蚩尤非天子也。又《管子》：「蚩尤受盧山之金而作五兵。」明非庶人，蓋諸侯號也。《龍魚河圖》云：「黄帝攝政，有蚩尤兄弟八十一人，並獸身人語，銅頭鐵額，食沙，造五兵，威振天下。黄帝以仁義不能禁止蚩尤。天遣玄女，下授黄帝兵符，伏蚩尤。道家謂蚩尤天符之神，故行師者禡焉。」《博古圖》謂：「三代彝器多著蚩尤之象，以爲貪虐之戒，其狀如獸，附以兩翅。」《春秋元命苞》曰：「蚩尤作霧，黄帝作指南車。」《路史》云：「蚩尤兄弟七十二人。」《通典》曰：「蚩尤即魑魅，戰于涿鹿，黄帝吹角爲龍吟禦之。」《漢書》：「武帝時，太原有蚩尤神晝見，龜足蛇首，殃其里，里人祀之。」《歸雲集》作「蚩尤阪泉氏」。《集韻》作「蚩蚘」。孔安國以九黎君號蚩尤，謬。《漢·藝文志》：《蚩尤》二篇。《隋志》：梁有《黄帝蚩尤兵法》二卷。

〔四〕郭曰：冀州，中土也。黄帝亦教虎豹熊羆，以與炎帝戰于阪泉之野而滅之，見《史記》。　任臣案：《焦氏易林》：「白龍赤虎，戰鬭俱怒。蚩尤敗走，死于魚口。」阮嗣宗詩：「應龍沉冀州，妖女不得眠。」李商隱表：「裂蚩尤之肩髀。」謂此事也。《黄帝玄女戰法》曰：「黄帝與蚩尤九戰九不勝，有婦人人首鳥形，是爲玄女，授黄帝戰法。」劉鳳《雜俎》曰：「黄帝與蚩尤戰涿鹿之野，蚩尤作大霧，帝乃命風后作指南車，遂擒蚩尤。」《雲笈七籤》云：「黄帝出師伐蚩尤于絶轡之野，以㭿鼓爲警。」《黄帝出軍訣》曰：「帝伐蚩尤，玄龜銜符從水中出，帝備之以征，即日擒蚩尤。」《廣成子傳》云：「蚩尤銅頭啖石，飛空走險。　以馗牛皮爲鼓，九擊而止之，尤不能飛走，遂殺之。」《帝王世紀》：「黄帝使應龍殺蚩尤于凶黎之丘。」《歸藏・啓筮》曰：「蚩尤出自羊水，八肱八趾，疏首，登九淖以伐空桑，黄帝殺之于青丘。」《寰宇記》云：「蚩尤身首異處，故壽張、鉅鹿俱有冢墓。」而壽張之冢即《皇覽》所謂「肩髀冢」也，漢宣帝立祠其上。　冀州，今保安州，軒轅都涿鹿，是此州也。

〔五〕郭曰：旱氣在也。　任臣案：《玄覽》曰：「旱之妖，狀如人，長三尺，袒而戴目，疾走若風，其名曰魃，亦謂之狢，所見之國赤旱千里。」《抱朴子》云：「山精形如小兒，獨足向後，夜喜犯人，其名曰魃。」《本草注》云：「旱魃，山鬼也，所居之處天不雨。　女魃入人家，能竊物以出。　男魃入人家，能竊物以歸。」《神異經》云：「南方有魃，長二三尺，裸身，目在頂上，行走如風，見則大旱，一名旱母。」《説郛》云：「南方有人，名曰䰢，所之國大旱，一名狢子，即魃也。」《魏書》載咸平五年，晉陽得死魃，長二尺，面頂各二目。《通考》言永隆元年，長安獲女魃，長尺有二寸。《洪武正韻》云：「魃，鬼婦，《詩》『旱魃爲虐』是也。」亦作「妭」，《文字指歸》云：「女妭禿無髮。」

〔六〕郭曰：遠徙之也。

〔七〕郭曰：主田之官。《詩》云「田祖有神」。　任臣案：《魏書》：「昌意之裔始均，入仕堯世，逐女魃于弱水之北，民賴其勤。帝舜嘉之，命爲田祖。」

〔八〕郭曰：畏見逐也。

〔九〕郭曰：向水位也。

〔一〇〕郭曰：言逐之必得雨，故見先除水道，今之逐魃是也。

有人方食魚，名曰深目民之國，昐姓，食魚〔一〕。

〔一〕郭曰：亦胡類，但眼絶深。黄帝時姓也。任臣案：《國名記》作「目深國」，「昐」作「昑」，高陽氏之後也。

有鍾山者〔一〕，有女子衣青衣，名曰赤水女子獻〔二〕。

〔一〕任臣案：張平子云：「過鍾山而中休。」蓋謂此山，以上有「燭龍」之句也。

〔二〕郭曰：神女也。

大荒之中有山，名曰融父山，順水入焉。有人名曰犬戎。黄帝生苗龍，苗龍生融吾，融吾生弄〔一〕明〔二〕，弄明生白犬。白犬有牝牡〔三〕，是爲犬戎，肉食。有赤獸，馬狀無首，名曰戎宣王尸〔四〕。

〔一〕郭曰：一作「卞」。

〔二〕任臣案：《史記正義》云：「融吾生并明。」

〔三〕郭曰：言自相配合也。　任臣案：白犬，黄帝之曾孫，其名若後世犬子、佛狸、虎犺，非狗犬也。又云有牝牡，蓋若今之婆羅門半釋迦具陰陽二體者。　應劭書遂以爲高辛犬名槃瓠，妻帝女，生六男六女，自相夫婦。　趙氏《説文長箋》亦云槃瓠之種，犬也。　其説實衍于此。

〔四〕郭曰：犬戎之神名也。　任臣案：此神獸狀，非真獸也。

有山名曰齊州之山、君山〔一〕、鬵山〔二〕、鮮野山、魚山。有人一目，當面中生，一曰是威姓，少昊之子，食黍。有繼無民，繼無民任姓，無骨子，食氣、魚〔三〕。

〔一〕任臣案：洞庭湖、閩海、陽羨、兖州皆有君山，此非是。

〔二〕郭曰：音潛。

〔三〕郭曰：言有無骨人也。《尸子》曰：「徐王偃有筋無骨。」

西北海外，流沙之東，有國曰中輪，顓頊之子，食黍。有國名曰賴丘。有犬戎國。有神，人面獸身，名曰犬戎。

西北海外，黑水之北，有人有翼，名曰苗民〔一〕。顓頊生驩頭，驩頭生苗民，苗民釐姓，食肉〔二〕。有山，名曰章山。

〔一〕郭曰：三苗之民。　任臣案：《神異經》云：「苗民人形而腋翼，不能飛，爲人饕餮，淫佚而無度，居西北荒。」《述異記》云：「苗氏長齒，上下相冒。」

〔二〕任臣案：《路史》：「驩頭以狐功輔繆，亡其國，生三苗氏。」注曰：「《山海經》顓帝生驩頭，又云鯀妻遺腹生驩頭，驩頭生苗民，故世以苗民顓帝之後。果爾，則驩頭爲禹之弟，而苗民其猶子也。堯試舜時，禹才十歲，何由有弟若姪暴恣爲亂？且苗民釐姓明甚，而黄帝子姓第七爲釐，苗民爲驩頭之子，驩頭爲帝鴻之後，則驩頭、縉雲之爲釐姓審矣。《傳》言三苗爲縉雲氏之子，蓋驩頭猶襲縉雲之號也。」

大荒之中有衡石山、九陰山、泂野之山，上有赤樹，青葉赤華，名曰若木〔一〕。有牛黎之國〔二〕。有人無骨，儋耳之子〔三〕。

〔一〕郭曰：生崑崙西，附西極，其華光赤下照地。　任臣案：《楚辭》：「羲和之未揚，若華何光。」又曰：「折若木以拂日。」《淮南子》曰：「若木在建木西，末有十日，其華照下地。」注云：「若木端有十日，狀如蓮華，光照其下。」《吕覽》云：「菜之美者，若木之華。」揚雄《甘泉賦》云：「飲若木之露英。」張平子賦：「撫若木而躊躇。」阮籍詩：「若木燿四海，扶桑翳瀛洲。」江淹詩：「屬我嵫景半，賞爾若光初。」沈約《遊仙詩》：「若華有餘照，淹留且晞髮。」王勃《南郊頌序》：「登若木以照臨。」楊炯《渾天賦》：「扶桑臨于海上，若木照于崑崙。」柳宗元《招海賈文》：「舳艫紛霏兮梢若木。」《圖贊》曰：「若木之生，崑山是濱。朱華電照，碧葉玉津。食之靈智，爲力爲仁。」

〔二〕任臣案：《國名記》云：「儋今有黎㚷山。」

〔三〕郭曰：儋耳人生無骨子也。

西北海之外，赤水之北，有章尾山。有神，人面蛇身而赤〔一〕，直目正乘〔二〕，其瞑乃晦，其視乃明〔三〕。不食不寢不息，風雨是謁〔四〕。是燭九陰〔五〕，是謂燭龍〔六〕。

〔一〕郭曰：身長千里。　任臣案：《淮南》云：「人面龍身而無足。」《潛確類書》云：「蛇身而赤，身長千丈。」

〔二〕郭曰：直目，目從也。正乘未聞。　任臣案：正乘，言其睫不邪也。

〔三〕郭曰：言視爲晝，瞑爲夜也。

〔四〕郭曰：言能請致風雨。

〔五〕郭曰：照九陰之幽隱也。

〔六〕郭曰：《離騷》曰：「日安不到？燭龍何燿？」《詩含神霧》曰：「天不足西北，無有陰陽消息，故有龍銜精以往，照天門中云。」《淮南子》曰：「蔽于委羽之山，不見天日也。」　任臣案：《八景玉録》曰：「乃異天之絶祝，秘宣龍燭之玄北。」《鴻烈解》曰：「燭龍在鴈門北，其神人面龍身而無足。」高誘注云：「龍銜燭以照太陰，蓋長千里。」張衡《思玄賦》：「速燭龍令執炬兮，過鍾山而中休。」陸機《演連珠》云：「蘭膏停室，不思銜燭之龍。」左思《吴都賦》：「亦猶棘林螢燿，而與夫槫木龍燭也。」傅咸《燭賦》：「六龍銜燭于北極，九日登曜于扶桑。」陸雲《南征賦》：「超燭龍之絶景，豈比象于百華？」傅玄《燈賦》：「如亢燭龍而照玄方。」司馬彪詩：「冀願神龍來，揚光以見燭。」謝惠連《雪賦》：「爛兮若燭龍，銜燿照崑山。」王元長《遊仙詩》：「燭龍導輕鑣。」劉孝標啓：「蕲仙之望石髓，太陰之望龍燭。」庾信誌銘曰：「四時銜火，燭龍開照地之光。」庾闡《遊仙詩》：「仰盻燭龍曜，俯步朝廣庭。」又曰：「玉房石擣磊砢，燭龍銜輝吐火。」梁元帝《玄覽賦》：「猶然陽燧之火，尚執驪龍之燭。」楊炯《渾天賦》：「龍山銜燭，不能議其光景。」李華《含元殿》：「燭龍圻穹穴而臨北方。」常袞表云：「開散皇風，龍含巨燭。」張説賦云：「南窮火鼠之鄉，北盡燭龍之會。」李白《大鵬賦》：「燭龍銜光以照影，列缺施鞭而啓塗。」又《北風行》：「燭龍栖寒門，光耀猶旦開。」李邕《日賦》：「燭龍照灼以首事，踆烏奮迅而演成。」蔣防《獸炭賦》：「類火鼠兮炎丘是託，比燭龍兮崑閬斯昇。」胡濟《黃柑賦》：「若菱花之繡綺井，燭龍之銜金丹。」李賀詩：「天東有若木，下置銜燭龍。」唐詩云：「燭龍之地無日光。」潘恩《笠江稿》云：「燭龍銜火倚冰柱。」《太乙經》云：「歲星爲太乙之燭龍。」王世貞《太和山賦》：「燭龍布涎，神瀵流液。」盧柟《放招賦》：「燭龍長瞑，玄豹蹲且。」又《泰宇賦》：「青龍銜光以燭衛，白虎擁鉞而先趨。」吴國倫書：「道言良于拱璧，明規耀于燭龍。」顧起元《詠懷詩》：「燭龍延日華，九鳳暢雲柯。」祝允明詩：「燭龍奔天衢，不照雲下人。」李攀龍詩：「焚身香象泣，照鉢燭龍然。」文鳳翔《江上吟》：「兩炬雞犀代燭龍。」皆本此也。朱健《治平略》曰：「日月蟻行，晉志之妄。燭龍銜火，天問之誣。」又：「種火之山，日月所不照，有青龍銜燭火，以照山之四極。」同此類。《唐・地理志》北庭有「燭龍軍」，亦取此義耳。「燭」或作「逴」，《楚辭・大招》曰：「北有寒山，逴龍赩只。」陸時雍注云：「逴龍當是燭龍。」又《乾坤鑿度》曰：「燭龍行東時肅清，行西時嗢噢，行南時大曒，行北時嚴殺。」推測其義，似不指此也。

山海經廣注卷之十八

仁和吴任臣注

海内經〔一〕

〔一〕《海内經》及《大荒經》本逸在外，羅苹《路史注》引此，通作《朝鮮記》。

東海之内，北海之隅，有國名曰朝鮮〔一〕、天毒。其人水居〔二〕，偎人愛之〔三〕。

〔一〕郭曰：朝鮮，今樂浪郡也。　任臣案：《殊域周咨録》：以其在東，朝日鮮明，故名朝鮮。朱國禎《大事記》云：「朝鮮取朝日鮮明之義，高麗亦如之。前史有曰丸都，所謂日月兩丸者，此也。」錢溥《朝鮮國志》：「朝鮮有三種，一檀君朝鮮，一箕子朝鮮，一衛滿朝鮮。考箕子封朝鮮，傳四十一代，至王準，凡九百二十八年，而失國於衛滿。準入漢地金馬郡，自立，號韓王。又傳二百年，併入高句麗，兼有新羅、百濟。」又《學海》云：「朝鮮後入海者爲鮮國。」

〔二〕郭曰：天毒即天竺國，貴道德，有文書、金銀、錢貨，浮屠出此國中也。晉大興四年，天竺胡王獻珍寶。　任臣案：天毒，《漢書》作「天竺」，《汲冢周書》作「天竹」，《杜篤傳》作「天筑」，或作「天督」。《西域記》云：「詳夫天竺之稱，舊云身毒，或曰賢豆，今从正音，宜云印度。」楊文公《金沙塔記》：「天毒之國，紀于《山經》。竺乾之師，聞于柱史。」《通志略》云：「天竺即捐毒也，去長安九千八百六十里。王治衍敦谷，北與烏孫接。」王崇慶《釋義》曰：「天毒疑別有意義。郭以爲即天竺國，天竺在西域，漢明帝遣使迎佛骨之地，此未知是非也。」

〔三〕郭曰：偎亦愛也，音隱隈反。　任臣案：言其風俗柔善，以兼愛爲教也。又《韻會》曰：「北海之隅，有國曰偎人。」以偎人爲國名，未識所據。

西海之内①，流沙之中，有國名曰壑市〔一〕。

〔一〕郭曰：音郝。　任臣案：《水經注》：「流沙又逕浮渚，歷壑市之國。」

西海之内，流沙之西，有國名曰氾葉〔一〕。

〔一〕郭曰：音如氾濫之氾。

---

①「内」，原作「外」，據《箋疏》改。

流沙之西有鳥山者，三水出焉〔一〕。爰有黄金、璿瑰、丹貨、銀鐵，皆流于此中〔二〕。又有淮山，好水出焉。

〔一〕郭曰：三水同出一山也。

〔二〕郭曰：言其中有雜珍奇貨也。

流沙之東，黑水之西，有朝雲之國〔一〕、司彘之國。黄帝妻雷祖，生昌意〔二〕。昌意降處若水〔三〕，生韓流〔四〕。韓流擢首、謹耳〔五〕、人面、豕喙、麟身、渠股〔六〕、豚止〔七〕，取淖子曰阿女，生帝顓頊〔八〕。

〔一〕任臣案：《水經注》：「流沙又逕于鳥山之朝雲國。」楊慎《均藻》云：「鳥山之東有朝雲國。」

〔二〕郭曰：《世本》云：「黄帝娶于西陵氏之子，謂之纍祖，産青陽及昌意。」任臣案：《氏族源流》云：「黄帝元妃西陵氏，謂之嫘祖，生子三人，曰昌意、玄囂、龍苗。」

〔三〕任臣案：《史記索隱》云：「降，下也。言帝子爲諸侯。」又《路史》：「昌意爲黄帝震適，遜居若水。」注云：「遜謂降封之。若即江之下流，在蜀。」《國名記》云：「今越嶲之臺登。」《盟會圖疏》以爲「都」。《九州要記》曰：「臺登縣有如諾川，鸜鵒山黑水之間，若水出其下。」即斯水也，在今四川黎州。《庾信集》云：「昌意陵居，初分若水之姓。」又《爾綿永碑》「若水降居」，《宇文常碑》「若水遥源」，本此。

〔四〕郭曰：《竹書》云：「昌意降居若水，産帝乾荒。」乾荒即韓流也，生帝顓頊。　任臣案：《氏族源流》云：「昌意姬姓，生子三人，長曰乾荒，次曰安，季曰悃。」又《華陽國志》言「昌意娶蜀山氏之女，生子帝嚳」，非是。

〔五〕郭曰：擢首，長咽。　謹耳，未聞。　任臣案：《路史》：「顓頊亦擢首而謹耳。」注：「謹耳，小耳也。」

〔六〕郭曰：渠，車輞，言跰脚也。《大傳》曰：「大如車渠。」

〔七〕郭曰：止，足。　任臣案：《黄帝祠額解》云：「韓流、馮夷，三面一臂，豕喙豚趾，莫非子孫，則妖孽耳，必不其然。」

〔八〕郭曰：《世本》云：「顓頊母，濁山氏之子，名昌僕。」　任臣案：《蜀國春秋》云：「昌意娶蜀山氏女，曰景僕，生乾荒。　乾荒娶蜀山氏，曰樞，是爲河女，所謂淖子也，生顓頊。」《冠編》曰：「淖子感瑶光貫月之祥于幽房，而生顓頊。」

流沙之東，黑水之間，有山名不死之山〔一〕。　華山青水之東，有山名曰肇山。　有人名曰栢高〔二〕，栢高上下于此，至于天〔三〕。

〔一〕郭曰：即員丘也。　任臣案：《水經注》：「流沙又歷員丘不死之西。」指此山也。

〔二〕郭曰：栢子高，仙者也。　任臣案：《路史》：「堯治天下，栢成子皋立爲諸侯。　禹時，栢成子皋辭爲諸侯。」而又①注云：「一作子高。」《真靈位業圖》曰：「栢成子高，湯時退耕，修步綱之道。」《通變經》曰：「老子言自開闢以來，千二百變，後世得道，栢成子皋是矣。」

〔三〕郭曰：言翱翔雲天，往來此山也。

西南黑水之間，有都廣之野，后稷葬焉〔一〕。爰有膏菽、膏稻、膏黍、膏稷〔二〕。百穀自生〔三〕，冬夏播琴〔四〕。鸞鳥自歌，鳳鳥自儛，靈壽實華〔五〕，草木所聚〔六〕。爰有百獸，相羣爰處〔七〕。此草也，冬夏不死〔八〕。

〔一〕郭曰：其城方三百里，蓋天下之中，素女所出也。《離騷》曰：「絶都廣野而直指兮②。」任臣案：《事物紺珠》云：「都廣在西南方，乃天地之中。」又：「八紘，南爲都廣，反户。」《淮南子》曰：「徑躡都廣，入日抑③節。」江淹賦：「都廣之國，番禺之野。」黄氏《續騷經》：「過閻浮之所都兮，夕以届乎都廣。」謂此也。楊慎《補注》曰：「黑水廣都，今之成都也。素女在青城天谷，今名玉女洞。」《世紀》云：「后稷死于黑水潰者之野。」《路史注》：「稷以癸巳日薨于黑水之山，葬廣都

① 「又」，原作「耕」，據《四庫》本改。

② 「兮」，原作「號」，據《楚辭·九嘆》改。按《楚辭·九嘆》原文無「野」字，而「都廣」下注云「野名也」。

③ 「日抑」，原作「目揖」，據《淮南子·覽冥訓》改。

之野，冢去中國三千里。」

〔二〕郭曰：言味好皆滑如膏。《外傳》曰：「膏粢之子，菽豆粢粟也。」　任臣案：劉會孟云：「嘉穀之米，炊之皆有膏。」

〔三〕任臣案：楊慎曰：「本是『百槃自生』，今誤改作『穀』。《齊民要術》所引可證。」「槃」即「馨」字。陳禹謨曰：「后稷之生也，誕降嘉種，其没也，墓生百穀，可謂與樹藝相終始矣。蓋帝命率育，良非偶也。」

〔四〕郭曰：播琴猶播殖，方俗言耳。　任臣案：「琴」疑「栞」字之譌，言樹穀而薙草也。又虞汝明《古栞疏》曰：「素女播都廣之琴，温風冬飄，素雪夏零，鸞鳥自鳴，鳳鳥自舞，靈壽自華。」與《經》文略同，是直以爲琴瑟之琴也。

〔五〕郭曰：靈壽，木名也，似竹有枝節。　任臣案：《漢書·孔光傳》：「賜太師靈壽杖。」孟康注：「扶老杖也。」服虔曰：「靈壽，木名，似竹有節，長不過八九尺。」庾仲雍《山水記》：「巴鄉酒村側有谿，谿中多靈壽木。」常璩《華陽國志》：「木道有東陽、下瞿數灘，山有靈壽木及橘柚也。」《玄覽》云：「涪陵有靈壽之木。」游氏《臆見》云：「靈壽木，不煩削治，可以扶老。」李時珍以爲即「椐櫃」云。

〔六〕郭曰：在此叢殖也。

〔七〕郭曰：於此羣聚。

〔八〕任臣案：《圖贊》曰：「都廣之野，珍怪所聚。爰有膏穀，鸞歌鳳舞。后稷託終，樂哉斯土。」

南海之内，黑水青水之間，有木名曰若木〔一〕，若水出焉〔二〕。有禺中之國〔三〕。有列襄之國。有靈山。有赤蛇在木上，名曰蝡蛇，木食〔四〕。

〔一〕郭曰：樹赤華青。　任臣案：庾信《齊王憲碑》：「若木一枝，旁蔭數國。」唐《遠夷方録册文》①：「東旌若木，西旆條支。」明王偁詩：「客思員壺外，雲程若木東。」或謂即此也。

〔二〕任臣案：《郡縣釋名》曰：「賓川州東北有金沙江，《山海經》所謂若水也。」鄒應龍詩：「水界金沙横地險，山聯玉帶勢天成。」朱國禎《大事記》曰：「金沙江源出吐蕃共龍州犁牛石下，謂之犁水，譌爲麗。佛經云扳提河，一名金河池。」

〔三〕任臣案：《路史注》：「若水之間，地當川蜀，在西南方，此禺中之名所由立。」

〔四〕郭曰：言不食禽獸也。音如耎弱之耎。　任臣案：《讀書通》曰：「『輭』通作『蝡』。」

有鹽長之國。有人焉，鳥首，名曰鳥氏〔一〕。

〔一〕郭曰：今佛書中有此人，即鳥夷也。　任臣案：《冠編》云：「太昊帝咸鳥，一曰帝鳥，是曰鳥

---

①「唐遠夷方録册文」，據引文，應作「褚遂良《唐太宗文武皇帝哀册文》」。吴氏引自類書，或與他文「遠夷各貢方物」語相混，遂誤爲「唐遠夷方録册文」，又「夷」字避諱爲空格。

氏。」又云：「黄帝封風后于任，錫之巳姓，爲帝咸鳥之後，於鹽長之國，以崇太昊之祀。」即斯地也。

有九丘〔一〕，以水絡之〔二〕，名曰陶唐之丘〔三〕。有叔得之丘，孟盈之丘〔四〕，昆吾之丘〔五〕，黑白之丘，赤望之丘，參衛之丘，武夫之丘〔六〕，神民之丘〔七〕。有木，青葉紫莖，玄華黄實，名曰建木〔八〕。百仞無枝，有九欘〔九〕，下有九枸〔一〇〕，其實如麻〔一一〕，其葉如芒〔一二〕。大皞爰過〔一三〕，黄帝所爲〔一四〕。有窫窳，龍首，是食人〔一五〕。有青獸，人面，名曰猩猩〔一六〕。

〔一〕任臣案：《冠編》：「帝咸鳥元歷襲太昊，有九丘。」

〔二〕郭曰：絡猶遶也。

〔三〕郭曰：陶唐，堯號。

〔四〕任臣案：《路史》作「蓋盈」，古天子號也。《循蜚紀》：「蓋盈氏，若水之間，禺中之地，有蓋盈之丘，是其墟也。」王氏《補衍》亦云：「蓋盈氏出若水。」

〔五〕郭曰：此山出名金也。《尸子》曰：「昆吾之金。」　任臣案：《淮南子》：「昆吾丘在南方。」注云：「祝融之孫，陸終之子，爲夏伯。」又曰：「日出于扶桑，至①于昆吾。」梁元帝《職貢圖序》：「踰空桑而歷昆吾。」謂此地。

〔六〕郭曰：此山出美石。　任臣案：即碔砆。

〔七〕郭曰：言上有神人。　任臣案：《冠編》二十二姓紀有「神民氏」，「都于神民之丘」。王文録《補衍》云：「神民氏居神民丘，三百歲。」《潛夫論》云：「天地開闢，爰有神民，民神異業，精氣通行。」一曰神皇氏，《春秋命歷叙》云：「神皇氏駕六蜚鹿，政三百歲。」即此。

〔八〕任臣案：游氏《臆見》曰：「建木在西若水濱，鹽長之國，九丘之上，青葉紫莖，玄華黄實。建木之下，日中無景，呼而無響。」梁簡文《大法頌》曰：「遊經建木，巡指盛唐。」指此耳。

〔九〕郭曰：枝回曲也。音如斤斸之斸。　任臣案：盧柟《放招賦》：「建木九欘，葉繽繙且。」

〔一〇〕郭曰：根盤錯也。《淮南子》曰：「木大則根欋。」音劬。

〔一一〕郭曰：似麻子也。

〔一二〕郭曰：芒木似棠梨也。

〔一三〕郭曰：言庖羲於此經過也。

〔一四〕郭曰：言治護之也。

---

①「至」，原作「對」，據《淮南子·天文訓》改。

〔一五〕郭曰：在弱水中。　任臣案：盧柟《放招賦》：「窫窳龍首，甘人呑且。」

〔一六〕郭曰：能言。　任臣案：李時珍《本草》云：「古之説猩猩者，如豕如狗，今之説猩猩者，與狒狒不相遠，似後世所謂野女、野婆者，豈即一物耶？」唐蒙《博物記》云：「日南有野女，羣行覓夫，其狀白色，徧體無衣襦。」周密《野語》云：「野婆出南丹州，黄髮椎髻，裸形跣足，腰間剖之，有印方寸，瑩若蒼玉，文類符篆。」《圖贊》曰：「能言之獸，是謂猩猩。厥狀似猴，號音若嚶。自然知往，頗測物情。」

西南有巴國〔一〕。大皞生咸鳥，咸鳥生乘釐〔二〕，乘釐生後照，後照是始爲巴人〔三〕。有國名曰流黄辛氏〔四〕，其域中方三百里〔五〕，其出是塵土〔六〕。有巴遂山，澠水出焉〔七〕。又有朱卷之國，有黑蛇，青首，食象〔八〕。

〔一〕郭曰：今三巴是。

〔二〕任臣案：《冠編》：「咸鳥即鳥明，太昊之震子也，子乘釐。」陶潛《羣輔録》：「鳥明主建福。」亦斯人也。《華陽志》云：「伏羲生咸鳥，咸鳥生乘釐，是司水土。」

〔三〕郭曰：爲之始祖。　任臣案：《路史》：「帝後照支子顧相，降處于巴。巴東至魚腹，西連僰道，北接漢中，南極牂牁。後巴滅，巴子五季流于黔而君之，生黑穴四姓。」《蜀志》云：「巴人五子爲五姓，有巴氏、樊氏、瞫氏、相氏、鄭氏。」《郡縣志》：「渝州，古巴國也。閬、白二水東南流，曲折如巴字，故謂之巴。」《左傳注》：「巴國在巴郡江州縣。武王伐殷，巴人助焉，後封爲巴子。」

《王會篇》：「巴人以比翼鳥。」

〔四〕郭曰：即酆氏也。

〔五〕任臣案：《冠編》云：「帝咸鳥建福于民，功豐德隆，是曰豐隆。初國于流黃酆，其域中方三百里。」

〔六〕郭曰：言殷盛也。　任臣案：楊氏《補注》曰：「出是塵土，言其地清曠無囂塵也。」董斯張《吹景録》云：「《山海經》巴國方三百里，其出是塵土。用修謂其清曠無塵埃，而郭注云『言殷盛也』。子雲《蜀都賦》『埃敎塵拂，萬端異類，財物繞贍，蓄積備具』，左太冲賦『市鄽所會，萬商之淵』，二賦乃原注實録也。如楊所云，長安陸海，果亦遥指瀛渤耶？」

〔七〕任臣案：《水經注》：「大度水，經越巂大筰縣入繩，南流分爲二，其一東經廣柔縣，注于江，其一南逕旄牛道，至大筰與若水合，自下通謂之繩水矣。」即斯水也。「澠」，酈氏引《經》作「繩」。

〔八〕郭曰：即巴蛇也。

南方有贛巨人〔一〕，人面長臂，黑身有毛，反踵，見人笑亦笑，脣蔽其面，因即逃也。又有黑人，虎首鳥足，兩手持蛇方啗之〔二〕。

〔一〕郭曰：即梟陽也。音感。

〔三〕任臣案：《事物紺珠》曰：「黑人虎首，持兩蛇啖之，出巴遂①山。」即此也。楊慎《補注》云：「今南方②有苗，名娥昌，其人手持蛇啗之。採樵歸，籠中捕蛇數十，蛇亦不能去，不知何術也。」疑此類。

有嬴民，鳥足〔一〕。有封豕〔二〕。

〔一〕郭曰：音盈。

〔二〕郭曰：大猪也。羿射殺之。 任臣案：《冠編》：「羿禽封豕于桑林。」梁元帝《玄覽賦》云：「戮滔天之封豕，斬横海之長鯨。」《圖贊》曰：「有物貪婪，號曰封豕。薦食無厭，肆其殘毀。羿乃飲羽，獻帝效伎。」

有人曰苗民〔一〕。有神焉，人首蛇身，長如轅〔二〕，左右有首〔三〕，衣紫衣，冠旃冠，名曰延維〔四〕。人主得而饗食之，伯天下〔五〕。有鸞鳥自歌，鳳鳥自舞。鳳鳥首文曰德，翼文曰順，膺文曰仁，背文曰義，見則天下和〔六〕。又有青獸，如菟，名曰菌狗〔七〕。

---

①「遂」，原作「逐」，據《四庫》本改。

②「方」，原作「中」，據《四庫》本改。

有翠鳥〔八〕。有孔鳥〔九〕。

〔一〕郭曰：三苗民也。

〔二〕郭曰：大如車轂，澤神也。

〔三〕郭曰：岐頭。

〔四〕郭曰：委蛇。　任臣案：野有方皇，澤有委虵，二神皆如虵兩頭。《東京賦》注云：「委蛇大如車轂。」《代醉編》曰：「南方神名延維。」《事物紺珠》曰：「委蛇紫衣朱冠，聞雷車之聲則捧其首而去。」又《禮含文嘉》曰：「兩頭蛇名天根。」《白澤圖》云：「故澤之精，名曰冕，其狀如蛇身，兩頭。」《廣博物志》曰：「山中見大虵冠幘者，名曰升卿，呼其名則吉。」《圖贊》曰：「夔稱一足，蛇則二首。少不知無，多不覺有。雖資天然，無異駢拇。」

〔五〕郭曰：齊桓公出田於大澤，見之，遂霸諸侯。亦見《莊周》，作「朱冠」。　任臣案：宋大觀中，黄河得兩首龜，蔡京以爲即齊小白所見者，當霸天下。考其形狀，與此略異，非是。

〔六〕郭曰：言和平也。　任臣案：《論語摘衰聖》曰：「鳳有六象，一曰頭像天，二曰目像日，三曰背像月，四曰翼像風，五曰足像地，六曰尾像緯。有九苞，一曰口苞命，二曰眼含度，三曰目總達，四曰舌詘伸，五曰色彩光，六曰冠矩周，七曰距鋭鉤，八曰音激揚，九曰腹文户。行鳴曰歸嬉，止鳴曰提扶，夜鳴曰善哉，晨鳴曰賀世，飛鳴曰郎都。」

〔七〕郭曰：音如朝菌之菌。　任臣案：《事物紺珠》云：「菌狗如兔，青色。」《駢雅》曰：「菌狗，兔屬也。」又長慶二年，吐蕃出獸如猴，而腰尾皆長，色青，迅猛食人，或以爲即㠎狗類也。

〔八〕任臣案：《王會解》：「蒼吾翡翠。」《爾雅》：「翠，鷸①。」注云：「似燕，緑色，出鬱林。」《説文》曰：「翡翠，青赤鳥。」《辭詁》曰：「鷸，翠别名也。」《孝經援神契》云：「神靈滋液則翡翠耀。」《異物志》曰：「翠大如燕，腹背純赤，民捕食之。」《廣志》曰：「翡出交阯與古縣。」《交州志》曰：「翡翠出九真，似鶺鴒。」《晉令》云：「翡鳥不得西度隴。」《圖贊》曰：「翠雀麋鳥，越在西海。羽不供用，肉不足宰。懷璧其罪，賈害以采。」

〔九〕郭曰：孔雀也。　任臣案：《王會解》：「方人以孔鳥。」《爾雅翼》云：「孔雀生南海，尾凡七年而後成，長六七尺，展開如車輪，金翠斐然。始春而生，至三四月後彫，與花蕚同榮衰。」《春秋元命苞》曰：「火離爲孔雀。」《續漢書》曰：「南蠻、西域俱出孔雀。」《吴地理志》曰：「交阯西子縣産孔雀，郡内朱崖皆有之。」張璠《漢紀》云：「條支出師子、孔雀。」《南越志》曰：「義寧縣杜山多孔雀，爲鳥不必疋合，以音影相接有孕。」《五侯鯖》云：「孔雀出條支，又出滇南，因雷而孕。」

南海之内有衡山〔一〕，有菌山〔二〕，有桂山〔三〕。有山名三天子之都〔四〕。

〔一〕郭曰：南嶽。

---

①「鷸」，原作「鷸」，據《爾雅》改。

〔二〕郭曰：音芝菌①。　任臣案：《真誥》曰：「句曲之山有名菌山，此山至佳。」注云：「山形當如菌孤立。亦或是囷倉之囷，形如囷也。」

〔三〕郭曰：或云衡山有菌桂，桂員似竹，見《本草》。

〔四〕郭曰：一本「三天子之鄣山」。

南方蒼梧之丘〔一〕，蒼梧之淵，其中有九嶷〔二〕山，舜之所葬，在長沙零陵界中〔三〕。北海之內，有蛇山者，蛇水出焉，東入于海。有五彩之鳥，飛蔽一鄉〔四〕，名曰翳鳥〔五〕。又有不距之山，巧倕葬其西〔六〕。

〔一〕任臣案：《逸周書》作「倉吾」。《東華真人煮石經》云：「舜嘗登蒼梧之山，曰：『厥金玉之香草，朕用偃息正道。』」

〔二〕郭曰：音疑。

〔三〕郭曰：山今在零陵營道縣南，其山九谿皆相似，故云九疑。古者總名其爲蒼梧也。　任臣案：元結《九疑山圖記》：「九疑山方二十餘里，世稱九峰相似，望而疑之。亦云舜望九峰，疑禹而悲，從臣有作九悲之歌，因謂之疑。」羅含《湘中記》云：「衡山九疑有舜廟，遥望衡山如陣雲，沿

---

①「芝菌」下，《箋疏》有「之菌」二字。

湘千里，九向九背，乃不復見。」《郡國志》曰：「九疑山九峰，一曰丹朱峰，二曰石城峰，三曰樓峰，四曰娥皇峰，五曰舜原峰，六曰女英峰，舜墓于此，七曰簫韶峰，八曰紀峰，九曰紀林峰。」《集仙傳》云：「九疑山有九峰，峰有一水，九水者：銀花水，復淑水，巢水，許泉，歸水，沙水，金花水，冰安水，晉水。」《楚辭·九歌》云：「九疑繽紛兮並迎。」《淮南》曰：「九疑之南，陸事寡而水事多。」《漢書》云：「武帝南巡狩，至于盛唐，望祀①舜于九疑。」王應麟曰：「九疑山在零陵，而云舜葬蒼梧者，文穎云：九疑半在蒼梧、半在零陵也。」

〔四〕郭曰：漢宣帝元康元年，五色鳥以萬數，過蜀都，即此鳥也。

〔五〕郭曰：鳳屬也。《離騷》曰：「駟玉虬而乘鷖。」　任臣案：鷖即鸞也。《瑞應圖》云：「鸞乃赤神之精，鳳凰之佐，首翼赤曰丹鳳，青曰羽翔，白曰化翊，黑曰陰翥，黄曰土符。」《路史》引《經》作「鷖」。《上林賦》云「拂鷖鳥」，即此也。

〔六〕郭曰：倕，堯巧工也。音瑞。　任臣案：《路史》：「垂臣高辛，爲堯共工，不貴獨功，死葬不距之山。」楊慎云：「不，古『丕』字。」

北海之内，有反縛盜械、帶戈常倍之佐，名曰相顧之尸〔一〕。伯夷父生西岳〔二〕，

---

①「祀」，原作「視」，據《漢書》卷六《武帝紀》改。

西岳生先龍，先龍是始生氐羌，氐羌乞姓〔三〕。

〔一〕郭曰：亦貳負之臣危之類。　任臣案：帝乘釐之孫相顧也。陳禹謨《駢志》云「貳負之臣，相顧之尸」，謂此。胡氏《二酉綴遺》曰：「據前貳負之臣，本文但言帝梏之疏屬之山，不言殺也，但言繫之於樹，不言石室也，則子政之對，當曰相顧之尸，不當曰貳負之臣也。然則上郡所得，豈即斯人哉？」王崇慶《釋義》曰：「反縛之説，恐古者墓中設爲機巧變械，以防伐冢之術，非真有盜縛也。又《漢紀》云『當盜械者皆頌繫』，注云：『凡以罪著械，皆得稱盜械。』《山海經》貳負之臣、相顧之尸皆云『盜械』，其義是也。」

〔二〕任臣案：《路史》：「伯夷生泰嶽。伯夷爲虞心吕，封于吕。子泰嶽襲吕，餘列四嶽之官。」《書大傳》云：「伯夷之子爲西嶽。」

〔三〕郭曰：伯夷父，顓頊師，今氐羌其苗裔也。　任臣案：《路史》：「先龍生元氏，元氏乞姓羌也。蓋岐隴而南，漢川以西，皆氐云。」湯革夏伐氐，氐人來朝，其别爲青、白、蚺之三氏。氐羌數十，白馬最大。今文、鳳二竟白馬氐者，居仇池，曰氐侯。《商頌》云：「自彼氐羌。」《地理志》：「隴西有氐道、羌道。氐，類種名。」《王會篇》：「氐羌以鸞鳥。」注：「羌不同，故謂之氐羌。」賈捐之曰：「成王地西不過氐羌。」又黄氏曰：「羌，古姜姓，三苗之後。」此云乞姓，明非一種也。

北海之内有山，名曰幽都之山〔一〕，黑水出焉。其上有玄鳥、玄蛇、玄豹〔二〕、玄虎〔三〕、玄狐蓬尾〔四〕。有大玄之山。有玄丘之民〔五〕。有大幽之國〔六〕。有赤脛之民〔七〕。

〔一〕任臣案：即朔方之幽都。《鴻烈解》云：「西北方曰不周之山，曰幽都之門。」又云：「北撫幽都，南道交趾。」揚雄《甘泉賦》云：「西耀流沙，北横幽都。」羅泌云：「一曰北國。」

〔二〕任臣案：《王會解》：「屠州玄豹。」《六韜》曰：「散宜生懷塗山玄豹獻紂。」顧起元《帝京賦》：「幽都之豹九文，陽光之蛇千里。」謂此。

〔三〕郭曰：黑虎名虪，見《爾雅》。任臣案：黑虎又名虪。《説文》作「虪」。晉永嘉四年，秭歸縣檻得之。

〔四〕郭曰：蓬，叢也。咀留反。《説苑》曰：「蓬狐、文豹之皮。」任臣案：孫氏《瑞應圖》：「王者政治太平，則黑狐見。」《稽瑞録》云：「黑狐蓬尾。」本此也。

〔五〕郭曰：言丘上人物盡黑也。

〔六〕郭曰：即幽民也，穴居無衣。

〔七〕郭曰：膝已下盡赤色。

有釘靈之國，其民從膝已下有毛，馬蹏，善走〔一〕。

釘靈國　其民從膝已下有毛，馬蹄善走。在康居北。

〔一〕郭曰：《詩含神霧》曰：「馬蹄自鞭其蹄，日行三百里。」　任臣案：釘靈，今丁靈國，又名丁令，亦作丁零，在康居北。《玄覽》云：「丁零之國，拳髮馬蹏。馬腦之民，雁聲馬蹏。」江淹《遂古篇》云：「馬蹄之國善騰奔兮。」此也。《文獻通考》曰：「丁零國有二，在朔方北者爲北丁令，在烏孫西者爲西丁令。烏孫長老①言：北丁令有馬脛國，其人聲音似雁鶩，從膝以下生毛，馬脛馬蹄，不騎馬而走疾于馬。」《三才圖會》云：「丁靈至應天，馬行二年也。」《埤雅廣要》作「下靈國」，似誤。又《五代史》載「牛蹄夷，厥在黑車子北，其人人身牛足」，亦與此類。

①「老」字原脱，據《文獻通考》卷三三九補。

炎帝之孫伯陵〔一〕，伯陵同吴權之妻阿女緣婦〔二〕。緣婦孕三年〔三〕，是生鼓、延、殳，始爲侯〔四〕。鼓、延是始爲鍾〔五〕，爲樂風〔六〕。

〔一〕任臣案：《路史》：「炎帝器生鉅及伯陵。伯陵爲黄帝臣，封于逢。」《左氏》言「齊之先逢伯陵」是也。《物原》云：「伯陵始造泉刀。」《氏族考》引《經》云「帝器生子三人，曰鉅，曰伯陵，曰祝庸」，與本文異。

〔二〕郭曰：同猶通，言淫之也。吴權，人姓名。　任臣案：「阿女」一作「何女」。

〔三〕郭曰：孕，懷身也。

〔四〕郭曰：三子名也。　任臣案：《路史》：「伯陵生三子，曰殳，曰鼓，曰延。殳之後有斨，爲堯臣。鼓兑頭而𪖙齀，與延同事，是始樂風，爲編鐘。」又《歸藏》云：「麗山氏之子鼓。」

〔五〕郭曰：《世本》云：「毋句作磬，倕作鍾。」

〔六〕郭曰：作樂之曲制。

黄帝生駱明，駱明生白馬，白馬是爲鯀〔一〕。帝俊生禺號，禺號生淫梁，淫梁生番禺〔二〕，是始爲舟〔三〕。番禺生奚仲〔四〕，奚仲生吉光，吉光是始以木爲車〔五〕。少皞生般〔六〕，般是始爲弓矢〔七〕。帝俊賜羿彤弓、素矰〔八〕，以扶下國〔九〕，羿是始去恤下地之百艱〔一〇〕。帝俊生晏龍，晏龍是爲琴瑟〔一一〕。帝俊有子八人，是始爲歌舞〔一二〕。帝俊生三身，三身生義均〔一三〕，義均是始爲巧倕，是始作下民百巧。后稷是播百穀。稷之孫曰叔均，是始作牛耕〔一四〕。大比赤陰〔一五〕，是始爲國〔一六〕。禹鯀是始布土，均定九州〔一七〕。炎帝之妻，赤水之子聽訞生炎居〔一八〕，炎居生節並，節並生戲器，戲器生祝融〔一九〕。祝融降處于江水，生共工〔二〇〕，共工生術器〔二一〕。術器首方顛〔二二〕，是復土穰，以處江水〔二三〕。共工生后土〔二四〕，后土生噎鳴〔二五〕，噎鳴①生歲十有二〔二六〕。洪水滔天〔二七〕，鯀竊帝之息壤以堙洪水〔二八〕。不待帝命，帝令祝融殺鯀于羽郊〔二九〕。鯀復生禹〔三〇〕。帝乃命禹卒布土以定九州〔三一〕。

〔一〕郭曰：即禹父也。《世本》曰：「黄帝生昌意，昌意生顓頊，顓頊生鯀。」任臣案：史紀高陽子熙帝生駱明，駱明生白馬，白馬生鯀，故曰顓頊五代而生鯀。熙帝即孺帝。又《氏族源流》云：「顓頊妃鄒屠氏生駱明，駱明生伯鯀。」未知孰是。

〔二〕任臣案：《路史》曰「番禺」即「禺」，一作「遇」。王符作「卑過」，譌。禺陽是爲禺號，生禺京、傜梁、儋人。京居北海，號處南海。傜梁生番禺。今清河之屬縣有禺山，即此禺也。

〔三〕郭曰：《世本》云：「共鼓、貨狄作舟。」

①「鳴」字原本闕，據宋本補。

〔四〕任臣案：羅泌曰：「或曰禹湯十二世生奚仲。」《姓纂》：「黄帝子第十二人，以薛爲姓。一爲任氏，六世生奚仲。」俱非也。

〔五〕郭曰：《世本》云「奚仲作車」。此言吉光，明其父子共創作意，是以互稱之。

〔六〕郭曰：音班。　任臣案：《宛委餘編》引此作「少皞生般」，誤。

〔七〕郭曰：《世本》云：「牟夷作矢，揮作弓矢。」弓矢一器，作者兩人，於義有疑。此言般之作，是。　任臣案：《世本》「臘作駕」，《古史考》「黄帝作弩」，《中華古今注》云「羿作弓，乘雉作駕」，《新唐書·表》稱「少昊第五子揮爲弓正，始制弓矢」，與《經》略異。

〔八〕郭曰：彤弓，朱弓。矰，矢名，以白羽羽之。《外傳》：「白羽之矰，望之如荼也。」　任臣案：《隨巢子》云：「奚禄山壞天賜玉玦於羿宫。」《孫子》云：「羿得寶弓，犀質玉文，曰珧弧。」

〔九〕郭曰：言令羿以射道除患，扶助下國。

〔一〇〕郭曰：言射殺鑿齒、封豕之屬也。有窮后羿慕羿射，故號此名也。

〔一一〕郭曰：《世本》云：「伏羲作琴，神農作瑟。」　任臣案：虞汝明《古琴疏》：「晏龍者，帝俊之子也，有良琴六，一曰菌首，二曰義輔，三曰蓬明，四曰白民，五曰簡開，六曰垂漆。」吴淑《琴賦》曰：「或云晏龍初製，或曰神農始造。」

〔一二〕任臣案：《路史注》作「舜有子八人，始歌舞」。然舜有庶子圭胡、負遂等七人，《帝王世紀》又云九人，豈即《經》所指歟？

〔一三〕任臣案：《學海》曰：「《經》所紀諸國，多云帝俊之後，而所謂帝俊者，或以爲黄帝，或以爲嚳，或以爲舜，要之，聖德廣被，無遠弗屆，相傳謂其後代，未必皆子孫也。而神明之胄，亦多轉旋異域，有不可以槩論者。」又《路史》曰：「續牙友舜于貧，貴而棄之，爲續氏。」注云：「《山海經》帝俊生身是也。蓋隸者多以牙爲身云。」然《南荒經》言「娥皇生三身」，則三身非續牙明已，未可據也。

〔一四〕郭曰：始用牛犁也。　任臣案：后稷有二，前爲帝柱，後爲度辰。度辰即棄也。《冠編》云：「稷取姞人，是生漦釐，漦釐生叔均。」

〔一五〕郭曰：或作「音」。

〔一六〕郭曰：得封爲國。　任臣案：稷封于部，又作「台」。漦駘，疑叔均即襲祖封。

〔一七〕郭曰：布猶敷也。《書》曰：「禹敷土，定高山大川。」

〔一八〕任臣案：《路史》：「炎帝來生炎居，居母桑水氏，曰聽訞。」《冠編》云：「亦曰承桑氏。」又劉恕《外紀》：「神農納奔水氏之女，曰聽訞，生臨魁。」《史記補》云：「神農納奔水氏之女，曰聽訞，爲妃，生帝哀。」語多不同，當以羅氏爲斷。《太平御覽》曰：「訞音妖。生常林女子宜有跃音。或作『談』，作『郯』，轉失也。」

〔一九〕郭曰：祝融，高辛氏火正號。　任臣案：《通鑑外紀》曰：「帝哀又曰帝居，生節莖，節莖生克及戲。」廖道南《楚紀》亦云：「帝哀生節莖，節莖生克及戲，戲生器，器生祝融。」「祝融」，《路史》作「祝庸」。

〔二〇〕任臣案：《續雅》曰：「壬夫，玄冥之子也。丁芊，祝融之子也。」非此祝融。

〔二一〕任臣案：《楚紀》作「祝融生術囂」。

〔二二〕郭曰：頭頂平也。

〔二三〕郭曰：復祝融之所也。　任臣案：《蛙螢子》：「祝融、共工，上世俱有七人。此祝融爲炎帝裔，黄帝之司徒也。居江水，生共工。共工生術囂及勾龍。術囂襲共工號，在顓頊時作亂，帝命辛侯誅之，以其弟勾龍爲后土。」《汲冢瑣語》云：「晉平公夢見赤熊窺屏，惡之，問子産。子産曰：『昔共工之御浮游，既敗于顓頊，自没深淮之淵，其色赤，其狀如熊，即術囂之臣也。』」

〔二四〕任臣案：《祭法》曰：「共工氏之霸九州也，其子曰后土，能平九州。」《路史》云：「術囂生絛及句龍。」以后土爲術囂之子，未審是非。又羅苹注言「共工垂爲句龍子」，證《山海經》「共工生后土」之謬，蓋不知共工之有七也。

〔二五〕任臣案：羅泌云：「伯夷爲共工垂子。噎鳴即伯夷也，生歲十二泰嶽。」諸説紛紜，未能通也。

〔二六〕郭曰：生十二子，皆以歲名名之，故云然。　任臣案：羲和以十日名子，商代以十干紀名，即此義。

〔二七〕郭曰：滔，漫也。

〔二八〕郭曰：息壤者，言土自長息無限，故可以塞洪水也。《開筮》曰：「滔滔洪水，無所止極，伯鯀乃以息石息壤以填洪水。」漢元帝時，臨淮徐縣地踊長五六里，高二丈，即息壤之類也。　任臣案：《丹鉛摘録》曰：「《説文》『壤，柔土也』，《山海經》云『竊帝之息壤』，蓋指桑土稻田可以生息，皆君所授于民者，故曰帝之息壤。鯀治水不順水性，决耕桑之畎畝，坊淫潦之洪流，是竊帝之息壤。」楊氏之言誠辨矣，然《淮南子》云「禹以息壤堙洪水」，羅泌《路史》云「江漢之壤鎮鎖水旱」，蘇軾《息壤詩序》「息壤旁有石不可犯，畚鍤所及，輒復如故」，高子勉《息石序》「息石在江陵莊嚴寺」，又《溟洪録》云「唐元和初，裴宇鎮荆州，掘深六尺，得一石，規模悉倣江陵城制，命徙置藩籬間毁之。是春淫雨，四月不止，裴復舊石，雨止。厥後高從誨鎮荆州，出經其處，問書記孫光憲，對曰：伯禹治水，自岷至荆，定彼原泉之穴，慮萬世下或有氾濫，爰以石屋鎮之耳」，《玉堂閒話》云「江陵南門外雍門内，禹鐫石造龍宫，置于穴中，以塞水脉」，《江陵圖經》亦言「子城南門地隆起，如伏牛馬狀，去之，一夕如故」，是鯀用息壤而殛死，禹用息壤而成功，則息壤實在江陵之地，非泛言生息之壤也。又永州龍興寺東北亦有息壤，平之而又高，見柳宗元記。秦邑亦名息壤，《甘茂傳》所謂「秦王迎甘茂于息壤」是也。《真誥》曰：「玄帝四行天下，周旋八外，諸有洞臺之山、陰宫之丘，皆移安息之石封而鎮之。」是息壤、息石之名，其來舊矣。

〔二九〕郭曰：羽山之郊。　任臣案：朱子《楚辭辨證》曰：「《經》云鯀竊帝之息壤以堙洪水，帝令祝融殛之羽郊。詳其文意，所謂帝者，似指上帝。蓋上帝欲息此壤，不欲使人干之，故鯀竊之而帝怒也。又祝融，顓帝之後，死而爲神，蓋言上帝使其神誅鯀也。若堯、舜時，則無此人久矣。」又案子厚《息壤記》云「昔之異書有記洪水滔天，鯀竊帝之息壤諸①語，其言不經見」，蓋即此文也。

〔三〇〕郭曰：《開筮》曰：「鯀死三歲不腐，剖之以吴刀，死，化爲黄龍也。」

〔三一〕郭曰：鯀績用不成，故復命禹終其功。

①「諸」，原作「器」，據《四庫》本改。